개정판

현대 사회와 NGO

김태룡 · 권해수 · 정정화 · 안희정
공저

도서출판 대영문화사

개정판 머리말

「현대 사회와 NGO」가 출간된 지도 어느덧 3년이 지났다. 그간 시간의 경과와 함께 초판에 대한 수정 필요성을 항상 느끼고 있었다. 그것은 약속한대로 개정판에서는 초판에서 다루지 못한 부분을 다루겠다는 것과 함께, 시간의 변화에 민감해야 하는 NGO의 속성 때문이기도 하다.

저자는 초판에서 이 책의 주된 목적의 하나가 특히 한국 NGO에 대한 이해를 높이고, 새로운 거버넌스 시대를 맞이하여 한국 NGO의 패러다임 전환을 촉구하기 위함임을 밝혔었다. 초판이 발간된 이후 3년여의 시간이 지난 지금 한국 NGO의 양적 성장은 놀라울 정도로 팽창했다. 양적으로는 거의 2배에 가까울 정도로 증가한 것이 이를 반영한다.

다만 이런 양적 성장에도 불구하고 과연 한국 NGO들이 패러다임의 전환을 가져오고, 실제로 한국 사회의 성장에 기여하고 있는가에 대해서는 의문의 여지가 있다. 특히 이명박 정부가 집권하면서부터 한국 NGO에 대한 이해 부족과 그에 따른 지형의 변화가 크게 야기되었다. 이에 더해 박근혜 정부의 출범과 함께 NGO에 몸담았던 주요 인사들의 급격한 정치 참여는 한국 NGO에 순기능과 함께 우려의 목소리가 큰 것도 또한 사실이다.

이 개정판은 초판의 미진한 부분에 대한 보완이라는 측면과 이러한 시대적인 상황과 인식 속에서 진행되었다. 이에 따라 6장으로 구성된 기본 체제에는 변화를 가하지 않는 대신, 시간의 변화에 따라 달라진 많은 통계와 해석 부분은 과감하게 수정을 단행했다. 그리하여 1장과 같이 NGO의 이론 부분은 수정하지 않은 대신, 나머지 부분은 과감한 수정을 가했다.

이 개정 작업을 하는 과정에서 어려움은 한국 NGO에 대한 통계가 너무나 부족하고 그나마도 통일된 기준이나 원칙이 없다는 점이다. 이로 인해 서술에 따른 고통은 참으로 컸다. 다행히 개정 작업을 하는 과정에서 「한국민간단체총람 2012」가 발간됨으로써 개정 작업을 좀 더 용이하게 하는 데 큰 도움이 되었다. 하지만 이 또한 앞서 말한 대로 동 자료 또한 자료의 부족과 기준의 불일치 등으로 기존 자료와 비교하는 데는 한계가 있었다. 그럼에도 이 개정판에서는 초판에 비해 상당 부분 새로운 자료들을 추가할 수 있었음을 밝혀둔다.

이와 함께 6장의 경우도 다문화사회와 NGO 부분은 그 중요성에도 불구하고 전체 내용의 일관성을 유지하기 위해 과감히 축소했다. 저자들의 원래 의도는 미래 한국 사회가 안고 있는 여러 사회문제 가운데 다문화사회의 도래로 인한 사회 통합이 중요하다는 측면에서 한국 NGO의 새로운 지평을 모색하고자 했으나 전체적인 내용의 흐름상 이 부분이 다소 양이 많아 이번 개정판에서는 축소하게 된 것이다.

개정판을 내면서 아쉬운 점은 한국 NGO의 일천한 역사 탓이기도 하지만, 아직도 통계나 자료의 축적이 열악하다는 것이다. 정부 자료의 경우는 공개되지 않는 것이 너무 많고, 그나마 민간에서 발간하는 한국민간단체총람의 경우도 예산의 부족으로 인해 그 내용이 풍부하지 못한 실정이다. 이런 측면 때문에 이 개정판에서도 한국 NGO의 다양한 면을 담는 데 역시 부족한 감을 느끼지 않을 수 없음을 밝히고자 한다.

이 개정 작업을 통해 저자들이 그간 축적된 다양한 자료들을 정리하고 해석하는 과정을 거치면서 독자와의 약속을 지키고자 했으나, 이 책의 많은 부분에서 저자의 의도와는 달리 미흡한 부분이나 논란을 야기할 부분이 있을 것으로 생각한다. 이 모든 것 또한 저자의 부족함에서 기인한 것이기에 비판을 겸허하게 수용하고자 한다.

이 책이 개정판으로 결실을 맺는 데는 여러 사람의 도움이 필요할 수밖에 없었다. 모든 분을 일일이 거론할 수는 없지만 지금 이 시간에도 어려운 상황 속에서 한국 사회의 발전을 위해 노고를 아끼지 않는 NGO 상근자와 자원봉사자들에게 감사의 뜻을 전하고자 한다. 이에 더해 함께하지 못한 가족에게는 늘 미안할 뿐이다.

끝으로 갈수록 어려워지는 출판 여건 속에서 흔쾌히 개정판을 출간해 준 대영문화사 임춘환 사장님과 편집부 여러분께도 다시 한 번 감사드린다.

2013년 여름

저자 일동

초판 머리말

현대 사회의 특징 가운데 하나로 시민단체의 폭발적 증가 현상을 들 수 있다. 이러한 현상은 전 세계적일 뿐만 아니라 우리의 경우도 예외가 아니다. 국가 중심의 통치 현상이 갖는 한계와 시민사회의 발달로 등장한 시민단체 또는 NGO는 정부 역할의 변화와 시장실패에 따른 거버넌스의 참여단위로서 그 위상이 부각되고 있다. 이러한 경향에 힘입어 새로운 NGO들의 조직화가 더욱 가시화되고 있어 현재는 시민운동의 전성기라고도 말할 수 있다.

특히 1987년 6월 민주화 항쟁 이후 권위주의적 정부의 퇴진과 함께 등장하기 시작한 한국의 NGO들은 새로운 정권 담당자들이 NGO 구성원을 체제 내로 흡수하면서 더욱 그러한 성향이 나타난다. 이로 인해 한국 NGO들은 양적 성장과 함께 질적으로도 많은 발전을 해 왔다. 그러나 한국 NGO들은 시간의 흐름에 따라 관성화와 관료화, 그리고 권력 지향적인 정치성을 보임에 따라 새로운 위기에 직면해 있다. 따라서 기존과는 다른 새로운 패러다임의 전환을 추구하지 않는 한 한국 NGO들의 미래는 밝지 않은 것으로 전망된다.

이 책을 쓰게 된 동기는 학생이나 실무자들에게 NGO에 대한 이해를 돕기 위해 비롯되었다. 특히 저자들이 그동안 시민운동의 한복판에서 실무적인 경험을 했다는 점도 이 책을 쓰는 데 한 동인이 되었다고 할 수 있다.

이 책은 NGO에 대한 이해를 돕기 위해 크게 두 측면에서 접근했다. 하나는 NGO를 둘러싼 시민사회와 거버넌스에 대한 이해를 돕는다는 측면과 또 다른 하나는 NGO의 기능적 측면에 대한 이해를 돕고자 했다.

그 결과 이 책은 모두 6장으로 구성되었다. 제1장에서는 NGO를 둘러싼 시민사회가 무엇인가를 규명하는 데 초점을 두었다. 이를 위해 시민사회에 대한 시각이라든지, 형성 과정에 대한 특성을 살펴보았다. 특히 한국 시민사회의 형성 과정과 특성이 다른 나라의 그것과의 차이점이 무엇인지에 대한 규명을 시도했다.

제2장에서는 시민사회의 발전 과정에서 등장한 NGO가 무엇인가를 고찰했다. 이를 위해 NGO의 대두 배경이라든지 유형과 기능, 그리고 이를 둘러싼 다양한 이론을 살펴보았다.

제3장에서는 거버넌스라는 측면에서 NGO와의 관계를 살펴보았다. 이를 위해 거버넌스에 대한 다양한 개념과 유형 등을 고찰했고, 거버넌스와 NGO와의 다양한 관계를 모색했다. 그리고 NGO와 정부와의 관계를 탐색함으로써 새로운 거버넌스 모형을 도출해 보았다.

제4장에서는 정책 과정에서 NGO의 역할을 고찰했다. 그래서 다양한 정책 과정 속에서 NGO가 어떤 기능을 수행하는지를 이론적으로 살펴보았으며, 이를 좀 더 구체적으로 알아보기 위해 다양한 사례를 통해 NGO가 수행하는 정책 과정에서의 역할을 살펴보았다.

제5장에서는 NGO의 성장 과정과 운영 체계를 분석했다. 특히 NGO의 성장 과정을 국제 NGO와 한국 NGO로 나누어 비교적인 관점에서 살펴보고, 이 과정에서 한국 NGO의 성장 과정과 운영 체계의 독특함을 모색해 보았다.

제6장에서는 NGO의 미래를 살펴보았는데, 특히 한국을 포함한 전 세계가 다문화사회를 맞이하여 NGO의 역할을 모색해 보는 데 많은 부분을 할애했다. 그리고 글로벌 시대에 NGO의 새로운 역할을 제시했다. 끝으로 한국의 시민사회와 NGO가 맞이하는 당면 과제를 중심으로 위기와 그에 따른 발전 방안을 모색해 보았다.

몇 가지 아쉬운 점은 이 책을 서술하는 과정에서 좀 더 풍부하고 새로운 NGO에 관한 정보나 자료를 많이 담았어야 했는데 이런 부분은 큰 장애로 다가왔다. 한국 NGO의 역사가 일천한 것도 한 이유가 되었지만, NGO들도 열악한 환경에 있다 보니 자료를 축적하기가 힘들었다는 것도 또 다른 이유가 되었다. 특히 정부의 경우는 이런 관점에서 더 많은 정보를 공개해야 함에도 그렇지 못했다는 점에서 자료의 빈곤 문제를 실토하지 않을 수 없다.

다만 금번에는 한국 NGO에 대한 입문서가 마땅한 것이 없는 현실에서, 어느 정도는 실무적 경험이 있는 저자들이 NGO에 대한 소개를 한다는 데 의미를 두고자 했다. 따라서 시간이 지나 좀 더 자료가 축적되고 더 정교한 이론이 구축되면 개정판에서는 이러한 문제들을 해결하고자 한다.

이와 함께 다소 이른 감은 있지만 미래 지향적인 관점에서 급격히 진행되고 있는 다문화사회에 대비한 NGO의 역할에 많은 부분을 할애했다는 점을 밝혀둔다.

이 책의 주된 목적 중의 하나가 특히 한국 NGO에 대한 이해를 높이고 새로운 거버넌스 시대를 맞이하여 한국 NGO의 패러다임 전환을 촉구하기 위해 시도된 작업이기는 하지만, 이 책의 많은 부분에서 저자의 의도와는 달리 미흡한 부분이나 논란을 일으킬 여지가 있을 것으로 생각한다. 이 모든 것이 저자의 부족함에서 기인하는 것이기에 모든 비판을 겸허히 수용하고자 한다.

이 책이 결실을 맺는 데는 여러 사람의 도움이 필요할 수밖에 없었다. 저자가 처음 시민운동을 시작한 경실련의 많은 분과, 또한 시민운동 기간 중에 만나 본 많은 운동가를 통해 한국의 시민단체에 대한 이해와 교분이 원동력이 되었다. 지금도 척박한 환경 속에서 한국 사회를 밝게 만들려는 자원봉사자와 상근 활동가들에게 감사의 뜻을 표한다. 이에 더해 함께하지 못한 가족에게는 항상 미안한 마음뿐이다.

끝으로 어려운 출판 여건 속에서도 흔쾌히 출간을 허락해 준 대영문화사의 임춘환 사장님과 보잘것없는 원고를 아름답게 편집해 준 편집부 여러분께도 다시 한 번 감사를 드린다.

2010년 1월

저자 일동

차 례

제1장 시민사회

제1절 시민사회에 대한 시각

1 시민사회의 개념

1) 시민사회의 기원과 등장 배경

시민사회(civil society)를 자율적이고 정치적 행위 주체로서의 시민이 등장한 사회라고 한다면, 그 연원은 고대 그리스 시대로 거슬러 올라갈 수 있다.[1)] 고대 그리스의 시민(civilis)은 도시국가인 폴리스(polis)에서 정치공동체의 의사결정에 참여하고, 경제적으로도 독립적인 생활을 영위할 수 있었던 특수계층을 의미했다. 로마 시대의 시민도 신분적으로 노예나 외국인과 구별되는 '자유인'으로 당시 사회의 지배계급이었다. 따라서 그리스-로마 시대의 시민사회는 그 자체가 곧 국가였고, 정치사회였다. 전체 사회의 모

---

1) 시민사회의 기원을 그리스-로마 시대에서 찾는 것은 'civil society'란 용어가 고대 그리스어의 'koinonia politike'와 로마어의 'societas civilis'에서 연유했고, 아리스토텔레스의 「정치학」에도 폴리스(polis)에 참여하는 시민(civilis)의 역할을 규정하고 있다는 점에서 알 수 있다.

든 영역이 분화되지 않은 당시에는 사회를 국가와 동일시했기 때문에 시민사회는 사적인 생활과 구별되는 공적 생활 영역으로 받아들여졌다.

중세의 시민은 14~15세기에 화폐경제의 발달로 재산을 축적하게 된 유럽의 도시 상공업자를 가리켰다. 이들은 절대군주와 결합하여 봉건영주로부터 해방되었지만, 정치적 자유보다 경제적 안정과 사적 이익을 추구하면서 상업자본가와 산업자본가로 성장하여 부르주아(bourgeois)[2]로 불리게 되었다. 봉건 시대 영주와 귀족의 억압에 저항한 계층은 다양한 평민계급의 연합이었지만, 사실상 주도적인 세력은 이들 부르주아였다. 부르주아(자본가계급)는 이후 근대국가의 형성 과정에서 시민혁명의 주체로서 절대군주의 권위 체제를 무너뜨리고 민주주의를 확립하는 데 결정적인 역할을 하게 된다(유팔무 외, 1995: 239-240; 박상필, 2006: 142-143).

근대적 의미의 시민사회는 대체로 17~18세기부터 시작된다. 근대 초기의 유럽은 도시를 중심으로 사유재산과 시장경제가 발달하고, 르네상스와 종교개혁의 영향으로 독립적 개체로서 인간의 자유와 권리에 대한 의식이 싹트던 시기였다. 이 시기에 무역과 상공업을 통해 재산을 축적한 부르주아는 자신들의 생명과 재산은 물론 자유로운 경제활동을 보장해 줄 정치체제나 기구(institutions)의 필요성을 절감하고 있었다.

이러한 역사적 배경에서 등장한 홉스(Thomas Hobbes), 로크(John Locke), 루소(Jean-Jacques Rousseau), 볼테르(François Voltaire), 페인(Thomas Paine) 등과 같은 계몽주의 사상가들은 국가와 분리된 시민사회의 개념을 제시하게 된다. 근대 국민국가(nation-state)가 형성되면서 초기 계몽주의자들이 염두에 둔 시민사회는 누구나 법 앞에서 평등한 사회로, 자연권을 바탕으로 한 문명사회를 의미했다. 18세기 말까지는 문명화되지 않은 원시사회, 또는 자연 상태(state of nature)와 반대되는 개화된(civilized) 사회로 법에 의한 지배가 이루어지는 입헌주의 국가를 시민사회의 전형으로 보았다.

---

2) 'bourgeois'는 당시 봉건영주의 세력이 미치지 않고, 물자 운송과 외적 방어가 용이한 지역에 'bourg'(도시)를 이루며 살던 상공인 집단을 의미했으나, 오늘날에는 일반적으로 자본가계급 또는 유산자계급을 지칭한다.

오늘날 논의되고 있는 시민사회론은 이탈리아의 혁명가였던 그람시(Antonio Gramsci)가 20세기 초에 제기한 이후 1970년대 중반부터 서구 사회에서 본격적으로 탐색하기 시작했다. 서구 사회에서 시민사회에 대한 관심이 고조된 것은 제2차 세계대전 이후에 서구 사회를 풍미했던 마르크스주의에 입각한 전통적인 사회운동이 1960년대 말을 고비로 서서히 퇴조하기 시작한 반면 환경·인권·여성·소비·문화 등 다양한 영역에서 '새로운 사회운동(new social movements)'이 등장하고, 복지국가의 문제점이 부각되면서 이를 해결하기 위한 제3의 길을 모색하는 과정에서 시민사회가 그 대안으로 부상했기 때문이다.[3)]

1980년대에는 남미와 아시아 등 제3세계에서 권위주의 정권이 해체되고 민주화가 진행되는 과정에서 시민사회가 중추적인 역할을 담당했고, 급기야 동유럽의 국가사회주의가 몰락하는 역사적·정치적 대전환을 겪으면서 시민사회의 중요성은 전 세계적으로 확산되었다.

우리나라에서도 1987년 6월 민주화운동을 기점으로 권위주의 정권을 몰아내고 민주화를 달성하는 데 시민사회의 여러 단체가 견인차 역할을 담당했고, 이후에도 이들의 정치적 영향력이 확대되면서 시민사회에 대한 관심과 열기가 가히 폭발적으로 일어났다.

이 같은 시민사회의 성격과 위상을 설명하는 이론적 조류는 크게 두 가지 흐름으로 대별할 수 있다. 하나는 근대 초기의 사회계약론자에서 출발해 토크빌(Alexis de Tocqueville)에 의해 체계화된 자유주의적 전통이고, 다른 하나는 시민사회에 내재된 계급적 성격과 자본주의 체제의 모순점에 천착하는 마르크스주의의 전통이다. 자유주의적 전통이 시민사회 내 자발적 결사체와 시민문화의 중요성을 강조하고 있다면, 마르크스주의의 전통을 이어받은 20세기의 후기마르크스주의는 그람시의 헤게모니론과 하버마

3) 새로운 사회운동 또는 신사회운동(new social movements)이라는 용어는 자본주의 생산체계의 계급성을 중시하는 정치적 노동운동으로 대표되는 구사회운동(old society movements)과의 이념적·실천적 지향의 차이를 강조하기 위해 사용되어 왔다. 1960년대 말부터 기존의 사회 질서와 정치 권력의 변화를 추구하는 시민운동으로 등장한 신사회운동은 환경운동, 반전평화운동, 민권운동, 여성운동, 소비자운동, 반핵운동, 반문화운동, 녹색당 등 다양한 형태로 전개되었다(손혁재, 2003: 61).

스(Jürgen Habermas)의 비판이론이 시민사회론의 지평을 확장하고 있다.

2) 자유주의적 시민사회론

자유주의적 시민사회론은 국가와 시민사회를 분리하여 시민사회의 자율성과 국가 권력에 대한 통제를 전제하고 있다는 점에서 근대 초기의 사회계약론자들에 사상적 토대를 두고 있다.[4] 홉스, 로크, 루소 등 초기의 계몽주의 사상가들은 국가 권력과 시민사회의 형성을 합의론적 또는 계약론적 인식에 기초하고 있다.

이들은 시민사회를 개인이 자신의 재산과 생명, 그리고 자유를 지키기 위해 '합의'로 이루어진 하나의 결사체로 보았다. 사회가 인간의 이기심으로 인해 전쟁 상태로 직면하게 될 수도 있는 '자연 상태'나 '만인에 대한 만인의 투쟁 상태'에서 벗어나기 위해서는 합의 또는 계약에 의해 법을 만들 인격(홉스)이나, 공정한 판정의 권위(로크), 정치 체제(루소)를 형성해야 하며, 이를 통해 비로소 개인은 시민사회의 구성원이 된다는 것이다(정태석, 2007: 25).

다시 말해, 사회계약론자들이 주장하는 시민사회는 자유롭고 평등한 개인들로 이루어진 결사체로, 강제력을 독점하는 조직체인 국가와 실체적·규범적으로 분리되어야 한다는 것이다(Keane, 2003 ; Cohen & Arato, 1992).

절대군주에 대한 비판으로부터 출발한 이 같은 정치철학은 근대적인 국가의 존재를 인정하면서도 인간의 자연적인 권리를 억압하는 국가 권력을 통제하기 위해, 국가와 독립된 정치제도로서 시민사회를 강조했다. 계몽주의 사상가들의 사회계약론은 이후 개인의 정치적 자유뿐만 아니라 사적 소유권과 시장 질서를 보호하기 위해 국가의 개입을 최소화하려는 자유주의

4) 엄밀한 의미에서 국가와 시민사회를 대립적인 개념으로 사용한 것은 헤겔의 「법철학」(1812)과 토크빌의 「미국의 민주주의」(1835-1840)가 출간된 이후인 19세기 말부터라고 할 수 있다. 로크(1632-1704)가 「정부론」에서 국가와 시민사회를 구분했지만, 이는 개인의 재산과 안전의 보호에 초점을 둔 것으로 자연 상태와 상대적인 개념으로 사용했다. 로크는 또 국가와 시민사회의 관계를 분리보다는 연결에 비중을 두고 있었다(박상필, 2005: 154).

사상의 토대가 되었다.

자유주의적 전통을 체계화한 것은 토크빌(Alexis de Tocqueville)인데, 그는 국가를 사회와 대립적인 개념으로 보고 국가 권력의 집중 현상과 경제 영역에 대한 개입으로 인해 개인의 자유와 권리가 억압되는 것을 우려했다. 토크빌에 의하면, 국가 권력은 전제주의(despotism)의 속성을 지니고 있기 때문에 국가를 견제하고 민주주의를 강화하기 위해서는 시민사회를 발전시키는 것이 관건이라는 것이다(Tocqueville, 1984).

이러한 측면에서 토크빌의 국가관은 마르크스(Karl Marx)와 엥겔스(Friedrich Engels)의 부정적 국가관과 유사하지만, 마르크스와 반대로 국가의 계급적 속성보다는 시민사회의 자율성을 강조한 것이 대조적이다. 그는 특히 미국의 민주주의가 발전하게 된 중요한 요인의 하나로 자발적 결사체를 들고 있는데, 시민들이 이러한 결사체에 적극적으로 참여함으로써 민주적인 제도와 규범, 공공성과 같은 시민적 가치를 공유하는 한편, 국가 권력의 집중을 견제하게 됨으로써 정치 체제의 안정성에도 기여하는 것으로 분석했다.

토크빌적 전통의 시민사회론은 조직적·문화적 차원에서 민주주의 발전 요소를 제시한 앨먼드(Gabriel Almond)와 버바(Sidney Verba)의 '시민문화론'과 퍼트남(Robert D. Putnam)의 '사회자본(social capital)' 이론으로 이어졌다(김호기, 2007: 41-42). 먼저 앨먼드와 버바는 민주주의의 발전을 위해서는 대화와 설득을 중시하는 다원주의, 합의와 다양성의 존중, 질서의식과 준법정신, 그리고 온건한 변화를 선호하는 시민문화(civic culture)의 중요성을 강조했다. 이들에 따르면, 이러한 시민문화는 합리적 개인과 공동체 정신에 입각한 참여적 시민성(civility)을 통해 성립된다는 것이다(Almond & Verba, 1963: 31-32).

퍼트남은 시민이 자발적 결사체나 공동체에 참여함으로써 형성된 사회자본을 통해 민주주의가 어떻게 작동하는지를 분석했다. 그는 자발적 결사체에 참여한 시민 간에 "조정된 행동을 유도함으로써 사회의 효율성을 높일 수 있는 신뢰, 규범, 네트워크와 같은 사회조직의 특성"인 사회자본이 시민사회를 이루는 구성원 간에 협력 가능성을 높임으로써 민주주의를 성숙시키고 경제사회의 발전을 이루게 된다고 보았다(Putnam, 1993b: 167).

근대 초기의 사회계약론과 토크빌을 거쳐, 오늘날 신자유주의로 이어지는 자유주의적 시민사회론의 요체는 시민사회는 법률적으로 동등한 사적 개인들이 자율적 결사체를 구성하여 자유롭게 활동하는 공간으로 최소한의 국가 개입과 최대한의 시민사회의 자율성을 추구하는 것이다. 국가에 의해 인간 본연의 자연권과 경제활동의 자율성이 침해될 경우 시민사회가 이를 견제함으로써 민주주의를 지키는 보루로서 역할을 하게 된다는 것이다.

3) 마르크스주의적 시민사회론

마르크스에 앞서 헤겔(Georg W. Hegel)은 자유주의적 시민사회론을 비판하면서, 공적이고 윤리적인 국가를 통해 시민사회의 사적인 욕구와 갈등을 통합하는 국가주의적 대안을 제시했다. 헤겔은 국가와 시민사회를 규범적으로 분리한 사회계약론자들의 국가관에서 한 걸음 더 나아가 시민사회를 국가와 대립되는 것으로 보았다.

그는 사회를 가정-시민사회-국가의 세 영역으로 구분했는데, 여기서 시민사회는 사적 개인들의 이익 추구 활동이 전개되는 '욕구의 체계'라는 것이다. 그에게 시민사회는 개인이 자신의 욕망을 충족하기 위해 경제적 거래와 경쟁이 일어나는 갈등의 영역인데 비해, 국가는 도덕적·현실적 의미에서 절대정신이 완전하게 실현되는 '이성의 구현체'였다. 그러므로 헤겔에게 시민사회는 보편적인 이익을 추구하고 개인의 주체성과 공동체성이 동시에 발현될 수 있는 국가로 이행되는 과도기 단계였다.

이 과정에서 그는 시민을 사적인 이익에 결부되어 있는 '부르주아(bourgeois)'와 시민적 자유를 통해 새로운 규범과 질서를 형성해 나가는 '공적인 시민(citoyen)'으로 구분하고, 후자를 국가와 시민사회의 분리를 지양할 수 있는 주체로 보았다(Keane, 2003).

마르크스는 개인적 자유와 민주주의를 중시한 자유주의적 시민사회 개념이 착취와 지배에 기초한 자본주의의 생산 관계를 은폐하려는 부르주아 이데올로기라고 비판하고, 경제적인 계급 관계에 초점을 두었다. 그는 자본주의 사회의 시민은 법률상으로는 동등해 보이지만 자본의 소유 여하에 따라 지배-피지배 관계가 형성되므로 체계적인 불평등이 존재한다고 보았다. 이런 관점에서 마르크스는 자본주의 시민사회를 부르주아 계급이 지배하는 부르주아 사회라고 명명하고, 이곳에서는 사익 추구를 위한 경쟁과 소외로 인해 인간적인 연대와 공동체적 요소를 해체시키고 있다고 진단했다.

또한 마르크스는 시민사회가 사적 욕구의 체계로 이루어져 있고 과도기적 특수성을 띠고 있다는 헤겔의 개념을 부분적으로 수용하면서도, 국가를 이성의 궁극적인 실현체로 보는 그의 시각에는 동의하지 않았다. 마르크스에게 자본주의 국가는 '부르주아 계급의 집행위원회'로 시민사회 내 부르주아 계급의 이해관계를 배타적으로 관철시키는 특수이익의 구현체일 뿐이었다 (Keane, 2003).

국가 권력은 지배계급의 성격에 따라 좌우되기 때문에, 국가는 공정한 심판자가 아니라 부르주아에 의한 프롤레타리아의 수탈과 지배를 후원하고 정당화시키는 지배장치로 인식되었다. 국가와 시민사회의 관계 또한 구조적으로는 상부구조와 토대로 이원화되어 있지만, 실질적으로는 경제적인 결합 관계를 유지하고 있다고 보았다. 이러한 이유로 마르크스는 자유주의자들의 '국가-시민사회' 구도 대신에 '토대-상부구조'로 시민사회를 분석했다.

엥겔스도 마르크스와 동일한 시민사회론을 전개하고 있는데, 그는 시민사회를 상부구조인 국가의 성격을 좌우하는 토대(base)로 보았다. 시민사회는 본질적으로 사적 소유에 기반을 둔 계급사회이기 때문에 국가는 계급적인 속성을 보일 수밖에 없다는 것이다.

마르크스와 자유주의적 시민사회론의 공통점은 시민사회의 형성을 자본주의 시장경제에서 찾고 있다는 점이다. 시민사회에 대한 접근 방식은 상이하지만, 기본적으로 시민사회를 경제사회와 동일시하고 있다는 것을 알 수 있다.

그러나 자유주의자에게 시민사회는 보호되고 강화되어야 할 자율성의 공간인 반면, 마르크스주의자에게 시민사회는 계급적 불평등과 경제적 적대 관계로 인해 해체되어야 할 부정적 대상이었다. 시민사회의 불평등 구조 또한 자본주의의 생산 관계에 기인한 것이기 때문에 국가의 개입으로 해결될 수 없고, 궁극적으로는 자본주의를 변혁시켜야만 가능하다는 것이다.

4) 그람시의 시민사회론

20세기에 들어와 시민사회에 대한 논의를 촉발시킨 주역은 그람시(Antonio Gramsci)와 하버마스(Jürgen Habermas)였다. 후기마르크스주의를 대표하는 이들은 마르크스의 '토대-상부구조' 이론이 시민사회의 비경제적 요소를 무시한 경제환원주의라고 비판하는 동시에, 시민사회 내의 불평등 구조와 국가의 민주성을 간과한 자유주의 이론의 한계도 극복하는 시민사회론을 제시했다.

이탈리아의 마르크스주의 혁명가였던 그람시의 시민사회론은 "왜 서유럽에서는 러시아에서와 같은 프롤레타리아 혁명이 일어나지 않았는가?"라는 문제 의식에서 출발한다. 그람시는 서유럽의 자본주의 체제가 프롤레타리아 혁명에 의해 붕괴되지 않고 오히려 그 체제를 더욱 견고하게 유지해 나가는 메커니즘에 관심을 가졌다. 이에 대한 해답은 마르크스와 달리 시민사회를 토대(경제사회)가 아닌 상부구조의 한 영역으로 분석했다는 점이다.

다시 말해, 상부구조를 포괄하는 국가를 물리적 강제력을 동원하는 협의의 국가(정치사회)와 다양한 시민조직의 총체인 시민사회로 구성된다고 보았던 것이다.[5] 그람시는 기존의 국가-시민사회(자유주의) 또는 토대-상부구조(마르크스)의 이분법 구조에서 벗어나 정치사회(국가)-경제사회(시장)-시민사회라는 삼분 모델로 시민사회를 분석한 것이다.

그가 이렇게 상부구조를 국가와 시민사회로 구분한 것은 자본주의 국가에서 부르주아 지배가 단순히 억압적 국가기구를 통해서만 유지되는 것이 아니라 시민사회에 뿌리내린 다양한 제도와 실천을 통해 이루어지고 있다고 보았기 때문이다. 그람시가 목도한 시민사회는 헤게모니를 장악하기 위

5) 그람시가 말하는 시민사회에는 교회, 노동조합, 학교뿐만 아니라 언론, 도서관, 클럽 등을 포함한 각종 문화적 제도와 시설이 망라된 것으로 여론에 영향을 줄 수 있는 사적인 유기체의 총체라고 할 수 있다(Kebir, 1991; 김호기, 1995: 128).

해 치열한 정치적 투쟁이 전개되는 영역이자 시민의 문화적인 삶이 영위되는 사적인 활동공간이었다.

여기서 그람시의 시민사회론에서 핵심적인 개념인 헤게모니(hegemony)가 등장하는데, 그가 말하는 헤게모니는 시민사회 내에서 지배계급이 대중에 영향력을 행사하는 가치와 신념 체계 중에서, "물리적 강제력이 아니라 지적·도덕적·문화적 리더십을 통해 피지배계급의 자발적 동의를 창출하는 것"을 의미한다(Gramsci, 1971).

따라서 서유럽이 프롤레타리아 혁명으로 전도되지 않고, 자본주의 체제가 유지되고 있는 것은 부르주아가 시민사회 내에서 헤게모니를 장악했기 때문이라는 설명이다. 그러나 시민사회는 이와 동시에 노동자계급의 대항 헤게모니도 형성되어 불평등한 자본주의 체제를 변혁시키고 사회주의로 이행을 가능케 하는 혁명적인 잠재력을 가진 영역이다.

그람시가 이렇게 중요시한 시민사회는 헤겔의 경우와 유사하게 사회주의 체제를 성취하기 위한 혁명 투쟁의 도구로서 일시적이고 전략적인 존재에 불과했다. 여기서 그는 부르주아 민주주의를 변혁시켜 사회주의로 이행하기 위한 전략으로 '진지전(陣地戰, war of position)'을 제시한다. 1917년의 볼셰비키혁명 때는 러시아의 시민사회가 매우 취약해 국가를 상대로 직접 투쟁을 벌였던 '기동전'이 주효했지만, 시민사회가 튼튼히 뿌리를 내린 서구에서 국가 권력을 쟁취하기 위해서는 '기동전'보다 '진지전'이 헤게모니를 확보하는 데 적합한 전략이라는 것이다.

자본주의를 토대로 시민사회론을 전개한 토크빌이 시민사회의 강화를 통해 민주주의를 더욱 견고히 하자는 의도였다면, 그람시의 문제 제기는 시민사회의 대항 헤게모니를 조직해 종국적으로 사회주의를 달성하고자 했다는 점에서 근본적인 차이가 있다. 다시 말해, 그람시의 시민사회론은 시민사회의 실체와 중요성을 인정하면서도 시민사회 자체의 발전과 성장에 초점을 둔 것이 아니었다는 점에서 마르크스주의의 맥을 잇고 있다.

5) 비판이론의 시민사회론

그람시와 함께 시민사회에 관한 최근의 논의에 큰 영향력을 미치고 있는 또 다른 흐름은 하버마스, 코헨(Jean Cohen), 아라토(Andrew Arato), 킨(John Keane), 헬드(David Held)로 이어지는 비판이론이다. 비판이론의 전통은 자본주의와 관료제의 문제점을 극복하여 사회 변혁과 해방을 추구하자는 것인데, 하버마스는 이를 위해 공론장이 활성화될 수 있도록 공공 영역을 민주화하고 시민사회를 강화해야 한다는 입장이다. 그의 시민사회론은 초기와 후기의 개념 구성이 상이하기 때문에 두 단계로 나눠 고찰할 필요가 있다.

초기 저작인 「공론장의 구조변동」(1962)에서 하버마스는 통치행위의 주체인 국가를 '공적 권위 영역'으로 규정하고, 이와 구별되는 '사적 영역(private sphere)'에 공공 영역(public sphere)과 시민사회가 공존한다고 보았다. 여기서 시민사회는 상품 교환과 사회적 노동이 이루어지는 부르주아 소가족 영역을 의미하고, 공공 영역은 초개인적으로 구조화된 사회적 개인 간의 행위와 의사소통 영역을 말한다. 이 공공 영역에서 사회구성원의 의견이 공개적으로 표출되어 국가와 시민사회를 매개하는 역할을 하게 된다.

근대 사회의 공공 영역은 살롱과 클럽을 중심으로 시작되었지만, 신문과 인쇄술이 발달하고 시민혁명을 거치면서 정치적 공공 영역으로 변모하게 된다(Habermas, 1991; 신광영, 1999: 94-95).[6] 현대 사회에서는 개인 간의 직접적인 의사소통이 제한적이기 때문에 주로 대중매체가 공공 영역에서의 의사소통 역할을 수행하고 있다. 이렇게 보면 하버마스가 강조하는 공공 영역의 핵심적인 기능은 국가 권력을 견제하는 여론 형성이라고 할 수 있다.

그런데 국가와 시민사회 사이에 존재했던 이 공공 영역이 19세기 이후 국가의 역할이 확대되어 개인들의 사적 영역에 개입하기 시작하면서 국가와 시민사회가 재결합하는 현상이 발생하게 된다. 이로 인해 공공 영역이 축소되고 국가의 기능과 역할이 강화되어 시민사회의 통제력이 약화되는 현상을 하버마스는 사회의 '재봉건화(refeudalization)'라고 규정했다(Ha-

6) 초기 산업자본주의 하에서 공공 영역은 부(富)와 재산이 있는 부르주아만 접근이 가능했기 때문에 하버마스는 이를 부르주아 공공 영역(bourgeois public sphere)이라고 불렀다.

bermas, 1962: 60-75).[7)]

「의사소통의 사회이론」(1981)을 출간한 후기에는 자본주의의 발달에 따른 경제의 분화 현상에 초점을 둔 '체계-생활세계' 모델을 제시했다. 초기 모델에서는 경제활동이 일어나는 공간이 시민사회의 범주에 포함되었으나, 후기 모델에서는 '체계'의 하위 시스템의 하나인 경제 체계로 분리시킨 것이 특징이다. 다시 말해, '체계'를 관찰자의 관점에서 화폐와 권력을 조정 매체로 하는 사적인 경제 체계와 공적인 행정 체계로 구분한 것이다.

'생활세계(lifeworld)'는 사회화를 담당하는 사적 영역과 담론적 공적 영역을 담당하는 공공 영역으로 구성되어 있는데, 이 생활세계에서 개인적이든 공적이든 모든 유형의 의사소통 행위가 이루어지게 된다. 즉, 생활세계는 행위자의 관점에서 '합의에 대한 해석적 이해'가 이루어지는 일상 영역으로 목적합리성이 지배하는 체계와 달리 의사소통적 합리성이 작동한다는 것이다(Habermas, 1981: 171).

체계와 생활세계는 이렇게 서로 분리되어 있었으나 국가관료제가 점차 비대해지고 자본주의 경제가 고도화되면서 사회 영역으로서 체계와 생활세계의 경계가 모호해지고 체계에 의한 생활세계의 침투 현상이 일어나게 된다.[8)] 다시 말해, '체계'가 과도하게 발달하게 되고, 이로 인해 공공 영역의 비판적 기능이 점차 줄어들어 마침내 사라지고 마는 '생활세계의 식민화(colonization of life world)' 현상이 발생하게 된다는 것이다(Habermas, 1981: 470-488).

7) 하버마스는 국가의 개입으로 경제위기를 극복하고 복지정책이 확대되면서 국가와 사회의 경계가 허물어지게 되었고, 다른 한편에서는 국가의 기능이 민간으로 이전 또는 위탁하는 경우도 늘어나면서 국가와 사회의 영역을 엄격하게 구분하는 것이 어렵게 되었다고 본다(Habermas, 1991).

8) 체계와 생활세계는 영역으로는 분리되어 있지만 다양한 차원에서 상호 교환 관계를 형성하고 있다. 즉, 생활세계의 사적 영역은 경제 체계에 노동력과 수요를 제공하며, 경제 체계는 사적 영역에 임금과 재화 및 용역을 제공한다. 또한 생활세계의 공공 영역은 행정 체계에 세금 납부와 체제의 안정성 및 지속성에 기여하며, 행정 체계는 조직적 성과와 공공 의사결정을 통해 생활세계의 공공 영역과 교류하고 있다(Habermas, 1981; 김호기 외, 1995: 130). '생활세계의 식민화'는 이러한 상호 교류가 체계의 독주로 균형이 깨진 상태를 말한다.

하버마스가 「공론장의 구조변동」(1962)에서 우려했던 공공 영역의 '재봉건화' 현상이 이제는 체계의 강제성과 복합성의 증대로 생활세계에 침투하여 의사소통적 합리성을 억압하는 '생활세계의 식민화'로 대치된 것이다. 이러한 상황에서는 다양한 차원의 공론장이 제 기능을 수행하지 못하기 때문에 체계의 권력을 제한하여 생활세계의 식민화를 저지하는 것이 시민사회의 중요한 과제라는 것이다.

코헨과 아라토는 하버마스의 체계-생활세계 모델을 수용하여 비판이론의 시각에서 시민사회의 개념을 정립했다. 이들의 논의는 생활세계를 사적 영역과 공공 영역으로 분리시킨 하버마스에 대한 비판에서 출발한다. 하버마스는 생활세계의 구성 요소를 인성, 사회 통합, 문화의 세 요소로 분류하고, 개인의 사회화 과정(사적 영역)과 문화 전수(공공 영역)를 매개하는 영역을 사회 통합으로 구분했다.

그러나 코헨과 아라토는 개인이 사회화를 통해 자기정체성을 갖게 되고, 문화적 전통을 공유함으로써 사회적 연대 의식이 형성되는 것은 현대 사회에서는 다양한 제도와 조직을 통해 이루어지고 있기 때문에 이 세 가지 요소를 시민사회의 개념으로 통합했다. 다시 말해 생활세계의 공공 영역과 사적 영역에서 개인을 '사회화'하고, 의사소통적 '문화'를 전수하며, '사회 통합'을 이루어 내는 제도적 차원들이 바로 시민사회라는 것이다(Cohen & Arato, 1992; 김호기 외, 1995: 131; 신광영, 1995: 96-97).

따라서 코헨과 아라토가 의미하는 시민사회는 친밀한 영역(가족), 자발적 결사체, 사회운동, 그리고 공공 의사소통 행태로 구성되어 있으며, 정치·행정 체계(국가) 및 경제 체계(시장)와 상호작용하는 영역을 의미한다(Cohen & Arato, 1992: ix).[9]

이들은 궁극적으로 국가와 시장, 시민사회가 상호 경계를 유지하면서 균

---

9) 코헨과 아라토는 시민사회의 구성 요소로 다원성, 공공성, 사생활, 법률성을 들고 있다. 다원성은 생활 형태의 다양성을 허용하는 다원성과 자율성을 갖는 가족, 비공식집단, 자발적 결사체를 말하고, 공공성은 문화와 의사소통의 제도를 의미하며, 사생활은 개인의 자아 발전과 도덕적 선택의 영역이다. 그리고 법률성은 국가와 경제로부터 다원성·공공성·사생활을 구분하는 데 필요한 법률과 기본권의 구조를 의미한다(Cohen & Arato, 1992: 346).

형을 이루는 사회를 지향하는데,[10] 이를 위해서는 시민사회가 '체계'의 정책결정과 정치문화에 압력을 행사하는 '영향력의 정치'를 통해 국가와 시장으로부터 독립성과 자율성을 확보하고 의사소통적 합리성을 증대할 것을 강조하고 있다(Cohen & Arato, 1992: 563).

2 국가 및 시장과의 관계

1) 시민사회의 영역 구분

전체 사회를 몇 개의 하위 체계(subsystem)나 영역(sector)으로 구분할 것이냐의 문제는 학문적 관심 분야와 분류 기준에 따라 다양하지만 정치, 경제, 사회 체계로 세분하거나 공공 영역(public sector)과 사적 영역(private sector)으로 나누기도 한다.[11]

현대 사회에서는 국가(정부), 시장(기업), 시민사회라는 세 개의 하위 영역으로 분류하는 것이 보편적이지만, 어떤 가치와 기준을 제시하더라도 영역별로 경계가 모호하고 상호 중첩되는 부분이 발생한다.[12] 시민사회론에서는 근대 이래로 사회의 영역을 '국가-시민사회', '토대-상부구조'의 2 영역 모델과 '국가(정치)-시장(경제)-시민사회'의 3영역 모델이 대종을 이루어 왔다.

(1) 2영역 모델

전통적으로 마르크스주의자와 자유주의자들은 사회를 이분법적 대립구

10) 코헨과 아라토는 시장의 자율성을 맹신하는 자유주의와 국가 권력을 장악해 자본주의 체제를 해체하려는 전통 마르크스주의가 모두 전체화의 논리에 빠져 있다고 비판하고, 국가-시장-시민사회 간의 균형을 강조하고 있다는 점에서 자신들의 이론을 '다원주의'라고 부른다(Cohen & Arato, 1992; 정태석, 2007: 32).

11) 사회(society)라는 용어는 매우 광범위해서 국가와 같은 의미로도 사용되고, 정치와 경제 영역을 제외한 사회구성체의 하위 체계를 지칭하기도 하는데, 대개 협의의 사회는 국가에 대비되는 개념으로 사용된다.

12) 예를 들면, 국·공영 언론매체와 교육기관은 국가와 시민사회 두 영역에 걸쳐 있고, 노동조합과 정당도 각각 경제사회와 시민사회, 시민사회와 정치사회(국가) 두 영역에 중첩되어 있다(유팔무 외, 1995: 252).

도로 보아왔다. 자유주의자들은 기본적으로 국가와 시민사회를 대립시키는 2영역 모델에 입각해 논지를 전개해 왔는데, 로크를 비롯한 근대 계몽주의 사상가들은 전제주의적인 권력을 행사하는 국가와 이를 견제하고 통제하는 자율적 공간으로서 시민사회를 설정했다. 절대왕정에 저항한 초기 자유주의자와 마찬가지로 토크빌도 국가의 기능과 역할을 최소화하고 시민사회의 영역을 최대화하기 위해 국가 권력에 대한 사회적 통제를 강조했다.

마르크스의 '토대-상부구조' 모델도 국가와 사회(토대)라는 2영역 모델의 대표적인 경우이다. 자본주의 생산 체계에서 물적 '토대'는 경제사회를 의미하기 때문에 마르크스에게 시민사회는 개념적 유용성을 얻기 어려웠다. 따라서 마르크스가 바라보는 시민사회의 의미는 자유주의자들과 판이하지만, 양자 모두 시민사회를 경제사회와 동일한 영역에 두고 분석했다는 점은 공통적이다.

비판이론의 전통에서 '국가-시민사회'의 2영역 모델을 주장한 논자로는 킨(John Keane)과 헬드(David Held)를 들 수 있다. 킨은 마르크스주의와 자유주의적 전통을 결합해 시민사회를 시민들의 자율적이고 다원적인 공간인 동시에 적대와 체계적인 불평등이 구조화되어 있는 영역이라고 보았다 (Keane, 2003). 국가와 상대적인 개념으로 시민사회를 설정한 것은 헬드도 마찬가지인데, 그는 시민사회를 국가 바깥에 개인과 집단 사이의 사적이고 자발적으로 조직된 사회생활의 영역으로 보았다(Held, 1987: 314).

이들은 국가 이외의 사회 영역을 통틀어서 시민사회로 규정하고 있지만 시민사회 내에서의 시민적 자율성과 경제적 영역의 차이에 주목한다는 점에서는 자유주의와 차이가 있다. 하지만 이들은 근본적으로 경제 영역(시장)을 시민사회에 포함시킴으로써 자본주의 체제에서 자율성을 갖고 독자적인 영역을 구축한 경제구조를 설명하지 못하는 약점이 있다.

(2) 3영역 모델

전체사회의 영역을 '정치사회(국가)-경제사회-시민사회'로 3분한 것은 그람시로부터 유래된다. 그의 3영역 모델은 마르크스의 2영역 모델에서 '토대'에 포함되었던 시민사회를 분리시키는 한편, 자유주의자들의 '국가-시민사회' 모델에서 소홀히 다루어졌던 경제 영역을 독립시킨 것이다. 다시 말해, 그는 하부구조인 경제사회 이외에 상부구조로서 정치사회와 시민사회를 별도의 범주로 분리한 것이다. 그람시의 3영역 모델은 2영역 모델의 문제점을 보완했지만, 시민사회를 헤게모니와 지배의 문제로 한정시킴으로써 국가와 시민사회와의 관계가 명확하지 않다는 한계가 있다.

즉, 민주주의의 발전 과정에서 국가와 시민사회는 대립과 투쟁의 역사로 점철되어 있는데, 그람시의 3영역 이론은 자본주의 국가에서 부르주아 계급의 지배가 시민사회 내에서 헤게모니 장악으로 설명되고 있기 때문에 시민사회가 국가 대신에 계급 지배를 유지시키는 역할을 수행하는 '새로운' 영역인지 불분명하다는 점이다(신광영, 1995: 93-94).

그람시에 비해 하버마스는 훨씬 구체화된 3영역 모델을 제시하고 있다. 그는 초기에는 '공적 권위 영역'(국가)과 '사적 영역'(공공 영역 및 시민사회)으로 구분한 3영역 모델을 제시했지만, '체계-생활세계' 모델에서는 '체계'(행정 체계 및 경제 체계)와 '생활세계'(공공 영역 및 사적 영역)로 구분했다. 후기 모델은 생활세계를 공사(公私)로 구분하고 있기 때문에 엄격히 보면 4영역 모델에 기초하고 있지만, '체계'의 분화와 달리 '생활세계'는 일상적인 의사소통 행위가 이루어지는 시민사회의 영역이기 때문에 3영역 모델에 접근하고 있다.

코헨과 아라토 또한 생활세계를 양분한 하버마스의 후기 모델의 문제점을 지적하면서 이를 3영역으로 통합한 시민사회의 개념을 제시했다는 것은 앞서 설명한 바와 같다.

이처럼 그람시와 비판이론가들이 3영역 모델을 주창하고 있다는 점에서는 동일하지만, 시민사회의 속성과 전망에 대해서는 큰 차이가 있다. 그람시에게 시민사회는 지배계급의 헤게모니와 노동자계급의 대항 헤게모니가 동시에 작동되는 공간이라는 점에서 다분히 계급적 속성을 지니며, 사회주의 체제로 이행되는 일시적이고 전략적인 단계이다.

이에 비해 하버마스의 비판이론에서 체계와 생활세계는 규범적으로 분리되어 있기 때문에 시민사회는 역사 발전에 따라 소멸되는 영역이 아니라 사회적 해방의 보루로 기능하게 된다(김호기 외, 1995: 132-134). 반면, 비판이론은 시민사회의 계급적 성격보다 사회통합을 강조함으로써 계급, 인종, 성별로 인한 대립과 갈등의 문제를 간과하는 약점이 있다.

이 밖에 크레이머(Ralph M. Kramer)와 우스노(Robert Wuthnow)도 3영역 모델을 제시하고 있고 반 틸(Jon Van Til)과 재노스키(Thomas Janoski)는 4영역 모델을, 오코넬(Brian O'Connell)은 5영역 모델을 각각 주창하고 있으나 국가-시장-시민사회의 3영역 모델이 현대 사회의 영역 간 관계를 설명하는 데 적합한 분석틀로 타당성을 얻고 있다.

2) 시민사회와 국가 및 시장과의 관계

근대 사회가 국민국가의 등장과 자본주의의 발전이라는 양면적 과정을 통해 형성되면서 시민사회와 국가 및 시장과의 관계는 다양한 양태로 전개되어 왔다. 이들 간의 관계는 역사적 발전 단계와 이념적 토대에 따라 상이한 의미를 띠고 있다. 먼저 국가와 시민사회의 관계를 자유주의자의 시각에서 보면, 국가는 폭력적인 권력을 동원해 개인의 자유와 권리를 억압할 수 있기 때문에 시민사회가 이를 방어하고 저항해야 한다고 강조한다.

즉, 권위주의적인 국가(정부)에 의해 시민사회의 자율성이 침해될 경우 각종 결사체를 구성하여 국가에 대항해야 한다는 입장을 견지한다. 정치적 자유주의와 시장경제의 결합으로 등장한 오늘날의 신자유주의는 국가에 대한 불신이 더욱 심화되어 기업활동의 자유와 규제 완화, 작은 정부와 사회복지비 삭감 등을 요구하고 있다.[13)]

국가와 시민사회를 계급적 관점에서 대립과 적대의 관계로 보는 것은 마르크스주의 전통에서 강하게 나타난다. 마르크스는 자본주의 국가는 부르주아 계급의 이익을 대변하기 때문에, 국가와 시민사회의 관계는 형식적인 분리에도 불구하고 실질적인 결합 관계로 파악했다. 그람시도 시민사회를 부르주아와 노동자 계급의 헤게모니 투쟁의 장으로 보았다.

---

13) 국가와 시민사회의 관계를 신자유주의적 시각에서 접근할 경우, 국가의 역할이 축소되고 시민사회가 확장되는 것이 시민권의 강화가 아니라 시장의 확대로 이어진다는 한계가 있다. 자유주의적 전통은 시민사회와 시장을 동일시하는 경향이 있기 때문에 이들의 요구는 결국 작은 정부와 강력한 시장으로 귀결된다(손혁재, 2003: 60-61).

그러나 시민사회는 계급적 대립뿐만 아니라 인종, 성별, 종교, 세대, 지역 문제 등을 둘러싼 다층적인 세력과 단체의 투쟁과 타협이 상존하는 곳이다. 이러한 갈등과 이해관계를 조정하고, 특히 신자유주의와 세계화로 인한 사회적 약자의 보호와 복지 서비스의 증대를 위해서는 국가와 시민사회가 서로 협력해야 할 필요성이 증대하고 있다. 따라서 자유주의나 마르크스주의의 경우처럼 적대적이고 부정적인 국가관으로는 현대 시민사회의 현실을 설명하는 데 한계가 있다.

시장(경제사회)과 시민사회의 관계도 역사적으로 상호 의존과 견제라는 이중적 관계를 유지해 왔다. 근대화와 경제 발전 과정에서 시장과 시민사회는 재화·서비스·임금과 노동력·수요·신뢰를 서로 공급해 주며 상호 의존적 관계를 형성해 왔다. 다른 한편에서 시장의 경쟁 원리와 합리성이 시민사회를 자극했다면, 시민사회는 노동운동과 시민운동을 통해 시장의 이기성과 자기파괴적 성향에 경종을 울리는 견제의 역할을 수행해 왔다.

이처럼 사회 영역으로서 국가(정치사회), 시장(경제사회), 시민사회는 상호 구별되는 경계를 유지하면서 상호 견제와 협력 관계를 형성해 왔다. 만일 국가나 시장 어느 일방이 우세할 경우 영역 간 균형의 원리가 허물어져 국가주의나 신자유주의가 기승을 부릴 수 있다. 따라서 현대 사회에서 시민사회와 국가 및 시장과의 관계는 각 영역이 적절한 기능을 수행하면서 상호 협력과 견제를 통해 균형을 이루는 관계가 가장 바람직하다고 하겠다.

제 2 절 시민사회의 형성과 발전

1 서구 시민사회의 형성과 발전

근대 국민국가가 형성되고 자본주의의 발달과 더불어 생성된 서구의 시민사회는 개별 국가의 역사적 배경과 정치적·경제적 발전 과정에 따라 다양한 양태를 보이고 있다. 오늘날 공공 영역으로서의 시민사회는 개방성과 보편성을 바탕으로 하고 있지만 근대 초기의 서구 시민사회는 외국인, 여성, 노동자 등이 공공 영역의 담론 과정에서 배제되었을 뿐만 아니라 참정권도 주어지지 않았다. 마르크스가 19세기의 시민사회를 부르주아 시민사회라고 규정한 것은 당시 시민사회의 계급성과 배타성을 단적으로 드러낸 표현이라고 하겠다.

유럽의 인접 국가인 영국, 프랑스, 독일은 물론 신대륙 미국의 시민사회는 상이한 역사적 경험을 반영하고 있기 때문에 매우 큰 편차를 보인다. 이러한 차이는 일차적으로 근대국가 형성 과정에서 구체제에 대한 부르주아 혁명과 노동자계급의 저항이 어떠한 형태로 전개되었느냐에 기인한다. 후발 자본주의 국가의 경우 국가 주도의 산업화가 진행되면서 국가 권력에 의한 통제로 인해 시민사회의 발달은 지체될 수밖에 없었다.

영국은 산업화 과정에서 성장한 부르주아를 주축으로 하는 자유주의 세력과 의회주의 전통의 영향으로 정치적 민주주의와 시민사회가 점진적으로 발달한 것이 특징이다. 프랑스의 경우 대혁명을 거치면서 구체제가 붕괴되고 근대적인 시민사회의 시대가 열렸지만, 자유주의의 전통이 미약해 혁명 세력이 또 다른 절대 권력을 장악하면서 시민사회의 발전은 상당 기간 동안 지체되었다. 영국과 프랑스에 비해 자본주의의 발달이 지연된 독일에서는 부르주아가 왕권과 귀족에 도전하기보다는 이들과 결합하여 구체제에 안주함으로써 정치적 자유주의가 발전하지 못했다(신광영, 1995: 116-119). 이민국가의 특성을 반영한 미국의 시민사회는 백인우월주의와 인종 간 갈등으로 시민사회의 배타성과 분절 현상이 오랜 기간 지속되었으며, 20세기 중반에 들어와서야 비로소 자유와 평등의 이념이 구현되는 자유주의적 시민사회의 보편성을 갖출 수 있었다.

1) 영국 시민사회의 형성과 발전

영국 시민사회가 혁명이나 극단적인 투쟁을 거치지 않고 자유주의와 의회주의의 전통을 수립할 수 있었던 것은 1688년의 명예혁명(무혈혁명)에서 비롯된다. 명예혁명 이전부터 영국은 상비군과 관료제에 의존하는 강력한

중앙집권적 통치 체제가 수립되지 않았기 때문에 의회민주주의가 발달할 수 있었다.14)

혁명 이후에는 하버마스가 시민사회의 발전에 결정적 요소로 간주한 생활세계의 공공 영역도 형성되기 시작했다. 1700년대에 이미 런던에만 3,000여 개의 커피하우스가 등장했고 정기간행물이 이들 커피하우스와 연결되어 여론 형성을 주도했다(Thompson, 1993; 박지향, 1995: 264). 언론매체와 대중교육의 영향으로 시민사회 내에서의 의사소통이 활성화되면서 권위주의적 국가 권력은 점진적으로 약화되어 갔다.

영국 시민사회의 형성 초기에 중요한 역할을 담당한 계층은 토지귀족(gentry)이었다. 유럽의 전통적인 봉건 지주층과 달리 이들은 초기 자본주의 발전 과정에서 토지를 이용하여 자본가 계급으로 성장했다. 그 결과 영국에서는 계급적으로 귀족과 부르주아의 경계가 모호해져 구체제를 대변하는 귀족과 새로운 체제를 대변하는 부르주아 간의 극단적인 투쟁이 전개되지 않았다(신광영, 1995: 108). 이처럼 18세기 영국에서는 귀족, 지주층, 부르주아의 구분이 모호했고, 정치·경제적 문제에서 이익공동체를 형성하고 있었기 때문에 이들이 시민사회에서 강력한 헤게모니를 행사할 수 있었다.15)

18세기 말부터는 상공업과 시장경제의 확장으로 부를 축적한 부르주아가 시민사회의 핵심으로 등장하기 시작했고, 19세기에는 노동자들의 참정권 투쟁이 사회운동의 흐름을 이끌어 갔다. 그러나 당시의 노동조합과 협

14) 1215년의 대헌장(Magna Carta)에 이미 재판이나 국법에 의하지 않고는 자유인을 체포·감금하지 못하게 했고, 재판을 통한 처벌을 제도화하여 왕의 전제적인 권력 행사를 제한했다. 이때부터 중앙 권력의 통제와 봉건적 구조에서 벗어난 지방정치 체제가 등장하기 시작했다. 명예혁명 이후 1689년에 제정된 권리장전(Bill of Rights)에는 의회의 동의 없는 법률의 제정이나 집행 및 과세를 금지하고, 평화시 상비군의 징집과 유지도 불법화함으로써 의회정치의 기초를 확립했다.

15) 당시 영국에서 부르주아가 완전히 성숙하지 못한 반면, 지주층이 여전히 지배계급으로 존재하고 있었다는 사실은 영국 시민사회의 특수성을 말해 준다. 프랑스나 독일의 경우처럼 부르주아의 토지귀족화가 아니라, 지주층의 부르주아화였으며, 영국의 부르주아는 대헌장과 명예혁명을 거치면서 귀족 지배계급이 형성해 놓은 정치적 전통을 토대로 근대화를 추진할 수 있었다(박지향, 1995: 271-272).

동조합은 다분히 개량주의적인 특성을 보이고 있었다. 노동운동이 국가와 지배계급에 저항하는 계급 투쟁이 아니라 정치적인 해결 방법을 추구했고, 국가도 이러한 요구를 일방적으로 억압하지 않고 점진적으로 수용함으로써 제도적인 개선 방안을 모색했다.

당시 노동운동을 대표하는 차티스트운동이 여론을 이용하는 서명운동이었다는 사실은 노동자계급의 투쟁 방식이 의회와 언론매체를 통한 합법적인 방식을 택하고 있었음을 알게 한다.[16] 소비자 중심의 협동조합운동 또한 자본주의의 틀을 유지한 채 생활 수준의 향상만을 도모했고, 협동조합이나 공제조합이 노동자계급에 팽배했다는 사실은 '자조(自助)'라는 가치가 영국 사회에서 얼마나 깊은 영향을 미치고 있었는가를 여실히 드러낸 징표이다(박지향, 1995: 274-283).

노동운동과 다른 차원에서 가장 활발했던 사회운동은 자선활동이었는데, 1869년에 창설된 자선조직협회(Charity Organization Society)나 금주협회(Temperance Society)와 같은 단체는 빈곤, 음주, 도덕적 타락 등과 같은 사회문제를 해결하기 위해 국가와 대중을 상대로 광범위한 활동을 벌였다.

국가와 시민사회의 분리라는 자유주의적 전통은 19세기 말의 경제적 위기와 투쟁적인 노동운동의 등장으로 야경국가에서 복지국가로 전환되어 갔다. 제2차 세계대전 이후에는 복지정책으로 인한 급격한 예산 팽창 등으로 국가의 역할과 기능이 이전에 비해 확대되었다. 그러나 이 같은 경제적·사회적 변동에도 불구하고, 영국에서는 자유주의를 바탕으로 한 강한 시민사회의 전통이 지속적으로 유지되고 있다.

자본주의 체제의 모순에 저항하는 노동운동과 시민사회의 비판에도 정

16) 차티스트운동은 영국의 노동자들이 1832년의 선거법 개정에서 투표권을 얻지 못하자 1830년대 중반부터 1850년대까지 벌였던 참정권 확대운동으로 주로 국민을 상대로 한 서명운동 방식으로 전개되었다. 1837년에 러벳(William Lovett) 등이 '인민헌장(People's Charter)'을 작성하여 보통선거권 등을 요구하는 서명운동을 벌인 이래, 1839년에는 120만 명의 서명을 받아 하원에 제출했으나 거부되었다. 1840년에도 오코너(Feagus O'Connor)가 맨체스터에서 전국헌장협회를 설립했고, 1842년에는 325만 명의 서명청원서를 하원에 제출했으나 번번이 거부되었다. 남성만을 대상으로 한 제한적인 보통선거권은 1884년에 확립되었다.

부는 대체로 불간섭주의와 '공평한 국가'의 윤리를 견지했다. 1979년 이후 대처(Margaret Thatcher) 수상의 보수당 정부에서도 개인의 자발성과 '자조'의 가치는 시민사회의 중요한 덕목으로 강조됨으로써 국가와 독립적인 영국 시민사회의 특성을 드러냈다(박지향, 1995: 288-289).

2) 프랑스 시민사회의 형성과 발전

프랑스 시민사회의 형성은 1789년 대혁명으로 절대군주의 권위주의 정치 체제가 붕괴되고 봉건사회의 구조적 틀이 파괴됨으로써 시작되었다. 대혁명 이후 19세기의 프랑스는 혁명 세력이 주도한 자유주의와 민주주의의 정치 이념이 교차하면서 시민사회의 기반이 형성된 시기였다. 대혁명 이후 1848년 2월혁명 이전까지 19세기 전반부는 자유주의 정치 이념이 시민사회의 모토였다면, 2월혁명 이후 제3공화국(1871~1940)이 등장한 19세기 후반부는 민주주의가 국가와 시민사회에 뿌리를 내린 시기였다(나병균, 1995; 324-325).

19세기 전반부에 혁명을 주도한 부르주아는 국가 권력을 장악하고 지배 세력으로 정치적 기반을 확대했다. 혁명 이후 왕정복고(1815~1830) 시기가 이들과 귀족 세력이 제휴한 기간이었다면, 7월 왕정(1830~1848) 시기는 부르주아가 독자적인 정치 세력으로 정국을 주도한 기간이었다. 이들은 군주주의와 공화주의라는 정치 이념의 극단을 오가면서도 경제적 자유주의를 기치로 부와 권력을 강화했다. 구체제의 몰락 이후에도 프랑스는 테러와 왕정이 반복되는 등 정치적으로 매우 불안정했기 때문에 법치주의가 정착하지 못하고 법 위에 군림하는 국가주의가 영향력을 미치고 있었다.

결과적으로 프랑스 혁명기에 부르주아는 절대왕정의 구체제를 타파하고 공화주의(republicanism) 이념을 추구했으나 현실 정치에서는 이를 제도적으로 구체화하지 못했던 것이다. 혁명 세력은 오히려 또 다른 형태의 절대 권력을 행사했기 때문에 시민사회의 발전을 기대하기 어려웠다. 혁명 직후 이들은 국가와 개인 사이에 존재하는 중간집단이 공화주의 정신에 위배된다는 이유로 1791년 르 샤플리에 법을 제정하여 그동안 자율적으로 운영되던 각종 단체의 활동을 금지시켰다는 점에서도 이들이 내세운 정치 이념의 한계를 알 수 있다.

초기의 자유주의 이념은 19세기 후반부터 본격적으로 진행된 산업화에 따라 사회계층의 분화가 이루어지기 시작하면서 퇴색되기 시작했다. 1848년 2월혁명을 기점으로 노동운동이 활성화되기 시작했고, 1870년대부터는 노동조합과 새로운 사회조직이 점차 국가로부터 자율적인 활동 영역을 보장받게 된다. 보통선거의 실시와 의회민주주의의 활성화, 그리고 노동조합을 비롯한 각종 사회단체의 활동과 언론의 자유가 보장된 것은 정치 이념으로서 민주주의가 제도화되기 시작했음을 말해 준다.

제3공화국(1871~1940)이 등장한 이후에는 의회의 기능이 강화되고 정당제도가 정착되면서 지역적 이슈와 다양한 사회계층의 이해관계를 대변하는 제도적 장치가 작동하기 시작했다.

프랑스의 시민사회 형성 과정은 앞서 살펴본 영국의 경우와 매우 대조적이다. 특히 국가와 시민사회의 관계에서 국가는 국방, 치안 등 전통적인 역할뿐만 아니라, 경제·사회·문화·환경 등 모든 부문의 중심에서 주도적으로 활동했다. 복지 부문에서도 국가의 역할은 절대적이어서 복지 예산의 팽창과 국가 권력의 정당성에 대한 비판이 제기될 때도 국가 주도의 복지 정책을 완화하지 않았다. 영국에서 1970년 후반 대처 수상이 집권한 이후부터 국가 기능을 민영화하고 복지예산을 대폭 삭감하기 시작한 것과 대조적인 현상이라 할 수 있다.

이처럼 국가가 시민사회의 영역에 깊숙이 개입하고 있는 것은 중앙집권적인 정치 질서와 국가 기구 안에서 행정부의 우위 현상에 기인한 것으로 설명된다. 의회주의의 전통과 지방자치제도가 발달한 영국에서는 일찍부터 권력분산형 정치 질서가 형성되어 있었으나, 프랑스는 대혁명 이후 국가 기구 안에서 지배 세력 간의 견제와 균형이 이루어지지 못했다. 또한 시민사회의 형성도 정치 권력에 의한 일방적이고 단절적인 변화에 기초하고 있다는 점이 의회를 중심으로 점진적으로 발전해 온 영국의 경우와 상이한 경로를 걷게 했다(나병균, 1995: 293-295).

3) 독일 시민사회의 형성과 발전

서유럽의 선진국이 17~18세기에 통일된 정치 체제를 갖추고 세계 시장에서 패권을 다툴 당시에 독일은 여전히 정치적·경제적 낙후 상태를 면치 못하고 있었다. 영국과 프랑스의 시민 세력이 18세기 후반부터 근대 시민사회의 구성원으로 재편성되는 동안, 독일의 시민은 여전히 전통적인 신분에 머물러 있었다.

19세기에 들어서면서 시인, 문필가, 교사, 대학교수 등 지식인층으로 구성된 '교양시민(bildungsbürger)'이 시민사회의 토대를 형성하기 시작했다.[17] 교양시민은 계몽주의 사상의 영향으로 독서협회, 사교클럽 등의 문화단체를 결성하여 '시민적 공공 영역'을 구성했으나, 당시 이들은 독일의 낙후된 현실 세계를 반영하듯 초세속적인 세계관을 형성하고 있었다. 도시 상공업자가 주축이 된 부르주아는 1840~50년대의 산업화 단계를 거치면서 시민 세력으로 등장하게 된다.

독일의 지식인층과 부르주아는 산업화 과정이 진행되면서 하나의 사회 계급으로 통합되었지만 영국, 프랑스 등과 같은 선진 자본주의 사회와 달리 구체제와 봉건적 신분 질서에 저항하는 개혁적인 시민 세력으로 부상하지 못했다. 이 같은 현상은 결과적으로 전근대적인 사고방식과 생활양식, 그리고 구체제의 지배 세력이 산업자본주의 시대에까지 잔존함으로써 민주적인 정치제도의 발전을 가로막는 결과를 초래하게 되었다(Kocka, 1987; 박근갑, 1995: 327).

따라서 혁명을 통한 절대주의 지배 체제의 타파나 점진적인 민주주의의 발전을 경험하지 못했던 독일의 시민 세력이 추구할 수 있었던 정치적 이념은 이상적이고 급진적인 자유주의였다. 시민 세력은 절대왕권과 신분적 특권, 그리고 교회의 횡포로부터 해방되는 '계급 없는 시민사회'를 표방했

---

17) 19세기 초 독일 '교양시민'은 '속물적인' 도시 거주민에 비추어 스스로를 개명된 '세계시민(Weltbürger)'으로 지칭했는데, 이는 세속적 편견과 민족적 아집에 얽매이지 않은 교양인으로서의 자긍심을 반영한 것이었다. 독일 관념철학에서 유래하는 칸트(Immanuel Kant)의 '세계시민'의 미래상도 보편적인 인간 권리가 지배하는 법치국가를 이상향으로 제시했다(Riedel, 1972; 박근갑, 1995: 331-332).

지만, 자본주의의 미숙과 정치적 후진성에 머물러 있던 당시의 정치적·경제적 현실과는 동떨어진 이상에 불과했다.

현실적이고 온건한 자유주의 운동을 추진할 시민 세력이 부재한 상태에서, 결국 권위주의적 국가에 의해 '위로부터의 개혁'이 단행된다. 프로이센의 농지개혁을 시발로 진행된 개혁은 관료제도와 법률 체계를 갖춘 근대국민국가의 형성을 촉진했지만 국가 권력을 통제하고 다양한 사회계층의 이해관계를 수렴하는 민주주의 정치 체제로 발전하지는 못했다.

한편 독일의 자유주의자들은 영국과 달리 노동자계급과 연대한 민주연합도 구성하지 못했다. 교양시민과 부르주아로 구성된 자유주의 시민 세력은 1848년 3월혁명 당시에 노동자들의 폭력 시위를 목도한 뒤, 과격한 노동운동이 시민사회에 위협적인 존재로 성장할지도 모른다는 위기 의식을 지니게 되었기 때문이다.[18] 따라서 이들은 자본주의 체제에서 노동자들의 경제적·사회적 해방보다는 상층부 노동자들을 시민계급에 묶어 둠으로써 광범위한 대중적 지배를 강화하는 데만 관심을 두었다. 결과적으로 독일제국의 건설기(1864~1871년)에는 전통적 지배계급인 귀족 및 관료집단과 결합하여 '자유주의의 이상'을 포기함으로써 자율적인 시민사회의 발전을 가로막게 되었다.

독일 시민 세력의 이 같은 이중성은 독일제국의 통일(1871년) 시기에는 다시 민족주의와 결합되면서 시민사회를 국가에 합일시키는 방향으로 전개되었다. 통일을 주도한 비스마르크(Otto von Bismarck)가 경제입국을 내세워 패권전쟁을 벌일 당시에 자유주의 세력은 이를 민족주의적인 '현실정치'로 받아들였던 것이다(박근갑, 1995: 343-345). 이로 인해 독일제국은 프로이센의 봉건구조를 타파하지 못했고 통일헌법에도 의회민주주의의 발전을 제약하는 전근대적 사회구조의 잔존물이 상당 부분 반영되었다.[19]

---

18) 시민 세력의 이중성은 시민조직과 대중적인 저널리즘이 발달되지 못한 상태에서 급진적인 사회주의운동이 등장하게 되자 자유주의자들이 위협을 느꼈기 때문으로 설명된다. 이러한 현상은 동일한 후발 자본주의 국가였던 스웨덴에서 자유주의자들과 사회주의자들 간에 민주연합이 이루어졌던 것과는 달리 보수주의와 자유주의 연합이 사회주의 세력과 대립하는 현상이 나타났다(신광영, 1995: 111).

19) 통일제국의 헌법 체계가 초반기 자유주의의 이상에 완전히 부합되지는 않았지만 시민사

통일 이후 법치국가의 수립으로 시민권이 확대된 19세기 말에도 관료제적 권위가 시민사회 위에 군림하고 있었다. 19세기 동안 계속된 독일 시민사회의 저발전은 20세기 초까지 지속되었고, 20세기에 들어와서도 두 차례에 걸친 세계적 규모의 침략 전쟁과 나치즘 체제로 인해 서유럽의 발전 경로에서 벗어난 파행적 성격을 띠게 되었다.[20] 그러나 제2차 세계대전을 거친 이후에는 자유주의적 전통과 급진주의가 결합해 시민사회의 공공 영역이 급속한 발전을 이루게 되었다.

4) 미국 시민사회의 형성과 발전

미국은 근대 자본주의와 노예제라는 두 개의 상이한 사회 체제가 공존한 상태에서 남북전쟁(1861~1865)을 겪고 나서야, 자유와 평등을 가치로 하는 근대 시민사회가 형성되었다고 할 수 있다. 19세기 중반까지 미국 사회는 독립혁명과 건국기를 거쳐 서부로 향한 영토의 확대와 산업 발전이라는 두 개의 축을 중심으로 발전했다(황영국, 1981: 340).

미국의 산업혁명은 1812년의 미·영 전쟁 이후 관세법의 제정(1816년)으로 국내 산업에 대한 보호 체제가 확립된 이후부터 본격화했다. 북동부지역에서 면방공업을 중심으로 산업혁명이 일어나고 있을 때, 남부에서는 영국으로 수출하기 위한 면화 재배로 새로운 활로를 개척하고 있었다.[21]

회의 발전을 위한 제도적 틀을 마련한 것임에는 틀림이 없다. 법치주의의 이념이 개인의 재산권과 계약의 자유를 보장하는 민법전(BGB)에 구체화되어 있었고, 언론과 집회의 자유가 법률적으로 보장되고 여론이 자율적으로 형성되는 '시민적 공공 영역'이 확산되었다(Habermas, 1981; 박근갑, 1995: 346-348).

20) 독일 시민사회의 저발전에 대해 1848년의 3월혁명 이후 제2차 세계대전에 이르는 시민사회의 형성 과정을 '시민성의 부재'로 인한 '잘못된 역사 발전'으로 간주하는 것은 국가와 시민사회를 이분법적으로 구분하는 고전적인 자유주의 이론에 근거했기 때문이라는 비판도 있다. 19세기 후반기 독일 시민사회의 한계는 봉건적 요소의 잔재나 시민계급의 정치적 미성숙에 기인하기보다는, 산업화의 과정에서 발생한 구조적 갈등의 산물이기 때문에 독일 통일 이후를 '조용한 부르주아 혁명'의 과정으로 이해해야 한다는 것이다(Blackbourn & Eley, 1984; Evans, 1990; Breuilly, 1992; 박근갑, 1995: 330-337).

21) 당시 남부지역의 총생산량에서 면화가 차지한 비중은 1800년 37%에서 1820년 60%, 1840년대 이후에는 80%를 차지하게 되었다. 생산량도 1800년 200만 파운드에서 1820년 800만 파운드, 1840년 3천 400만 파운드, 1860년에는 1억 파운드로 증가했다. 이같이 막대한 수량의 면화는 북동부지역 면방공업의 원료로 공급된 것은 아니라 주로 영국에

19세기 전반부의 미국은 상공업이 발달한 북동부 및 독립 자영농이 주류를 이루고 있는 서부와 노예제 농업에 기반을 둔 남부가 상이한 경제적 이해관계로 인해 '지역주의'를 표방하며 심각하게 대립하던 시기였다. 그러나 남북전쟁 이후 노예제가 폐지되고 미국 경제는 획기적으로 발전하게 된다. 전쟁으로 북서부의 상공업이 눈부시게 성장했고, 전시 중에 공화당이 장악한 연방의회는 보호관세제도, 대륙횡단철도, 자작농지법 등 경제 발전에 획기적으로 기여한 법안들을 제정했다. 남북전쟁 이후 지역 간 대립은 더 이상 중요한 국가적 과제로 등장하지 않았지만 인종 간, 민족 간 갈등은 미국 사회의 통합을 저해하는 심각한 문제로 부각되었다.

미국에서 인종 간, 민족 간 갈등이 사회 균열의 뇌관이 된 것은 미국 역사의 초기부터 유럽에서 이주해 온 백인이 아메리카 원주민, 흑인, 기타 유색인을 차별하며 백인우월주의적 사회를 이루어 왔기 때문이다. 시민사회의 형성 과정에서 백인 이외의 소수민족은 사회적 · 경제적 · 정치적으로 백인과 동등한 대우를 받지 못했다. 특히 식민지 시절부터 백인과 함께 아메리카 대륙에 거주하게 된 흑인은 지속적인 차별 대우를 받아 왔다(김하영, 2002: 225-226).

이러한 미국의 역사에 비추어보면 20세기 초반까지 제한된 시민사회를 형성해 왔다고 볼 수 있다. 시민사회는 오랜 기간 동안 흑인과 인디언을 배제한 백인 남성의 시민사회였으며,[22] '백인우월주의'는 자유주의와 함께 미국 시민사회의 주요한 이데올로기를 구성하고 있었다. 인종은 물론 종교집단에 대한 차별도 적지 않아 시민사회가 '다원적이지만 위계적인 구조'를 지니고 있다는 것이 특징이다(유팔무 외, 1995: 243-245). 즉, 영국계 토착 미국인과 개신교도를 중심축으로 그 주위에 크고 작은 차별과 박대를 받는 다양한 인종과 종교집단이 위계적으로 배치되어 있다는 것이다.

다층적인 시민사회의 가장 변두리에 형식적으로만 시민이었던 흑인이 위치해 있었다. 흑인은 20세기 초반까지 학교 격리, 주거, 고용, 선거권, 린

수출되었으며, 면화의 수출액은 당시 미국 총 수출액의 50% 이상을 차지하고 있었다(황영국, 1981: 340).

22) 백인 여성도 1920년의 제19차 헌법 개정이 이루어질 때까지 선거권을 행사하지 못했다.

치 등 심한 차별과 시민권 제약을 받고 있었다.[23] 이 같은 위계구조는 제2차 세계대전 이후 멕시코계와 아시아계를 중심으로 한 새로운 이민 행렬로 인해 미국의 시민사회는 한층 더 다변화했다.[24]

미국 시민사회의 이러한 특성은 단일민족이 오랜 기간 동안 역사적·문화적 전통을 이어온 유럽의 선진 사회와 달리, 건국 초기부터 식민지 개척과 산업 발전에 필요한 노동력을 전 세계의 이민자들로 충당함으로써 다인종·다민족으로 시민사회가 구성되었다는 점에서 비롯되었다.

한편 다른 측면에서 보면 미국의 시민사회는 토크빌이 민주주의 발전의 요체라고 강조한 자발적 결사체의 활동이 가장 왕성한 국가이다. 자유주의적 시민사회 개념을 체계화한 토크빌은 민주주의가 유럽보다 미국에서 더 잘 발전된 이유로 국가 권력을 견제하고, 외부의 간섭과 통제를 받지 않는 자율적인 시민단체(civil association)의 활동을 들었다(Tocqueville, 1957). 오늘날의 미국에서는 비영리 민간단체(non profit organization: NPO)들이 독자적으로, 또는 정부의 기능을 위임·위탁받아 다양한 영역에서 활동함으로써 개인적 자유주의와 분절성을 극복하고 시민사회의 통합을 유도하는 중추적인 역할을 담당하고 있다.

2 아시아 시민사회의 형성과 발전

유럽과 달리 19세기 이전까지 자본주의를 경험하지 못했던 일본과 중국

23) 1950~60년대에 전개된 흑인 민권운동으로 1964년 민권법(Civil Rights Act)과 1965년 투표권법(Voting Rights Act)이 개정됨에 따라 흑인에 대한 인종적 차별이 제도적으로 철폐되었다. 그러나 흑인은 오늘날에도 멕시코계, 아시아계, 인디언 등과 마찬가지로 미국 주류사회에 통합되지 못한 채 하위문화를 형성해 집단적으로 거주하는 '시민사회의 분절화' 현상이 지속되고 있다.

24) 미국의 이민 인구는 1990년 100만 명에서 1991년 180만 명으로 최고치에 달했다. 제2차 세계대전 이후 1995년까지 신규 이민 인구는 총 2,000만 명가량으로 미국 전체 인구의 9%에 달했다. 이 중에는 멕시코계가 40%로 가장 많고, 아시아계가 25%를 차지했다. 1900년 당시에는 이민 인구의 85%가 유럽인이었으나 1980년대에는 10% 정도에 불과했다(Tienda & Liang, 1994; Dinnerstein et al., 1996; 유팔무, 1997: 248).

등 아시아 지역의 시민사회의 형성은 오랫동안 저발전 상태에 머물고 있었다. 근대 자본주의의 도입도 권위주의적이고 중앙집권적인 국가의 전통이 강하게 남아 있는 상태에서 진행되었기 때문에, 서구와 같은 자유주의의 세력은 억압되었고 시민사회의 외연도 크게 확장되지 못했다.

유럽의 경우 시민사회의 형성 과정에 부르주아의 역할이 지대했으나 아시아에서는 자본주의의 발전과 시민혁명을 거치지 않았고, 자본주의화 이후에도 부르주아가 자생적으로 발달하지 못했다는 점에서 두 지역의 상이한 발달 경로를 말해 준다. 독일의 경우에서처럼 '위로부터의 혁명'이나 국가정책에 의해 부르주아 계급이 형성된 경우 부르주아는 국가에 도전하기보다는 국가의 지지 세력이 될 수밖에 없다(신광영, 1995: 112-118).

일본의 경우 메이지 유신을 통해 근대적인 관료 체계가 성립되고 본격적인 근대화가 추진되었으나, 국민의 기본권을 억압한 권위주의적인 정치구조로 인해 시민사회의 성장은 좌절되었다. 근대화가 '위로부터의 혁명'을 통해 단행된 것은 독일과 유사하지만, 역사적으로 자유주의와 급진주의적 전통이 미약해 제2차 세계대전 이후에도 시민사회는 관료주의적 국가와 밀접한 유대 관계를 형성한 채 저발전 상태가 지속되었다.

전통적인 왕조국가를 유지해 온 중국은 19세기 말에 시민사회에 대한 논의가 제기되었으나, 사회주의 체제가 수립되면서 시민사회의 맹아는 싹트지 못했다. 1989년 천안문사태로 중국에서도 시민사회에 대한 관심이 고조되고 있으나, 여전히 국가 중심적 한계를 벗어나지 못하고 있다. 국가사회주의 체제의 골격을 유지하고 있는 중국은 사회구성체의 기본 논리가 자본주의 체제와 근본적으로 상이하기 때문에 국가에 의해 통제되고 조절되는 시민사회의 특성은 상당 기간 지속될 것으로 보인다.

1) 일본 시민사회의 형성과 발전

일본의 근대화와 자본주의의 발전은 19세기 중반의 메이지 유신(明治維新)으로부터 시작된다. 전형적인 '위로부터의 혁명'인 메이지 유신은 300여 년 동안 일본을 지배했던 막부(幕府) 체제를 종식시키고 강력한 중앙집권 체제를 구축했다. 천황을 정점으로 한 절대주의 체제는 근대적인 관료제도와 법률제도를 통해 사회 전 영역에 대한 국가의 개입과 위계구조를 형성했다.

서구 자유주의 국가에서 법치주의는 절대군주의 권력을 제한하기 위해 등장했지만, 메이지 유신으로 탄생한 법치국가는 시민의 권리를 억압하는 수단으로 작용했다. 근대 초기 모든 생활세계의 조직이 국가의 통제 하에 들어감으로써 자율적인 시민사회의 공공 영역은 확보되기 어려웠다. 입헌공화제와 기본권 보장을 요구하는 자유민권운동이 없지 않았으나, 관료적 행정 체계를 갖춘 절대국가와 신민(臣民)사회가 결합함으로써 시민사회는 뿌리를 내릴 수 없었다(신광영, 1995: 113).[25)]

근대적 의미의 시민사회는 1960년에 전개된 '안보 투쟁'을 기점으로 본격적으로 형성되기 시작했다.[26)] 일본과 미국 간의 상호 원조에 의한 방위 문제로 야기된 안보 투쟁은 국민적 저항을 불러일으켰고, 이를 통해 민주주의와 시민 의식이 국민들 사이에서 자리잡기 시작했다. 안보 투쟁 과정에서 특징적인 것은 기존의 정치·사회조직에 가입하지 않았던 학생, 직장인 등이 자발적으로 참여했다는 점이다. 이들은 이후 일본의 시민사회의 형성과 시민운동에 핵심적인 동력이 되었다(김영래, 2006: 279).

안보 투쟁이 일본 열도를 휘몰아친 이후에는 기존의 계급적 이념운동에서 벗어나 주민들의 일상생활 영역에 뿌리를 둔 새로운 운동이 등장했다. 1960년대 말부터는 정치적·이념적 투쟁보다는 사회복지·주거환경·교통문제 등 일상의 삶과 밀접한 이슈를 중심으로 주권 의식과 이를 실천하는

25) 시민사회를 역사적 실체로 체험하지 못했던 일본에서는 개인을 기본 단위로 하는 사회(society)라는 용어 대신에 가족을 단위로 하고 장유유서적인 상하 관계를 의미하는 '세켄(世間)'이라는 말을 사용해 왔다. 'society'가 일본어의 '사회'라는 말로 번역되어 사용되기 시작한 것은 메이지 유신 10년 후인 1870년대 후반부터로 알려져 있다(권혁태, 2003: 191-192).

26) 물론 1960년 이전에도 시민사회의 토양은 형성되어 있었다. 메이지 유신헌법도 결사체의 자유를 인정했고, 제2차 세계대전 이후 미군정의 민주화 정책에 따라 수많은 단체가 결성되어 노동운동과 농민운동이 발생했다. 특히 각 지역을 중심으로 자치제도가 발달해 부락회, 정내회(町內會) 등이 운영되고 있었다(김영래, 2006: 278-279). 그러나 이들 자치조직은 지방정부와의 관계에서 자율성과 독립성이 미약해 준(準)관변조직의 성격을 띠고 있었기 때문에 근대적 의미의 시민사회로 보기에는 한계가 있다.

생활운동이 활기를 띠게 되었다.

생활정치 영역에서의 실천운동이 대외적으로 노출된 결정적인 계기는 1995년의 한신(阪神) 대지진이었다. 대지진이 발생하자 일본 각지에서 활동하던 자원봉사단체가 현장에 몰려들어 정부보다 훨씬 신속하고 효율적인 구호활동을 전개했다. 이 같은 모습은 언론을 통해 전 국민에게 알려지면서 자발적 결사체로 구성된 시민사회에 대한 관심이 고조되었고, 그 후 시민사회단체를 지원하기 위한 특정비영리활동촉진법(NPO법)을 제정하는 계기가 되었다.[27)]

오랜 지방자치의 전통을 지닌 일본은 한국의 경우와 같이 대규모의 시민단체가 중앙 정치무대를 중심으로 역동적인 시민운동을 벌인 사례는 별로 없지만, 지역에서 풀뿌리 주민운동을 통해 생활정치 중심의 시민사회를 형성해 왔다. 풀뿌리운동은 환경문제에서도 지역적 이슈를 중심으로 활동하는 성향이 강하게 나타나고 있다. 고도 경제 성장 과정에서 야기된 각종 공해로 인한 피해를 방지하기 위한 주민운동도 새로운 시민운동의 영역으로 전개되고 있다. 1950년대 중반 미나마타 시(水俣市)에서 수은중독사건이 발생할 당시에는 피해 주민을 중심으로 한 보상운동이 주류를 이루었으나, 1970년대 이후에는 도시 거주자들이 주거환경을 저해하는 공해 유발 산업을 반대하는 주민운동으로 집단화되었다.

1980년대에 들어서면서는 지역적·국내적 이슈에서 해외 원조활동으로 시민사회의 관심이 확대되었다. 일본의 경제적 위상에 걸맞게 비영리 민간단체(NPO)를 중심으로 개발도상국에 대한 지원활동과 외국인 인권운동 등도 활발히 전개되고 있다. 그러나 일본의 시민사회는 자유주의적 전통이 미약하고, 시민혁명을 거치지 않은 상태에서 '민관 파트너십'이란 명목으로 국가(정부)와 협조적 관계를 유지하려는 정치사회적 환경으로 인해 시민사회의 독자적인 영역은 서구에 비해 상당히 협소한 편이다.

---

27) 시민단체에 법인격을 부여하는 것을 주요 내용으로 하는 NPO법은 1998년 3월에 제정되었는데 일본에서 시민사회가 성장하는 데 상당한 기여를 했다. 2009년 8월 현재 NPO법에 의해 등록된 법인 수는 3만 8,000여 개에 달하지만(일본 내각부, www.npo-homepage.go.jp), 이보다 수배에 달하는 NPO들이 정부에 등록하지 않은 채 활동하고 있다.

2) 중국 시민사회의 형성과 발전

중국 시민사회에 대한 논의는 중국에서 '시민사회' 개념의 유용성 문제와 중국 사회의 특수성에 대한 이해가 전제되어야 한다. 우선, 서구에서도 다양한 시민사회론이 존재하는 상황에서 서구와 역사적·문화적 전통이 판이한 중국에, 서구적 의미의 시민사회를 적용하는 것은 현실적합성은 물론 개념적 혼란을 야기할 수 있기 때문이다.

비록 중국이 1978년 개혁개방 정책을 실시한 이후 시장경제로 전환되었다고 하지만, 여전히 강력한 권위주의 정치 체제를 유지하고 있고, 국가의 사회에 대한 지배가 제도적으로 상존한다는 현실을 감안해야 한다(이남주, 2003: 242-243).[28] 그러나 1989년 6월의 천안문사태 이후 중국에서도 시민사회에 대한 관심이 증가하고 있고, 국가-사회의 관계도 새로운 변화에 직면하고 있기 때문에 1990년 후반부터 시민사회론은 중국 사회를 분석하는 중요한 도구로 등장하고 있다.

시민사회의 개념을 국가와의 대립성이나 자주성의 기준에서 벗어나 시민사회 형성에 국가의 주도성을 포함한다면, 중국 시민사회의 기원은 청말(淸末) 근대 국민국가 형성기로 거슬러 올라갈 수 있다.[29] 청말 중화민국 초의 계몽사상가 량치차오(梁啓超, 1873-1929)는 '신민설(新民說)'에서 서구 열강의 간섭에 대비해 독립국가를 수립하는 한편, 내부적으로 국민 형

---

28) 중국 학계에서는 국가와 사회의 관계를 이원적인 대립 구도로 보는 시각과 상호 의존적으로 보는 견해가 공존하는데, 후자는 시민사회의 창출에 국가가 적극적으로 관여할 수 있다는 입장을 보인다. 이 같은 견해는 근대 초기나 개혁개방 이후에도 국가와 사회의 명확한 구분이 힘들며, 국가로부터 자유로운 사회조직의 등장을 확인하기 어렵다는 점을 현실적인 근거로 들고 있다. 다시 말해, 개인주의를 바탕으로 하는 서구의 자유주의적 시민사회론은 정치적 이념으로는 존재할 수 있지만 중국인의 전통적인 친족 관계와 위계적인 가치 체계와는 양립하기 힘든 개념이라는 것이다. 따라서 중국에서 새로운 사회 영역에 대한 연구는 국가와 사회 사이에 발생하는 의존적 상호작용에 초점을 두어야 한다는 것이다(이남주, 2003: 247).

29) 영국의 체임벌린(Arthur N. Chamberlain)은 시민사회의 형성 과정에 국가가 개입할 수 있다는 입장에서 중국 시민사회의 기원을 명·청 시대의 향신(鄕臣) 지배에서 찾고 있다. 왕후이(汪暉)도 서구의 시민사회 모델로 중국의 시민사회를 분석하는 것에 반대한다. 왕후이는 청말의 사회와 시장을 국가가 추진한 제도적 산물로 간주하고 이때를 중국 시민사회의 형성기로 보고 있다(조경란, 2003: 267-269).

성을 위한 통합 작업을 강조하는 변법자강운동(變法自疆運動)을 주도했다.

량치차오를 중심으로 한 청말 지식인층(士人)의 근대 국민국가 담론은 '위로부터의 (시민)사회 창출'이라는 특성을 보이는데, 그들은 서구의 열강처럼 중국이 국민국가를 형성하기 위해서는 사회 저변에 광범위하게 존재하는 연고주의를 극복하고, 자유와 권리 그리고 법치주의를 확립해야 한다고 주장했다(조경란, 2003: 270-271).

그러나 사회주의 체제가 수립된 이후 중국 사회는 당을 중심으로 하는 당-국가 체제에 수직적으로 편입되었고 사회조직 간의 수평적인 관계가 발전될 수 있는 공간은 거의 존재하지 않았다. 이러한 체제에 근본적인 변화가 시작된 것은 1978년 덩샤오핑(鄧小平)이 개혁개방 정책을 실시한 이후이다. 중국은 개혁개방 정책을 추진하는 과정에서 경제적 효율성을 증가시키기 위해 경제와 사회에 대한 직접적인 관리 범위를 축소했으며, 이에 따라 민간조직이 빠르게 증가하기 시작했다.

중국의 민간조직은 크게 국가 주도형과 민간 주도형으로 나눌 수 있는데, 국가 주도형 민간조직은 부녀연합, 공청단 등과 같은 사실상 국가조직인 인민군중단체와 협회, 기금회, 학회 등의 반관변(半官邊) 조직으로 나눌 수 있다. 민간 주도형 민간조직은 전통적 민간조직, 엘리트형 비정부조직, 풀뿌리 민간조직, 체제 저항적 민간조직 등으로 분류할 수 있는데, 이 중 엘리트형 비정부조직과 풀뿌리 민간조직이 서구적 의미의 시민조직과 유사하지만 그 영향력과 규모는 매우 미약하다.

반면, 현재는 자율성과 독자성 측면에서 시민조직으로 분류하기 어렵지만 사회복지나 주민자치의 경우처럼 국가와 충돌할 가능성이 적고 공공적 성격이 강한 분야의 민간조직이 향후 중국 시민사회의 토대를 형성할 것으로 보인다.[30]

중국 사회의 이러한 변화는 1989년 천안문사태 이후 정부가 자유주의적 흐름에 대한 통제를 강화하고 사회에 대한 지배력을 확대하면서 새로운 전

30) 그러나 중국 정부가 민간조직의 영향력이 확산되는 것을 통제하고 있기 때문에 전국적인 연대나 자발적인 결사체의 구성은 쉽지 않을 것으로 보인다. 중국 민간조직의 특성과 전망에 대해서는 이남주(2003: 255-262) 참조.

환점을 맞게 되었다. 개혁개방 이후 국가와 사회 간의 의존적 상호작용에 초점을 두었던 점진적인 변화가 비합법적 조직을 결성해 국가 권력에 저항하는 민주화 투쟁으로 발전했기 때문이다.

그러나 최근의 중국은 시장경제 영역의 급속한 확산과 극심한 빈부 격차로 인한 노동자와 농민들의 저항, 그리고 관료조직의 부패문제 등으로 인해 체제의 정당성이 약화되기 시작하면서 시민사회에 대한 관심이 다시 증가하고 있다. 국가도 과거와 같이 직접적인 통제가 힘들어진 사회를 효율적으로 관리하기 위해서는 새로운 방식이 불가피해짐에 따라 시민사회의 역할에 관심을 갖기 시작했다. 하지만 중국에서는 국가가 새롭게 부상한 시민사회의 영역을 자율적인 공간으로 발전시키기보다는 국가 주도로 재조직화를 시도하고 있다는 점에서 서구적 시민사회의 모습은 앞으로도 상당 기간 기대하기 어려울 것으로 전망된다(이남주, 2003: 262-263).

중요 이슈 **中 시민단체 대탄압**

중국 정부가 건국 60주년을 앞두고 그동안 '쓴소리'를 해온 시민단체들에 대한 '재갈 물리기' 작업을 시작했다.

중국의 대표적인 인권시민단체 '공멍(公盟)'의 대표인 법학자 쉬즈융(許志永·36)이 지난 29일 오전 5시 자택에서 공안(경찰)에 연행된 뒤 소식이 끊긴 것으로 31일 확인됐다. 다섯 시간 뒤에는 또 다른 공익기관인 '베이징 이런핑(益仁平) 센터'에 베이징시 공안국 직원들이 들이닥쳐 하루 종일 압수 수색을 벌였다.

당국은 '반(反)차별 통신' 등 이 단체가 발행한 서적 100여 권을 가져갔다. '공멍'과 '이런핑'은 시민권리 보호와 사회 공평 정의를 내세우며 농민공, 철거민, 고문 피해자, 멜라민분유 피해 부모 등 사회적 약자들에 대한 법률 지원 및 공익소송 등을 담당해 온 중국의 대표적 시민단체이다. 당국은 여러 가지 방법으로 이들 단체를 압박해 왔다.

공멍에 대해서는 세무조사를 벌여 최근 30만 위안(약 5,400만 원)의 벌금을 부과했고, 참여 변호사들의 변호사 자격을 박탈하기도 했다. 이런핑에 대한 압수 수색도 명목상으로는 '불법 출판 단속'이었지만 사실상 활동 영역을 제한하려는 것으로 분석된다.

(자료: 서울신문, 2009년 8월 1일에서 발췌)

【토론 주제】

1. 중국 내에서 시민단체들이 주로 활동하는 분야에 대해 조사해 보시오.
2. 중국 정부의 시민단체 탄압에 대해 유럽 등 선진국에서 비판하거나 항의한 사례에 대해 조사해 보시오.

---

3 한국 시민사회의 형성과 특성

1) 한국 시민사회의 형성 과정

한국 시민사회의 태동에 대해서는 19세기 말 독립협회의 활동으로 거슬러 올라가거나(한홍구, 2002), 신분제도가 철폐되고 식민지 자본주의화가 시작된 1910년대로 소급하는 견해도 있으나(유팔무 외, 1995), 1987년 6월 민주화운동을 기점으로 시민사회의 시대가 본격적으로 열리기 시작했다는 데에는 의견이 일치하고 있다.

시민사회의 형성 단계도 1960년대를 기준으로 '초기 시민사회'와 '발달된 시민사회'로 나누거나, 1987년을 기점으로 2단계로 구분하는 경우도 있고, 1960년대와 1987년을 기준으로 3단계를 분류하기도 한다. 또는 1945년 식민지 해방과 1962년의 산업화, 1987년 6월항쟁을 분기점으로 4단계로 나누는 경우도 있지만, 여기서는 1960년대와 1987년을 기점으로 3단계로 나누어 시민사회의 형성 과정을 살펴보고자 한다.[31)]

먼저 1960년대 이전은 시민사회의 태동기라고 할 수 있다. 유교사회였던 조선왕조에서는 국가와 분리된 사회라는 개념이 성립되기 어려웠지만 구한말과 일제식민지 통치 하에서는 갑신정변(1884), 갑오경장(1894), 동학혁명(1894), 3 · 1운동(1919)으로 이어지는 혁명과 저항운동을 통해 시민사회의 맹아가 싹트고 있었다.

그러나 이러한 정치혁명과 사회운동은 취약한 사회경제적 토양으로 인해 지속적인 영향력을 발휘하지 못했다. 해방 이후에는 미군정과 이승만 정권에 의해 다양한 정당과 단체가 조직됨으로써 민주주의와 시민 권리에

---

31) 한국 시민사회의 형성 과정을 김성국(1992)은 '국가로부터 시민사회의 분리'와 '분리된 시민사회의 독자성 추구' 단계로 구분하고, 한국은 1987년 이후에도 여전히 국가로부터 시민사회의 분리 단계에 머물고 있다고 분석했다. 유팔무(1995)는 1960년대 이전을 식민통치와 분단을 거치면서 외세 의존적인 국가 권력의 지도 아래 '바깥에서 안으로', '위에서 아래로' 성립한 '초기 시민사회'로 규정하고 1960년대 이후를 급속한 자본주의화를 통한 '아래에서 위로'의 발전 단계로 구분했다.

대한 논의가 일어났으나, 시민사회가 외세와 국가에 의해 바깥과 위로부터 형성되기 시작했기 때문에 자율성과 독자성을 상실하고 있었다.

1960년대부터는 국가 권력에 저항하는 비합법적인 조직과 결사(結社)를 통한 민주화운동이 30여 년 동안 권위주의 정부와 투쟁했다. 이승만 정권의 부정부패와 국가독점자본주의에 대한 불만이 민중 항거로 폭발한 1960년의 4·19혁명은 시민사회의 도래를 예고했으나, 5·16 군사혁명으로 인해 좌절되고 말았다. 이어진 박정희 정권은 1969년의 3선 개헌과 1972년의 유신 체제를 거치면서 반공 이념과 경제 성장 제일주의를 내세우는 개발독재를 통해 시민사회를 억압했다. 유신정권이 1979년 12·12사태로 무너지고 '서울의 봄'이 찾아왔으나 광주학살사건과 전두환 정권의 등장으로 시민사회의 발전은 또다시 지연되었다.

권위주의 정치 체제와의 장기간에 걸친 민주화 투쟁의 결과는 1987년 6·29선언으로 이어져 비로소 시민사회의 자율적 공간이 확대되고 시민권이 제도적으로 보장되었다. 6월항쟁은 정치적 민주화는 물론 시민사회의 발전에도 획기적인 전환점이 되었다. 환경·인권·여성·평화·복지·소비·자치 등 시민사회 모든 영역의 다양한 목소리를 담아내는 수많은 단체와 조직이 결성되고, 이들 간의 연대활동도 활발하게 전개되었다. 1990년대 이후 한국의 시민사회는 정부와 시장을 견제하는 다양한 활동으로 상당한 성과를 거두었다는 평가를 받고 있다.

2) 한국 시민사회의 특성

한국의 시민사회는 식민지 지배와 분단 상황이라는 역사적 과정을 거치면서 성장해 왔기 때문에 서구 시민사회와 상이한 특성을 지닌다. 특히 자본주의의 발달과 자유주의적 전통이 약한 한국의 시민사회는 유교사회의 영향이 오랫동안 지속되어 자율적 결사체의 연대활동보다는 혈연, 지연, 학연을 기반으로 하는 전통적인 단체의 영향력이 지속되고 있다. 1987년 6월 민주화항쟁을 거친 이후 시민사회에 대한 국가 권력의 통제와 간섭은 크게 줄어들었지만, 시민사회의 자기정당성이 취약하고 다차원 가치 간의 갈등과 투쟁으로 인해 시민성(civility)의 함양이 요구되었다.

한국 시민사회에 내재한 이러한 특성을 유팔무(1995)는 친미 사대주의와 민족주의, 유교적 권위주의와 서구적 자유민주주의, 연고주의와 경쟁주의, 반공주의와 민중주의의 대립으로 압축하고 있다. 해방 이후 신식민지적 조건과 분단 상황이라는 구조 속에서 국가와 자본주의적 생산 및 계급 관계에 의해 형성된 이 같은 특성이 시민사회로 침투해 들어갔기 때문이라고 분석했다.

김호기(2007)도 이와 유사한 관점에서 한국 시민사회는 전통주의, 보수주의, 집단주의와 다른 한편의 근대주의, 진보주의, 개인주의가 공존·결합되어 있다고 보고 이 같은 현상을 '이중적 시민사회(dual civic society)'라고 설명한다. 그는 시민사회의 이러한 이중성은 전통 사회에서 일제 식민지, 분단 체제, 그리고 권위주의 정치 체제의 경험을 통해 구조화되어 왔기 때문에 상당 기간 지속될 것으로 보고 있다.

자본주의의 발전과 부르주아의 역할이라는 시각에서 시민사회를 분석한 신광영(1995)은 한국 시민사회는 식민지 지배와 해방 이후 권위주의 정치 체제가 오랫동안 집권하면서 '약한 자본주의 경제－약한 시민사회－과대성장한 국가'의 형태를 띠게 되었다고 본다. 그는 특히 한국 시민사회에 자유주의적 전통이 미약한 이유로 서구의 부르주아가 독점적인 국가 권력에 저항했던 것과 달리, 한국의 부르주아는 권위주의적인 국가와 연합을 했기 때문으로 보았다. 국가에 의해 자본가 계급이 성장했기 때문에 한국의 부르주아는 권위주의적인 국가에 도전하기보다는 복종하는 사회계급이 되었다는 것이다.

따라서 한국의 시민사회는 국가와 부르주아의 보수연합에 대항하는 민주연합 세력에 의해 확장되었다는 진단이다. 국가-시장-시민사회의 관계에 대해 김호기(2007)는 6월항쟁 이전에는 '강한 국가, 약한 시민사회'와 '강한 시장, 약한 시민사회'의 전형적인 사례였으나 1990년대 이후 시민사회의 영향력이 강화되고 있다고 분석했다.

한국의 시민사회는 1990년대 이후 획기적인 발전과 성장을 거듭한 것은 틀림없는 사실이지만 시민사회 내에 이념적·정치적·경제적 이해관계를 둘러싼 갈등과 반목은 갈수록 깊어지고 있다. 이러한 연유는 앞서 언급한 대로 시민사회가 형성된 역사적 경로에 기인한 것이지만, 오늘날의 시민사

회는 이념적 지향에 따라 다양한 세력과 단체들이 각축을 벌이는 헤게모니 투쟁의 장이 되고 있다.32)

생각할 문제 영혼 없는 공무원 누가 만드나

시민사회에 대한 시각

1. 헤겔과 마르크스가 생각하는 시민사회의 공통점과 차이점에 대해 설명하시오.
2. 후기마르크스주의자인 그람시가 추구하는 시민사회의 성격에 대해 설명해 보시오
3. 하버마스와 같은 비판이론가들이 보는 시민사회의 속성과 '재봉건화' 현상에 대해 설명해 보시오.
4. 자유주의적 시민사회에서 사회계약론자들이 생각하는 시민사회의 성격과 이상에 대해 설명해 보시오.
5. 그람시와 하버마스의 3영역 모델에서 다루고 있는 영역과 그 특성에 대해 설명하시오.

시민사회의 형성과 발전

1. 유럽 시민사회 형성 과정은 국가에 따라 상이한 점을 가지고 있다. 영국과 프랑스, 독일을 중심으로 각국의 시민사회의 특성에 대해 설명하시오.
2. 미국의 시민사회 형성은 자유주의와 함께 매우 주요한 이데올로기이다. 미국의 시민사회가 가지는 특성과 문제점에 대해 생각해 보시오.
3. 최근 아시아 국가들에서도 바람직한 시민사회가 형성되고 있다. 아시아 국가에서 시민사회가 급속도로 형성되고, 시민단체 수가 확대되고 있는 배경에 대해 조사해 보시오.
4. 일본은 오랜 기간 동안 지방자치의 전통이 이어져 내려왔다. 반면, 한국은 중앙집중적 성향이 강했다. 이에 입각하여 일본과 한국의 시민운동 과정에서 드러나는 차이점에 대해 생각해 보시오.

---

32) 이 같은 한국 시민사회의 이념적·정치적 갈등과 대립을 반영하듯, 학계에서도 1990년대 초에 시민사회를 둘러싼 논쟁이 치열하게 전개되었다. 당시의 논쟁은 한국 사회에서 시민사회의 의미와 한계는 물론 시민운동의 위상에 대한 실천적·이데올로기적 함의가 내포되어 있었다. 학계의 논쟁에 대해서는 유팔무 외(1995), 정태석(2007) 참조.

제 2 장 NGO는 무엇인가?

제 1 절 NGO의 대두 배경과 시각

1 NGO의 대두 배경

우리나라의 NGO(non-governmental organization, 시민단체)는 앞에서 살펴본 대로 1980년대 후반 이후 급속하게 성장했다. 이에 따라 1990년대에 들어와서 우리나라의 행정학 연구는 행정부 내부의 제반 행정 현상이나 행정부와 관련된 정책 현상을 연구하던 기존의 연구 경향을 수정해야 할 필요가 대두했다. 이것은 행정환경을 둘러싼 급격한 정치·경제·사회적 변화가 발생했음을 의미하는 것이다. 특히 민주화의 진전이라는 정치적 기회구조의 변화로 다양한 이해관계자들이 정책 과정에 참여할 수 있게 되었고, 이 과정에서 NGO의 활발한 참여가 나타나기 시작했다.

1990년대까지 행정학에서는 NGO에 대한 본격적인 연구가 이루어지지 않다가 2000년대 이후 연구가 비교적 활발하게 이루어지고 있다. 그러나 비정부·비영리 부문이 대두함에 따라 그 중요성에 걸맞게 NGO와 관련한 교육을 강화하고 내실화할 필요가 있음에도 불구하고, 우리나라 대학에서의

NGO 교육 프로그램은 초기 단계를 벗어나지 못하고 있는 것이 현실이다.

우리나라에서의 NGO 연구는 미국이나 유럽과는 상당한 차이가 있다. 그러므로 우리나라에서 NGO의 성장 배경과 그 역할, 주요 활동 영역, 정부와 관계 등의 측면을 충분히 고려해 이들의 경험을 수용해야 할 것이다. 기본적으로 용어상으로도 미국은 NPO(nonprofit organizations), 한국에서는 NGO(nongovernmental organizations)가 많이 사용되고 있어 외형상으로도 차이가 있다.

우리나라 민주화운동의 주요 성과 중의 하나는 권위주의적 통치 하에서 국가와 시민사회 간에 나타난 힘의 불균형이 어느 정도 해소되었다는 것이다. 여기에는 비제도권에서 활동한 많은 시민단체의 역할이 컸다고 할 수 있다. 그러나 NGO의 활동 영역은 단순히 정치 체제의 민주화에 한정되지 않는다. 시민사회의 활동공간이 광범위해짐에 따라 NGO의 역할과 활동 범위는 더욱 커지게 되었다. 이제는 단순히 정치 체제에 대한 저항과 대립 차원이 아니라 한 차원 높은 활동전략이 모색되어야 하기 때문이다.

다시 말해, 정치 권력에 대한 도전과 억압으로부터의 해방을 중심으로 하는 사회운동에서 새로운 권리 의식과 삶의 질을 추구하는 새로운 사회운동으로의 방향 전환이 이루어졌으며, 시민사회운동은 더 이상 저항의 주체가 아니라 참여와 창조의 주체가 되려고 노력하고 있다(정수복, 1996: 28). 이는 시민사회운동의 중요한 변화의 기조이다. 과거 권위주의적 정치 체제에서 NGO는 비제도권의 영역에서 반체제적 활동을 했지만, 좀 더 민주화된 정치 체제에서는 제도권의 영역 속에 급속히 흡수되고 있다.

이러한 경향의 변화는 단순히 국내적인 문제만은 아니며, 이미 전 세계적으로 시민사회단체의 역할과 범위가 급속하게 확대되고 있다. 그리고 과거 이데올로기나 정부와의 관계 설정의 문제로 관변이냐 또는 운동권이냐(또는 제도권이냐, 비제도권이냐)와 같은 구분은 많이 감소되었다. 그것은 민주주의의 발달로 이러한 구분의 실익이 많이 없어졌으며, 이들 간에 경쟁 체제가 형성되고 있기 때문이기도 하다.[1)]

1) 아직 완전한 경쟁 체제가 자리를 잡았다고 말할 수는 없다. 과거 관변단체라고 불리던 각

이에 따라 NGO의 활동에서 정책관여의 폭이 크게 증가하고 있다. NGO의 존립 근거로서 정책 변화에 대한 영향력 정도가 중요 변수로 등장하게 되었다. NGO의 정책 변화에 대한 영향은 정책결정, 정책집행, 정책평가 등 정책 과정 전반에 걸쳐 나타나게 된다.

이러한 경향에 비추어보아 미래 사회에서 국가-기업-시민사회의 역할은 크게 변화될 것으로 예측된다. 오랜 동안 국가가 힘의 우위 관계를 유지하고 있었던 우리나라는 민주화운동으로 시민사회의 상대적 힘의 크기가 증가해 왔다. 이러한 경향은 최근 뉴 거버넌스(new governance)로 정리되고 있다(김석준, 2000). 이는 정부의 역할이 상대적으로 감소하고, NGO(시민단체)의 역할이 강화되고 있다는 것이다. 즉, 과거 국가 부문의 권위가 많이 사라지는 대신 기업 부문이나 시민사회 부문의 역할이 중요해지고 있으며, 특히 과거 국가 부문이 갖던 주도적 기능(initiative)이 많이 감소했음을 의미한다.

그러므로 국가 발전을 위한 국가-기업-시민사회의 공동 협력적 노력이 상당히 중요해지고 있다. 특히 시민사회의 역할과 중요성이 커짐에 따라 공공문제를 해결하는 데 정부 부문의 우위가 사라지고 시민사회가 그 역할을 대신하고 있다. 그러나 아직 이것을 대치했다고 표현할 수는 없다. 이러한 변화에 영향을 미치는 요인을 보면 세계화 및 분권화, 정부의 신뢰와 권위 하락 등을 들고 있다(주성수, 2001). 다시 말하자면 이제 국가는 큰 문제를 다루기에는 너무 작고, 작은 문제를 다루기에는 너무 비대하다는 것이다(Kettl, 2000; 주성수, 2001).

2 NGO의 개념

NGO를 어떻게 정의할 것인가는 매우 어려운 문제이다. 시민운동단체, 사회운동단체, 시민사회단체(Civil Society Organization: CSO), 비정부조

종 단체의 기득권이 완전히 포기되지 않았기 때문이다.

직(NGO), 비영리단체(NPO) 등 다양한 이름으로 불리고 있으며, 이에 대한 연구도 다양하게 진행되고 있다.

다양한 범주의 NGO가 존재하는 상황에서 과거에는 제도권과 비제도권의 각종 단체를 이념적 요인에 의해 구분했는데, 현재는 이러한 구분의 의미가 거의 사라졌다. 예컨대 과거 관변단체만이 정부의 재정 지원을 받았지만 지금은 많은 NGO가 정부의 각종 사업에 참여하면서 보조금을 수령하고 있다는 점에서도 그러하다. 중앙정부 부처 내의 전담조직(안전행정부 민간협력과)뿐만 아니라 개별 부처별, 지방자치단체별로 NGO에 대한 지원 활동이 이루어지고 있다.

그래서 이념적 요인이나 정부와의 관계 측면에서 NGO를 획일적으로 규정하지는 않는다. 오히려 NGO 지도자들의 정권과의 유착문제가 지적되고 있는 실정이다. 특히 권위주의적 정부의 퇴진과 함께 새로운 정권 담당자가 NGO 구성원을 체제 내로 흡수(cooptation)하면서 더욱 그러한 성향이 나타나고 있다. 이러한 경향에 힘입어 새로운 NGO의 조직화가 더욱 가시화되고 있어 현재는 시민운동의 전성기라고도 말할 수 있다.

NGO의 개념 정립에 관한 논의는 한국 NGO의 이해에 대한 개념상의 혼란에서 비롯된다. 많은 학자가 동의하는 바와 같이, 우리나라에서 초기에 이루어진 NGO 연구는 일반적으로 'NGO=시민단체'라는 시각에서 출발했기 때문에 개념적인 혼란 상태에 직면해 있을 수밖에 없었다.

그러나 이후 연구에서는 한국의 대표적인 NGO라 할 수 있는 경실련, 참여연대, 환경운동연합 등의 활동의 예에서 보듯이, 정책적 영향력을 확대하는 데 그치지 않고 좀 더 넓은 범위에서 정부와 시장, 그리고 시민사회의 중요한 행위자로 인식되게 되었다. 따라서 이렇게 넓은 활동 영역을 가진 NGO를 정의하려는 노력은 NGO의 역동성과 다양성을 포괄적으로 연구영역에 포함시키려는 시도였다고 평가해 볼 수 있다.

이에 따라 비정부조직을 의미하는 NGO는 학자에 따라 다음과 같이 정의되고 있다. 신광영(1999: 31)은 시민사회 조직 가운데 ① 사회운동 차원에서 활동하며, ② 자발성에 기초해 조직되었으며, ③ 경제적 이익을 추구하지 않으며, ④ 민간 결사체를 지칭하는 것으로 보았다. 김수현(1998a: 54)

은 ① 지속성을 갖고, ② 의사결정의 자율성을 가지며, ③ 정부 내지 정치적 영향으로부터 독립되어 있고, ④ 이윤을 추구하지 않아야 되는 것이 핵심 요건이라고 하고 있다.

UN이 시도한 NGO 정의(제진수, 1999: 40)는 개발문제나 인권문제, 환경문제, 평화문제 등 지구 차원의 여러 문제 해결에 비정부·비영리의 입장에서 접근하는 시민 주도의 국제조직 및 국내조직으로 보고 있다.

한편 송희준(1999)은 국가와 시민사회라는 거시적 관점에서 시민사회의 위상을 이해함으로써 NGO를 새롭게 이해할 수 있는 단초를 제공했다. 그는 시민사회를 "국가로부터 상대적·독립적으로 존재하는 집합체"로서 "국가와 관료제의 통제를 받지 않고 지역적 차원에서 의사결정을 하는 자발적 결사체, 교회 및 공동체에 의존하는 관리 가능한 수준의 사회생활 또는 국가의 직접적 통제 밖에서 개인과 집단 사이의 사적 또는 자발적 장치에 의해 조직되는 가정세계, 경제적 영역, 문화적 활동과 정치적 상호작용 등 생활 영역"으로 정의한다.

시민사회의 특징으로는 ① 개인주의 및 개인 중심성, ② 시민사회의 도덕적 정당성, ③ 구조적 특성으로서의 시장, ④ 권력 분산과 자기 영역의 확보를 위한 익명성 보장, ⑤ 시민정신이 의도하지 않는 결과로서 나타나는 계급(class) 등을 들고 있다. 그는 시민사회의 자율성도 국가와 시장경제와 보완적 협동적인 관계 속에서 자리를 잡아야 한다고 주장하는데, 그 이유로는 시민사회도 국가와 시장을 궁극적으로 대체할 수 없다는 점을 들고 있다.

정동근(2003)은 정부실패로 인해 신자유주의적 개혁 과정에서 나타난 기구 축소, 정부 인원 감축, 민영화 등의 정부 역할 변화와 시장실패에 따른 거버넌스의 참여 단위로서 NGO의 위상이 부각되고 있음을 강조했다. 그는 NGO의 등장 배경으로 복지국가의 위기, 발전의 위기, 환경의 위기, 사회주의의 위기 등과 경제성장률의 상승, 통신기술의 발전 등을 들고 있다. 이 두 연구에서는 정부와 시장과의 관계가 NGO의 개념 정립에 일정 정도 영향을 미치는 것으로 가정하고 있다는 공통점이 있다.

김준기(1998)는 이 두 가지 관점과는 약간 다른 접근을 시도하고 있다.

중요 이슈 **[사설] 새 정부의 勞使民政委가 성공하려면**

대통령직 인수위원회가 어제 새 정부의 노동정책 중 하나로 기존 노사정위원회를 개편해 시민단체 등이 참여하는 노사민정(勞使民政)위원회로 확대하기로 했다. 이와 함께 지방교부세를 노사관계 등에 따라 차등 지급하는 방안을 추진하기로 했다고 한다. 이명박 대통령 당선인의 노동정책 관련 공약 사항이 인수위 활동 막바지에 모습을 드러낸 것이다. 노사민정위로의 확대 개편에 지역별로 무분규 사업장을 조성함으로써 산업 평화를 토대로 '경제 살리기'에 주력하려는 이 당선인의 의지가 엿보인다. 노사관계가 지역사회에 끼치는 영향 등을 고려해 민간의 참여 폭을 넓히겠다는 취지다. 무분규가 합의돼 지켜지면 사업장과 지역에 교부세를 많이 주고 세금 혜택을 주겠다는 것이다. 노사민정위는 단순 명료한 사안에 대해선 대화를 통해 합의를 이룰 가능성이 높다. 그러나 분규를 피하기 위해 정부(지자체)와 사용자가 과도하게 양보해 오히려 노동계의 발언권을 높여 주는 부작용도 우려된다. 무분규보다는 일자리 창출 등 상생의 이슈를 강조하는 노사민정 대화가 중요하지 않겠는가.

10년 전 우리나라 최초의 사회적 합의 기구로 출범한 노사정위가 제 몫을 못한 것은 사용자단체의 경우 편의에 따라 이해타산을 앞세운 책임이 작지 않다. 참여와 탈퇴를 반복한 노동계의 태도도 문제였다. 정부는 중립적 위치에서 타협을 이끌어야 하는데도 사용자단체 쪽에 기운 예가 많았다.

'노사민정'이라는 제도와 그 취지가 아무리 좋더라도 일방적 의사결정을 위해 형식적 들러리로 운용해선 결코 성공할 수 없다. 과거 노사정위의 교훈을 새 정부는 되새겨야 할 것이다. (자료: 세계일보. 2008년 2월 12일에서 발췌)

【토론 주제】

1. 과거 노사정위원회가 노사민정(勞使民政)위원회로 확대되는 것의 의미를 거버넌스 차원에서 토론해 보시오.
2. 노사민정(勞使民政)위원회를 통해 기대할 수 있는 효과에 대해 토론해 보시오.

그는 정부 부문에 대한 불신과 관료조직의 한계, 사회의 다원화에 의한 공공 서비스에 대한 수요 증가 그리고 NGO의 역할이 증가하고 있으며, 이 부문의 작동 메커니즘이 다른 부문과 다르다는 점에 주목한다. 즉, NGO 부문은 유인 동기, 감시 체제, 경쟁 요인 등에서 다른 제도 부분과 차별성이 있다는 점을 강조하면서 이런 이유로 인해 서비스 제공의 효율성 측면에서 다른 부분에 비해 우월성을 갖는다고 한다. 특히 NGO는 자발성이 강하며, 정부 부문과 영리 부문에 속하지 않는 독립적인 섹터로서 주로 공공적인 서비스를 제공하는 것으로 보았다.

또한 김준기(2000b)는 한국에서 사용되는 NGO와 관련된 용어의 혼란을 정리하고 각 개념이 어떤 맥락에서 사용되었는지, 그리고 각 개념에 부합하는 단체의 법적 근거는 어디에 있는지 정부와 관계는 어떤지 등을 정리하여 제시하고, 이 시도에서 그는 NPO, Private NGO, INPO, PIC, CO, CSO, CMO, QUANGO 등의 개념도 정리하여 제시한다.

표 2-1 NGO와 유사 개념들

조직	주요 특징 및 활동 영역	관련법	국가(정부)와 관계
(A) 비영리단체 (NPO)	모든 종류의 비영리 활동, 가장 포괄적	민법	다양함.
(B) 민간비영리단체 (Private NGO)	(A)에서 준공공조직을 제외, 사적으로 운영되고 재원이 조달됨.	민법	다양함.
(C) 비영리법인 (INPO)	법적 개념, (D)와 유사하나 더 다양함.	민법, 개별 법률	다양하기는 하지만 (A), (B)보다는 제한적임.
(D) 공익법인 (PIC)	법적 개념. 교육, 학술, 자선, 사회복지 및 보건 관련 조직	공익법인의 설립에 관한 법률(1975)	사안에 따라 협조적임.
(E) 시민단체 (CO)	교육, 사회서비스 및 보건 관련 조직을 제외한 모든 (A)	민법	다양하기는 하지만 가끔 경쟁적이기도 함.
(F) 시민사회단체 (CSO)	대중조직(grass roots). 주로 advocacy 영역. 경성 및 연성조직으로 구분	민법	경쟁적임.
(G) 시민운동단체 (CMO)	개혁 지향적, 정치적 advocacy 조직, 1980년대 후반 이후 설립. 경성 유형의 (F)	민법	(F)의 경우보다 더 경쟁적임.
(H) 관변단체 (QUANGO)	정부로부터 재정 지원을 받고 정부의 영향을 받음. 종종 교육 캠페인, 시위 등에 참여 우익 성향	개별설립법	매우 협조적임.

자료: 김준기(2000b).

우선 NPO라는 개념은 비영리 활동을 추구하는 준공공 및 민간조직을 포함하는 가장 포괄적인 개념이며, 교육 및 보건 서비스 제공, 문화 및 종교활동 후원, 대의 및 주장에 대한 옹호활동(advocacy), 극빈자 구호, 비영리기관 지원, 나아가서는 회원봉사기관 등의 활동 영역을 포괄한다. 이윤동기를 추구하지 않으면서 '배분 금지 제약'을 받는 모든 법인 및 비법인을 말한다. 이 중 미국에서는 서비스 제공기관에 초점을 두고 있다. 따라서 이들 연구의 초점은 어떻게 재원을 민간(개인, 기업, 기금 매개기관 등을 포함)이나 정부로부터 받아내어 효율적으로 자신들의 서비스 수혜자에게 서비스를 제공하는가에 맞추어져 있다.

이에 비해 한국에서 일반적으로 사용되는 NGO라는 개념은 시민사회단체(Civil Society Organizations)나 대변기능집단(advocacy groups)으로만 그 범위를 제한해서 이해하고 있다. 최근 NGO 개념이 서비스 전달기관까지 포함하여 그 외연이 많이 확장되어 이해되고 있지만, 여전히 한국에서 NGO는 소수자 대변 기능, 정부에 대한 감시와 비판, 정책 과정에의 적극적인 참여 등 미국의 NPO와는 활동 분야 및 초점에 차이가 있다.

이상에서와 같이 NGO의 개념 정립에 관한 많은 연구가 시도되었으나, 여전히 하나의 일관된 기준으로 사회 전반에서 활동하고 있는 NGO들을 정리할 수 없는 것이 현실이다. 그럼에도 불구하고 이런 연구들은 협소한 개념 정의와 혼란으로 인해 NGO의 연구 대상이 확대되지 못하던 상황을 극복하고, 좀 더 다양한 이론적 관점에서 NGO 연구가 진행될 수 있도록 하는 데 많은 기여를 한 것으로 평가할 수 있다.

결론적으로 학자들이 시도한 NGO에 대한 정의를 중심으로 이에 대한 개념 정의를 살펴보면, NGO는 사회 변화를 유도하기 위해 비정부·비영리적이면서 자발적으로 형성된 조직이라고 할 수 있다.

제 2 절 NGO의 유형과 기능

1 NGO의 유형

NGO는 관변단체부터 사회운동단체까지를 모두 포괄하고 있는 광의의 개념이다. 그러나 경쟁 체제 하에서 NGO의 이념적 지향은 대(對)정부용이 아니라 대(對)국민용이다. NGO는 경실련, 참여연대와 같이 모든 정책 분야를 포괄하는 종합적 NGO, 환경운동연합, 소비자단체 등과 같이 특정 정책 분야만을 다루는 전문적 NGO로 구분할 수 있다. 그리고 NGO의 대두 배경에 따라 전통적 NGO(YMCA, YWCA, 홍사단 등), 자발적 NGO(경실련, 참여연대, 환경운동연합 등)로 구분할 수 있다. 또는 활동 양태에 따라 교육, 사회복지, 보건, 문화 등의 분야에서 유·무형의 서비스를 제공하는 서비스형 시민단체와 정부의 정책 감시 및 비판, 주민의 권익 보호 등의 활동을 하는 표현형 시민단체로 구분하기도 한다.

이와는 다소 다른 분류 기준에 의거하기는 하지만 샐러먼 외(Salamon et al., 2001)는 비영리단체의 기능과 목적에 입각하여 <표 2-3>과 같은 분류를 제시했다. 이 분류는 다소 복잡하기는 하지만, 한편으로는 비영리단체가 수행하는 기능과 추구하는 목적에 따른 분류라는 측면에서 구체성을 가지고 있다.

표 2-2 시민단체의 유형 분류

유형	기능
서비스형(service) 시민단체	• 사회복지, 보건, 교육, 문화 등의 서비스 제공 • 정부의 정책집행 활동과 관련이 있음.
표현형(voice) 시민단체	• 정부의 정책 비판 및 감시, 주민의 권익 보호, 정부의 정치·행정개혁 등 사회문제의 해결 및 시민 참여 중심의 활동 수행 • 정부의 정책의제 설정, 정책결정 및 정책평가 활동과 관련이 있음.

표 2-3 비영리단체의 분류

분야	세부 분야	활동 영역
제1분야 문화·레크리에이션	문화와 예술	시각 예술, 건축, 도자기예술, 역사, 문학, 인문학 단체, 다목적 문화와 예술조직
	레크리에이션	레크리에이션, 오락 또는 사회클럽, 스포츠클럽
제2분야 교육과 연구	초·중등교육	기초, 초등 및 중등교육
	상위 교육	고등교육(대학 수준)
	기타 교육	직업/기술학교를 통한 성인 평생교육을 위한 다목적 교육조직
	연구	의학 연구, 사회과학, 정책연구 등 다목적 연구 조직
제3분야 건강	병원과 재활	병원 - 재활병원
	요양원	요양원
	정신건강과 위기 개입	정신병원을 통한 정신건강 치료 등 다목적 정신건강 조직
	기타 건강 서비스	공중 보건과 건강 교육, 재활의료 서비스, 응급의료 서비스를 포함한 다목적 의료 서비스 조직
제4분야 사회 서비스	사회 서비스	아동 복지, 아동 서비스, 탁아, 청소년 봉사와 청소년 복지, 장애인을 위한 봉사, 자립과 기타 개인 사회봉사 등 다목적 사회 서비스 조직
	긴급 상황 및 난민	재난/긴급 상황 방어, 구조와 조정, 임시 대피소, 난민 원조 등 다목적 긴급 상황 및 난민 원조 조직
	소득 보조 및 유지	소득 유지 및 지속, 물질적 원조 등 다목적 소득 보조 및 유지 조직
제5분야 환경	환경	오염 감소 및 조정, 자연자원 보존 및 보호, 환경 미화와 개방 등 다목적 환경조직
	동물	동물 보호 및 복지, 야생동물 보전 및 보호, 동물 의료 서비스 등 다목적 동물 서비스 조직
제6분야 개발과 주택	경제, 사회, 지역사회 개발	지역사회와 주민조직을 통한 경제·사회 발전 등 다목적 경제, 사회, 지역사회조직
	주택	주택 조합, 주택 보조를 위한 다목적 주택조직
	고용 및 훈련	직업훈련 프로그램, 직업 상담과 지도, 직업재활과 피난처 작업장 등과 같은 다목적 조직

제7분야 법 지지 및 정치	시민 및 변호 단체	시민단체와 후원단체, 시민권리단체 등 다목적 시민 지지 조직
	법률 서비스	법률 서비스, 범죄 예방 및 공공 안정, 범죄 재활, 피해자 보조 , 소비자보호단체 등 다목적 법 및 법률조직
	정치조직	정당 – 정치활동위원회 – 다목적 법 및 법률조직
제8분야 자선조직과 자원봉사 활성화	자선조직	보조금 지원 재단, 자원봉사 활성화 및 지원, 모금단체와 같은 다목적 자선조직과 자원봉사조직
제9분야 국제적 행동	국제적 행동	교환/우정/문화 프로그램, 발전 원조 협회, 국제적 재난과 구조조직, 국제 인권 및 평화조직 등 다목적 국제조직
제10분야 종교	종교조직 및 단체	기독교, 가톨릭, 유대교, 힌두교, 일본 신사, 아랍 모스크 등 다목적 종교조직
제11분야 기업 및 직업단체, 노동조합	기업 및 직업단체, 노동조합	기업단체, 직업단체, 노동조합 등 다목적 기업 및 직업단체
제12분야	기타	기타

2 NGO의 역할

1) 이슈 생산자로서 역할

시민운동단체는 정책형성 과정에서 수많은 사회문제를 사회적 이슈나 관심사로 부각시켜 정책결정자로 하여금 진지하게 고려하도록 만드는 역할을 수행한다. 이슈 생산자로서 NGO의 역할은 고립된 개인이 하기 어려운 일을 집단의 힘을 통해 제기할 경우 더욱 효과적이며, 환경문제의 특성상 복잡한 기술적인 부분은 정치사회적 영향력이나 전문성 강화 등에 의존하게 만든다.

2) 정보 제공자: 대안 제시자로서 역할

정보 제공자로서 역할은 시민운동단체가 다양한 사회문제에 관한 정보를 선별하여 그 속에 자신들의 주장이나 요구를 담아 구성원이나 시민에게 제공함으로써 관심이나 지지를 획득하는 역할이며, 정보 내용은 일반적인 것에서 특정 사안이나 쟁점에 관한 것까지 다양하다. 정보를 제공하는 방식도 언론, 잡지, 소식지 등 매체를 활용하거나 시위, 서명, 공청회 등이나 자체적으로 교육 프로그램을 개발하여 교육시키기도 한다. 정보 제공 활동을 통해 시민운동단체는 정보를 제공받는 사람들의 의식과 태도에 영향을 미치게 되어 시민운동의 기반을 확대시키는 영향력을 발휘하게 된다.

정보 제공 역할과 함께 시민운동단체의 전문성이 강화되면 정책결정자로서 관료집단의 문제 해결 능력에 위기가 나타나며, 이에 따라 대안 제시자로서 역할도 강화되고 있다. 특히 가치 갈등이 치열하고, 시간적으로 촉박하며, 다른 대안이 부재할 때 이들 시민운동단체의 대안 제시자로서 역할은 더욱 증가하게 된다.

3) 감시자로서 역할

시민운동을 통해 시민이 정책을 감시하고 그것을 둘러싼 비리와 부정을 사회적으로 쟁점화하는 동시에 그 해결을 촉구함으로써 풀뿌리 민주주의를 강화시키는 역할을 하게 된다. 시민의 인권 및 재산권 침해를 감시하고, 시정을 요구하는 각종 권익 주창 활동 등이 그러한 예이다.

4) 갈등 조정자로서 역할

NGO는 공익단체로서 조직이나 활동가들을 위한 선택적·물질적 편익이 아닌 집합적 선을 추구하는 조직이다. 갈등 상황에 처한 당사자에게 전문화된 정보나 대안을 제시할 뿐 아니라 이들을 '공개적으로 정당한 공론의 장'으로 나오게 하고, 대화와 설득을 통해 서로의 입장을 확인시키고 조정해 나가는 역할을 수행하게 된다.

제 3 절 NGO에 대한 주요 이론

1 사회학적 이론

1) 자원동원이론

자원동원이론(resource mobilization theory)에서 사회운동은 제도화된 행위와 근본적으로 상이하지 않으며, 구별되는 내적 논리를 지니고 있지도 않다고 주장한다. 이들은 조직, 제도, 기존의 의사전달 네트워크, 합리적인 행위자를 집합행동의 출현과 결과에서 결정적인 역할을 수행하는 중요한 자원으로 보며, 또한 집합행동 결과를 강조하여 참여자들에 의해 선택된 전략의 산물이라고 간주한다. 그리고 엘리트집단의 지지 또는 억압이 집합행동의 결과에 중요한 영향을 미칠 수 있다는 새로운 주장을 했다.

자원동원이론은 집합행동의 전 과정을 통해 조직적이며 제도적인 구조에 초점을 맞춘다. 물론 이러한 접근 방법 내에서도 올슨(Mancur Olson)에 의해 대표되는 순수한 합리적 행위자 모형에서 매카시(John McCarthy)와 잘드(Mayer N. Zald)에 의한 조직적-기업가적 접근 그리고 틸리(Charles Tilly), 갬슨(William A. Gamson), 모리스(A. D. Morris)에 의한 정치적 갈등모형에 이르기까지 그 강조점이 다양하다. 이러한 차이점은 주로 무임승차자(free rider) 문제에 대한 상이한 해결책에 달려 있다. 자원동원이론은 다양한 내용을 포괄하지만 다음과 같은 공통적 가정을 갖고 있다.

첫째, 제도적 집합행동과 비제도적 집합행동 간에 근본적인 차이점은 없다.

둘째, 갈등적인 집합행동은 비정상적이며 비합리적인 현상이 아니라 집단에 의한 합리적 이익 추구 활동이다.

셋째, 사회 내에는 불만과 긴장이 항상 존재하기 때문에 이러한 요인으로 운동의 형성을 설명할 수는 없다.

넷째, 운동의 생성과 성공은 집합행동을 위한 자원, 조직, 그리고 기회구조에 달려 있다.

다섯째, 운동의 전략은 운동의 성공에 매우 중요한 영향을 미친다.

올슨(Olson, 1965)은 사회운동 내지 집합행동은 다른 방법에 의해서는 효과적으로 달성될 수 없는 목표의 추구에서, 개인에 의한 합리적인 선택(rational choices)의 결과라고 주장했다. 그의 입장에 따르면, 만약 운동집단이 어느 정도 작거나 혹은 강제성을 띠지 않으면, 개인은 합리적이며 자기 이익 중심적이기 때문에 공통의 이익을 증진시키기 위해 함께 모이지 않을 것이다. 올슨 분석의 핵심은 집합재와 선택재를 구분하는 것과 무임승차자 개념이다. 사람은 합리적이며 자기이익 중심적인 존재라고 한다면, 소비자가 무임승차자로 즐길 수 있는 재화의 산출에 대해 비용을 부담하려 할 경제적 이유가 없어진다는 것이다.

다른 말로 표현하며, 선택적인 유인 내지 제재가 없다면 집합행동은 불가능하게 되며 비합리적인 것이 된다. 그러므로 단지 '선택적 유인(selective incentives)'－가분적인 이익 내지 비용－을 제공해야만 무임승차 문제를 해결할 수 있게 된다. 여기서 선택적 유인이란 구체적인 물질적 본성이나 혜택, 명예, 경력 기회의 증가 등으로 분류된다. 올슨의 주장에 따르면, 대규모 경제조직은 만약 집합재가 그 조직의 부산물일 경우에만 집합재를 공급할 수 있다고 주장한다.

자원동원이론이 주장하는 집합행동의 생성과 확장에 요구되는 조직과 자원에는 여러 가지 형태가 있다. 일부의 자원동원이론가(Oberschall, 1973; McCarthy & Zald, 1973; Jenkins & Perrow, 1977; Lipsky, 1970)는 저항집단 외부의 자원과 조직이 집합행동의 범위와 결과를 결정하는 데 중요하다고 주장한다. 그러한 외부 지지집단과 외부자원은 특히 빈민운동의 성공에 결정적인 역할을 한다는 것이다.

매카시와 잘드가 주로 강조하고 있는 것은 조직적 및 경제적 개념을 이용함으로써 무임승차 문제를 해결하는 것이다. 특히 외부조직과 개인에 초점을 맞추어 사회운동을 분석하는 데는 세 가지 주된 행위자가 있다. 즉, 사회운동조직(Social Movement Organizations: SMOs), 사회운동산업(Social Movement Industries: SMIs), 그리고 사회운동 부문(Social Movement Sector: SMS) 등이 그것이다. 그들에 따르면 외부 지지집단이 있으며, 지도자에 대해 선택적 유인을 제공함으로써 사회운동조직은 나타난다.

이들은 재정적 기반을 마련하기 위해 대중적 회원에 의존할 필요가 없는 전문가적 전시간 요원(full-time staff)을 고용하게 된다. 그리고 이들은 '의식적 호응자(conscience constituency)'라 불리는(McCarthy & Zald, 1973; 1977: 1212-1241) 외부 기부자로부터 지지를 얻기 위해 대중 언론매체를 이용한다. 이러한 의식적 호응자는 운동을 생성하고 발전시키는 데 요구되는 금전과 기타 자원을 제공한다. 이들은 운동의 목표 달성으로부터 어떤 직접적인 혜택을 누리지 않는 사회운동조직의 직접적인 호응자들이다(McCarthy & Zald, 1973: 1222). 이 호응자들은 기부자의 직접적인 이해판단을 초월하여 운동을 지원할 만큼 부(富)를 지니고 있다. 현대 운동의 생성과 발전은 사회운동조직과 사회운동산업, 그리고 사회운동 분야에 어느 정도로 사회적 부가 이동 가능한가에 그들의 초점이 있다.

자원동원이론에서는 고전적 집합행동이론과는 달리 사회운동의 효율성과 성취는 억압된 집단이 갖고 있는 불평의 강도보다 오히려 기업가 정신에 의해 인도되는 소규모의 전문적 운동조직의 노력에 달려 있다고 보았다. 따라서 외부의 호응자와 조직의 참여 측면에서 사회운동이 대표하는 집합성(collectivity)이 사회운동의 성패 여부를 결정하게 된다.

이들에 따르면 전문적 운동조직은 사회운동의 필수적 도구이다. 이러한 외부의 전문적 운동조직은 의식적인 운동 고착자들을 향해 자원 동원을 주도하고 조직적인 활동을 위해 어느 정도의 호응자들을 활용한다. 이들의 특징을 요약하면 다음과 같다(McCarthy & Zald, 1973: 1216-1223).

첫째, 소규모 전문적 기업가 요원이 지도력을 제공하고 소규모 임시적 팀을 통해 과업을 수행한다.

둘째, 아주 소규모이거나 혹은 거의 존재하지 않는 일반회원제를 운영한다.

셋째, 외부 엘리트집단(재단, 교회 등)으로부터 조직의 유지에 필요한 자금과 자원을 동원한다.

넷째, 억압된 집단과 관련된 고충을 규명하거나, 창출하며 그리고 조정하는 전문적 기업가가 있다(McCarthy & Zald, 1973: 20).

매카시와 잘드와는 달리 갬슨이나 틸리 그리고 모리스는 집합행동의 생성과 발전에서 내부조직이 하는 역할의 중요성을 강조했다(Gamson, 1975; Tilly, 1978; Morris, 1984).

모리스(Morris, 1984: 282)는 '토착적 관점(indigenous perspective)'이란 개념을 사용해서 사회운동의 생성과 발전에서 지배적 집단의 역할을 강조한다. 그에 따르면, 사회운동의 생성과 확장은 다음과 같은 요인에 의해 좌우된다. ① 지배적인 집단이 어떤 기본적 자원을 소유하고 있는지의 여부, ② 잘 발전된 내부 사회기관과 조직 그리고 활동가들이 대중에 근거를 둔 토착적 기관과 얼마나 강한 유대를 형성했는가의 정도, ③ 억압하는 집단 및 체제에 대항하여 얼마나 효과적인 전략과 전술이 이용되는가의 여부 등이다.

틸리는 사회운동의 연구는 정치 과정에 관한 연구이며, 그것이 유발하는 집합행동에 관한 연구라고 주장했다. 그는 사회운동을 분석하면서 지속적인 정치적 투쟁(political struggles)에 초점을 맞추었다. 또한 그는 정치적 상황이 비규칙적인(unruly) 전술과 전략의 길을 열어주기 때문에 사람들이 집합행동에 참여한다고 주장했다.

운동집단은 정부가 통제하는 자원에 접근하는 데 일상화된 쉬운 접근 통로를 결여하고 있다는 의미에서 정치체(polity)로부터 배제되어 있다. 그래서 도전하는 집단의 이익은 '정당한' 수단을 통해서는 실현될 수 없다. 왜냐하면 정부 당국은 단지 정치체 구성인자들의 이익에만 반응하기 때문이다.

집합행동과 그에 수반되는 전술은 합리적으로 집단이익을 추구하는 집단의 통로이다. 그것은 정치체 구성인자와 집합행동을 감행하는 도전자 사이의 권력 투쟁이다. 그는 정부의 입장에서 보면 사회통제기관에 의한 억압은 집합행동에 대한 효과적인 전략이라고 보았다(Tilly, 1978: 100-101). 그리고 갬슨(Gamson, 1975)은 사회운동을 분석하면서 내부조직과 기존의 구조나 자원을 중요한 요소로 간주했다. 또한 운동참여자와 지도자에 의해 세워진 전략이 운동의 생성과 발전에 결정적인 역할을 한다고 주장했다.

이와 같은 자원동원이론은 사회운동을 보는 시각을 재정립하도록 했을 뿐만 아니라, 운동참여자를 합리적 행위자로 보아 제도화와 운동 간의 근본적인 지속 관계를 상정한다. 사회운동의 역동성을 알기 위해 미시-거시 수준에 작용하는 변수와 과정을 고려해야 하며, 또한 운동조직의 형성뿐만 아니라 성숙된 운동조직의 외적 변화에 적응 및 안정적 지위 확보 등을 강조했다. 그리고 사회운동에서 외부집단의 영향을 분석할 수 있도록 했으며, 조직의 중요성과 시간에 따른 조직의 변화를 인식할 수 있도록 했다 (McAdam, 1982: 20-22). 사회운동이 운동조직에 의해 지속적이고도 합리적으로 유지되어야 한다는 자원동원론은 사회운동조직의 역할을 강조한다 (홍석기, 1997).

2) 신사회운동이론

신사회운동이론(new social movements theory)은 1960년대 말 이후 증가된 신좌익운동과 학생운동의 영향력으로 광범한 시민운동이 전개되었고, 이에 따른 쟁점의 다기화(多岐化: 환경 보존, 핵에너지 반대, 인권 옹호, 도시문제 등)로 자리 잡게 되었다. 구사회운동의 대표적 유형인 노동운동 및 농민운동 등과 비교하여 운동 목표와 전략, 행위 형태 등에서 차별성을 보여 '신사회운동'이라고 부르고 있다.

이러한 운동의 새로운 원천은 서로 연합할 수 있지만 서로 자율적인 다양한 유동성 구조를 형성하고 있다. 신사회운동은 권리보다는 정체성(identity), 대립보다는 연대성(solidarity), 경제적 이해보다는 자아실현을 요구한다(양현아, 1991: 2). 그래서 운동 자체가 집합적 정체성 형성 과정이며, 새로운 연대성의 확보라고 할 수 있다.

신사회운동이론은 크게 계급정치론, 탈산업사회론, 시민사회론 등 세 가지로 분류된다(민영, 1997: 9). 이 중 계급정치론은 포디즘의 계급 타협적 정치의 결과로 이익집단과 정당이 생산 외적 영역과 비계급적 쟁점들에 대해 관심을 기울이지 않게 되자, 여타의 사회적 세력이 자신의 이익과 가치 실현을 위해 스스로를 동원하게 된 결과물로 신사회운동을 바라본다.

한편 탈산업사회론은 산업화에서 탈산업화로의 거시적 사회 변동을 설명의 전제로 삼는다. 즉, 물질적 욕구가 이미 충족된 탈산업사회의 도래가 사람들의 가치관을 변화시킴으써 새로운 가치관과 욕구가 신사회운동으로 발생했다는 것이다(조돈문, 1993).

이와 달리 시민사회론에서는 서구 사회의 합리화 과정에서 발생한 '체계에 의한 생활세계의 식민화'에 맞선 개인의 저항을 신사회운동의 근원으로 설명한다. 즉, 심한 박탈감과 무력감에 빠진 개인이 저항의 무기로써 개인적·집합적 정체성을 추구하게 되었고, 이러한 움직임이 신사회운동으로 발전되었다는 것이다(Habermas, 1987). 이렇듯 신사회운동론은 '왜 운동이 발생하는가'라는 질문에 입각하여, 그 발생을 거시적인 사회문화적 구조와 가치의 변화에 연결시킨다.

신사회운동이론은 '생활세계'와 '체제'의 분화가 증가되고, 이에 따라 체제가 생활세계를 식민화 또는 종속화해 나가는 데 초점을 맞추고 있다(Kriesi, 1988: 356). 신사회운동은 방어적일 뿐만 아니라 공격적인 양면성을 지니고 있으며, 생활환경과 관련된 이슈에 중점을 둔다. 그리고 신사회운동은 전체적인 것과 국지적인 것을 결합할 수 있다. 많은 신사회운동의 지평이 전체적인 것이라고 할 수 있지만(예: 환경보호운동), 직접적인 지역성에 대한 사회적 고려(특정 공간에 있는 공해 배출 공장, 도시재개발사업 등)도 적지 않다(슬레이터, 1991: 161-162).

여기에서 '새로운'의 의미는 ① 최근 생긴 운동으로서 모든 운동의 특성을 공유하고 있으며, ② 선진 자본주의에서 구조적으로 새로운 갈등과 긴장의 결과로서 나타난 것이다. ③ 계급 투쟁을 모델로 하는 낡은(old) 운동에 대비되는 의미를 지니고 있다. 이런 측면에서 신사회운동이론가들이 초점을 맞추는 특성은 다음과 같다(Tarrow, 1989: 58).

첫째, 가치로서 성장에 기초한 사회의 가정을 거부하는 반현대적인(anti-modernistic) 가치를 지닌다. 성장을 강조한 결과로서의 경제적 번영은 오히려 전체적 불균형, 인간 소외, 생태계 파괴 등의 역기능을 배출했다.

둘째, 행동 형태와 조직[2]으로서 비전통적인 행동 형태를 광범하게 사용

2) 신사회운동은 조직 특성으로서 전통적 의미의 대표 부재와 직접민주주의를 주장한다. 이

하고, 정치에 적대적이다. 또한 소규모적이고 분권화된 조직을 선호하고, 계층제에 반대하며(anti-hierarchical) 직접민주주의를 좋아한다.

셋째, 구성원은 현대화 과정의 비용부담집단과 현대화에 민감한 집단으로부터 충원하며, 비용부담집단은 사회계급이나 지위에 의해 정의할 수는 없지만 민감한 집단은 신중간계급에서 많이 발견된다.

넷째, 새로운 희망으로서 가치 변화가 운동 형성의 원천이 된다.

다섯째, 욕구 충족으로서 산업화, 관료화와 관련된 사회적 긴장이 증가함에 따라 운동이 발생한다.

이에 따라 신사회운동은 구사회운동에 비해 다음과 같은 특성을 갖는다(임현진 · 공석기, 1997).

첫째, 현대적 삶의 특정 패러다임을 쟁점화한다. 거시 담론과 거시 이데올로기가 아닌 삶의 현장을 중시하는 미시적 관심을 중시한다. 그래서 '생활정치'가 중요하다.

둘째, 참여자들은 탈물질주의적 이념과 같은 공통적 가치관을 공유한다.

셋째, 구사회운동이 특정 부문, 특정 계급, 특정 지역을 경계로 전개되었지만 신사회운동은 행위자들 간의 사적 · 공적 네트워크를 형성하고 있다.

넷째, 구사회운동이 정당 체계와 선거정치로 수용되지만 신사회운동은 기존의 정치 질서의 외부 세계에 존재하면서 그것으로 수렴되지 않고 있다.

다섯째, 신사회운동의 최종 목표는 정치 질서의 변혁, 총체적 전환을 겨냥한다.

여섯째, 신사회운동은 반동적 형태의 저항운동이 아닌 비반동적, 보편주의적이다.

일곱째, 신사회운동은 근대화 기획이 예상하지 못한 '의도하지 않은 결과'에 대한 보편주의적 성찰을 집약한다.

이 밖에도 특히 오페(Offe, 1985: 826-832)는 신사회운동의 행위 영역은 사적인 영역이나 기존의 공공 정치 영역이 아니라 비제도권적인 정치 영역

는 통제와 조작 가능성이 있는 모든 종류의 매개를 거부하며, 직접 행동과 직접 참여를 선호한다 (Melucci, 1980: 199-226).

에 속하고, 하나의 행위 유형이 '정치적인 것'이 되기 위해서는 행위 수단이 정당하다고 인정되어야 하며, 행위의 목적이 공동체 전체와 관련되어야 한다고 했다. 그가 비제도권적 행위 형태를 나눈 범주를 보면 <표 2-4>와 같은데, 표에서 Ⅳ 유형만이 정치적인 성격을 갖는다.

표 2-4 비제도권적인 행위 형태

수단/행위자 목적	실현될 경우 전체에 파급 안 됨.	전체에 파급됨.
정당성 인정되지 않음.	Ⅰ 개인적 범죄	Ⅱ 테러리즘
정당성 인정됨.	Ⅲ 사회문화운동: 회피적 운동	Ⅳ 사회정치운동

출처: Offe(1985: 827).

3) 사회자본론

(1) 개념

사회자본(social capital)에 대한 연구는 이탈리아 남부와 북부 지역의 경제·사회·문화적 차이를 분석한 퍼트남(Putnam, 1993b)의 연구 결과가 발표된 이래 폭발적으로 증가했다. 퍼트남에 따르면, 이탈리아 북부지역은 사회자본(수평적 사회단체 참여 및 활동)의 형성 수준이 높아 민주주의와 경제 발전을 이룬 반면, 남부지역은 사회자본의 형성 수준이 낮아 민주주의와 경제 발전 수준도 낮다고 설명하고 있다. 즉, 사람들 간의 관계에서 발생한 사회자본이 개인 간의 관계에만 영향을 미치는 것이 아니라 국가 및 지역의 정치, 경제, 사회 전반에 영향을 미친다는 점이 학문적 관심을 촉발했다(박희봉, 2005: 70).

사회자본의 개념에 대해 퍼트남은 "신뢰, 규범, 네트워크와 같은 사회조직의 특성으로 구성원의 상호 이익을 위해 조정과 협력을 가능케 하는 것"으로 정의하고, 이러한 사회자본은 시민사회의 성숙과 밀접한 관계가 있다는 것이다. 그러나 모든 인간관계에서 형성된 사회자본이 소속 집단이나 사회에 긍정적인 영향을 미치는 것이 아니라 조직구조와 특성이 수평적인 단체에서 형성된 사회자본이 진정한 사회자본이라고 강조한다.

콜먼(Coleman, 1988)은 사회자본을 사회적 환경의 신뢰에 기반하여 존재하는 의무와 기대, 사회구조의 정보 유통 능력, 효과적인 제재를 동반하는 규범 등과 같은 다양한 실체가 사회구조 안에서 개인이나 집단이 어떤 행동을 하도록 유도하거나 촉진시키는 것으로 정의한다. 이러한 사회자본은 '폐쇄형 네트워크(closure of social networks)'에서 더 쉽게 축적된다고 보았다.[3] 후쿠야마(Fukuyama, 1995)는 사회자본을 신뢰와 같은 도덕적 차원으로 보고 그 토대로서 문화를 중시한다. 그에게 사회자본은 사회구성원이 서로 신뢰하고 새로운 집단과 연대를 형성하게 하는 인적 자본의 구성요소를 의미한다.

퍼트남과 후쿠야마 등 서구의 사회자본 이론가들은 시민사회의 전통이 강한 사회에서 신뢰를 비롯한 사회자본이 싹튼다고 보고 있다. 사회자본 이론의 요체가 개인 간의 관계가 형성되는 자발적 결사체나 연결망(network)이며, 시민사회도 개인과 조직 사이에 규범, 신뢰, 협력과 같은 사회자본이 있을 때 공동의 문제를 해결하고 공공재를 생산할 수 있기 때문이다. 그러나 이들이 주장하는 바와 같이 건전한 시민사회의 문화적 전통이 형성되기 위해서는 수평적 관계를 중심으로 한 자발적 결사체가 발전되어야 한다.

사회자본에 대한 정의는 이처럼 학자마다 또는 연구 학문마다 매우 다양하지만, <표 2-5>와 같이 정리하고자 한다(김태룡 외, 2006).

(2) 사회자본의 연구 경향 및 동향

사회자본이라는 용어는 미국의 정치학자인 퍼트남(R. D. Putnam)의 이

---

3) 콜먼(Coleman, 1988)은 네트워크를 '폐쇄형 네트워크'와 '개방형 네트워크'로 구분하고 있는데, 폐쇄형 네트워크는 대부분 수직적 사회단체에서 발생하는 개인 간 친분을 바탕으로 한 네트워크로 규범을 강제하는 데 매우 효과적으로 이루어진다. 이에 비해 개방형 네트워크는 개개인의 친목 관계가 다수를 이루고 있지 않고, 모든 구성원이 다른 사람 모두에 대해 모르고 있으며, 친목의 정도가 잘 알려져 있지 않은 네트워크로 일반적으로 공식적인 구조에서 나타나며, 비공식적 규범에 대해 상대적으로 약한 강제력을 가진다. 즉, 개방형 네트워크는 수평적 사회단체에서 일반적으로 나타나게 된다(박희봉, 2005: 96).

표 2-5 사회자본에 관한 주요 정의

퍼트남	사람들의 협조행동을 활발하게 함으로써 사회의 효율성을 개선할 수 있는 신뢰, 규범, 네트워크 등 사회조직의 특징
후쿠야마	신뢰(trust)가 사회 전체 혹은 사회의 특정 부분에 널리 퍼져 있는데서 생기는 능력
세계은행 (World Bank)	사회자본이란 사회적인 유대의 양·질을 결정하는 제도, 관계, 규범이다. 사회적인 유대는 경제의 번영이나 경제 발전의 지속에 불가결하다. 사회적 자본은 단순히 사회를 지탱하고 있는 제도는 아니며, 사회적 유대를 강하게 하기 위한 끈 역할을 하고 있는 것이다.
OECD	규범이나 가치관을 공유하고, 서로 이해하는 사람들로 구성된 네트워크로, 집단 내부와 집단 간 협력 관계의 증진에 기여하는 것이다.
베이커	개인적인 네트워크나 비즈니스의 네트워크로부터 얻어지는 자원이며, 정보·아이디어·지시 방향·사업 기회·부·권력이나 영향력·정신적인 지원·선의·신뢰·협력

탈리아에 대한 연구서인 「*Making Democracy Work*」와 미국 현대 사회에 대한 연구서인 「*Bowling Alone*」이 큰 계기가 되었다. 이를 계기로 1990년대 후반부터 많은 연구자가 사회자본에 관해 관심을 보이기 시작했으나, '사회자본'이라는 용어가 처음 등장한 것은 1916년까지 거슬러 올라간다. 여기서는 사회자본에 대한 이해를 돕기 위해 사회자본에 관한 연구의 역사적 변천을 퍼트남 이전과 이후로 나누어 간단히 정리하고자 한다.

① 초기의 연구

사회자본이라는 용어를 처음 사용한 것은 미국의 웨스트 버지니아 주 찰스턴 농촌학교의 주교육장(州教育長, state supervisor of rural school)인 하니펀(L. J. Hanifan)이 1916년에 쓴 논문으로 알려져 있다. 초기의 사회자본은 농촌이나 도시의 건전한 지역사회의 형성·유지에 불가결한 '양호한 인간관계'로서 이해되었으며, 그 후 연구의 기초가 되었다. 하니펀은 선의, 동료 의식, 상호 공감, 사회적 교류 등을 사회자본으로 보고, 학교의 커뮤니티 관여가 중요한 이유를 설명하기 위해 이 개념을 활용했다.

하니펀의 연구가 농촌의 커뮤니티에 초점을 맞춘 것이라면, 1960년대 제이콥스(Jane Jacobs)의 연구는 미국의 도시에서 일어난 대규모 도시재개

표 2-6 사회자본에 관한 연구의 역사적 변천

연구자	연도	개 요
하니펀 (L.J. Hanifan)	1916년	• 미국의 교육학자 선의, 동료 의식, 상호 공감, 사회적 교류 등을 사회자본으로 보았으며, 학교에 대한 커뮤니티 관여가 중요한 이유를 설명하기 위해 사회적 자본의 개념을 활용
제이콥스 (Jane Jacobs)	1961년	• 미국의 저널리스트 도시계획 분야에서 도시부의 사회적 네트워크(근린 관계 등) 등을 사회자본으로 표현하면서 그 중요성을 주장 (『미국 대도시의 生과 死』)
라우리 (Glenn Loury)	1977년	• 미국의 경제학자 인종 간 수입 격차를 설명하기 위해 사회자본 개념을 활용
부르디외 (Pierre Bourdieu)	1986년	• 프랑스의 사회학자 개인이 권력이나 자원에 액세스하기 위한 네트워크 등을 사회자본으로 보았으며, 개인의 사회자본이 교육 기회나 고용 기회를 규정함으로써, 사회계층을 분화, 고정화시킨다는 관점에서 사회자본이라는 개념 활용
콜먼 (James Coleman)	1988년 1990년	• 미국의 사회학자 사회자본이란 개인에게 협조행동을 일으키는 사회의 구조나 제도로 보았으며, 합리적인 개인이 협조행동을 일으키는 메커니즘을 신뢰·호혜성의 규범·사회적 네트워크로 설명
퍼트남 (Robert D. Putnam)	1993년	• 미국의 정치학자 ■ *Making Democracy Work* 사회자본 개념을 활용하여 남북 이탈리아 지방정부의 제도 성과의 차이를 설명. 사회자본이란 '신뢰', '규범', '네트워크' 등의 사회제도의 특징이며, 사람들의 협조행동을 촉진함으로써 사회의 효율을 높이는 것으로 봄.
	2000년	■ *Bowling Alone* 미국에서 사회자본의 감소·쇠퇴 상황을 포괄적인 주(州) 단위 자료를 기초로 실증 분석

발 과정에서 해체되어 가는 '전통적인 도시 커뮤니티'에 초점을 맞춘 것이다. 그녀는 획일적인 주택도시 개발은 구도시가 갖는 활기·생명력·연대감을 빼앗아 감으로써 도시를 죽음으로 내몰고 있다고 주장하면서, 도시사회학적인 관점에서 문제를 제기하는 동시에 근대 도시에서 근린 관계의 중요성을 강조했다. 이와같이 초기의 사회자본 연구의 주요 흐름은 '건전한 커뮤니티론'에 주목한 것이었다.

한편 1970년대 이후에는 또 다른 연구 흐름으로서 커뮤니티가 아닌 '개인'에 주목한 사회자본론이 전개되기 시작했다. 1970년대 미국의 경제학자 라우리(Glenn Loury), 1980년대 프랑스의 사회학자 부르디외(Pierre Bourdieu), 미국의 사회학자 콜먼(James Coleman) 등은 주로 개인에 주목하여 사회자본론을 연구했다. 이 가운데 미국의 경제학자이자 사회학자인 라우리는 인종 간에 소득 격차가 발생하는 것은, 인적 자본(human capital)의 획득 과정이 인종 간에 상이하기 때문으로 생각했다. 예를 들면 미국에서 백인과 유색인종을 비교하는 경우, 백인은 태어날 때부터 이미 인적 자본 획득에 유리한 환경에 있다는 것이다. 이와 같은 백인의 이점을 지적하면서, 이를 사회자본이라고 불렀다.

또한 프랑스 사회학자인 부르디외는 인간의 일상적·현실적인 커뮤니케이션 활동에 주목하여 그것의 원활화를 위한 자본으로서 문화자본[4]이나 사회적 자본을 정의했다. 부르디외에 의한 사회적 자본이란 당사자에게 어떠한 형태로든 이익을 가져다 주는 형태로 사회화된 인간 관계의 총칭이며, 예를 들면 인맥, 커넥션 등으로 파악할 수 있다.

미국의 사회학자 콜먼은 사회자본이란 사회구조의 어느 국면으로부터 구성되는 것이며, 그 구조 속에 포함되어 있는 개인에 대해 어느 특정 행위를 촉진하도록 하는 기능을 가지고 있는 것으로 정의했다. 이와같이 건전한 커뮤니티론에서 시작된 사회자본론은 그 후 개인의 행동에 주목한 사회학 분야의 연구를 거쳐 퍼트남의 연구로 계승되었다.

---

4) 문화자본이란 사회적인 생활을 원활하게 하기 위한 다양한 문화적 요소를 가리킨다. 예를 들면 몸에 밴 지식이나 기능, 그 사람이 소유하는 문화적 재(財) 혹은 자격이나 학력 등이다.

② 퍼트남의 연구

앞서 살펴본 바와 같이 사회자본에 관한 연구의 심화와 확대를 배경으로, 사회자본 연구에 크게 기여한 퍼트남의 연구 내용을 살펴보면 다음과 같다.

퍼트남에 의한 이탈리아 연구의 목적은 지극히 단순했다. 즉, 그의 관심은 민주적인 정부가 성공하거나 실패하는 것은 어떤 이유에서일까라는 단순한 명제에 있었다.

퍼트남은 1993년에 발표한 「*Making Democracy Work*」에서 사회자본이란 사람들의 협조행동을 활발하게 함으로써 사회의 효율성을 개선할 수 있는 신뢰, 규범, 네트워크 등 사회조직의 특징으로 정의하고 있다. 그리고 사회자본이 풍부하면 사람들은 서로 신뢰하고 자발적으로 협력하는 것으로, 즉 집합행동의 딜레마의 최선 해결책, 그리고 민주주의를 기능시키는 열쇠로 사회자본을 파악했다.

이탈리아 연구 이후 퍼트남은 자신의 모국인 미국의 커뮤니티 붕괴, 즉 사회자본의 쇠퇴에 주목하게 되었다. 2000년에 발표한 저서인 「*Bowling Alone: The Collapse and Revival of American Community*」에서 퍼트남은 지역의 볼링 클럽에 가입하지 않고 혼자서 묵묵히 볼링을 치고 있는 고독한 미국인의 모습을 상징으로 하여, 미국에서 사회자본의 쇠퇴 상황을 포괄적인 주 단위의 자료를 기초로 실증적으로 분석해 냈다. 그 결과 미국에서는 정치 · 시민단체 · 종교단체 · 조합 · 전문조직 · 비공식적인 사교 등에 대한 시민의 참여가 감소하고 있는 것이 폭넓게 검증되었다. 사회자본이 쇠퇴하는 주요한 요인으로 TV의 대두, 여성의 역할 변화(사회 진출), 사람들의 지리적 유동성 증가, 라이프 스타일의 변화, 시민 참여에 관한 가치관이나 행동의 세대 간 변화 등이 지적된다.

③ 사회자본에 관한 각국 정부 및 지역의 최근 동향

퍼트남의 「*Making Democracy Work*」 발간 이후 개발도상국의 개발문제를 해결하는 하나의 중요한 열쇠로서, 사회자본이라는 개념이 많은 원조기관이나 NGO, 혹은 개발문제 연구자들에게 관심을 끌고 있다. 특히 세계은행이 사회자본에 대한 논의를 하기 시작한 것이 커다란 계기가 되었다.

세계은행은 우선 1993년에 학자와 NGO 대표로 구성되는 '친환경적인 지속 가능 발전에 관한 부총재자문위원회(Advisory Council to the Vice Presidency for Environmentally Sustainable Development)'에서 사회자본에 관한 논의를 시작했다.

또한 1996년에는 '사회적 자본 이니셔티브(Social Capital Initiative: SCI)'라는 연구집단이 조직되었다. 이 그룹은 사회자본을 지표화하고, 그 개념을 세계은행이나 다른 기관의 개발사업에 활용하도록 하는 것을 주된 목적으로 하여, 조사·연구를 중심으로 하는 활동을 행하고 있다. 1998년에는 홈페이지를 개설하여 사회자본과 개발에 관한 다양한 문헌, 사례 등의 소개를 통해 논의를 발전시켜 왔다. 또한 세계은행은 「세계개발보고」(2000/2001년판)에서 개발에서 사회자본의 중요성에 관한 논의를 처음으로 등장시켰다.

세계은행을 포함하여 퍼트남 이후 개도국의 개발 문제라는 맥락 속에 사회자본의 중요성에 관한 논의에 적극적으로 관여한 논자들은 대체로 사회자본 비판론자, 구체적 검토론자, 전략적 이용자 등 세 가지 유형으로 나눌 수 있다.

이 가운데 전략적 활용가능성 측면에서 주요 선진국이나 국제기관에서는 <표 2-7>에서 보듯이 사회자본의 정책적 활용 가능성에 초점을 맞추어 연구조사를 진행하고 있다.

표 2-7 사회자본(SC)에 관한 각국 정부나 국제기관의 주요 동향

미국	연방정부는 SC의 변화 및 SC와 정책의 관계를 조사할 수 있는 측정기법의 개발에 힘쓰고 있으며, 전체 미국 인구조사를 활용한 SC 측정의 가능성을 검토하고 있다. 이를 위해 퍼트남에게 의뢰하여 소셜 캐피탈 커뮤니티 벤치마크 서베이(SCCBS)에서 보충 조사를 실시했다. SCCBS 지표로서는 신뢰(사회적 신뢰, 異人種間·異民族間), 비공식 네트워크(우정의 네트워크의 다양성, 가족·친구·동료와 비공식적 사교), 공식 네트워크(시민으로서의 리더십, 결사에의 관여, 기부와 자원봉사, 신앙에 기초한 적극적 참여), 정치적 관여(투표, 정치에의 항의), 커뮤니티에서 시민으로서 적극적 참여의 평등성 등이 있다.

영국	1994년에 발족한 블레어 정권은 공공 부문의 비대화를 피하면서 실업률·범죄 건수의 증가 등 사회문제에 대응하기 위해 사회 서비스의 제공자로서 민간기업·시민이 참여를 촉진했다. 그 이론적 근거로서 1997년경부터 SC 개념이 활용되기 시작했다. 정책적으로는 '범죄와 경제', '국민의 건강', '교육 및 시민 참여' 등의 분야에서 가능성이 검토되고 있다.
호주	1998년 SC에 관한 최초의 조사를 실시했으며, 2001년에는 정부통계국에 SC 연구집단을 설립했다. 이 그룹은 SC의 통계적인 분석틀의 초안 및 관련 자료를 작성 중에 있다. 주요 목적으로는 건강, 교육, 커뮤니티 안전 등에서 SC의 긍정적 효과의 검증과 정책에의 반영 등이 있다. 정부는 2005년에 SC에 관한 통계를 정비했다.
뉴질랜드	1997년부터 조사를 개시하는 등 비교적 일찍부터 SC에 관심을 보여 왔으며, 정책적 측면에서도 중요시하고 있다. 중요시하는 커다란 이유 가운데 하나로 '원주민의 존재'를 들 수 있다. 그들에 대한 사회적 배제를 없애고, 상이한 민족 간에 신뢰 관계를 배양하는 것이 정부의 중요한 과제이며, 이를 달성하기 위해 SC 개념을 정책에 활용하려 시도하고 있다.
일본	정치학, 사회학, 경제학 등의 학문 분야에서 학술적으로 활발한 연구가 이루어지고 있다. 2003년 내각부의 보고서「사회적 자본: 풍요로운 인간관계와 시민활동의 선순환 구축을 위하여(ソーシャル・キャピタル：豊かな人間關係と市民活動の好循環を求めて)」에서는 자원봉사 활동을 비롯한 시민활동과 사회적 자본의 관계에 초점을 맞추어 일본에서 SC의 적용가능성을 폭넓게 조사한 바 있다.
OECD	2000년경부터 경제 및 사회 개발을 지탱하는 자원으로서, 인적 자본과 더불어 SC를 채택했으며, 국제 심포지엄 등을 개최하고 있다. 2001년에는「국가의 복리: 인적 자본 및 사회적 자본의 역할」을 간행했다. SC에 주목하는 의의로 ① SC는 정치적·제도적·법적으로 상호작용하여, 경제적·개인적·사회적 이익을 가져올 가능성이 높은 점, ② SC는 건강이나 범죄 낮은 범죄 발생률과 상관 관계가 있는 점, ③ SC는 아동복지를 향상시켜 아동학대 발생률을 저하시켜 어린이로부터 성인 생활로의 이행을 원활하게 하고, 학습 성적을 높이는 경향이 있다는 점, ④ SC는 사회적 통합이나 사회적 연대를 촉진할 뿐만 아니라, 공공기관이나 정부의 질을 제고하는 경향이 있는 점, ⑤ 경제적으로는 기업이나 조직, 커뮤니티의 생산성을 제고할 수 있는 점 등을 지적한다.
세계은행	1993년부터 검토를 시작했으며,「세계개발보고」(2000/2001판)에서 개발에서 SC의 중요성을 지적했다. SC 형성에 의한 빈곤 박멸을 주요 목적으로 한 사업을 방글라데시, 인도, 에콰도르, 사하라 이남의 아프리카 등에서 행하고 있다. 이러한 세계은행의 시도는 개발원조 대상 지역에서의 SC 형성의 중요성을 선진국에 인식시켰다. 일본에서도 JICA(독립행정법인 국제협력기구)가 SC의 활용을 추진하고 있다.

(3) 사회자본의 유형

① 제도적 · 인지적 사회자본

사회자본을 구성 요소의 특징으로 분류하면, 사회조직 · 제도의 존재와 관련한 제도적(structural) 사회자본과 개인의 심리적인 변화 과정이나 태도에 직접 영향을 미치는 인지적(cognitive) 사회자본으로 유형화할 수 있다. <표 2-8>에서 보듯이 제도적 사회자본은 네트워크, 조직에서의 역할, 규칙, 절차 등이 원천이 되며, 인지적 사회자본은 규범, 가치관, 신조 등이 사회자본 형성의 원천이 된다. 이 두 종류의 사회자본은 상호 보완적인 성격을 지니는데, 제도적 요소를 유지하고 있는 것이 인지적 요소이며, 인지적 요소는 제도적 요소에 의해 강화되거나 재생산된다(Uphoff, 2000: 221).

표 2-8 제도적 · 인지적 사회자본

	제도적	인지적
원천과 그 발현	역할과 규율 네트워크와 기타 인적 관계 절차와 관례	규범 가치 태도 신조
영역	사회조직	시민사회문화
동적 요인	수평적 연계 수직적 연계	신뢰, 결속, 협조, 관용
공통 요소	상호 호혜적 협조행동에 대한 기대	

② 거시적 · 미시적 사회자본

사회자본을 거시적 측면과 미시적 측면으로 나누는 것은 사회자본의 기능이 미치는 범위에 초점을 둔 유형화라 할 수 있다. 즉, 미시와 거시 수준의 사회자본으로 분류한 것이다.

미시적 사회자본에 대한 연구는 커뮤니티 혹은 소집단에서의 정보 채널, 주민 간 협조행동의 틀로서의 조직, 네트워크 등을 사례연구의 대상으로 한다. 이들 연구는 참여자 간의 사회자본과 가계소득, 소규모 금융, 농업기술 보급, 수자원 관리, 쓰레기 · 폐기물 관리 등의 성과와의 상관관계를 밝히고 있다.

거시적 사회자본이란 좀 더 광범위한 주민을 포함하는 사회 · 정치적 환경에 관한 것이며, 정치제도, 법적 구속력, 법적 제도, 정치적 자유도 등을 말한다. 사회자본 연구에서는 정부의 기능이라는 거시적 사회자본과 경제 발전, 정치적 · 민족적 분쟁의 발생 가능성 및 그 후의 화해 조정의 곤란성 등에 관한 실증연구 등이 있다.

그루터트와 반 바스텔러(Grootaert & van Bastelaer, 2002)는 거시적 · 미시적 사회자본을 각각 제도적 요소와 인지적 요소로 분류하여 [그림 2-1]과 같이 유형화한 바 있다.

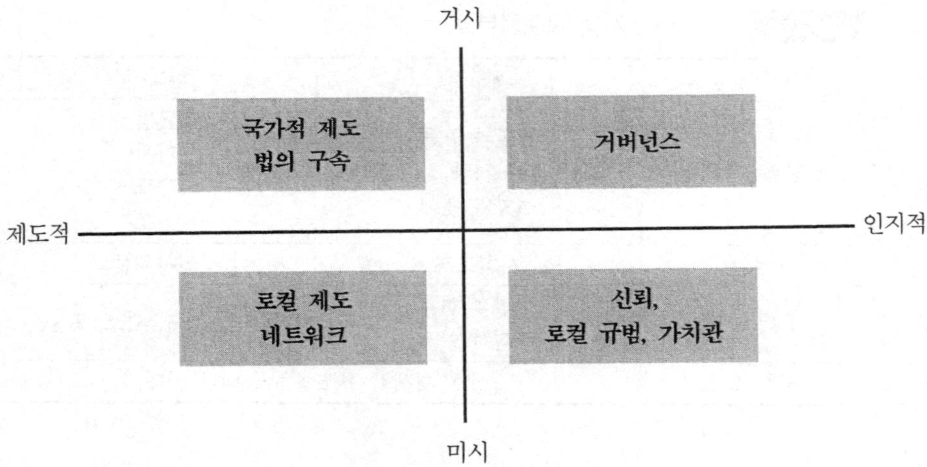

그림 2-1 사회자본의 분류

③ 내부결속형 · 가교형 사회자본

사회자본을 내부결속형과 가교형으로 분류하는 것은 사회자본이 영향을 미치는 대상과 채널에 따른 것이다. 즉, 커뮤니티 등 그룹 내의 결속을 강화하는 것뿐만 아니라, 그룹 외의 다른 집단이나 정부 등 공식적인 제도 · 조직과 연계를 강화하는 것도 사회자본으로 이해하려는 시도이다. 전자를 내부결속형(bonding) 사회자본, 후자를 가교형(bridging) 사회자본으로 유형화할 수 있다(Narayan et al., 1999; Woolcock & Narayan, 2000).

내부결속형의 사회자본은 정보의 공유, 거래비용의 저하, 기회주의적 행동의 억제 등을 가져오며, 협조행동의 인센티브를 그룹에 가져온다. 이에 반해 가교형 사회자본은 정부의 서비스나 시장 등 외부의 정보·기회에 대한 접근(액세스)을 증가시켜 그룹의 교섭 능력을 향상시키는 등의 장점이 있다. 그리고 이 두 가지 사회자본은 일정한 관계, 즉 내부결속형이 강한 사회에서는 가교형이 약하다는 관계에 있다는 점 등에 대해 논의가 이루어지고 있다(Narayan et al., 1999: 1).

(4) 사회자본과 NGO

NGO와 사회자본과의 관계는 대체로 두 가지 측면에서 논의되고 있다. 하나는 NGO를 포괄하는 광의의 시민단체와 사회자본과의 관계에서 어느 것을 독립변수로 보느냐의 문제이다. 그러나 양자의 관계는 닭과 달걀 간의 우선순위와 같은 문제로, 실제적으로는 서로 간에 영향을 주고받는 변수로 보아야 할 경우가 많기 때문이다.

광의적인 맥락에서 시민단체를 포함한 자발적 결사체를 사회자본의 간접적 형성 주체로 보는 시각은, 자발적 결사체가 풀뿌리민주주의의 시작이 되는 시민 참여의 핵심이라는 시각에서 출발한다(Putnam, 1993b: 35-42). 즉, 민주주의에 기본이 되는 사회자본으로서 시민의식은 일차적 성격을 갖는 연고집단이 아닌 이차적 성격의 결사체들을 통해 형성된다.

이때 이차적 성격을 갖는 결사체는 일차적 성격의 연고집단에 비해 구성원이 이질적이어서, 집단 간의 이해가 상반된 문제 해결에 공유된 시각과 관점을 제공해 주는 기능을 한다. 따라서 이 같은 이차적 결사체에 참여함으로써 민주주의에 대한 학습과 경험을 통해 사회자본을 형성하는 기초를 마련하게 된다. 다시 말해, 시민단체를 포함한 자발적 결사체들이 효과적인 정부를 구축하거나 민주주의를 정착시키는 과정에서, 필요한 사회자본을 형성하는 데 매개적 역할이나 간접적인 기여를 한다고 보는 입장이다.

이런 시각에서 양자의 관계를 파악한 최초의 학자는 토크빌(Tocqueville,

1984)이었다. 비록 시민단체라는 개념보다는 자발적 결사체라는 광의의 개념에서 접근했지만, 자발적 결사체는 민주주의를 실현하는 데 가장 위대한 학교로 보았다. 그래서 그는 사회자본의 핵심 요소인 시민 참여를 유발하고 학습하는 데 자발적 결사체의 중요성을 강조했던 것이다.

이러한 토크빌의 사상은 이후 페이트먼(Pateman, 1970)에게서 다시금 강조되었는데, 그녀 역시 민주주의가 성공하기 위해서는 사회자본이 대단히 중요하다는 측면에서, 시민사회나 결사체의 역할이 바로 사회자본을 형성하는 것이라는 점을 강조했다. 유사한 입장에서 퍼트남(Putnam, 1993b)이나 스카치폴과 피오리나(Skocpol & Fiorina, 1999)도 구성원 간의 신뢰와 호혜성, 규범 등과 같은 요소는 건전한 시민사회를 조성하는 데 필수적이라고 하면서, 이러한 요소는 사회 참여와 조직화를 통해서만 형성되는 것으로 파악했다.

사회자본의 형성 과정에서 결사체가 담당하는 이러한 역할은 노동조합에서도 찾아볼 수 있는데, 노동조합이 간접적이기는 하지만 민주주의가 작동하도록 하는 데 순기능을 하고 있다고 할 수 있다. 그것은 노동조합이 집단을 통해 이해 표출에 대한 경험을 제공하고, 나아가 직장에서 발언권(voice)의 제기라는 기회를 제공해 주기 때문이다. 특히 노동조합의 운동 성격이 지역사회나 각종 사회단체와 연대하여 공익적 기능을 수행할 경우, 사회자본을 형성하는 데 촉진제 역할을 할 수 있다(정광호, 2005).

사회자본을 구성하는 중요한 요소의 하나인 신뢰에 국한시켜 볼 때, 즉 대부분의 단체 참여가 각종 신뢰에 영향을 미치나, 아직은 공동사회에 기초한 신뢰에 의존하고 있어 시민사회 및 제2차 사회 중심의 신뢰가 제대로 형성되지는 못한 것으로 나타났다. 결국 퍼트남(Putnam, 1993a)의 지적처럼 민주주의의 정착과 제도적 수월성을 확보하기 위해서는 사회자본의 형성이 중요한데, 사회자본의 축적은 종교나 전통 혹은 역사적 관습과 같은 문화적 기제와 결사체 참여를 통해 창출된다는 점에서 시민단체의 매개적 기능을 찾을 수 있다.

다음으로는 시민단체를 사회자본의 직접적인 형성 주체로 보는 견해를 들 수 있다. 이 중 월퍼트(Wolpert, 1993: 205-209)는 사회자본의 형성에 중요한 영향변수로 간주되고 있는 지역적 차이에 의거해, 국가나 지역의 사회자본을 증대시키는 데 시민단체의 활동이 어떤 차이가 있는지를 연구했다. 그 결과 미국의 공동모금회와 같은 NGO는 시민의식을 개발하는 데 환경 조성을 담당하는 역할을 하며, 자원의 모집과 배분에서는 매개 역할을 하는 것으로 나타났다.5)

사회자본의 형성에 관한 시민단체의 직접적 역할에 대한 논의 가운데 특이한 것으로 에드워즈와 매카시(Edwards & McCarthy, 2004: 621-651)가 제시한 분석 결과는 의미하는 바가 크다. 이들은 원칙적으로 사회운동조직(social movement organizations)의 동작화가 사회자본을 형성한다는 사실에는 동의한다. 다만 이들은 전국적인 조직체의 형태로 존재하는 사회운동조직과 달리, 소규모 지역에 위치하고 있는 사회운동조직은 사회자본과 조직적 전략(organizational strategy)의 특성에 따라 조직의 생존이 달라질 수 있다는 사실을 강조했다는 점에 유의할 필요가 있다.

이와 함께 후진국의 농촌 발전에 대한 사례 연구를 수행한 아이스만과 업호프(Eisman & Uphoff, 1984)는 효과적인 자치정부가 되기 위한 전제조건으로 결사체 활동을 들고 있다. 이들은 후진국의 빈곤문제를 해결하는 방안으로 참여적 결사체와 이들 상호간의 네트워크 형성을 들면서, 정부투자와 정부 운용의 효과성을 높이는 데 이들의 역할이 매우 중요하다고

---

5) 이와 유사한 사례는 여러 연구에서 발견된다. 우선 쇼(Shaw, 1990)는 아프리카에서 활동하고 있는 NGO들의 활동을 분석했는데, 이들 지역에서 활동하는 NGO는 정부의 역할이 감퇴된 상황에서 시민사회를 육성하고 활성화하는 데 지대한 역할을 담당하고 있다는 것이다. 쇼는 월퍼트와 유사한 관점에서 사회자본의 형성 주체를 NGO로 보면서, 정부의 역할이 후퇴한 많은 아프리카 국가에서 NGO가 질적으로나 양적으로 성장하고 있음을 보여준다. 특히 쇼는 NGO가 사회자본을 창출하는 데 핵심적 요소로 구성원 간의 의사소통을 들고 있다. 피거래스(Figueras, 2004: 227-279) 역시 쇼와 유사하게 남미에서 정부의 활동이 약화되면서, 사회자본의 형성 주체로 NGO의 역할이 강화되고 있다는 분석 결과를 제시했다. 이들 지역에서 NGO는 특히 토착조직(grassroots organization)의 영향력을 제고하여 사회자본을 강화하는 데 심혈을 기울이고 있는 것으로 나타났다. 민코프(Minkoff, 1997) 또한 사회자본이 면 대 면과 같은 결사체에 의해 생성되기도 하지만 제3의 조직에 의해서도 생성될 수 있다는 사실에 주목하여, 시민사회나 사회운동이 사회자본을 활성화하여 간접민주주의가 지닌 한계를 극복하는 데 중요한 역할을 담당한다고 주장했다.

중요 이슈 **대한민국 '불신의 늪'**

대한민국이 '불신의 늪'에서 허우적대고 있다. 국민이 정치권과 정부를 '생면부지' 사람보다도 믿지 않는 것으로 나타났다. 국민 열에 일곱은 '공직자의 절반은 부패했다'고 의심하고 있으며, '공직자들이 법을 제대로 지킨다'고 생각하는 국민은 열에 하나도 안 됐다.

이는 한국개발연구원(KDI) 국제정책대학원이 26일 발표한 '사회적 자본 확충을 위한 기본조사 및 정책연구' 최종 보고서에 나타난 우리 사회 신뢰 수준의 실태다. 기획예산처의 용역을 받아 보고서를 만든 한국개발연구원은 "전국 1,500명을 대상으로 1대 1 면접 방식으로 조사를 했다"며 "'사회적 자본'에 초점을 맞춘 국내 최초의 종합조사"라고 밝혔다.

보고서를 보면, 불신을 0, 신뢰를 10으로 해 공공기관과 민간기관에 대한 신뢰도를 측정했더니 국회가 3.0으로 최하위였고, 정당(3.3), 정부(3.4), 지방자치단체(3.9), 검찰(4.2), 법원(4.3), 경찰(4.5), 노동조합(4.6), 대기업(4.7), 군대(4.9), 언론(4.9) 등 거의 대부분이 중간값인 5에 미치지 못했다. 교육기관과 시민단체가 각각 5.4로 겨우 중간값을 넘었다. 특히 국회·정당·정부·지방자치단체 신뢰도는 처음 만난 사람에 대한 신뢰(4.0)보다도 낮았다.

보고서는 "한국전쟁과 급속한 도시화, 권위주의적 근대화 등을 겪으면서 불신이 생존을 위한 불가피한 선택이 되면서 우리 사회의 신뢰가 붕괴된 것 같다"고 분석했다. 국가기관의 공정성에 대한 불신도 심각한 수준인 것으로 나타났다. 조사 대상의 70%가 '공직자 2명 중 1명은 부패했다"는 생각을 가지고 있으며, '공직자들이 법을 제대로 지킨다'고 생각한다는 응답은 5%에 불과했다. 또 '법원 판결이 공정하다'는 응답은 50%에 머물렀고, '경찰의 법 집행이 공정하다'는 응답도 43%에 그쳤다.

(자료: 한겨레, 2006년 12월 27일에서 발췌)

【토론 주제】

1. 아직까지 시민단체가 비교적 높은 신뢰 수준을 유지하고 있는 이유에 대해 생각해 보시오.
2. 이상의 기사를 보면, 우리나라의 신뢰 수준은 매우 낮다는 것을 알 수 있다. 이 가운데 시민단체에 비교적 높은 신뢰를 보이는 것으로 나타났다. 따라서 시민단체를 통해 사회자본을 축적할 수 있는 방법에 대해 토론해 보시오.

보았다. 따라서 후진국일수록 시민단체와 같은 참여적 결사체가 사회자본을 축적하여, 정부 운영의 효과성을 증대시킬 필요가 있다는 것이다.[6)]

6) 한국 사회와 관련해서 사회자본의 한 요소로 간주되는 사회 신뢰와 관련하여, 이의 형성 주체로서 시민단체와 같은 결사체의 직접적 역할을 실증적으로 수행한 장수찬(2004)의 연구를 들 수 있다. 장수찬은 시민단체와 같은 결사체에 참여하고 있는 사람이 참여하지

그런데 이와같이 사회자본의 형성에 대한 시민단체의 긍정적 역할과는 달리, 시민단체를 포함한 광의의 결사체가 사회자본의 형성에 부정적 영향을 끼칠 수 있음을 강조하는 견해에 주목할 필요가 있다. 예컨대 크리시나(Krishna, 2002)는 사회자본을 형성하는 주체로 비정부조직을 언급하는 대신 기관(agency)의 역할이 중요함을 강조했으나, 때로는 강력한 결속력을 가진 집단이 다른 집단을 배제하고 있음도 아울러 피력했다는 것이다.

특히 집단의 구성원이 획일성을 요구할 때나 또는 자유를 제한하거나 공동체 구성원을 배제하는 기능을 하는 지역사회조직을 만드는 데, 사회자본이 악용될 수도 있다는 점에서 사회자본의 역기능을 강조했다.

끝으로 한국의 시민단체가 사회자본을 형성한다는 데 대해 회의적인 시각을 표출하고 있는 연구로는 박희봉(2002)을 들 수 있다.[7] 박희봉은 한국의 시민단체들이 지닌 부정적 측면 때문에 아직은 시민단체를 통한 사회자본의 형성을 기대하기는 어렵다는 입장인데, 이 같은 주장과 유사한 입장은 뉴턴(Newton, 1999)의 연구에서 찾아볼 수 있다. 예컨대 가톨릭과 개신교를 중심으로 자발적 조직이나 단체들이 분리됨으로써, 오히려 이 단체들이 사회적 갈등을 심화시키는 요인이 되고 있다는 결과는 시민단체의 부정적 측면을 보여주는 사례이다(김태룡, 2002a: 114-117).[8]

않은 사람보다 사회 신뢰와 정부 신뢰의 정도가 높다는 결과에 기초해, 시민단체가 사회자본의 형성에 지대한 역할을 담당하고 있다고 주장했다. 이 밖에도 한국 사회의 신뢰 위기를 체계적으로 제시하고 위기에 대한 해결책으로 연결망 확대를 제시한 박찬웅(1998)의 연구라든지, 이익집단 간에 발생하는 갈등을 해결하는 수단으로서 시민단체의 역할을 분석한 박상필(2000b)의 연구는, 비록 사회자본의 특정 요소만을 다루었지만 사회자본의 형성에서 시민단체가 주된 역할을 담당하고 있음을 보여준다.

7) 박희봉·황영호(2004)는 사회자본의 창출 논리를 유사한 시각에서 전개하고 있는데 이들에 따르면, 서구 사회의 경우는 철저한 불신의 제도화가 가져온 도덕적 공백을 사회적 신뢰로 보충하자는 입장인데 반해, 우리의 경우는 사적인 신뢰를 넘어서는 신뢰감 있는 공적 제도를 창출하자는 데 있다는 것이다. 이런 측면에서 서구와는 달리 우리는 수직적 사회자본의 형성과 확산을 고려할 필요가 있다.

8) 따라서 한국의 시민단체에도 이와 유사한 상황이 나타나고 있다는 점에서 사회자본의 형성에 미치는 시민단체의 역기능을 살펴볼 수 있다. 이와 함께 한국의 시민단체들이 처한 취약한 여건으로 인해, 시민단체가 사회자본의 형성 주체가 되기에는 미흡한 측면이 많은 것도 사실이다. 외관상으로는 한국의 시민단체를 매개로 한 시민운동은 정책을 변화시키고 재벌을 감시하며 부도덕한 장관을 퇴진시키는 힘을 가지고 있지만, 한국의 시민

2 정치학적 이론

NGO의 성장 요인이나 영향력의 원천을 추론하는 데 NGO도 조직의 한 유형이라는 것과 따라서 조직의 일반적 특성을 보유하고 있다는 점에서 정치·행정학적 시각은 의미가 있다. 정치학적 시각은 조직관리론과 조직권력론적 관점으로 유형화할 수 있다(김태룡, 2002a: 114-117).

우선 조직관리론적 관점에서 NGO에 대한 현황 분석을 통해 간접적인 방식이긴 하지만 성장 요인이나 영향 요인을 파악하는 시각을 들 수 있다. 이는 영향력의 원천으로서 자원을 강조하는 자원동원이론과 후술하는 조직권력론적 관점과도 유사한 면이 많다.

조직관리론적 관점에서 시도된 연구는 대체로 NGO들이 어떤 방식으로 영향력을 행사해 오면서 성장해 왔는가를 보여 준다. 예컨대 김종순(1999)은 민간환경단체들이 영향을 미칠 수 있는 활동 방법으로 감시, 고발, 항의, 강연, 홍보 등을 열거하면서, 이러한 방법을 사용한 결과 어떤 영향을 미쳤는가를 분석했다. 김영래(1997: 246)와 김영래·김혁래(1999)도 체제론적 관점에서 NGO의 투입 부분으로 조직의 환경적 차원, 조직 자체의 목표 및 전략 차원, 그리고 조직 산출 차원에 대한 고려를 복합적으로 해야 함을 강조한다.[9] 이 밖에도 김혜경(1997: 101-137)은 재정적 측면에서 정부의 재정적 지원과 NGO 스스로의 재정 확충이 개발도상국 NGO의 성장 과정 내

사회 속에 깊이 뿌리내린 심각한 비일관성에 대한 문화적 대안의 제시나 치유라는 면에서는 매우 취약한 실정이다. 이는 결국 한국의 시민단체들이 쉽게 표적이 되는 권위주의 정권이나 부패한 정치권을 비판하고 감시하는 일에만 치중해 왔다는 것을 의미한다. 그래서 사회제도와 시민 의식을 지배하는 가치문화적 차원에서의 이중성과 전근대성에 대한 지속적이고 심층적인 비판에는 큰 관심을 기울지 못했다는 측면에서 형성 주체가 되기에는 미흡하다는 지적에도 타당성이 있다(정수복, 1996).

9) 이 같은 시각은 크라이시(J. Kriesi)가 분류하는 관점과 유사하다. 그는 사회운동에 따른 영향을 내적 영향(impacts)과 외적 영향으로 나누고 외적 영향을 다시 절차적 영향(정책결정 과정에 대한 영향), 실질적 영향(정책의 시행으로 얻게 되는 이득), 구조적 영향(제도적 변동과 정치적 연합구조의 변동) 및 감응적 영향(여러 행위자들이 사회운동의 요구를 정치적 쟁점으로 받아들이며, 그 쟁점과 관련된 공중의 태도가 바뀌는 효과) 등으로 세분했다(임희섭, 1999: 195-197).

지는 영향력 확대에 어떤 영향을 끼쳤는가를 분석했다.

이와같이 조직관리론적 관점에서 강조되고 있는 요소들은 대체로 조직이 활용하고 있는 전략적 활동의 중요성(activity prioritization)인데, 그것은 전략적 활동이 조직활동을 계획하고 수행하는 데 중요한 영향을 미치고 있기 때문이다. 조직활동은 대체로 내부 게임(inside game), 외부 게임(outside game), 그리고 조직 유지(organizational maintenance)로 나뉜다.

이 중 내부 게임은 정치권의 내부적 또는 인적 관계를 이용해 정치 과정 내에 영향력을 행사하는 활동으로서 로비활동이 대표적인 예로 볼 수 있다. 외부 게임은 내부 게임과는 달리 정치권이 아닌 일반 대중과의 관계를 확대하기 위한 방식으로 대중 동원과 같은 활동을 의미한다. 그리고 조직 유지활동은 회원의 유지를 통해 조직을 유지하는 데 필요한 제반 활동을 의미하며, 출판 등을 통한 회원에 대한 정보나 서비스 제공과 같은 활동 등을 들 수 있다(Scholzman & Tierney, 1986: 170; Kollman, 1998: 35).

다음으로 정부에 대한 NGO의 영향력 행사를 조직권력론적 관점에서 접근하고 있는 시각이다. 조직권력론적 시각에서 이루어지는 NGO와 정부와의 관계이론이나 또는 NGO의 영향력을 강화하는 데 초점을 둔 진단이론 등은 상당한 시사점을 지니는데, 이 관점은 자원동원이론이나 정치과정론적 시각과도 유사한 부분이 많다. 최근에 이르러 시도되고 있는 것으로, NGO와 정부 간의 협력 체제를 활성화하기 위한 시도로 이루어지고 있는 국가관리(governance) 차원의 경향이 그것이다.

예컨대 NGO와 정부와의 관계를 보는 개념적 틀을 제시한 코스턴(Coston, 1998: 358-382)의 연구를 들 수 있다. NGO와 정부와의 관계는 정부의 제도적 다원주의의 수용 여부, NGO와 정부의 연계성 정도, NGO와 정부의 상대적 힘의 관계, 양자의 관계에 대한 공식성의 정도, 정부의 대(對)민간 정책에 대한 선호도 등에 따라 여덟 가지로 유형화할 수 있다는 것이다. 코스턴(Jeniffer M. Coston)의 연구가 지니는 의미는 그녀가 제시하는 양자 간의 관계를 추적해 볼 수 있는 요소가 NGO와 정부와의 관계 유형에 도움이 되는 동시에, 역으로 이 요소를 NGO의 영향력 요소로 전환해 활용할 수 있는 가능성이 높다는 데 있다.

이와는 달리 아이스만과 업호프(Eisman & Uphoff, 1984)는 민간단체와 정부와의 연결 관계의 내용과 강도를 기준으로 연결 수준을 다섯 차원의 수준으로 나누어 설명한다.[10] 영(Young, 1999: 31-67)은 NGO와 정부와의 관계를 보조적 · 공급적 · 적대적이라는 세 개의 렌즈를 통해 미국 역사에서 양자와의 관계를 분석한 후, 미국의 경우 양자의 관계는 어느 하나로 설명될 수 있는 관계가 아니라 세 가지 관점에서 종합적으로 조망해 보아야만 바람직한 관계를 도출해 낼 수 있다고 결론짓고 있다.[11]

이와 함께 스미스(Smith, 1999)의 경우는 양자와의 관계에서 재정적 지원이 가장 중요한 문제라는 관점에서 재정적 지원 방식, 규제 등을 언급하면서 사례를 들어 NGO에 대한 정부의 재정적 지원 효과를 평가하고 있다.

한국에서는 이기영(1999)이 탈북자의 정착 지원 사례를 중심으로 양자간의 관계모형을 모색했으며, 유현석(1999)은 실업문제라는 사례를 중심으로 한국 NGO들이 실업문제에서 국가와 밀접한 관계를 맺는 것은 바람직하지 않으며, 오히려 국가의 복지 제공 역할이 절대적으로 부족한 상황에서는 우선 국가의 복지 역할이 강화되도록 자극을 주는 역할이 필요하다는 것이다.

이런 점에서 트로프(Tropp, 1999)의 시각도 의미하는 바가 크다. 그에 따르면 인도의 경우 양자간의 관계가 비록 환경문제에 국한된 것이기는 하지만, 정부의 강요와 NGO의 비독립성으로 인해 관계가 상당히 왜곡되어 있음을 밝힌다. 따라서 NGO와 정부와의 관계모형은 서로 어떤 영향력을 행

---

10) 이에 반해 기드론, 크레이머와 샐러먼(Gidron, Kramer, & Salamon, 1992: 1-30)은 정부와 NGO와의 관계를 기능(재원의 조달과 서비스의 공급)과 담당 주체라는 차원에서 정부주도형, NGO주도형, 중첩형, 협동형으로 나누고 있는데, 양자의 관계에서 NGO의 재정적 독립성이 역시 중요한 역할을 담당하는 것으로 보고 있다.

11) 이런 측면에서 김필두(2001)가 제시하는 정부와 NGO 간 협력 관계의 형성 요건은 의미가 있다. 김필두는 지방자치단체와 지역 NGO와의 협력 관계가 형성되기 위한 조건으로 ① 2개 이상의 주체 참여, ② 행동의 자유와 주체성, ③ 계속적 또는 공공 관계의 활동, ④ 어느 정도의 자원을 공동활동에 제공, ⑤ 책임의 공유, ⑥ 비영리 또는 공익활동 분야에 속하는 활동 영역을 소유할 것, ⑦ 공통된 과제 영역을 소유, ⑧ 목적 의식을 공유, ⑨ 상대방의 특성을 인식하고 존중할 것을 제안하고 있다. 따라서 자원과 주체성, 그리고 독자성 등은 양자간의 협동 관계에서도 중요함을 알 수 있다.

사하고 있는가에 의해, 예컨대 다원주의의 수용강제력, 재정, 자율성 내지는 독립성 등과 같이 NGO들이 보유하고 있는 영향력 요인에 따라 양자의 관계모형이 설정될 수 있다는 측면에서, NGO의 정부에 대한 영향력 요소와 정도를 추론할 수 있는 간접적 지표를 제시하고 있다는 점에서 의미가 있다.

끝으로 NGO가 행사하는 영향 요인과 그에 따른 효과성과의 관계를 분석하는 데 의미가 있는 것으로, 라이드(Reid, 1999: 291-325)는 민주주의 사회에서 NGO의 주창력(advocacy)을 높이려면, 예컨대 자원봉사자, 자금, 시설 등과 같은 정치적 자원, 조직적인 정책결정 능력, 내적인 교육 체계, 끊임없는 연구와 모니터 활동 등과 같은 자원들을 공고하게 해야 한다는 것이다.

또 다른 측면에서 조명래(1997: 30-34)는 지방환경 행정에서 NGO의 공생산(coproduction)을 강화하기 위한 주도적인 활동 유형을 일상형, 위임형, 위원회형, 전문가형, 운동형, 정치활동형으로 나누고, 이를 다시 정책 단계별로 바람직한 활동전략을 제시했다. 조명래의 연구는 NGO가 추구하고자 하는 활동 유형에 따라 영향력 요인으로 볼 수 있는 활동 유형 전략이 달라져야 함을 제시하고 있다는 측면에서 의미가 있다.

김수현(1998: 75-78)도 조직관리적 성격이 짙기는 하지만 NGO가 자가진단할 수 있는 평가 요소를 제시하면서, 이러한 요소들의 강화가 NGO의 영향력 확대에 수반한 신뢰성(accountability)을 시민사회에서 얻어낼 수 있고 또한 역할을 증대시킬 수 있는 자원이라는 점을 강조한다. 즉, 영향력 요소로는 내부 의사결정의 민주성, 인사관리, 회계의 투명성과 독립성 유지, 관계자 참여, 정부 및 여타 NGO와의 관계, 사업평가, 기타의 일곱 요소를 들고 있다.

3 경제학적 이론

NGO의 경제학적 이론은 NGO의 영향력이나 성장 요인을 경제적 관점에서 보려는 시각이다. 정부·시장실패이론, 계약실패이론, 자원부분실패이론 등이 서비스에 대한 수요 중심적 측면의 지배적 이론으로 구성되어 있다.[12)]

정부·시장실패이론은 공공재의 초과 수요에 대한 보완적 기능에 초점을 두고, 정부가 공공 서비스를 적기에 생산하지 못한 데 따른 보완재로 NGO가 등장했다고 보는 입장이다. 이에 따르면 NGO는 경직화된 관료조직이나 정부조직에 비해 시장에서 발생하는 변화에 적극적으로 대응할 수 있고, 사회적 포용력이 증가하는 추세이기 때문에 NGO의 역할이 커지는 것은 당연하다는 주장이다.

즉, 수요 요구의 초과와 다양한 이질성에 따른 수요 존재로 야기되는 정부실패에 대한 불신은 국가 역할의 축소와 더불어 다양한 시민단체의 조직화 현상을 야기했으며, 이로 인해 공공 서비스의 민간조직으로의 이양이라는 새로운 패러다임을 가져왔다는 것이다(James, 1987: 397-415).

수요론적 성장모형은 기본적으로 시장 체제와 민주적 정치구조가 전제된 국가에서는 적용타당성이 높지만, 권위주의적인 개발도상국은 오히려 NGO의 출현을 억제하려는 경향마저 있어 적용상의 한계가 있다(Anheier & Salamon, 1998: 365). 그럼에도 불구하고 수요론적 성장모형의 관점에서 볼 때, NGO는 비록 공공재에 한정되기는 하지만 서비스 공급에 실패한 시장이나 정부에 대한 불신의 증가를 국가에 대한 역할 축소라는 요구나 비판으로 전환시키면서 영향력을 확대해 왔다고 볼 수 있다.

이에 반해 계약실패이론은 정부·시장실패이론이 NGO의 대안적 역할은 설명하고 있으나, 공급 측면에서 영리단체의 역할을 소홀히 취급한 부분을 보완하기 위해 출발한 이론이다. 이에 따르면 전통적으로 서비스가 구매되는 상황이나 또는 서비스 자체가 지니는 성격 때문에, 소비자들은 영리기업

12) NGO의 성장 요인 가운데 공급 측면에 대한 논의는 제외하고자 한다. 그것은 NGO의 성장 요인에 대한 공급 측면의 논의 중 경제적 부분의 경우는, 수요 측면과 달리 서비스의 전달이 능동적이냐 또는 주도적이냐에 차이가 있을 뿐이기 때문이다. 또한 NGO의 정치적 권익 기능의 경우는 정치사회론적 관점에서 보는 시각과 큰 차이가 없기에 제외하고자 한다.

이 생산해 내는 서비스의 질과 양을 정확하게 평가할 수가 없다는 것이다. 따라서 소비자와 생산자 간에 발생하는 정보의 비대칭적 상황에서 신뢰도가 높은 NGO가 그 영향력을 확장하게 되었다는 주장이다(Hansmann, 1987: 27-42; 김준기, 1998: 69). 이 이론은 논의가 특정 부분의 민간재에 한정되는 한계를 지니고 있음에도 불구하고, NGO의 성장이나 영향력을 확대하는 중요한 요소가 우월한 신뢰성이라는 사실을 강조하고 있다(Abzug & Turnheim, 1998: 301).

이와 함께 샐러먼(Salamon, 1995: 40-49) 등에 의해 주창된 자원부분 실패이론은 정부·시장실패이론과는 달리 정부와 제3섹터 간의 파트너십을 강조한다. 정부와 NGO는 공공재를 전달할 때 대립보다는 협력과 지원을 추구하는 관계로, NGO는 정부의 보조적 수단이 아닌 대안이라는 것이다. 그에 따르면 정부는 자원 창출 기능을 담당하는 대신 NGO는 지역사회에 대한 서비스 전달이라는 상대적인 특성을 지니고 있어, 양자는 공공재의 공급을 확대해야 하는 사회적 압력을 동시에 받게 되어 있다.

그런데 사회적 문제를 해결하는 과정에서, NGO는 정부와 비교해 거래비용이 적게 든다는 상대적 우월성으로 인해 NGO의 역할이 확대되어 왔다는 것이다(Anheier & Salamon, 1998: 368). 따라서 자원부분 실패이론은 NGO의 성장 요인이나 영향력이 확대되는 요인을 사회적 압력과 거래비용이라는 측면에서 논의하고 있다는 점에서 그 의미가 있다.[13)]

13) NGO의 성장 요인을 경제적 관점에서 정부·시장실패이론, 계약실패이론, 자원부분 실패이론에서 파악하고 있는 입장과 달리, 역으로 NGO에 대한 정부의 개입을 초래하는 소위 NGO의 실패(failure) 원인도 한편으로는 생각해 보아야 할 문제이다. 예컨대 NGO가 처한 자원의 부족, 대상집단의 제한성, 후원자의 영향력, 전문성 부족 등으로 정부의 개입이 초래된다. 그 결과 NGO들은 독립성과 운동 목표를 상실하게 되고 조직관리 방식은 관료제로 변질된다는 데 문제의 심각성이 있다. 따라서 NGO의 실패에 따른 정부에 대한 심각한 의존이 NGO의 영향력을 상실케 한다는 측면에서 성장 요인과는 역의 관계에 있다(Salamon, 1995).

생각할 문제 영혼 없는 공무원 누가 만드나

■ NGO의 대두 배경과 시각

1. 시민단체는 NGO, NPO, 시민운동단체, 사회운동단체, CSO 등 다양한 용어로 사용되는데, 이 용어의 개념과 각각이 가지는 특성에 대해 조사해 보시오.
2. NGO의 등장 배경과 확산되는 원인에 대해 사회적·정치적 환경 등을 중심으로 이의 원인에 대해 생각해 보시오.
3. 한국 정부에서 NGO가 정책 과정에 개입할 수 있도록 제도적 장치를 마련하고 있는 이유에 대해 생각해 보시오.

■ NGO의 유형과 기능

1. NGO의 기능과 유형을 서비스형과 표현형으로 구분할 때, 한국의 초기 NGO가 주로 담당했던 역할과 기능에 대해 생각해 보시오.

■ NGO의 유형과 기능

1. NGO의 기능과 유형을 서비스형과 표현형으로 구분할 때, 한국의 초기 NGO가 주로 담당했던 역할과 기능에 대해 생각해 보시오.
2. NGO가 이슈 생산자 및 정보 제공자로서 역할을 감당하기 위해 NGO 스스로 갖추어야 할 역량에 대해 생각해 보시오.
3. NGO의 대표적 활동으로 최근 부각되는 역할이 갈등조정자로서의 역할이다. 갈등당사자들이 NGO의 조정 역할에 정당성을 부여하는 이유에 대해 생각해 보시오.
4. NGO의 분야에 따라, 영향력 확대를 위한 NGO의 활동이나 참여 방법이 어떻게 상이한지에 대해 생각해 보시오.

■ NGO에 대한 주요 이론

1. 자원동원이론에서 NGO가 목표를 달성하거나 문제를 해결하기 위해 취하는 활동의 유형에 대해 생각해 보시오.
2. 자원동원이론에서 집합행동의 생성과 확장을 위해 조직이 요구되는 것은 무엇이며, 반대로 무임승차를 줄이기 위한 대안에 대해 생각해 보시오.
3. 신사회운동이 등장하게 된 배경 및 환경에 대해 생각해 보고, 주로 이들이 추구하는 것은 무엇인지 조사해 보시오.
4. 신사회운동과 구사회운동이 가지는 특성을 비교해 보시오.
5. 사회자본의 형성이 시민사회의 형성에 어떤 긍정적 영향을 주는지에 대해 생각해 보시오.
6. 사회자본은 순기능과 역기능을 모두 가지고 있는데, 역기능이 시민사회에 미칠 경우 나타날 수 있는 부작용에 대해 생각해 보시오.

제 3 장

NGO와 거버넌스

제 1 절 거버넌스의 개념과 유형

1 거버넌스의 개념

1) 거버넌스의 등장 배경

현대 사회에서 국가(정부)의 위상과 역할 변화를 드러내는 대표적인 용어로 거버넌스(governance)를 꼽을 수 있다.[1] 국가의 기능과 국정 운영 방식은 시대별로 정치경제적 환경과 이념적 흐름에 따라 적응적으로 변해 왔다. 자유주의 이념이 지배적이었던 19세기에는 '최소의 국가가 최선'이라는 야경국가의 시대였다. 당시 국가(정부)의 역할과 기능은 국방, 외교, 조세 등으로 최소화하는 대신 '보이지 않는 손'인 시장이 자원 배분과 사회문제 해결에 가장 합리적인 제도로 인식되었다. 20세기에 들어와서는 자유경쟁의 원리가 지배한 시장의 실패를 치유하고, 복지국가의 이념을 구현하기

1) 거버넌스(governance)는 우리말로 국정관리, 협치(協治), 통치 양식, 국가 경영 등으로 번역하여 사용되기도 하지만, 그 의미를 정확하게 표현하지 못해 대부분의 학자는 이를 외래어로 취급하여 '거버넌스'로 표현한다.

위해 정부의 예산 규모와 기능이 급격하게 팽창했다.

그러나 계층제의 조직 원리에 입각한 정부관료제는 사회문제 해결 능력과 효율성 차원에서 실망과 불신의 대상으로 전락하고 말았다. 시장실패의 대안으로 제시된 정부가 '정부실패'라는 또 다른 질곡에 빠지게 되자, 정부를 개혁하고 축소하려는 움직임이 나타나게 되었다. 전통적인 정부 영역에 기업과 NGO 등이 참여하여 그 역할을 공동으로 수행하게 되면서 다양한 행위자들이 협력하여 사회문제를 해결하고 공동 목표를 달성하는 네트워크가 새로운 국정 운영 방식으로 등장하게 되었다.

전통적인 정부의 역할과 업무 수행 방식을 대체하는 새로운 거버넌스의 등장 배경에 대해 쿠이먼(Kooiman, 2000: 149-155)은 국민국가 중심의 통치 체제의 약화와 국가 운영 방식의 변화를 강조하고 있다. 피에르와 피터스(Pierre & Peters, 2000)는 정부정책에 영향을 받아온 민간 부문의 역량이 강화되면서 개인 및 집단의 정책 과정 참여가 활발해지고, 국가 운영이 후기관료주의로 이동하면서 신공공관리론이 대두하게 된 것을 거버넌스의 등장 배경으로 꼽고 있다.

국내 학자로 유재원 · 소순창(2005)은 국정 운영이 전통적인 계층제에서 네트워크로 변모하게 된 요인을 세계화, 지방화(분권화), 민간화(privatization)로 요약한다. 박상필(2005)은 지구화, 지방화 및 신자유주의의 부상과 시민사회의 영향력 강화로 국가 권력이 약화되었고, 사회문제의 다원성과 복합성으로 인해 국가의 통치 능력도 위기에 달함으로써 거버넌스가 등장하게 되었다고 설명한다.[2)]

이들의 견해를 요약하면, 거버넌스의 등장은 세계화, 분권화(지방화) 등으로 야기된 국가 권력의 약화, 사회문제의 복잡성 증대와 정부 역할의 한계, 정책 과정에 다양한 행위자의 참여와 영향력의 증대, 그리고 행정개혁

---

2) 이들 외에도 조성한(2005)은 거버넌스의 발달 배경으로 정부실패의 발견, 관리 기법의 변환, 신자유주의의 대두, 세계화와 다원화라는 네 가지 요인을 들고 있다. 김정렬(2001)은 1970년대 중반 이후 서구 국가들의 재정 위기, 자유시장주의에 대한 이념적 수렴, 세계화와 지방화로 인한 국가의 통제력 및 주권 약화, 국가의 정책실패, 조직화된 다양한 행위자의 출현 및 정책결정의 분절화와 전문화, 사회적 변화와 복잡성 증가, 전통적 책임성의 변화 등 일곱 가지를 거버넌스의 촉진 요인으로 지적한다.

으로 촉발된 새로운 관리 기법의 필요성이 복합적으로 작용했음을 알 수 있다.

(1) 국가 권력의 약화

근대 국민국가가 형성된 이후 20세기 중반까지도 중앙집권적인 국가의 권력과 영향력이 지배적이었으나 세계화, 분권화, 정보화가 촉진되면서 그 세력이 약화되어 국가 운영의 패러다임이 변화하기 시작했다. 세계가 하나의 지구촌으로 통합되는 세계화가 진행되면서 유럽공동체(EU), 다국적기업, 세계경제기구 등과 같은 초국가적 조직의 영향력이 강화함에 따라 국가는 자국의 관세조차 마음대로 정할 수 없는 상황에 처하게 되었다.

분권화(지방화)는 중앙정부의 권한을 지방정부로 이관하는 형태뿐만 아니라, 정부 부처가 직접 수행해 왔던 업무의 일부를 정부 내에 책임운영기관(executive agencies)을 설립하여 대행시키거나, 정부 밖에 새로이 설립된 준자치조직(quango)을 통해 대행시키는 형태(Pierre & Peters, 2000: 87-89) 등으로 광범위하게 진행되었다.

이와 함께 국가의 조직을 축소하고 규제를 완화하며 각종 공공 업무를 민영화하는 신자유주의(neoliberalism)가 강조되면서 정부의 상당한 권한이 시장과 시민사회로 이전되고 작은 정부를 추구하게 되었다. 즉, 국가의 권한이 수직적·수평적 차원에서 초국가적 수준과 지역 및 지방 수준, 그리고 민간 부문으로 분산되면서 정부가 사회문제를 독자적으로 해결하는 것이 점차 어렵게 되었고, 자연히 권한과 자원을 보유한 공사 부문의 다양한 행위자들이 상호 협력하여 사회문제를 해결해야 하는 환경에 놓이게 되었다(유재원·소순창, 2005: 44-46).

(2) 사회문제의 복잡성 증대와 정부 역할의 한계

중앙집권적인 국가 권력의 약화 현상과 함께 사회 현상의 복잡성과 다양성 증가로 전통적인 정부의 역할도 한계에 봉착하게 되었다. 현대 사회는 고도로 다원화되고 복합적인 구조를 형성하고 있는데 비해, 정부가 관료제를 통해 명령과 통제 방식으로 사회문제를 해결하는 방식은 효율성과 적합성을 상실하게 되었다. 사회문제 해결에 대한 정부 능력이 급격히 저하되고, 정부 자체가 관료제적 비효율성으로 인해 심각한 사회문제로 전락하게 되었다.

그 결과 계층제적 관료제를 축으로 하는 전통적인 행정에 대한 대안으로 복잡한 사회문제를 해결하고 다양한 욕구를 충족시키기 위해서는 정부의 운영 원리인 권력 집중, 계층제, 강제와 명령, 획일성보다는 거버넌스에서 강조하는 참여, 분권, 조정, 협력 등이 요구되었다(박상필, 2005: 500).

(3) 정책 과정에 다양한 행위자의 참여와 영향력 증대

국정 운영 패러다임의 변화에는 전반적인 사회 현상의 복잡성과 다양성이 증가하고, 변화의 속도가 가속화되면서 정부와 사회 간에도 새로운 관계가 형성되었다. 전통적으로 국가 중심의 통치 방식에 시장(기업)과 시민사회의 영향력이 증가하고 지방정부의 권한이 강화되면서 국정 운영에 다양한 행위자들이 참여하여 책임을 공유하는 다원적 공동관리 체제가 불가피하게 되었다.

우선, 자본주의의 발달과 민주주의의 제도화로 인해 각국에서 시민사회가 성숙해짐에 따라 시민과 NGO의 정부정책에 대한 관심이 고조되기 시작했다. 정부정책의 결정과 집행 과정에 일반시민이나 NGO의 대표가 참여하는 경우가 보편화되기 시작했고, 이러한 추세는 대의민주주의의 문제점을 보완하는 참여민주주의의 가치로서 확산되었다. 최근에는 인터넷의 발달로 개인도 정부와 관련된 정보에 쉽게 접근할 수 있게 되면서, 개인이 직접 정부에 요구하거나 저항하는 시대가 되었다.

또한 정부의 재정적 위기 및 정부실패로 인해 민간기업의 공공정책 부문에 대한 재정적·관리기법적 영향력도 증대했다. 시민사회와 시장의 참여, 영향력 확대 외에도 지역화와 분권화로 인해 전통적 중앙정부와 지방정부의 관계가 재구조화되어 지방정부의 권한이 확대된 점도 거버넌스 대두의 주요한 요인으로 작용했다(한승준, 2007: 98). 다시 말해, 전통적인 중앙정부 중심의 정책결정 체제에서 여러 수준의 지방정부와 시장, 시민사회 등 사회 영역의 다층적 행위자들이 참여하여 정치사회를 운영하고 국가 발전을 모색하는 시대로 전환된 것이다.

중요 이슈 "앙숙" 美 대기업 · NGO 이젠 "친숙"

기업과 비정부기구(NGO)가 가깝게 지낸다면 '유착'일까 '협력'일까. 그동안 기업과 NGO는 거리가 멀수록 좋다는 인식이 많았지만 점차 협력 관계로 발전하는 사례가 늘고 있다고 영국 일간 「파이낸셜 타임스」가 5일 보도했다.

건강 · 환경 · 사회적 책임에 관심을 쏟는 소비자들이 늘면서 기업들도 더 이상 '윤리적 생산'을 외면할 수 없는 데다 NGO들도 기업의 사회공헌 활동과 친환경 생산을 유도하려면 기업을 설득하고 아이디어를 제공해야 한다는 것을 깨달았기 때문이다.

코카콜라와 그린피스는 오랜 기간 앙숙이었다. 코카콜라는 콜라를 차갑게 유지하기 위해 온난화 주범인 수소불화탄소(HFC)를 쓴다. 그린피스는 공장 앞에서 시위를 하고 비난 성명을 발표하는 등 코카콜라를 몰아붙였다. 그러나 최근 그린피스와 코카콜라는 사제 관계가 됐다. 그린피스가 코카콜라에 대체 냉각 기술을 가르치고 있다. 코카콜라의 유럽지부 공익사업 담당자 살바토르 가볼라는 "우리 회사에는 친환경 기술 전문가가 없지만 그린피스에는 이런 전문가들이 넘친다"며 "그린피스와 함께 일하면 새 기술을 배울 뿐 아니라 소비자들에게 좋은 인상을 줄 수 있다"고 말했다.

코카콜라는 세계야생생물기금(WWF)과도 손잡았다. 코카콜라는 병 음료를 만드는 데만 한 해 3조ℓ의 물을 끌어다 쓰는 바람에 콜라 공장이 들어선 마을은 물 부족에 시달린다는 비난이 끊이지 않았다. 이에 따라 코카콜라 측은 최근 2,000만 달러(약 180억 원)를 투입해 WWF와 함께 원료 생산 단계부터 물 절약 기술을 연구하겠다고 발표했다.

지역사회에 뿌리내린 소규모 NGO와 기업 간 협력 사례도 늘고 있다. 마이크로소프트는 빈곤지역의 1,000여 개 NGO와 연대를 맺고 빈민들에게 컴퓨터 기술을 가르치고 있다. 인도의 최대 민영은행인 ICIC는 지역 소액금융협회의 도움을 받아 저소득층 소액 대출 총액을 4년 만에 1,500만 달러에서 3억 5,000만 달러로 늘렸다.

제약회사 화이자와 에드나 맥코넬 클라크 재단(Edna McCornell Clark Foundation)도 비슷한 경우다. 화이자는 실명(失明)을 유발하는 질환인 트라코마의 예방약을 개발해 놓고도 트라코마가 풍토병처럼 번진 개발도상국에 약을 알릴 방법을 찾지 못했다. 그러나 클라크 재단과 손잡은 뒤 개도국 주민들에게 싼 값으로 약을 제공할 수 있게 됐다. 화이자 관계자는 "기업과 NGO가 현실적인 문제 해결을 위해 머리를 맞대고 협력하기 시작했다"고 평가했다.

(자료: 세계일보, 2007년 7월 7일에서 발췌)

【토론 주제】

1. NGO가 민간기업의 사업에까지 영향을 주는 사례들을 찾아보고, 시민단체의 입장에서 얻는 이점과 민간기업에서 기대하는 바에 대해 토론해 보시오.
2. NGO와 민간기업이 협력적 관계를 유지하여 얻을 수 있는 장점에 대해 토론해 보시오.

(4) 새로운 관리 기법의 필요성

전통적인 국가와 정부의 권한이 약화되고, 정책 과정에 다양한 민간 부문 행위자의 참여와 영향력이 증가하면서 과거와 같은 일방적 통제나 계층제적 방식이 아닌 다양한 참여자 간의 여러 수준의 게임에 적합한 새로운 차원의 공공관리의 필요성이 대두했다. 1970년대 이후 각국에서 행정개혁이 본격적으로 추진되면서 도입된 신공공관리(new public management)는 정부 영역에 경쟁, 효율성, 능력주의 등과 같은 시장 원리를 도입하자는 것이 핵심 논리였다.

거버넌스 이전의 관리 기법이 조직의 성장을 추구했다면, 1970년대 이후 정부의 관리 기법은 구조조정을 통한 최소의 조직으로 최대의 효과를 가져오는 것으로 전환되었다(조성한, 2005: 57). 예컨대, 정부 내부에 시장적 경쟁 개념과 민간경영 기법이 도입되고, 정부 업무에 대한 평가 시스템이 강화되는 한편, 정부정책 및 집행에 대한 시민사회와 시장의 참여도 제도적으로 보장되었다. 이 같은 외부의 환경 변화에 능동적으로 대응하기 위해서는 정부의 공공관리에 대한 인식의 변화와 함께 새로운 국정 운영 방식으로서 거버넌스에 대한 관심이 증대했다.

2) 거버넌스의 개념

거버넌스(governance)는 다양한 수준과 차원에서 논의되고, 연구자들마다 상이하게 정의하고 있기 때문에 사회과학 분야에서 개념적 혼란이 심각한 용어 중의 하나이다.

어느 시대에나 존재해 온 사회를 통치하는 양식(mode of governing) 또는 다양한 이해당사자 간의 권한 배분 방식으로 이해하기도 하고, 행정개혁에 필요한 바람직한 모든 변화를 의미하기도 한다. 전통적인 정부(government)와 대조되는 새로운 국정 운영 방식이라는 포괄적인 의미로 사용하는 학자도 있고, 민간 영역의 행위 주체가 참여하여 네트워크 방식에 의한 문제 해결 방식으로 좁게 보는 경우도 있다.[3] 학문 분야의 특성과

3) 거버넌스(governance)의 어원은 '키를 조정한다(steer)'와 '항해한다(pilot)'라는 의미의

관심 영역에 따라서도 다의적으로 해석되고 있어 혼란을 더욱 가중시키고 있다.[4)]

시대에 따라서도 거버넌스의 의미는 다르게 규정되어 왔다. 1970년대까지는 거버넌스가 정부(government)와 동일한 의미로서 공공 서비스를 배분하는 공식적이고 제도적인 체계나 과정으로 이해되었다(Stoker, 1998). 1980년대에는 세계은행(World Bank), 국제통화기금(IMF) 등 국제 기구를 중심으로 개발도상 국가의 발전 관리를 위한 사회통합 체계 구축과 이를 위한 국가의 관리 능력 강화 방안으로 '좋은 거버넌스(good governance)'가 논의되기 시작했다.

이와 더불어 세계화에 따른 첨예한 국가 경쟁은 OECD 국가를 중심으로 정부개혁 경쟁을 가속시켰고, 이 과정에서 정부 중심의 위계구조 또는 조정 양식의 문제점과 한계가 노출되면서 새로운 형태의 통치 방식으로 거버넌스가 대두했다. 1990년대에 들어와 거버넌스 개념은 시민사회의 영역으로 그 적용 범위를 확장시켜 나갔다. 의사결정 과정에 대한 시민사회의 참여와 합의 형성을 중시하는 거버넌스의 민주주의적 특성이 강조된 것은 이때부터이며 정부 주도와 시장 주도의 틀을 뛰어넘는 대안적 통치 및 관리 체계로서 주목받게 되었다(김석준 외, 2000: 52-54).

거버넌스의 개념이 이처럼 학문 분야에 따라, 그리고 시대에 따라 다른 의미로 사용되어 왔기 때문에 이를 일률적으로 규정하는 것은 매우 난해한

가진 그리스어 'kybenan'과 'kybernetes'에서 유래했다. 따라서 거버넌스라는 말은 정부 영역뿐만 아니라 기업이나 단체, 조직 등에서도 광범위하게 사용되며, 그 자체로는 중립적인 개념이어서 나쁜 거버넌스(bad governance)와 좋은 거버넌스(good governance), 협력적 거버넌스와 독단적 거버넌스, 수평적 거버넌스와 수직적 거버넌스 등과 같은 용어도 사용된다.

4) 행정학에서는 정부 중심의 시각에서 사회나 시장을 관리하고 통치하는 새로운 국정관리 방식으로 인식하는 반면, 정치학 분야에서는 통치와 권력 행사라는 시각에서 정치 주체들 간의 다원적인 협력적 통치 방식으로 이해하고 있다. 이와 달리, 경제학에서는 시장 중심적인 시각에서 공동체적 자율관리 체계로 해석하고 있고, 사회학에서는 사회 중심적인 시각에서 국가나 시장과 구별되는 시민사회의 자율 조정 양식이나 협력 체계를 강조한다(김석준 외, 2000: 41-42). 또한 경영학에서는 거버넌스를 지배구조로 번역하여 사용할 정도로 사회과학 분야에서 개념적 통일을 이루지 못하고 있다.

작업이다. 따라서 여기서는 거버넌스를 넓은 의미와 좁은 의미로 구분하여 살펴보는 것이 개념적 혼란을 줄일 수 있다고 판단된다.

일반적으로 광의의 거버넌스는 거버넌스를 한 가지의 특정한 형태로 보지 않고 새로운 국정관리 방식을 개괄적으로 언급하는 경우에 사용되고 있고, 협의의 거버넌스는 정부와 민간 영역의 행위 주체가 네트워크를 구축하여 공동으로 사회문제를 해결하는 방식으로 이해하고 있다. 협의의 거버넌스를 국내에서는 보편적으로 신거버넌스(new governance)라고 부른다.[5)]

(1) 광의의 거버넌스

로드스(Rhodes, 1996)는 거버넌스가 통치의 활동이나 과정, 정돈된 규칙의 상태, 또는 어떤 사회가 통치되는 방법이나 시스템 등의 의미로 사용되고 있다고 지적한다. 이러한 거버넌스의 요소로 로드스(Rhodes, 1997: 54)는 최소국가(minimal state), 기업적 거버넌스(corporate governance), 신공공관리(new public management), 좋은 거버넌스(good governance), 사회적 사이버네틱 체계(socio-cybernetic system), 자기조직적 네트워크(self-organizing network) 등 여섯 가지를 제시한다. 로드스가 말하는 거버넌스는 전통적인 행정국가로부터 벗어난 최근의 모든 공공관리 기법과 철학을 망라하고 있어 광의적 거버넌스의 대표적 용법이라고 할 수 있다.

잉그래햄과 도나후(Ingraham & Donahue, 2000), 엘우드(Ellwood, 2000), 정정길(2000) 등은 공공 부문 거버넌스의 특성이 민간 부문과 뚜렷하게 구분되는 점을 부각시키기 위해 거버넌스를 재무, 인사, 정보, 자산관리, 목표관리 등 정부조직의 관리 방법으로 정의하고 있다. 전통적인 공공관리 방식의 한계를 극복하기 위해서는 관료와 시민의 행태를 변화시키는

---

5) 피에르(Pierre, 2000)는 거버넌스를 정부가 주도적인 역할을 하는 구거버넌스(old governanve)와 정부와 시민사회 간의 파트너십 및 네트워크가 주도적인 역할을 하는 신거버넌스(new governance)로 구분한다. 광의의 거버넌스에는 피에르가 말하는 구거버넌스를 포괄하고 있으며, 'from government to governance'를 모토로 한다(Peters & Pierre, 1998). 이에 비해 협의의 거버넌스, 즉 신거버넌스는 'governance without government'를 핵심 가치로 내세운다.

다양한 정책이 필요하며, 이러한 정책이 바로 거버넌스라는 것이다.

존 외(John et al., 1994)도 거버넌스를 정부기관의 내부 운영 방식과 행정 서비스 전달 방식으로 정의하면서, 신공공관리론과 파트너십 등을 포함하는 포괄적인 개념으로 이해한다(이명석, 2002: 324).

정부의 구조, 업무 수행 방법 및 역할과 관련한 다양한 유형의 거버넌스를 강조한 뉴먼(Newman, 2001)과 거버넌스를 시장모형, 참여모형, 신축모형, 탈규제모형으로 구분한 피터스(Peters, 1996)의 개념 정의도 광의의 거버넌스에 해당한다. 이런 측면에서 이명석(2000)은 거버넌스를 "공통의 문제 해결을 위한 사회적 조정 기제"라고 규정하여, 사회적 조정 기제로서의 거버넌스를 강조한다.[6]

학자들의 이 같은 견해를 종합해 보면, 광의의 개념은 다양한 거버넌스의 형태를 포괄적으로 규정하고 있음을 알 수 있다. 즉, 거버넌스를 넓은 의미에서 보면 새로운 관료제 내부관리 방법인 신공공관리론과 시장의 역할 확대를 추구하는 신자유주의적 거버넌스는 물론, 전통적인 관료제적 거버넌스까지 모두 포함된다고 하겠다. 그러나 이 같은 접근은 거버넌스의 개념이 전통적인 행정과 모호한 측면 등으로 여전히 혼란을 야기하고 있어 대개의 경우는 협의의 거버넌스 개념을 거버넌스라고 통칭하는 경우가 많다.

(2) 협의의 거버넌스: 신거버넌스

거버넌스를 좁은 의미로 정의하고 있는 학자들로는 피터스와 피에르(Peters & Pierre, 1998), 스토커(Stoker, 1998), 키커트(Kickert, 1997), 쿠이먼(Kooiman, 2000), 그리고 우리나라의 대부분의 학자를 들 수 있다.

먼저 피터스와 피에르(Peters & Pierre, 1998: 231)는 거버넌스를 정부

---

6) 이명석(2002)은 거버넌스를 최광의(공통문제 해결 기제로서의 거버넌스), 광의(정부 관련 공통문제 해결 기제로서의 거버넌스), 협의(신거버넌스로서의 거버넌스)로 분류한다. 최광의의 정의가 국가 이외의 기업, 국제 관계 등 다양한 단위와 수준에서의 사회적 조정을 포함하는 반면, 광의의 정의는 국가를 단위로 하는 공공문제와 관련한 사회적 조정을 범위로 한다는 차이가 있을 뿐, 두 경우 모두 공통의 관심사인 문제를 해결하기 위한 다양한 사회적 조정 방법을 광범위하게 포괄한다는 점에서 동일하다. 협의의 정의는 시장과 계층제(관료제)의 중간적인 형태를 갖는 사회적 조정 방법의 특수한 유형이라고 한다.

밖에 있는 행위자들과 전략적으로 조직 간 협력을 통해 정부의 능력을 제고하는 데 관심이 있는 과정이라고 정의한다.

스토커(Stoker, 1998)는 거버넌스를 정부의 공식적인 권위에만 의존하지 않고 다양한 사회구성원 간의 협조에 의해 사회문제를 해결하는 것으로 보고 있다. 스토커는 거버넌스를 정부 중심의 공적 조직과 사적 조직의 경계가 무너지면서 나타난 새로운 상호 협력적인 조정 양식을 의미하는 것으로 파악한다. 쿠이먼과 블리트(Kooiman & Vliet, 1993: 64)도 이와 유사한 맥락에서 거버넌스를 공식적인 권위가 없이도 다양한 행위자들이 자율적으로 호혜적인 상호의존성에 기반하여 협력하는 제도 및 조정 형태로 보고 있다.

협의의 거버넌스에서 특징적인 개념은 정부 외에 다양한 행위자의 참여를 네트워크로 설명하고 있다는 점이다. 특히 키커트(Kickert, 1997)와 쿠이먼(Kooiman, 2000)은 거버넌스의 가장 중요한 특징으로 각 계층의 정부, 시장, 사회단체, 주민단체 등의 다양한 구성원의 자발적 참여로 이루어진 네트워크식 국정관리 체계를 꼽고 있다.[7)]

거버넌스를 사회 체제의 '조정(coordination)'과 관련된 것으로 파악하는 피에르(Pierre, 2000)는 다양한 거버넌스 유형 가운데 네트워크식 거버넌스를 신거버넌스(new governance)라고 부른다. 이명석(2002)도 협의의 거버넌스를 네트워크를 강조하는 '특수한 형태의 사회적 조정 방법'으로 정의하고 있다.[8)] 국내의 거버넌스에 대한 연구의 대다수는 이처럼 거버넌스를 네트워크 방식의 협의의 거버넌스, 즉 신거버넌스로 이해하고 있다.[9)]

---

7) 쿠이먼(Kooiman, 2000)은 계층제적인 조정을 거부하는 다양한 조직 단위 간의 호혜적인 상호의존성을 부각시키기 위해 이러한 네트워크 형태를 수평적인 자치적 조직, 즉 '복합조직(heterarchy)' 거버넌스라고 부른다.

8) 비담(Beetham, 1996)은 사회적 조정(social coordination)을 다양한 개인 간의 상호작용을 조정하여 사회문제를 해결하는 것으로 의미하고 있는데, 이러한 사회적 조정의 유형으로 비담은 시장, 관료제, 민주주의를 들고 있다.

9) 유재원·소순창(2005: 42)은 거버넌스를 "공공 부문과 민간 부문의 행위자가 협력적 네트워크를 구성하여 사회의 집합적 목표를 달성하고 공적 문제를 해결하는 과정"으로 정의한다. 박상필(2005: 501-502)도 거버넌스를 '사회문제를 해결하기 위해 정부와 다양한 민간 영역의 행위 주체가 함께 권위와 책임을 공유하는 사회적 조정 메커니즘 또는 제도'로 보고 있다. 즉, 민간 영역의 행위 주체가 참여하여 네트워크 방식에 의한 문제 해결 방식

3) 신거버넌스의 특징과 한계

(1) 신거버넌스의 특징

네트워크를 강조하는 좁은 의미의 거버넌스는 정부가 사회문제를 권위적인 명령과 통제 등을 통해 직접 해결하는 것보다, 다양한 사회구성원 간의 상호 의존적이고 자율적인 네트워크와 파트너십을 통해 상호 협력적으로 공통 문제를 해결하는 방식을 의미한다.

신거버넌스로 불리는 이러한 거버넌스의 특징적 요소로 스토커(Stoker, 1998)는 정부 이외의 민간 부문 행위자의 참여 확대, 공적 영역과 사적 영역 간의 경계 완화, 집합적 행동과 관련된 상호 의존적 관계, 자율적인 수평적 네트워크, 정부의 공권력이나 명령에 의존하지 않는 문제 해결 능력 등 다섯 가지를 제시하고 있다(이명석, 2002: 326).

신거버넌스의 여러 특징 중에서도 핵심은 참여 주체들이 상호 영향력(mutual influence)을 행사하는 자율적이고 수평적인 네트워크이다(Jessop, 1997; Peters, 2000; Pierre, 2000). 네트워크는 비공식성과 유동성으로 인해 구성원의 빈번한 교체와 모호하게 규정된 권리·의무 관계 등을 특징으로 한다(Newman, 2001). 여기서 중요한 것은 이러한 네트워크는 정부의 명령이 아니라 정부와의 협상 결과로 형성되는 것으로, 정부와의 공식적인 파트너십과는 개념적으로 뚜렷하게 구분된다는 점이다.[10]

사회문제를 해결하기 위한 다양한 집단 간의 연계 유형인 네트워크는 자

을 기존의 정부나 통치와 구별하여 거버넌스라고 규정한다.

10) 키커트(Kickert, 1997)는 네트워크를 도구적(instrumental), 상호작용적(interactive), 제도적(institutional) 네트워크 등 세 가지 유형으로 구분한다. 그에 의하면, 첫째, 도구적 네트워크는 중심 행위자(focal actor)에 의한 방향잡기(steering)를 의미한다. 즉, 정부의 목적 지향적인 조정활동의 중요성이 강조되며, 통제자와 피통제자가 명확하게 구분된다. 둘째, 상호작용적 네트워크는 공동의 목적을 달성하기 위한 다양한 행위자 간의 상호 의존적 상호작용에 초점을 둔다. 상호작용적 관점은 참여자 간의 상호 영향력(mutual influence)을 강조하며, 정부는 다양한 구성원 간의 협력을 도모하기 위한 중재자의 역할에 머물러야 한다. 셋째, 제도적 관점은 다양한 사회구성원 간의 관계를 규정하는 네트워크가 어떻게 형성·변화·대체되는가에 관심을 두고 있다. 이 관점에서 정부의 역할은 네트워크 관리자로서 네트워크의 구조와 문화에 영향을 행사하여 사회문제 해결을 위해 적절한 조건을 창출하는 것이다(이명석, 2002: 331).

발적이며, 유연하고 느슨하게 연결된 구조를 지니기 때문에 정부의 통제로부터 독립적인 자율성을 갖는다는 것이 핵심적인 논리이다. 즉, 신거버넌스 이전의 국정관리 방식이 법적·공식적인 규칙의 체계라면, 신거버넌스의 국정관리 방식은 구성원 간의 자발적 동의에 의한 체계라고 할 수 있다(한승준, 2007: 101).[11)]

신거버넌스의 또 다른 특징은 신공공관리론 및 신자유주의와의 차별성이다. 광의의 거버넌스에서는 다양한 유형의 국정관리 방식을 포함하고 있지만, 신거버넌스에서는 신공공관리론이나 신자유주의와 상이한 관점을 취한다.

우선 신공공관리론과의 차별성을 살펴보면, 신공공관리론은 계층제적 통제를 수단으로 하는 관료제의 비효율성을 극복하기 위해 민간기업의 경영원리를 도입해 조직 내부의 관리개혁을 도모하자는 취지이지만, 신거버넌스는 조직 외부와의 관계 변화를 통한 행정개혁을 강조한다는 점에서 두 이론은 근본적인 차이가 있다.

다시 말해, 신공공관리론은 조직의 내부 문제에만 관심을 두고 있으며, 조직 간 상호작용과 협상 등에는 무관심하다는 것이다. 또한 결과에만 관심을 가질 뿐 절차적 문제에는 관심을 두지 않고 있으며, 경쟁과 방향잡기 간의 모순적인 관계가 존재하기 때문에 신거버스의 논리와 상반된다는 것이다(Rhodes, 1997). 따라서 키커트(Kickert, 1997)는 신공공관리론이 지닌 한계를 극복하기 위해서는 사회 모든 영역과의 상호작용을 강조하는 신거버넌스의 시각에서 접근해야 한다고 강조한다.

신거버넌스는 또한 신자유주의와도 다르다.[12)] 신자유주의는 시장의 역할

---

11) 신거버넌스를 더 좁게 해석해 광의의 거버넌스 개념에 포함되는 정부에 의한 방향잡기(steering)와 같은 목적 지향적 네트워크는 신거버넌스에서 배제하는 견해도 있다(이명석, 2002). 즉, 신거버넌스의 핵심적인 논리는 '함께 방향잡기(co-steering)', '함께 규제하기(co-regulation)', '함께 안내하기(co-guidance)'와 같이 상호적 영향력이 작동되는 네트워크(Kooiman, 1993)이기 때문에 정부 주도적인 정책 네트워크나 신공공관리와는 엄밀하게 구별해야 한다는 것이다.

12) 물론 광의의 차원에서 보면, 정부의 역할을 축소하고 시장의 역할을 확대하는 것을 골자로 하는 신자유주의적 거버넌스도 거버넌스의 유형에 포함될 수 있다.

을 확대하고 정부의 영역을 축소해야 한다는 시장 중심적인 정치경제적 이념인 반면, 신거버넌스는 관료제에 의한 사회문제 해결뿐만 아니라 시장 메커니즘을 통한 접근도 반대하는 입장이기 때문이다. 신거버넌스는 정부든 민간이든 어떠한 개인이나 단체도 복잡한 사회문제를 해결할 수 있는 모든 지식과 정보를 가질 수 없으므로, 정부가 일방적으로 방향을 제시할 능력이 없다는 가정에 근거한다(이명석, 2002: 326-332).

(2) 신거버넌스의 한계

신거버넌스 이론은 정부와 시장의 실패를 극복할 수 있는 새로운 대안으로 각광받고 있지만 네트워크의 현실적 문제점과 와해 가능성, 거버넌스의 실패, 그리고 규범적 전제의 한계 등으로 실효성에 대한 의문이 제기된다(Peters, 2000; 한승준, 2007: 102-106).

첫째, 신거버넌스 이론의 핵심적 작동 원리인 참여 주체들 간의 수평적 네트워크는 참여자들이 보유한 자원(정보, 재원, 권력)의 차이로 인해 계층화할 가능성이 높고, 참여 주체들 간의 상호 호혜적 관계 역시 권력의 속성과 이익 확보에 대한 욕구로 인해 상호 대립적인 관계로 변질될 수 있다는 점이다.

실제로 프랑스의 지자체 간 협력체인 SICOVAL(Syndicat Intercommunal de la Vallée de l'Hers)의 사례를 분석한 한승준(2007)의 연구 결과, SICOVAL 설립 초기의 수평적 네트워크 관계는 SICOVAL의 규모 확대로 인해 도시지역 지자체와 비도시지역 지자체 간의 역할이 점차 구분되자 점차 계층화하는 양상을 보였다. 또한 설립 초기의 상호 의존적인 관계는 초창기에 참여한 지자체와 나중에 합류한 지자체 간의 역할 갈등, 소규모 지자체와 대규모 지자체 간의 이익 갈등으로 인해 상호 대립적인 관계로 변화했다. 이와 동시에 SICOVAL은 좀 더 강력한 외부의 대도시 거버넌스로부터 자율성을 확보하기 위해 내부적으로 점차 집권적 거버넌스 체제를 구축하는 모습으로 변질된 것으로 나타났기 때문이다.[13)]

13) 한승준(2007)의 연구 결과는 프랑스와 같이 국가주의적 전통이 강한 나라의 경우, 정책 네트워크 내 행위자 간의 권력 관계는 국가 중심적 혹은 집권적인 속성이 유지될 수 있

둘째, 네트워크식 거버넌스의 유용성에 동의한다고 할지라도 전체적인 관점에서 조정이 여전히 필요하다는 지적이다. 신거버넌스의 자랑인 네트워크가 시장의 장점인 유연성과 계층제의 특기인 장기적 안목에서의 계획을 대신할 수 있다는 확신이 존재하지 않기 때문에 거버넌스의 실패(governance failure) 가능성이 상존한다는 비판이다(Jessop, 2000: 19-23).

피터스(Peters, 2000)는 거버넌스의 대명사로 인식되는 네트워크는 사회에 필요한 발전 방향 제시 기능을 성공적으로 수행할 수 없으므로 중앙정부에 의한 방향 제시와 지도가 반드시 필요하다고 주장한다. 시대적 요청과 환경의 변화에 따라 정부의 역할이 달라지고 새로운 정책 수단이 필요하다고 하더라도, 정부는 여전히 사회문제를 해결하는 데 최후의 수단일 수밖에 없으므로 사회 조정의 역할을 담당하는 정치적 구심점으로서 강력한 정부가 필요하다는 것이다.

이와 함께 로드스(Rhodes, 1997)는 신거버넌스의 네트워크 상황에서는 책임성의 문제가 발생할 수 있다고 지적한다. 즉, 거버넌스는 책임이 없는 주체를 국정 운영에 끌어들임으로써 전통적인 권력과 책임성에 대한 혼란을 야기할 수 있다는 것이다. 특히 시민사회가 성숙되지 않을 경우 신거버넌스의 네트워크는 외부자에 대해 폐쇄적으로 운영될 수 있고, 네트워크 참여자의 사익을 공동체의 이익으로 위장할 위험성이 있음을 경고한다.

셋째, 거버넌스 논의는 사회문제를 해결하기 위한 조정기제로서 계층제나 시장보다 네트워크가 더 효과적이고 우월하다고 전제하나, 네트워크식 거버넌스에 대한 지나친 강조는 거버넌스에 대한 지나친 맹종을 불러올 수 있다는 것이다. 오스트롬(Ostrom, 1989: 93-94)에 따르면, 신거버넌스는 최소한의 사회자본과 능동적인 공공기업가 정신을 갖춘 성숙한 시민사회의 존재를 전제로 하는데, 이러한 조건이 제대로 갖추어지지 않은 사회에서는

음을 보여준다. 우리나라 지방정부의 정책 과정을 분석한 유재원・소순창(2005)의 연구에서도 비교적 대등한 정책 주체가 협력하여 정책을 결정하고 집행하는 네트워크 거버넌스보다는 명령과 복종에 입각한 계층제의 전통적 행정 패러다임이 작동하는 것으로 나타났다. 거버넌스 패러다임의 현실적합성을 반영하는 정책 사례가 있기는 하지만 이는 일반적이기보다는 예외적인 현상에 불과하다는 것이다.

신거버넌스에 의한 사회문제의 해결이 쉽지 않다는 것이다. 또한 일반적으로 합의나 협약에 의한 문제 해결 방식은 소규모 사회에서는 효율적일 수 있지만, 대규모 사회문제에는 현실적합성이 떨어진다는 것이다.

뉴먼(Newman, 2001: 124-125)은 진정한 의미의 네트워크가 아닌 파트너십의 증대를 지나치게 강조할 경우 오히려 전통적 정부 권력이 더욱 교묘해진 형태로 확산되어 정부와 위험한 관계(dangerous liaison)에 빠질 수 있다고 지적한다.

신거버넌스의 이 같은 한계에 대해서는 두 가지 상반된 견해가 제시된다. 한 가지 견해는 현실적합성의 차원에서 신거버넌스도 전통적인 사회적 조정 기제가 지닌 문제점과 유사한 한계를 지니고 있으므로, 정부의 역할과 권한이 여전히 강화되어야 한다는 국가 중심적 시각이 있다(Peters, 2000; Roderick et al., 2000; 정무권, 2001).

다른 한편에서는 신거버넌스의 전제로 제시되는 사회자본의 축적과 시민사회의 성숙을 통해, 새로운 거버넌스가 정착될 수 있도록 방안을 강구해야 한다는 시민사회 중심적 시각이 존재한다.[14] 후자의 입장에서는 NGO를 통해 이 같은 과제를 보완하자는 것이다.

2 거버넌스의 유형

거버넌스의 유형은 이론적 모형이나 거버넌스의 주체별로 유형화하는 경우도 있고, 분석의 수준, 대상과 이슈, 내용과 분야 등에 따라 분류할 수도 있다. 거버넌스의 이론모형으로 로드스(Rhodes, 1996), 피터스(Peters,

---

14) 중도적인 견해로는 현실에 존재하는 거버넌스는 다양한 유형과 수준의 혼합체일 수밖에 없고, 시장·계층제·신거버넌스 등 어떤 종류의 사회적 조정 기제도 완벽할 수 없기 때문에, 효율적인 공공관리를 위해서는 관료제적 거버넌스와 신공공관리론 등이 복합적으로 활용되어야 한다는 것이다(이명석, 2002: 334). 물론, 신거버넌스가 시장이나 계층제를 완벽하게 대체할 수 있는 존재도 아니며, 중도적 시각이 현실타당성과 문제 해결의 수준이 높은 것은 명백하지만, 우리 사회에 팽배한 국가중심적 패러다임의 변화를 위해서는 신거버넌스의 논리와 처방이 더 확대되어야 할 것이다.

1996), 오스본과 게블러(Osborne & Gaebler, 1992), 뉴먼(Newman, 2001), 쿠이먼(Kooiman, 2000) 등이 다양한 유형을 제시한다.

김석준 외(2000)는 거버넌스를 구축하는 실행 주체를 기준으로 정부, 기업, NGO가 각각 주요 행위자로 활동하는 국가 중심 거버넌스, 시장 중심 거버넌스, 시민사회 중심 거버넌스로 나눈다.

거버넌스의 대상과 이슈에 따라서는 환경 거버넌스(green governance), 과학기술 거버넌스(techno governance), 인권 거버넌스, 복지 거버넌스, 개발 거버넌스 등으로 나눌 수 있고, 사회 분야별로 정부 거버넌스, 기업 거버넌스, 학교 거버넌스, NGO 거버넌스 등으로 구분하기도 한다.

분석 수준별로는 지리적 공간의 크기에 따라 글로벌 거버넌스(global governance), 지역 거버넌스(regional governance), 국가 거버넌스(national governance), 로컬 거버넌스(local governance), 지역사회 거버넌스(community governance)로 구분한다.

1) 로드스의 이론모형

로드스(Rhodes, 1996)가 제시한 거버넌스의 유형은 체계적인 분류라기보다는, 거버넌스를 확산하는 데 앞장서 온 세계은행(World Bank) 등 국제기구와 학자들의 주장을 비교적 폭넓게 반영한다.[15] 그는 거버넌스를 전통적인 정부의 관리 방식을 대체하는 개념으로 보고, 공식적인 권위보다는 공동 목표를 달성하기 위한 활동에 초점을 두고 다음과 같은 여섯 가지 요소를 새로운 거버넌스의 형태로 보고 있다.

---

15) 로드스(R. A. W. Rhodes)가 제시한 거버넌스의 여섯 가지 유형 가운데 최소국가론, 좋은 거버넌스, 신공공관리론의 이념적 토대는 신자유주의에 입각한 것으로 볼 수 있다. 그런데 이 유형들은 민주주의가 성숙되고 시민문화가 오랜 전통을 통해 정치사회문화로 정착된 미국과 영국 등 서구의 선진 민주주의 국가에서는 유용한 거버넌스로 발전할 수 있지만, 이러한 여건이 성숙되지 못한 개발도상 국가나 대륙계 국가에는 이질적인 모형이 될 수 있음에 유의해야 한다. 시민사회가 발전되지 못하고, 시장 기능의 자율성이 담보되지 않은 상황에서 신자유주의적 거버넌스가 강화될 경우 국제기구나 세계 체제의 영향력이 시장과 시민사회의 영역을 잠식하여 이들이 주도하는 기형적인 거버넌스가 형성될 위험성이 있음을 감안해야 한다(김석준 외, 2004: 44-45).

(1) 최소국가론

최소국가론(the minimal state)은 신자유주의에 이론적 토대를 둔 것으로, 국가(정부)실패를 초래한 복지국가의 관리 체계를 비판하면서 그 대안으로 제시된 유형이다. 이 유형은 국가의 기능과 역할을 시장과 시민사회 등에 이전시켜 국가의 공적 업무를 축소함으로써, 좀 더 효율적이고 경쟁력 있는 관리 체계를 확립할 것을 요구하는 입장이다.

최소국가론은 국가의 공공개입의 범위와 역할을 최소화하고, 정부가 공급해 온 공공 서비스를 시장과 시민사회로 이전해 보완하자는 거버넌스 유형이다. 즉, 시장 메커니즘이 경쟁을 창출하기 때문에 시장이 공적 영역보다 효율적이며, 더 좋은 질의 공공 서비스를 제공할 수 있다고 전제한다. 더욱이 세계화의 확대로 자유무역과 시장 원리가 지배적인 상황에서 국가는 탈규제화된 시장경제의 여건을 조성하고 이를 지원해야 한다는 것이다.

이러한 최소국가론의 패러다임은 국가(정부)의 성격을 적은 문제를 다루는 작은 정부, 국제적인 비전과 융통성을 지닌 정부, 책임을 지는 정부, 공정한 정부 등 네 가지 원칙에 따라 재정의하고 있다.

(2) 기업적 거버넌스

일반적으로 기업적 거버넌스(corporate governance)는 회사를 이끌어 가는 사람들의 책임성, 감독, 평가와 통제에 관한 것으로 기업의 경영진, 이사회의 이사, 주주, 종업원과 채권단 사이의 관계를 말한다. 규칙과 인센티브를 포함하는 이러한 관계는 기업의 목표 설정과 그러한 목표를 달성하기 위한 수단 및 성과를 측정할 수 있는 구조(structure)를 제공하게 된다.

기업적 거버넌스에서는 기업에 대한 감사, 투명성 제고, 정보 공개 등의 절차를 강조하며, 주주와 경영진 등 기업 경영과 관련된 이해당사자 간의 권한과 의무 관계에 대한 규정을 통해 기업의 경영효율화라는 목표를 달성하기 위한 방법이라고 할 수 있다.

기업 경영의 투명성과 책임성을 촉진시키는 기업적 거버넌스 원칙의 제도화는 각국의 국가경쟁력과 직결된 문제로 평가된다. 이러한 기업적 거버넌스는 OECD의 주도하에 전 세계로 확산되었으며, 행정개혁의 주요한 수단으로 등장한 거버넌스 논의가 기업 부문으로 확산된 것을 의미한다.

(3) 좋은 거버넌스

좋은 거버넌스(good governance)는 세계은행, 국제통화기금(IMF) 등 국제 경제기구를 중심으로 개발도상 국가의 국정관리 체계를 개선하기 위한 방안으로 논의된 개념이다. 개발도상 국가가 국가 발전이나 경제 개발에 실패하는 주요 원인 중의 하나가 나쁜 거버넌스(bad governance)라고 규정하고, 이를 대체하는 차원에서 좋은 거버넌스를 통해 바람직한 국가관리 체계를 도출하자는 취지였다.

세계은행은 개발도상 국가에 대한 대출정책에서 행정의 투명성, 책임성, 통제 및 대응성이 높을수록 좋은 거버넌스로 평가한다. 따라서 좋은 거버넌스가 되기 위해서는 효율적 공무원단, 독립적 사법 체계 및 계약 집행을 위한 법률구조, 책임성 있는 공공기금관리, 입법부에 책임을 지는 공공감사기구, 모든 수준의 정부에서 법과 인권을 존중하며, 다원주의적 제도 및 구조와 출판의 자유 등이 전제되어야 한다. 로드스(Rhodes, 1996)는 이러한 의미의 좋은 거버넌스를 신공공관리와 자유민주주의를 결합한 의미로 보고 있다.

그러나 무엇이 좋은 거버넌스인지에 대해서는 개념적 합의는 물론 구체적인 내용도 정확하지 않다. 유엔(UN)을 비롯한 국제 기구 등에서는 참여, 투명성, 책무성, 포용, 법치주의, 합의, 효율성, 효과성, 형평성 등과 같은 특성을 가진 거버넌스를 포괄적으로 좋은 거버넌스로 풀이하고 있는 정도이다. 따라서 좋은 거버넌스는 선진국의 입장에서 보면 이상적인 가치일 수 있으나 후진국의 현실에는 적합하지 않을 수 있다.

또한 좋은 거버넌스의 구성 요소로 가장 먼저 제시되고 있는 참여는, 신거버넌스에서 말하는 참여 주체 간의 상호 영향력을 바탕으로 한 권한의 공유가 아니라 전통적인 행정에서 강조하는 참여를 의미한다. 이런 측면에서 로드스가 말하는 좋은 거버넌스는 발전행정론에서 강조하는 전통적인 거버넌스의 개량형이라는 지적을 받고 있다(이명석 · 박상필, 2005).

(4) 신공공관리론

신공공관리론(new public management)은 정부의 역할을 다양한 이해당사자 간의 대립을 조정하고 방향잡기(steering)에 초점을 두고, 집행은 시장이나 시민사회 등이 할 수 있도록 공공관리의 내용을 바꾸는 것이다. 민간 경영 기법에 의한 정부관료제의 효율성 제고를 강조하는 신공공관리는 거버넌스와 함께 1980년대 이후 서구 사회의 행정개혁을 상징하는 대표적인 용어였다.

신공공관리적 혁신 기법으로는 정부에 시장의 경쟁 원리와 민간 경영 기법을 도입하여 정부 업무에 대한 평가 시스템을 강화하고 정부정책 및 집행에 대한 민간 부문 및 시장의 참여 등을 골자로 하고 있다. 이와 함께 복지국가의 등장으로 팽창한 정부의 규모를 축소하고, 업무의 효율성과 자원배분의 합리성 차원에서 민영화와 규제 완화가 추진되었다.[16] 시장 원리를 신봉하는 신공공관리의 확산에는 OECD나 세계은행과 같은 국제 경제기구가 주요한 역할을 수행했다. 이들 기관은 회원국이나 채무국에 개선 권고의 형식을 빌려 신공공관리 기법을 강화해 왔다.

(5) 사회적 사이버네틱 체계

사회적 사이버네틱 체계(socio-cybernetic system)로서 거버넌스는 사회정치 체계 내에서 모든 행위자의 상호작용 노력의 결과로서 나타나는 유형 또는 구조를 의미한다. 쿠이먼(Kooiman, 1993)은 현대 사회의 복잡성과 다원성의 증대로 인해 공공 영역과 사적 영역 간에 이루어지는 상호작용의 유형은 새로운 형태로 발전되고 있다고 한다. 국가가 현대 사회의 문제를 민주적이고 효율적으로 처리하기 위해서는 운영구조와 체계가 시민사회의 역동성과 다양한 속성을 반영할 수 있어야 한다는 것이다.

---

16) 신공공관리의 논리는 신자유주의의 접근 방식과 유사하지만, 양자는 추구하는 목표와 방향에서 근본적인 차이가 있다. 신공공관리론에서 말하는 규제 완화는 관료제 내부관리에 관한 규제 완화로 신자유주의에서 말하는 산업에 대한 정부의 규제 완화와는 다른 차원이다. 또한 신공공관리론에서 시장의 원리가 강조되는 이유는 신자유주의자들의 주장대로 정부가 하던 일을 시장에 맡기자는 의미가 아니라, 민간 경영 기업 등을 도입하여 정부관료제의 효율성을 제고하자는 취지이다(이명석, 2002: 329).

그런데 정부의 전통적인 권력구조와 방법이 복잡한 사회문제를 해결하는 데 더 이상 유효한 도구로 작동하지 못할 경우 사회적 사이버네틱 체계가 등장하게 된다. 이러한 사회적 사이버네틱 체계는 공식적 또는 상대적으로 자율적인 정치적·사회적 행위자들 사이의 상호의존성을 중시하는 거버넌스라고 할 수 있다.

(6) 자기조직적 네트워크

로드스(Rhodes, 1996)는 거버넌스를 자기조직적 네트워크(self-organizing network)의 조정에 관한 것으로 보고 있다. 전통적인 통치에서 거버넌스로의 변화는 자기조직적 네트워크의 등장을 가속화시켰다. 이 네트워크는 공공조직과 사조직, 그리고 자발적 조직이 혼합된 것으로 각 영역 간의 경계가 사라지고 각 행위자는 자원의 교환과 목표 달성을 하는 데 상호의존적이다. 조정 기제로서 시장과 계층제의 대안으로 등장한 자기조직적 네트워크의 중심적 작동 원리는 시장의 가격 경쟁이나 계층제의 행정명령과 관리적 질서가 아니라 신용과 협력이다.

로드스에 따르면, 네트워크는 스스로 조직하고 자율적이며 스스로 통치하는 것이 핵심적인 원리이다. 즉, 각 부문의 행위자들이 통합된 네트워크가 정부의 조정을 거부하고 자신들의 정책을 발전시키며, 그들만의 환경을 조성한다는 것이다. 자기조직적 네트워크로서 거버넌스를 위한 정부의 주된 과제는 이러한 네트워크에 권한을 부여하고, 새로운 형태의 협력 체계를 구축하는 것이라고 할 수 있다(김석준 외, 2000: 88-89).

2) 피터스의 미래 정부모형

피터스(Peters, 1996)가 미래의 정부모형으로 제시한 새로운 거버넌스는 시장적 정부모형, 참여적 정부모형, 신축적 정부모형, 탈내부 규제적 정부모형 등 네 가지로 전통적인 행정국가의 유형에서 벗어나려는 각종 행정개혁의 유형을 세분화한 것이다. 피터스 자신이 제시한 네 가지 정부모형은 전통적인 행정모형을 보완한 것이기 때문에, 각 국가는 상황에 맞는 모형을 선택하여 행정개혁을 추진할 것을 권고하고 있다는 점에서도 이 모형의 특성을 알 수 있다.

(1) 시장적 정부모형

시장모형 거버넌스는 정부관료제의 비효율성과 시장의 효율성을 전제로 관료제의 독점이 초래한 문제점을 강조한다. 즉, 정부관료제는 업무의 효율적 추진보다는 조직의 이기주의적 행태로 인해 규모가 팽창하고 비효율적으로 운영되면서 정부실패를 초래하게 되었다는 요지이다. 따라서 시장모형은 민간 관리 기법을 공공 부문에 도입하고 성과급을 통해 효율성을 제고하자는 것으로 신공공관리론의 논리에 입각해 있다.

또한 정부 업무를 기업적 사업소로 분권화하면 공공 부문의 창의성 제고와 혁신적 프로그램의 산출 효과를 얻을 수 있다는 주장이다. 그러나 분권화는 조정과 통제를 어렵게 하며, 시민을 소비자와 고객으로 전락시키는 문제점이 있다. 또한 경제적 합리성의 지나친 강조는 공공성과 형평성 문제를 야기하고 탈물질적 가치를 등한시할 우려가 있다.

(2) 참여적 정부모형

참여모형 거버넌스는 정부 기능의 민주성 제고를 위해 정부조직의 하위 영역 내에서, 그동안 정책결정 과정에 배제되었던 개인이나 집단의 참여를 활성화해야 한다는 주장이다. 이 거버넌스는 구조보다는 과정을 중시하여 다양한 참여 통로를 제도화하며, 계층 축소나 조직의 규모 축소를 통해 공공조직에 수평적 관계 형성을 강조한다. 시장모형에서는 관료제의 독점을 거버넌스의 가장 중요한 저해 요인으로 지목한 것과 달리, 계층제를 최대 저해 요인으로 보고 있다. 참여모형에서 공익은 정책 과정에 공무원과 고객 및 시민의 참여가 극대화될 때 달성되는 것으로 간주한다.

(3) 신축적 정부모형

신축모형은 전통적인 관료조직의 영속성(안전성)은 창조적이고 적극적인 정책창안을 가로막고 점증적인 변화만을 추구함으로써 정책혁신의 걸림돌이 되고 있다는 시각에서 출발한다. 또한 기존의 관료제는 고객의 이익이 아니라 관료조직의 이익을 추구한다고 보고 있다. 관료조직의 자기영속적

표 3-1 피터스의 미래 정부모형

구분	시장모형	참여모형	신축모형	탈규제모형
진단 기준	독점	계층제	영속성	내부규제
구조	분권화	평면조직	가상조직	-
관리	성과급 민간 부문의 기법	총품질관리 팀제	임시적 관리	관리 재량권 확대
정책결정	내부시장 시장적 유인	협의, 협상	실험	기업가적 정부
공익	저비용	참여, 협의	저비용, 조정	창의성, 활동주의

자료: 김석준 외(2000: 69).

구조에 대한 비판적 입장에서 공공 부문과 정책 변화를 가져올 수 있는 효과적인 방법으로 정책결정과 집행조직의 대폭적인 개편을 제안한다.

따라서 신축모형에서는 임시조직과 가상조직의 필요성이 부각된다. 행정환경과 국정관리 방식의 변화에 대응하기 위해서는 신축적 구조가 공공 부문의 수요를 해결하는 데 적합하다는 것이다. 그러나 임시조직은 책임성과 공공 서비스의 가치와 성과에 대한 동기 유발을 감소시킬 수 있는 문제점을 내포한다.

(4) 탈내부 규제적 정부모형

탈규제모형은 행정 내부에 대한 통제모형으로 정부 내부의 규제를 철폐함으로써, 공공 부문에 내재하는 잠재력과 독창성을 극대화하자는 전략이다. 문서주의(red-tape)와 형식주의를 제거하고 조직구성원이 새롭고 독창적인 활동을 할 수 있도록 재량권을 확대하는 방안이 제안된다. 내부통제의 제거는 공공 부문에서 관리 능력을 향상시키고, 의사결정 과정에 구성원의 참여를 통해 효율성을 달성할 수 있다는 발상이다. 그러나 관료제의 역기능과 비효율성에 대한 불신이 탈규제 거버넌스 형성에 가장 큰 걸림돌로 작용한다.

3) 오스본과 게블러의 기업가적 정부모형

기업가적 정부는 정부가 직접 공공 서비스를 제공하는 전통적인 노젓기(rowing) 역할에서, 사회 모든 영역이 원활한 기능을 수행할 수 있도록 방향을 제시하는(steering) 역할로 전환해야 한다는 것이다. 공공 부문에 시장 원리인 경쟁 시스템을 도입하고, 관료주의에서 벗어나 국민을 고객으로 최우선시하는 기업가적 정신을 시대적 요청으로 본다. 정부의 운영 기제를 관료 중심의 사후 치료적인 명령과 통제 메커니즘에서 협의와 네트워크가 작동하는 시장 메커니즘으로 탈바꿈하자는 것이다.

이때 정부는 시장과의 연계 방식이 달라지고, 내부 운영 체계와 양식도 새롭게 변화된다. 오스본과 게블러(Osborne & Gaebler, 1992)는 미국의 행정개혁에서 등장한 정부재창조(reinventing government)를 기업가적 정부의 대표적인 예로 들고 있다. 그러나 시장이나 시민사회가 그 역할을 충분히 수행할 수 없는 상황에서, 기업가적 정부로 전환할 경우 전통적인 역할 축소로 인한 행정공백이 발생할 수 있다는 단점이 있다.

표 3-2 오스본과 게블러의 기업가적 정부모형

기준	전통적 행정(관료제 정부)	거버넌스(기업가적 정부)
정부 역할	노젓기(rowing)	방향잡기(steering)
정부활동	직접 제공(service)	할 수 있도록 해 줌(empowering)
서비스 공급	독점적 공급	경쟁 도입
관리 방식	규칙 중심 관리	임무 중심 관리
예산제도	투입 중심 예산	성과 연계 예산
행정가치	관료 중심 지출 지향 사후 치료	고객 중심 수익 창출 예측과 예방
행정 주체	집권적 계층제	참여와 팀워크
운영 방식	명령과 통제	협의와 네트워크 형성
주요 운영 기제	행정 메커니즘	시장 메커니즘

자료: Osborne & Gaebler(1992).

4) 뉴먼의 이론모형

뉴먼(Newman, 2001)은 정부의 구조, 업무 수행 방법 및 역할과 관련한 거버넌스의 유형을 '집권-분권', '지속성-혁신'을 기준으로 네 가지로 분류한다.

첫째, 계층제 모형은 정부의 권한과 역할이 집권화되고 지속성과 질서를 강조하는 모형이다. 계층제모형은 전통적인 관료제를 의미한다.

둘째, 합리적 목표 모형(rational goal model)은 정부의 권한이 집권화된 상태에서 혁신과 변화를 추진하는 전략이다.

셋째, 자치모형은 정부의 권한과 역할이 정부 내외로 분권화되어 있고 지속성과 질서를 강조하는 모형이다. 자치모형에서는 지방정부와 시민사회의 역할이 강조되고 있으나 전통적인 가치를 추구한다.

마지막으로, 개방 체제 모형(open system model)은 정부의 권한과 역할이 분권화되어 있고 혁신과 변화를 강조하는 모형이다. 개방 체제 모형은 네트워크와 파트너십에 의해 작동하는 신거버넌스의 논리에 입각해 있다.[17)]

뉴먼에 의하면, 이러한 거버넌스의 유형은 단일 형태로 존재하는 것이 아니라 여러 유형이 혼재된 상태에서 상호작용을 한다. 예컨대, 네트워크에

표 3-3 뉴먼의 거버넌스 이론모형

	지속성/질서	혁신/변화
집권	계층제형	합리적 목표형
분권	자치형	개방 체제형

17) 이 밖에 쿠이먼(Kooiman, 2000)은 거버넌스를 네트워크, 파트너십 등 자발적인 상호작용에 의해 이루어지는 공동 거버넌스(co-governance), 공식적인 명령과 통제에 의해 이루어지는 계층제 거버넌스(hierarchical governing), 그리고 개인적인 선택과 행동의 결집으로 이루어지는 자기 거버넌스(self-governing) 등으로 나눈다. 여기서 계층제 거버넌스는 뉴먼(Newman, 2001)이 말하는 계층제 유형과 동일하며, 공동 거버넌스는 개방 체제 유형과 동일한 맥락이다. 자기 거버넌스는 일반적인 의미의 '자치'가 아니라, 시장을 의미하고 있다는 점에서 뉴먼(Newman, 2000)이 분류한 자치모형과는 다른 차원이다.

의해 이루어지는 개방 체제형 거버넌스에 의한 변화가 추진되는 경우, 책임성에 대한 사회적 수요가 발생하여 계층제적 거버넌스로 회귀할 수 있다는 것이다.

5) 거버넌스 주체별 유형

거버넌스는 어떤 시각에서 접근하느냐에 따라 기본적으로 지향하는 가치와 체제 운영 방식, 주체 및 그들 간의 상호 관계 등이 다르게 나타난다. 주체별 이론모형은 거버넌스의 실행 주체인 국가, 시장(기업), 시민사회(NGO) 가운데 어느 것을 중심으로 이해하느냐에 따라 거버넌스의 내용이 달라진다는 입장이다(김석준 외, 2000: 61-103).

(1) 국가 중심적 거버넌스

이 유형은 국가, 시장, 시민사회와의 관계 속에서 국가가 기본적으로 자신의 운영 논리인 관료주의를 어떻게 시장 원리(자본주의)나 시민사회의 원리(민주주의)에 맞추어 조정하느냐의 문제에 관심을 둔다. 전통적인 국가 중심적 통치 방식에 비해 시장과 시민사회와의 관계가 좀 더 민주적이고 수평적 네트워크와 파트너십을 강조하지만, 기본적으로 국가가 시장과 시민사회를 주도적으로 관리하는 유형이다.

이 유형은 정부의 문제를 관료조직이나 규모가 아니라 잘못된 통치 형태에서 기인된 것으로 진단하고, 새로운 통치 방식을 정착시키는 데 초점을 둔다. 즉, 기업가적 정부를 만들거나 민간 부문에서 개발된 효율적 관리 기법을 도입하여 정부조직의 유연화를 추구하는 전략이 활용된다. 이 유형은 국가의 영향력이 상대적으로 강한 독일이나 프랑스 등 대륙계 국가에서 주로 나타나며, 시장 중심 유형과 시민사회 중심 유형은 자본주의가 발달하고 민주주의가 성숙한 영미계 국가들의 거버넌스 유형으로 볼 수 있다.

그러나 국가 중심적 거버넌스의 지배 원리는 기본적으로 관료주의이기 때문에, 시장주의나 공동체주의(민주주의)와 조화시켜야 하는 문제를 안고 있다. 국가 중심적 거버넌스로 분류되는 이론모형으로는 로드스(Rhodes, 1996)의 신공공관리론, 좋은 거버넌스와 피터스(Peters, 1998)의 신축적 정부모형과 탈규제적 정부모형, 그리고 오스본과 게블러(Osborne & Gaebler, 1992)의 기업가적 정부를 들 수 있다.

(2) 시민사회 중심적 거버넌스

이 유형은 국가나 시장기제와 구별되는 시민사회 영역 내에 존재하는 자발적이고 자율적이며 자기조직적인 조정 양식을 의미한다. 시민사회 중심적 거버넌스는 기존의 대의민주주의 체제 하에서 정당과 국회 등 기존의 정치제도가 다양한 집단 간의 이해 갈등을 조정하고 통합하는 기제로서 제 기능을 발휘하지 못하자, 이를 대체하는 새로운 공동체 운영 방식으로 등장했다. 간접민주주의가 대리인 체제(agent system)의 한계를 드러내자 이를 극복하는 과정에서 시민사회의 역할이 증대하고, NGO의 중요성이 부각되었다. 이 유형에서는 NGO를 통한 시민의 직접적인 참여 증대로 'NGO 거버넌스'로 발전했다. 시민사회 중심적 거버넌스의 지배 원리는 참여주의와 공동체주의를 표방한다. 로드스(Rhodes, 1996)의 사회적 사이버네틱 체계, 자기조직적 네트워크, 기업적 거버넌스와 피터스(Peters, 1998)의 참여적 정부모형이 시민사회 중심적 거버넌스에 해당한다.

(3) 시장 중심적 거버넌스

이 유형은 세계화와 더불어 세계 자본주의 체제의 구조화와 질적 심화 현상이 전 세계적으로 나타나면서 신자유주의의 강화와 함께 부상했다. 세계무역기구(WTO), 그린 라운드(GR) 등 각종 뉴 라운드로 개별 국가는 세계 자본주의 체제에 편입되고, IMF와 같은 국제 자본의 영향력이 증가하면서 국가는 물론 기업과 시민사회도 세계 자본의 영향력을 받게 되었다. 이로 인해 개별 국가의 거버넌스 체제는 정도의 차이는 있지만 시장 중심적으로 형성되고 있다.

시장 중심적 거버넌스와 신자유주의적 정부개혁은 자본주의를 기반으로 민주주의가 발달한 영미계 국가에서는 큰 진통 없이 정착되고 있지만, 서구와 시민사회의 형성 과정이 상이한 제3세계 국가의 경우에는 심각한 갈등과 혼란이 불가피하다. 이 유형의 지배 원리는 경쟁 원리와 고객주의를 근간으로 하는 시장주의를 지향한다. 피터스(Peters, 1998)의 시장적 정부모형과 로드스(Rhodes, 1996)의 최소국가론이 시장 중심적 거버넌스 유형의 대표적인 경우이다.

6) 분석 수준별 유형

거버넌스의 분석 수준은 지리적 공간의 크기에 따라 위로부터 아래로 글로벌 거버넌스(global governance), 지역 거버넌스(regional governance), 국가 거버넌스(national governance), 로컬 거버넌스(local governance), 지역사회 거버넌스(community governance)로 나눌 수 있다. 세계화와 지방화가 동시에 추진되면서 거버넌스도 이에 대응하여 다차원적으로 나타난 것으로 볼 수 있는데, 여기에 정보화가 가속화하면서 가상공간을 대상으로 하는 사이버 거버넌스(cyber governance)도 등장했다.

(1) 글로벌 거버넌스

세계화의 물결과 함께 국가 간 협력과 문제 해결을 지향하는 글로벌 거버넌스는 세계 체제 수준에서 정치·군사, 경제·통상, 과학기술, 환경·보건, 문화·스포츠 등과 관련한 거버넌스를 다룬다. 국민국가 중심 체제에서는 주로 정치군사와 경제통상을 중심으로 글로벌 거버넌스가 형성되었으나, 글로벌 NGO와 다국적기업의 증가로 인해 국가-시장-시민사회의 관계가 글로벌 수준에서도 나타나고 있다.

세계무역기구(WTO) 각료회의, 세계경제포럼, G-8 정상회의 등에 대항하는 국제 NGO들의 시위, 2000년 밀레니엄 정상회의에 앞서 열린 국제 NGO들의 밀레니엄 포럼 등은 글로벌 거버넌스가 NGO나 다국적기업과 밀접하게 연관되어 있음을 보여준 단적인 사례이다.

글로벌 거버넌스의 이론적 한계는 국가 운영의 대안으로서 개발된 거버넌스 개념을 국제적 영역에 적용할 때, 발생할 수 있는 경쟁의 공정성과 협조의 생산성을 어떻게 확보할 것인가 하는 점이다. 이 같은 문제를 해결하기 위해서는 단순한 주권국가의 모임이라는 기능밖에 수행하지 못하고 있는 UN이나, 미국 등 선진국의 이해에 지배되고 있는 IMF 등 국제 기구를 대체할 수 있는 새로운 국제 레짐(regime)의 형성과 이를 통한 민주적이고 효율적인 국제적 이슈의 관리 방안이 모색되어야 할 것이다(김석준 외, 2000: 136-137).

(2) 지역 거버넌스

인접 국가 간 지역공동체를 중심으로 현안 문제를 해결하고자 하는 지역 거버넌스는 EU, NAFTA, APEC, ASEAN, NATO 등과 같은 지역을 단위로 하는 정치·경제, 군사안보, 문화 등의 거버넌스를 의미한다.[18] 지역적인 블록의 형성이 가속되면서 지역안보나 지역 내에서, 경제적 이익을 도모하기 위한 지역 거버넌스는 세계화에 대한 지역 단위의 대응 전략으로 이해할 수 있다.

지역 거버넌스도 국가 간 공통 문제를 해결하기 위한 협상과 계약이라는 점에서 글로벌 거버넌스와 큰 차이가 없으며, 개별 국가 간의 정치·경제적 경계가 모호해지면서 국가 거버넌스가 확장된 형태라고 할 수 있다. 지역 거버넌스는 신자유주의적 세계화의 영향으로 국제사회의 정치·경제적 상호의존성이 증대하자 국가뿐만 아니라 시장, 시민사회를 포함한 다양한 사회적 행위자들이 참여하고 있다.

(3) 국가 거버넌스

개별 국민국가 단위에서 전국 규모의 문제에 대한 효율적인 해결 방안을 찾기 위한 국가 거버넌스는 일반적인 거버넌스를 다룬다. 세계화, 정보화, 지방화 등으로 글로벌, 지역, 로컬 차원의 논의가 거버넌스의 중요한 영역으로 등장했지만, 아직도 그 중심에는 국가(정부)가 위치해 있다. 이러한 점에서 거버넌스는 정부 없이 이루어지는 것(governance without government)이라기보다는, 정부와 함께 만들어 가는 것(governance with government)이라고 할 수 있다.

---

18) 여기서 지역(regional)은 주로 지정학적으로 인접한 국가를 의미하지만, 최근에는 지리적 공간을 초월한 지역 거버넌스도 등장하고 있다. 한편 지역 거버넌스(regional governance)를 인접 국가 간 수준이 아닌 인접 지방정부 간 수준으로 이해하는 경우도 있다. 예를 들어 댄슨 외(Danson et al., 2000)는 지역 거버넌스를 특정 지역 내에서 중앙정부와 인접 지방정부를 포함해 대학, 기업, 시민단체, 각종 공공기관 간의 협력 체제로 보고 있다.

(4) 로컬 거버넌스

지방정부와 지역사회에서의 시민 참여와 지역 발전을 모색하는 로컬 거버넌스는 세계화와 민주주의의 진전에 따라 지방자치가 확산되면서 중시된 거버넌스 영역이다. 특히 지방정부의 자치 능력이 증가하고 NGO와 지방기업이 지방 수준에서 자율성을 확보하면서 로컬 거버넌스의 중요성이 커지고 있다. 로컬 거버넌스는 거버넌스 이론의 국지적 적용이라는 의미를 넘어, 직접민주주의를 구현하기 위한 실천적 훈련의 장이라는 점에서 의미가 크다.

지방정부에 의한 통치와는 반대로 로컬 거버넌스는 지역사회가 다양한 행위자가 참여하여 의사결정 권한을 공유하며, 지역 주민의 자치권과 독립성을 함양할 뿐만 아니라 시민 참여를 통해 공공재를 개발하는 일련의 과정을 제공하고 있기 때문이다. 따라서 로컬 거버넌스는 개인뿐만 아니라 지역사회의 다양한 단체나 기관의 광범위한 참여를 통해 시민사회를 발전시키는 방법이라고 할 수 있다.

(5) 사이버 거버넌스

물리적 범위와 지리적 공간의 제약을 초월하여 가상공간(cyberspace)을 통해 형성되고 운영되는 사이버 거버넌스(cyber governance)는, 현실 세계의 각종 한계를 뛰어넘는 사이버 공간에서 활발한 참여와 담론 형성을 통해 의제를 설정하고 대안을 제시하여 문제 해결을 시도하는 또 다른 형태의 거버넌스 영역이다. 그러나 사이버 거버넌스는 두 가지 점에서 해결해야 할 과제를 안고 있다.

첫째로 생각해 볼 수 있는 것은 인터넷을 통한 정부, 정당, NGO, 기업, 가계의 연결이 민주성의 신장에 기여하고 있는가 하는 점이다. 초고속 인터넷망의 구축은 급속도로 진행되었으나, 인터넷 네트워크가 정치 체제의 민주성 제고에 기여하고 있는가에 대해서는 상반된 견해가 대립한다. 정보통신 기술의 발달로 정부-기업-시민 간의 연계성은 크게 증가했지만, 가상공간에서의 민주성이 현실 세계의 직접민주주의로 전환되지 못하고 있다는 비판과 함께 사이버 민주주의와 전자정부를 통한 사이버 거버넌스의 성공

가능성과 필요성에 대한 긍정론도 존재한다.

사이버 거버넌스의 또 다른 논제는 인터넷을 통한 상호 연결이, 거버넌스 체제의 성공을 좌우하는 주요 요소 중의 하나인 사회자본의 형성과 발달에 기여했는가 하는 점이다. 인터넷을 통한 가상공동체는 민주주의가 새롭게 태어날 수 있는 공간을 제공하지만, 이러한 새로운 기회의 장이 거버넌스라는 새로운 국가 운영의 패러다임과 결합하여 기존의 비능률과 상호 불신을 해소할 수 있을 것인지, 아니면 현실 세계와 괴리되어 의사공동체(pseudo-community)로서 진정한 공동체(genuine community)를 파괴할지는 앞으로의 과제라고 할 수 있다.

우리가 거버넌스의 유형 분류에서 주시하고자 하는 바는, 거버넌스의 다차원성이다. 세계화, 정보화, 민주화의 진전에 따라 이 같은 거버넌스의 다차원성은 앞으로 더욱 심화될 것으로 예상되기 때문에 미래 사회는 국가 중심적이고 관료제적 거버넌스를 대신하여 시민사회가 거버넌스의 핵심 주체로 활동할 것으로 전망된다.

제 2 절 거버넌스와 NGO

1 거버넌스와 시민사회

1) 거버넌스와 시민사회의 관계

거버넌스(governance)는 전통적인 국가 중심의 통치(government) 체제와 달리, 시민사회가 적극적으로 참여하는 새로운 국정 운영 방식을 의미한다. 이 중에서도 신거버넌스(new governance)[19]는 시민사회가 정치사회의 운영 면에서 주도적인 역할을 해야 한다고 강조한다. 앞에서 살펴본 대

19) 제2절에서 말하는 거버넌스는 특별한 언급이 없으면 협의의 개념인 신거버넌스를 의미한다.

로 신거버넌스는 사회문제 해결을 위해 다양한 영역의 행위자들이 자발적으로 참여하는 네트워크식 국정관리 방식으로, 참여 주체 간의 신뢰와 상호 의존적인 수평적 관계를 특징으로 한다.

신거버넌스 이전의 거버넌스 논의에서는 사회문제 해결을 정부 중심의 계층제적 방식으로 접근하는 경향이 지배적이었다. 국정 운영에서의 개방 시스템을 강조하는 경우에도 정부가 여전히 주도적인 역할을 수행하는 사회적 조정 양식이 선호되었다. 즉, 신거버넌스가 등장하기 이전에 국가(정부)는 합리적 행위자(rational social actor)로서 방향잡기와 노젓기 역할을 수행하는 국정 운영의 핵심 주체였다.

이에 비해 신거버넌스에서는 국가의 조정 능력이나 공식적인 권위에 의존하지 않고, 시민사회가 자체적으로 정책을 형성하고 문제를 해결할 수 있는 능력이 있다고 가정한다. 따라서 국가와 시민사회의 관계는 국가 중심(state-centered)에서 사회 중심(society-centered)으로 재정립되고, 사회문제의 해결에 더 이상 국가 중심이 아닌 다양한 참여 주체가 함께 참여하는 공동 거버넌스(shared governance) 또는 복합조직적 거버넌스(heterarchic governance)의 형태를 띠게 되었다(이명석, 2006b: 45-56; 한승준, 2007: 101).

넓은 의미에서의 거버넌스 논의도 정부와 시민사회 간의 상호작용을 중요한 변수로 인식하고 있지만, 정부와 시민사회 간의 관계를 전통적인 형태로 상정하고 있다면 정부와 거버넌스는 동의어가 되어 굳이 거버넌스라는 개념을 사용할 필요성이 없게 된다. 따라서 거버넌스 이론의 핵심은 전통적인 행정학 패러다임과 근본적인 차이를 보이는 바람직한 거버넌스, 즉 신거버넌스의 논리에 있다고 할 수 있다(Lynn et al., 2001; 이명석, 2002: 331). 그래서 신거버넌스는 관료제나 전문가 등 소수에 의한 결정이나 '보이지 않는 손'에 의한 결정보다 대화, 협상, 조정을 통한 타협이나 동의(consensus)에 더 큰 가치를 둔다.

이 같은 의미의 신거버넌스는 거버넌스 구성 주체에 대해서도 이전과 다른 차원에서 해석하고 있다. 광의의 거버넌스에서는 구성 주체 중에서 정부의 역할이 강조되고 시민은 소비자 또는 고객으로 취급되어, 정부의 공공 서비스 공급 과정에서 수동적 존재로 여겨졌다.

이에 비해 신거버넌스에서 시민은 소비자에서 정부 서비스 공급 과정에 참여하는 적극적인 존재, 즉 주인으로 재정의된다. 다시 말해 신거버넌스에서 시민은 고객이 아니라 주권 행사의 주체인 주인의 자리를 되찾은 것이다(최성욱, 2004: 253-254).

2) 시민 참여의 유형

시민은 시민사회에서 다양한 조직을 결성하고 공동의 관심사를 반영하기 위해 직접·간접적인 행동을 취한다. 시민 참여는 정부의 의사결정 과정에 영향력을 행사하기 위한 합법적이고 정당한 정치활동뿐만 아니라 정부 영역을 벗어난 다양한 분야에서 폭력이나 항의와 같은 비합법적 행동을 통해 영향력을 행사해 왔다.

개인이 시민사회의 각종 조직을 통해 공동체의 일에 참여하는 방식은 제도성·합법성·공식성 등을 기준으로 분류된다. 제도성의 차원에서 보면, 전통적으로 개인은 선거, 국민투표, 로비와 같은 제도적인 방식으로 참여해 왔다. 그러나 이러한 제도적 참여가 자유로운 의사 표출에 한계를 가지게 되자 시위, 집회, 파업, 서명운동 등과 같은 비제도적인 방식을 택하는 경우도 잦아지고 있다.

시민 참여의 방식에 대해 학자들은 다양한 견해를 제시한다. 아른스타인(Arnstein, 1969)은 참여를 8단계로 분류하고 이를 비참여(조작, 치료), 형식적 참여(정보 제공, 상담, 회유), 실질적 참여(파트너십, 권한위임, 시민통제)로 구분했다. 이 중 비참여 유형은 국가 중심적 거버넌스에서 등장하는 참여 방식이며, 실질적 참여 유형 가운데 파트너십이 신거버넌스에 강조하는 핵심적인 참여 방식이다. 참여의 최고 단계인 시민통제는 시민사회에 의한 자율적인 사회 시스템으로의 전환을 의미한다.

앨먼드와 파월(Almond & Powell, 1978)은 정책 과정에 대한 접근 방식을 합법적 방식(constitutional access channel)과 강제적 방식(coercive access channel)으로 나눈다. 합법적 방식의 범주에는 정책결정자와의 접촉, 비폭력적 시위 등이 있고, 강제적 방식은 폭동, 테러, 파업, 비합법적 시위 등을 들 수 있다.

뒤베르제(Duverger, 1972: 121-125)는 이익집단의 정치 참여를 활동 대상을 기준으로 권력 수준으로의 직접 행동과 대중 수준으로의 간접행동으로 분류하여 설명한다. 직접행동은 정부 관련 인사와의 접촉, 정책 건의, 정부의 각종 위원회와 공청회 참여, 입법청원, 사법적 활동, 정보 제공 등을 예로 들 수 있다. 간접행동으로는 시위, 서명운동, 캠페인, 성명서 발표, 유인물 발간 및 배포, 편지 · 전화 등과 같이 일반 대중이나 언론매체를 상대로 한 여론 조성 활동이 주로 해당된다. 대중 수준으로의 영향력 행사는 개발도상국보다는 서구의 다원주의 정치 체제에서 보편적으로 나타나며, 우리나라에서는 권력 수준으로의 합법적 접근 방법에 주로 의존하는 경향이 나타나고 있다(박천오, 1999: 245-247).

국내 학자들의 유형 분류로 김호섭(1992)은 지방자치에 대한 시민 참여 유형을 조직적 참여(위원회 · 반상회 참여, 이익집단 · 시민단체 참여), 개별적 참여(집회 참여, 행정상담, 진정, 투서), 정보 교환(공청회, 여론조사, 모니터제)으로 분류했다. 황윤원(1997)은 합법성과 제도성을 기준으로 제도적 · 합법적 참여(국민투표, 국민발안, 국민소환, 공청회), 제도적 · 비합적 참여(항의 시위, 보이콧), 비제도적 · 합법적 참여(합법적 시위, 시민단체 가입), 비제도적 · 비합법적 참여(폭력 시위)로 나눈다.

박상필(2005: 441-442)은 참여비용과 사회적 수용도, 영향력을 기준으로 제도적 참여와 비제도적 참여, 단독 참여와 연대 참여로 분류한다. 제도적 참여는 정부의 공식적인 절차에 따라 이루어지는 참여를 말하고, 연대참여는 다수의 단체가 공동으로 참여하는 경우를 말한다.

이 가운데 제도적 참여와 연대 참여가 대체로 사회적 수용도가 높고, 참여비용이 적으며, 영향력이 강한 것으로 보고 있다. 즉, 개인이 직접 정부와 시장에 영향력을 행사하는 것보다 NGO를 통해 공공성을 증진하고 영향력을 행사하는 것이 중요하다는 것이다. 시민이 종전에는 정당, 이익집단, 노동조합 등을 통해 정치공동체에 참여해 왔으나, 1970년대부터 각국에서 NGO의 활동이 왕성해지고 영향력도 증가하면서 NGO를 통한 참여가 확대하기 시작했다.

3) 참여와 파트너십의 한계

거버넌스의 핵심적 작동 원리인 참여와 파트너십이 바람직한 형태로 전개되기 위해서는 참여가 광범위한 수준에서 개방적으로 이루어져야 하고, 파트너십의 참여 주체 간에도 상호 영향력을 행사할 수 있는 평등한 관계가 되어야 한다. 만일 참여가 정부 주도적인 정책결정의 정당성과 정책집행의 순응성을 확보하기 위한 수단으로 사용된다면 이는 거버넌스에서 말하는 참여로 보기 어렵다. 참여자 간의 파트너십 또한 사회문제를 해결하기 위한 상호 협력을 전제로 하지만, 정부가 재정적·행정적 차원에서 우월한 지위를 이용해 영향력을 행사한다면 신거버넌스를 구축하기 어렵다.

우리나라의 경우 일반적으로 정부-시장-시민사회의 파트너십이 거버넌스의 대표적인 형태로 강조되지만, 위계적인 관료제에서도 정부 주도의 파트너십이 가능하기 때문에 단순한 파트너십은 거버넌스와 구분되어야 한다. 신거버넌스의 핵심 요소인 네트워크는 국가로부터 상당한 정도의 자율성을 갖는 상호 의존적인 조직 간의 지속적인 상호작용을 의미하기 때문이다(Rhodes, 1997). 진정한 의미의 네트워크가 아닌 상태에서 파트너십의 증가는 신거버넌스의 확산과 전혀 별개의 현상으로 오히려 정부의 영향력을 교묘하게 강화하는 방편으로 전락할 수 있다(이명석, 2002: 325).

이러한 이유로 거버넌스를 비판적으로 바라보는 입장에서는 NGO와 기업 등 민간 부문 행위자들의 참여가 이루어지고 있지만, 의사결정 과정에서 정부의 영향력이 지배적이라는 점을 지적한다(조성한 2005: 61). 즉, 신거버넌스에서는 상호 의존적인 참여 주체 간의 협력적 상호작용을 통해 바람직한 결과를 도출하는 것을 기대하지만, 실질적으로는 행위자들이 지니고 있는 정보나 재정적 권력자원의 불평등으로 인해 수직적 관계와 일방적인 영향력이 행사되고 있다는 것이다.

지방자치의 역사와 전통이 깊지 않은 우리나라에서 지방정부의 정책 과정이 거버넌스와 무관한 전통 행정의 관료제 패러다임과 유사한 특성을 보이는 주된 이유도, 민간 부문 참여자와 비교되지 않을 정도로 강한 정부의 권력에서 그 원인을 찾고 있다(유재원·소순창, 2005: 60-61).

우리 사회도 시장과 시민사회의 성장으로 민간 부문 행위자들의 정책 영향력이 증대했지만, 지방 NGO의 경우 명망가조차 없는 시민단체 혹은 도급적 NGO라 불릴 정도로 지방정부에 경제적으로 의존되어 있고, 자생력과 조직력이 미약한 상태에 머물고 있다. 지방정부 차원에서의 민관 파트너십도 민간이 대등한 위치에서 관과 협력하는 협조적 동반자이기보다는, 민간이 관의 업무를 대행하는 대리인의 성격을 탈피하지 못하고 있는 실정이다(이연호, 2000).

이처럼 공공 부문 행위자와 조직 간에 권력이 분화되어 있지 않고, 사회부문의 행위자에게도 권력의 분산과 공유가 더디게 진행되고 있는 시스템에서 거버넌스로의 전환을 주장하는 것은 현실적합성이 떨어진다는 것이다. 이와 유사한 시각에서 시장과 시민사회의 영역이 성숙되지 않은 우리나라에서 네트워크식 국정관리 방식을 무조건 도입하는 것은 오히려 정부의 책임을 민간에 떠넘기는 정치적 의도로 이용되거나, 정부의 계층제적 관리를 민간 부문에까지 확장시키는 결과를 가져올 수도 있기 때문에 꼭 바람직하다고만 볼 수 없다는 지적도 있다(조성한, 2005: 48-49).

국내 거버넌스에 대한 실증연구의 상당수도 이 같은 시각에서 시민사회의 미성숙과 신뢰 기반의 취약 등을 이유로, 정부가 거버넌스 형성에 주도적인 역할을 해야 한다고 주장한다. 그러나 이 같은 견해는 현실적 여건의 미비를 이유로 국가 중심적 거버넌스의 유용성을 강조하는 논리로 비약될 소지가 없지 않다. 물론 정부는 키커트(Kickert, 1997)가 분류한 제도적 네트워크의 관점에서 수평적 네트워크가 사회문제를 원활하게 해결할 수 있도록 제도적 조건을 구비하는 역할을 할 수 있겠지만, 이를 기회로 정부 주도형 네트워크를 강화하는 방향으로 전개되어서는 안 될 것이다.

2 거버넌스와 사회자본

거버넌스 이론가들은 상호 의존적이고 수평적 관계를 통한 네트워크식 국정관리 방식이 현실적으로 적용되기 위해서는 사회자본의 축적과 성숙한 시민사회의 존재를 전제 조건으로 제시한다(Rhodes, 1997; Ostrom, 1989). 이 같은 조건이 구비되지 않은 상태에서 신거버넌스로 사회문제를 해결하려고 시도할 경우, 지나친 이상주의에 빠져 실패할 가능성이 높다는 것이다. 따라서 거버넌스 이론가들이 사회자본에 관심을 쏟는 이유는 일반적으로 사회자본이 강한 사회는 구성원 간의 신뢰와 네트워크, 사회적 규범이 조성되어 거버넌스 형성에 긍정적 영향을 미치는 것으로 받아들여지고 있기 때문이다.

사회자본이 거버넌스와 관련이 깊은 것은 사회자본이 기본적으로 모든 사회 영역의 각종 단체와 조직에 참여한 활동과 경험을 통해 형성되는 것으로 이해되기 때문이다. 사회 관계에서 행위자 간의 네트워크가 각종 가치와 규범을 형성하고, 조정과 의사소통을 가능하게 하여 다른 사람들에 대한 신뢰를 증가시키며, 이러한 사회적 신뢰는 개인 간·조직 간 연대와 밀접한 관계가 있다는 퍼트남(Putnam, 1993b)의 연구 결과는 사회단체 활동이 사회자본의 형성과 밀접한 관련이 있음을 시사한다. 즉, 사회자본은 사회구성원 간에 발생하는 상호작용과 협력적 관계를 토대로 한 것이기 때문에, 사회 모든 영역의 참여자 간의 수평적 네트워크를 통해 공동문제를 해결하려는 신거버넌스와 같은 맥락으로 볼 수 있다는 것이다.

로드스(Rhodes, 1997: 53)는 거버넌스의 요소 가운데 하나로 자기조직적 네트워크를 들고 있는데, 이는 사회구성원의 자발적 네트워크를 강조하는 사회자본과 이론적으로 동일한 차원으로 이해할 수 있다. 특히 신거버넌스의 핵심 개념인 네트워크는 참여자 간의 신뢰에 기초하고 있는데, 콜먼(Coleman, 1988)은 신뢰를 사회자본의 주요 형태의 하나로 들고 있다는 점도 두 이론의 유사성을 말해 준다. 또한 사회자본 이론가들은 거버넌스에서 말하는 참여가 사회자본 형성에 기여하는 것으로 진단한다.

그러나 사회 영역에서의 참여가 사회자본으로 연결되기 위해서는 사회구성원이 자발적 의사로 참여하여 수평적 관계가 형성되어야 한다. 따라서 혈연, 지연, 학연 등과 같은 일차적 관계보다는 공식적이고 이차적인 관계가, 그리고 여러 단체나 모임 등에 참여하여 다양한 구성원을 접할수록 좋은 사회자본 형성에 기여할 수 있다(Putnam, 1993b). 다시 말해, 사회자본은 수평적이고 민주적 형태의 조직이나 단체에 반복적으로 참여함으로써 형성되는 사회학습의 결과물이기 때문에 어떤 유형의 조직에 참여해 활동하느냐는 좋은 사회자본의 형성과 밀접한 관계를 갖고 있다.

이 점에서 우리나라는 서구의 국가와 달리 사회 참여의 형태가 일차적 관계를 중심으로 친근한 소수의 사람과의 교류에 치중하기 때문에 전통 사회의 덕목인 의리, 신의 등이 좀 더 중요한 사회자본으로 여겨진다. 개인과 조직 간에 수평적 관계보다는 권위적·위계적 관계를 중시하는 이러한 특성은 공공 부문뿐만 아니라 민간 부문에서도 수직적 네트워크가 보편적인 현상으로 나타나고 있다. 이러한 위계적 네트워크는 공공 부문뿐만 아니라 정부-시장-시민사회의 관계에서도 정부가 주도하는 권위적 네트워크가 형성되는 문화적 토양이 되었다.

따라서 한국 사회에서 좋은 거버넌스를 구축하기 위해서는 공공 부문과 민간 영역에서 모두 일차적 집단을 중심으로 한 신뢰 관계를 이차적 집단을 중심으로 한 신뢰 관계로 전환해야 할 필요성이 강하게 제기되고 있다(박희봉, 2005: 94-95).[20] 이러한 측면에서 보면 공공성과 민주성을 중요한 가치로 구현하고자 하는 NGO는 신거버넌스의 주체일 뿐만 아니라, 사회자본 형성의 토대로서 중요한 역할을 맡고 있음을 알 수 있다.

3 거버넌스와 NGO

1) 거버넌스 주체로서 NGO

거버넌스의 등장은 행정환경의 변화로 촉발된 국가 권력의 약화와 정부

20) 퍼트남(Putnam, 1993b)은 혈연, 지연, 학연을 중심으로 한 일차적 신뢰도 시민사회의 이차적 신뢰의 기초가 되기 때문에 부정적으로만 보기 어렵다고 한다. 수직적 관계를 형성하고 있는 일차적 단체도 구성원의 수가 증가함에 따라 이차적 신뢰로 전환될 수 있다는 것이다. 콜먼(Coleman, 1988)도 유사한 입장에서 일차적 집단을 중심으로 한 폐쇄성 네트워크가 발전하게 되면 자연스럽게 개방형 네트워크와 교류하게 되고, 결국 개방형 네트워크로 발전할 수 있다는 것이다. 다시 말해, 수직적 사회단체도 구성원의 규모와 수가 확대되면 개방형 네트워크를 형성하게 되고, 이는 곧 수평적 사회단체로 발전할 가능성이 있다는 것이다(박희봉, 2005: 95-96).

역할의 구조적 한계를 드러낸 것이지만, 다른 한편으로는 시민사회의 정책 참여와 자기결정 원리에 대한 요구의 결과라고 할 수 있다. 거버넌스는 또한 참여자 간의 상호 의존적이고 수평적인 네트워크를 관건으로 하기 때문에 자율성, 신뢰, 협력, 개방 등의 가치를 중시한다. 따라서 거버넌스는 참여 주체와 지향하는 가치에서 NGO와 밀접한 관련이 있다.

NGO는 기존 정부 주도의 국가 운영 방식에 참여하여 시민사회의 가치를 구현하고, 궁극적으로 민주적 거버넌스를 실현하는 통로로서 기능하고 있기 때문이다. NGO는 거버넌스를 통해 정책 과정에 직접 참여함으로써 실질적인 영향력을 행사할 뿐만 아니라, 공공성과 전문성을 토대로 대안을 제시하고 국가사회의 변화를 주도하는 역할을 수행하고 있다.

거버넌스의 중요한 행위자로서 NGO는 국제사회, 국가, 지방, 지역사회(community) 등 다양한 수준에서 참여한다. 각 차원에서 NGO는 중앙 및 지방정부, 시장 등과 일정한 관계를 유지하면서 권력 행사를 감시하고 견제할 뿐만 아니라, 전통적 공공관리의 한계를 극복하고 정당성을 강화하는 중요한 메커니즘으로 여겨지고 있다(박상필, 2005: 505-507).

그러나 현실적으로 시민사회는 그람시(Gramsci, 1971)가 지적한대로, 헤게모니 투쟁의 장이며 갈등과 협력이 공존한다. 직접민주주의의 가치를 구현하려는 NGO 거버넌스는 시민사회 자체가 균열되어 이념적 지향에 따라 다양한 NGO가 등장하면서 이들 간의 상호작용이 새로운 문제로 떠오르고 있다. 이념적 선호와 정치적 주장이 상이한 NGO가 동일한 사회적 이슈를 둘러싼 갈등과 대립으로 NGO의 대표성과 순수성에 대한 의문이 제기되고 있는 실정이다. 따라서 NGO가 거버넌스의 주체로서 영향력을 발휘하고 민주적 가치를 구현하기 위해서는, 이 같은 한계를 극복하고 대안을 제시하려는 진지한 노력과 자성이 요구된다.[21)]

---

21) 유엔사회개발연구소(UNRISD)는 NGO가 거버넌스에서 시민사회적 가치를 구현하고 실질적인 영향력을 행사하기 위해서는 다음과 같은 네 가지 조건을 구비해야 한다고 강조한다. 첫째, 법적·사회적으로 존재 가치를 인정받아야 한다. 둘째, 정책 과정을 이해하고 합리적인 대안을 제시할 수 있는 지식과 정보를 가져야 한다. 셋째, 정책 과정에 실질적으로 참여하여 시민과 정부를 중재하는 역할을 수행할 수 있어야 한다. 넷째, 정치적·재정적 역량을 가지고 일정한 성과를 창출할 수 있어야 한다는 것이다(UNRISD, 2000).

2) 사회자본의 토대로서 NGO

사회자본은 가족, 친목회, 종교단체, 사회단체 등 다양한 조직과 단체에서 활동함으로써 형성될 수 있지만, 시민사회의 발전과 거버넌스 구축에 긍정적인 영향을 미치는 사회자본은 NGO의 활동을 통해 축적될 수 있다. 긍정적인 사회자본은 시민이 자발적 결사체나 공동체의 활동에 적극적으로 참여하여 얼굴을 맞대고 문제를 공유하고 토론하는 과정 속에서 신뢰가 싹트고 협력 체계가 형성된다.

특히 NGO를 통한 다양한 형태의 시민 참여 활동은 자율성, 공공성, 민주적 의사결정, 상호 존중, 협력과 합의 형성 등 민주적인 가치를 습득할 수 있다. NGO는 시민사회의 다른 결사체에 비해 수평적인 조직구조와 자발성, 공공성, 민주성을 특징으로 하기 때문에 사회자본은 NGO의 존재와 활동의 문화적 토대이면서 NGO 활동으로 생성되는 결과물이기도 하다.

그러나 우리나라 NGO의 현실은 사회자본의 토대로서 기능하기에는 여건이 매우 열악하다. 민주주의의 발달과 경제 성장에 따라 전통 사회의 가치가 크게 퇴색했지만 수평적 결사체에 대한 참여는 여전히 미흡한 수준에 머물고 있다. 이러한 경향은 NGO 활동에 대한 참여의 저조로 이어져 '시민 없는 시민단체', '시민 없는 시민운동'이라는 문제점을 드러낸다.

우리나라 NGO는 1990년대 이후 급속한 성장을 거듭했으나 2000년대부터 다양한 이념적 스펙트럼의 NGO가 등장하기 시작하면서 이념적 · 정치적 · 경제적 이해관계를 둘러싼 갈등과 대립 현상이 또 다른 문제점으로 부각되었다. 여기에다 NGO 간부의 정치 참여와 자기정당성의 취약은 시민의 신뢰 저하로 이어지고 있다. 특히 우리나라 NGO들은 정책 과정에 영향력을 미치기 위해 서울에 집중된 대형 NGO를 중심으로 활동하는 경향이 강하며, 지역사회에 기반을 둔 풀뿌리 NGO들은 제도적 · 문화적 여건의 미미 등으로 활동이 미약한 수준에 머물고 있다.

이처럼 NGO라고 해도 조직 목표나 이념적 선호, 그리고 전략과 활동 방식이 상이한 다양한 NGO가 등장하고 있기 때문에 어떤 유형의 NGO에 참여하느냐에 따라 사회자본의 생성에도 차이가 있을 수 있다. 사회자본의

중요 이슈 **[사설] 설 자리 다시 찾아야 할 시민단체들**

시민단체에 대한 우리 사회의 불신이 심각하다. 한국시민단체네트워크가 최근 정치·사회학자, 기자, 시민단체활동가 200명을 대상으로 실시한 '시민단체 신뢰도 평가조사'에 따르면 70.5%가 '위기'라고 답했다. 시민 없는 시민운동(22.2%), 정파적·이념적 편향성(19.8%), 권력화(18.1%) 등을 이유로 꼽았다.

자업자득이다. 스스로 권력과 부패의 감시자로, 소외되고 가려진 사람들의 대변자로, 국민복리의 파수꾼으로 앞장섰던 양심적이고 중립적인 '초심'을 버렸기 때문이다. 이름만 '시민'을 빌렸지 시민의 요구와는 동떨어진 독선적 활동을 고집했고, 스스로 권력화하는 것을 경계하기는커녕 오히려 권력과 유착했고, 이익을 위해 이념과 정파에 치우치는 것도 서슴지 않아 왔다.

이 같은 폐단은 시민단체를 지지 세력으로 삼은 국민의 정부 출범 이후 10년 동안 특히 심했다. 대표적으로 1994년에 출범한 참여연대의 경우 2006년까지 150여 명이 청와대와 정부, 산하기관 등에 진출해 시민운동 참여가 곧 '출세의 길'이라는 인식을 주었다.

우호적이거나 이념을 같이하는 단체에 대한 정부의 집중 지원과 지지는 기업들의 막대한 후원금까지 끌어들이게 해 도덕적 회의와 투명성 상실을 부채질했다. 기부자와 기부 금액, 사용처가 불분명한 시민단체가 대부분임을 감안하면 환경운동연합 간부의 4억 원 횡령과 아시아태평양환경NGO 운영위원장의 청와대 간부 사칭 31억 원 사기는 빙산의 일각에 불과할지도 모른다.

뼈아픈 반성과 자정 노력 없이는 땅에 떨어진 시민단체의 신뢰를 회복하는 것은 불가능하다. 시민단체에게는 생명과도 같은 도덕성과 시민과의 유대를 회복하기 위해서는 가장 위험한 권력과 돈의 유혹에서부터 벗어나야 한다. 200명의 응답자 중 60%가 "시민운동이 위축되더라도 정부보조금과 기업 후원금을 받지 않는 게 바람직하다"고 답한 것도 이 때문이다. 정부 역시 권력을 위해 시민단체를 이용하겠다는 생각을 버려야 한다. 여기에 진보와 보수의 구분이 있을 수 없다. 시민운동은 말 그대로 시민의 것이어야 한다. (자료: 한국일보, 2008년 11월 15일에서 발췌)

【토론 주제】

1. 시민단체의 순수성이 퇴색될 경우 NGO가 안게 되는 문제점과 이러한 문제를 극복하기 위해 시민단체가 할 수 있는 해결 방안에 대해 생각해 보시오.
2. 과거 정당인이나 정치가 등 정치적 배경을 가진 인사의 배격이 시민단체의 성장에 어떤 영향을 미칠 것인가에 대해 토론해 보시오.

축적은 NGO 중에서도 회원 간의 의사소통과 상호작용이 빈번한 소규모의 지역 풀뿌리 조직에서 더 많이 생성될 수 있다(박상필, 2005: 297-298). 따라서 NGO가 사회자본을 형성하는 중추적 역할을 수행하기 위해서는 지역사회에 기반한 풀뿌리 조직을 강화하는 한편, 대형 NGO 내에서는 다양한 소집단과 채널을 통해 활발한 교류와 참여가 이루어지도록 조직 운영의 민주성을 확보하는 방안이 강구되어야 할 것이다.

제 3 절 NGO와 정부

1 시민과 정부 역할의 변화

시민과 정부의 역할은 끊임없이 변화하고 있다. 여기에서는 시민과 정부 역할의 진화 과정을 보기로 한다(김혜정, 2006: 123-124; Vigoda, 2002). 과거 권위주의 정부에서는 정부는 통치자, 시민은 피지배자로서의 역할을 수행했다. 정부구조는 계서적이고 폐쇄적이며 공식적이었다. 이러한 정부에서 정부와 시민 간의 상호작용 유형은 일방적인 강제력으로 나타나게 된다.

신공공관리론이 등장하자 정부는 관리자, 시민은 고객으로서의 역할을 수행하게 되었다. 이러한 시기에는 정부와 시민 간의 상호작용 유형이 위

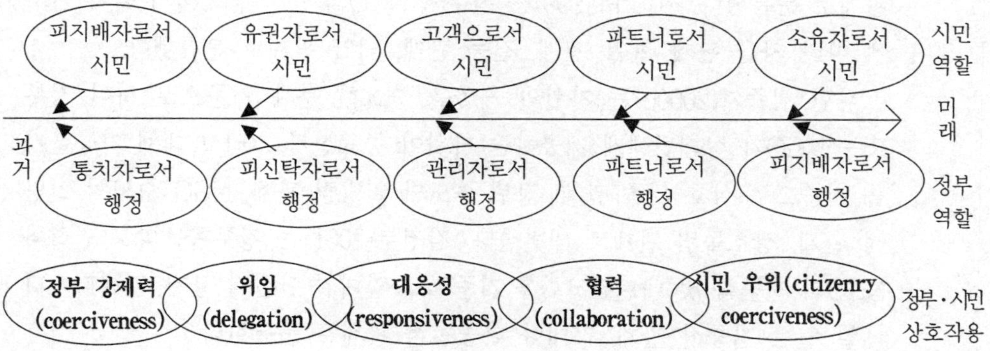

그림 3-1 시민과 정부 역할의 진화

자료: Vigoda(2002: 531).

임과 대응성으로 변화하게 된다. 더 나아가 시민은 공공 업무를 공동 집행하는 파트너이자 소유자로서 역할로 전환하며, 적극적인 참여자가 된다. 이러한 시기에는 정부와 시민 간의 상호작용 유형은 협력과 시민 우위로 변화하게 된다.

2 정부와 NGO 간의 관계 유형

(1) 정부와 NGO 간의 관계

정부와 NGO의 관계에 관한 연구들은 정부가 NGO를 대하는 태도 내지는 경향을 하나의 축으로 하고 NGO의 단체 성격이나 재정, 독립성 등을 한 축으로 하며 의존이나 자율, 대립이나 협조 등을 다른 축으로 하여 유형화를 시도하는 연구들이 많다.

박상필(1999)은 NGO 활동의 자율성과 재정의 자율성을 두 가지 기준으로 하여 정부와 NGO의 관계 유형화를 시도했는데, 이 기준을 통해 분류된 정부-NGO 유형은 협력형, 자율형, 종속형, 권위주의적 억압 또는 민주적 포섭형이다. 그리고 신광영(1999)은 NGO의 요구에 대한 정부의 수용 태도와 NGO의 유형(갈등형, 합의형)에 따라 포섭적·갈등적·협조적·지배적 관계로 분류했다. 권해수(1999)는 정부와 NGO의 수단과 목적의 일치 여부에 따라 자율 관계, 관용 관계, 갈등 관계, 억압 관계로 분류했다.

한편 김준기(2000c)는 자원의 제공을 중요한 분류 기준으로 하여 정부 또는 NGO가 상대방에게 제공하는 자원이 중요한가 그리고 대체 가능한가를 기준으로 상호 의존 관계, 정부 주도의 일방적 관계, NGO 주도의 일방적 관계, 상호독립 관계로 대별한다. 김정부(2001)는 정부활동의 분권화와 NGO의 전문화 및 네트워크화를 기준으로 일대일 단선적 관계, 일대다·다대일 일방 집중적 관계, 다대다 다중첩적 관계로 분류한다.

이 밖에도 신희권(1999)은 정부와 NGO의 의사소통과 접촉의 거리를 하나의 기준으로 하고 NGO의 자금에 대한 통제력을 다른 축으로 하여 통합된 의존, 분리된 의존, 통합된 자율, 분리된 자율로 유형화한다. 그리고 오재일(2000)은 정부의 NGO에 대한 인식 정도(부정적 · 긍정적)와 NGO의 자주성 정도(낮음 · 높음)를 기준으로 포섭/무관심 관계, 후견인 관계, 갈등 관계, 동반자 관계로 분류한다. 끝으로 정정화(2006)는 NGO에 대한 정부의 태도와 NGO의 전략에 따라 대립형, NGO 주도형, 정부 우위형, 상호의존형으로 분류한다. 이상의 내용을 간추리면 <표 3-3>과 같다.[22]

표 3-3 정부와 NGO의 관계 유형화

저자	기준	유형 구분
박상필(1999)	NGO 활동의 자율성/ 재정의 자율성	협력형, 자율형, 종속형, 권위주의적 억압 또는 민주적 포섭형
신광영(1999)	NGO의 요구에 대한 정부의 수용 태도/ NGO의 유형(갈등형, 합의형)	포섭적, 갈등적, 협조적 지배적 관계
권해수(1999)	정부와 NGO의 수단과 목적의 일치 여부	자율 관계, 관용 관계, 갈등 관계, 억압 관계
김준기(2000c)	정부 또는 NGO가 상대방에게 제공하는 자원이 중요한가/자원이 대체 가능한가	상호의존 관계, 정부 주도의 일방적 관계, NGO 주도의 일방적 관계, 상호독립 관계
오재일(2000)	정부의 NGO에 대한 인식 정도 /NGO의 자주성 정도	포섭/무관심 관계, 후견인 관계, 갈등 관계, 동반자 관계
정정화(2006)	NGO에 대한 정부의 태도와 NGO의 전략	대립형, NGO 주도형, 정부 우위형, 상호의존형
김정부(2001)*	정부활동의 분권화와 NGO의 전문화 및 네트워크화를 기준	일대일 단선적 관계, 일대다 · 다대일 일방집중적 관계, 다대다 다중첩적 관계
신희권(1999)*	정부와 NGO의 의사소통과 접촉의 거리/ NGO의 자금에 대한 통제력	통합된 의존, 분리된 의존, 통합된 자율, 분리된 자율

* 자료: 김준기 · 김정부(2001)를 수정 보완.

22) 그런데 정부와 NGO의 관계 유형을 분류하는 연구가 의미 있기 위해서는, 유형 분류 기준에 의해 분류된 NGO들이 공통된 행위 특성이나 이해관계 특성을 나타내어 정책 과정이나 사회적 활동의 과정에서 나타나는 특징을 잘 설명할 수 있어야 한다. 그러나 지금까지의 연구는 규범적인 유형 분류의 수준을 벗어나지 못한 실정이라 할 수 있다.

2) 정부 지원과 NGO

한편 정부와 NGO의 관계 유형을 다소 다른 각도에서 살펴볼 수 있는 방식으로, 정부의 지원과 NGO의 관계를 분석하는 방법을 들 수 있다. 이 방법은 정부와 NGO의 관계를 좀 더 실증적으로 이해할 수 있다는 측면에서 도움이 된다.

이런 측면에서 정진경(2002)의 연구는 정부 지원 NGO의 조직 특성과 자원 획득에 관한 연구를 통해, 우리나라 NGO의 설립 기간은 약 12.5년으로 최근 10년 이내에 설립된 단체가 전체의 70%에 달한다고 밝히고 있다.[23) 분석 결과 특히 단체의 규모가 클수록 그리고 존속 기간이 길수록 외부자원의 획득이 유리하다는 가정을 부분적으로나마 입증했다. 따라서 이 연구는 간접적이기는 하지만 정부와 NGO가 관계를 맺은 기간이 우리의 경우 그리 오래되지 않았음을 추론할 수 있다.

배응환(2002)은 지방정부 수준에서 지방정부와 지방 NGO의 관계를 사례 중심으로 분석했다. 그의 연구에 따르면, 지방정부의 정책 과정에서 거버넌스적인 현상이 관찰되었으며, 갈등과 협력을 반복하는 비판적 파트너십의 형성 과정에서 상호 영향력을 행사하고 있는데 주로 지방정부에 대한 NGO의 영향력이 커지고 있는 현상을 발견했다.

파트너십에 관한 연구 중 독특한 것은 김태영(2002)의 연구이다. 그는 거버넌스 이론 등의 영향으로 인해 협력적 파트너십이 강조되고 있지만 파트너십 관계의 기본적 속성은 계산적 관계임을 주장한다. 계산적 파트너십의 바탕 위에서 파트너십 분야의 특성, 참여자의 태도와 인식, 참여자의 자원 등에 따라 다양한 파트너십 형태가 나타날 수 있다고 한다.

정부와 NGO 간의 파트너십이라는 측면에서, 현재 법제상 정부는 NGO에 대해 프로그램에 대한 재정과 의사결정 과정에 대한 참여 방식으로 지원하고 있다. 그렇지만 현실적으로 NGO에 대한 직접적인 정부 지원이 어떤 효과를 갖는지에 대한 실증적 분석 결과는 많지 않다.

---

23) 이 밖에 일반적인 조직 특성으로 종합적 사업 수행 및 자원봉사단체가 가장 많았으며, 법인이 비법인보다 2배가량 많은 것으로 나타났다.

다만 박경래(2001)가 시도한 민간 부문에 대한 정부 지원이 어떤 효과를 갖는지를 실증적으로 분석한 연구 결과는 이런 측면에서 의미가 있다. 이 연구 결과에 따르면 우리나라에서는 정부보조금의 지급이 완만한 구인 효과(crowding-in effect)가 있는 것으로 보고 있다.24) 그리고 우리나라의 비영리단체에 대한 지원은 크게 '직접 지원'과 '간접 지원'의 두 가지로 나뉜다. 직접 지원은 보조금을 지급하거나 국가의 정책사업을 위탁하고 이에 대한 사업비를 지원하는 방식이고, 간접 지원은 단체에 대한 조세 감면이나 우편요금 감면 등의 혜택을 부여하는 것이다.

우리나라의 경우에는 공익법인이나 공공단체에의 기부금에 대해 법인세법이나 개별세법에서 일부 조세 감면을 인정하고 있으나, 비영리 민간단체에 일반적으로 적용되지는 않는다. 따라서 국가의 비영리 민간단체에 대한 지원 방식은 직접 지원의 형태로 분류해야 할 것이다(김용민, 2000).

유사한 맥락에서 정윤수(2000)도 우리나라의 민간단체 지원사업을 행정자치부(현재는 안전행정부)를 중심으로 실증 분석했다. 이 연구에 따르면, 우리나라의 민간단체 지원정책은 전체적인 틀이 없이 부처별로 자의적인 목적에 따라 예산이 지원되고 있다고 한다. 경우에 따라서는 법적 근거가 없이 지원되는 경우도 있었으며, 지원 방식에서도 공모 방식에 의해 투명하게 지원되는 경우는 극히 일부분에 불과한 것으로 조사되었다. 지원된 예산의 집행에 대한 감독과 평가에서도 지원된 예산의 성과에 대한 정확한 평가는 이루어지지 않은 채 형식적인 집행 감독에 그쳤다.

정부보조금은 배분의 원칙과 한계가 아직 확정되어 있지 않기 때문에, 관변단체에 대한 과도한 지원과 정책 과정에서 저항을 보이는 단체에 대한 지원이 문제될 수 있다. NGO의 입장에서도 정부정책에 대한 반대 입장을 표명하는 활동을 하기에 정부보조금의 수혜는 장애물이 될 수 있다. 특히 정부지원금을 많이 받는 NGO는 정부에 대해 종속적인 관계를 유지하게 되어 관변단체화할 가능성을 갖고 있다.

---

24) 미국의 경우 정부 지원의 방법으로 직접 지원뿐만 아니라 직접 지원 혹은 계약, 수수료, 소득공제나 세액공제, 면세공제, 규제 등의 방법이 활용된다.

정부보조금의 수혜가 NGO를 관변단체화할 수 있다는 한계는 NGO가 정부와 협조적인 관계에서 일하기 어렵다는 선입관을 형성하고, NGO에 대한 지원의 한계를 드러내기도 한다. 특히 아직까지 관변단체를 중심으로 한 정부보조금 지원구조가 바뀌기까지는 구조적인 지원 형태의 변화와 NGO와 협조적인 사업 추진 가능성에 대한 인식 전환이 필요하다.

정부보조금의 지원 과정에서 자원 왜곡이 발생하고 있다는 것은 이미 상당 부분 알려진 사실이다. 행정자치부가 민간단체 보조 원칙을 공개경쟁에 의한 공모 방식으로 전환했지만, 공모사업의 유형이 매우 다양하기 때문에 사업 간의 균형을 고려하기 어렵고 공정한 평가 기준을 마련하기도 어려운

중요 이슈 **"불법 시위 불참 확인서 안 냈다고 보조금 안주면 위법" / 법원 '시민단체 옥죄는 정부'에 제동**

지난해 '미국산 쇠고기 수입 반대' 촛불집회를 이끈 '광우병국민대책회의'(대책회의) 참가 단체에 보조금 지급을 중단한 정부의 조처는 위법하다는 판결이 나왔다. '괘씸죄' 논란을 빚은 정부의 보조금 지급 중단에 대해 사법부가 제동을 건 것으로, 한국여성노동자회 등 여러 시민단체가 정부를 상대로 낸 같은 내용의 소송에 영향을 미칠지 주목된다. 서울행정법원 행정14부(재판장 성지용)는 10일 한국 여성의 전화가 "심사 과정에 '불법 시위 불참 확인서' 작성을 요구하고 이를 거부하자 보조금 지급을 거부한 처분은 위법하다"며 여성부를 상대로 낸 보조금 지급 거부 취소 소송에서 원고 승소 판결했다.

재판부는 판결문에서 "여성부는 법령이 정하고 있는 지급 목적과는 관계없이, 보조금을 지급받을 단체의 성격과 활동 내역을 문제로 삼아 확인서 제출을 요구했다"며 "확인서를 제출하지 않았다는 이유만으로 이 단체를 불법 시위단체로 간주하고 보조금을 지급하지 않은 것은 재량권을 일탈한 처분"이라고 밝혔다. 이어 재판부는 "경찰청장이 2009년 2월 작성한 시위단체 명단만을 근거로, 한국 여성의 전화가 불법 시위단체에 해당한다고 인정할 수는 없으며, 이 단체가 불법 시위에 적극 참여했다는 점을 인정할 증거가 없다"고 판단했다.

한국 여성의 전화는 "판결은 환영하지만, 이런 소송을 걸게 된 경위 자체가 안타까운 일"이라며 "이명박 정부 들어 벌어지고 있는 '시민단체 옥죄기'가 중단돼야 한다"고 밝혔다. (자료: 한겨레, 2009년 12월 11일에서 발췌)

【토론 주제】

1. NGO가 정부로부터 지원받는 사업비로 진행하는 경우, 사업의 객관성과 조직의 중립성 확보를 위한 대안을 생각해 보시오.
2. NGO가 정부의 보조금을 받지 않고 자립할 수 있는 방안에 대해 토론해 보시오.

것으로 나타났다(정윤수, 2000).

특히 예산 배분 과정에서도 사업의 목적을 달성하기 힘들 정도의 예산 축소 현상이 나타나기도 했을 뿐만 아니라, 관변단체에 대한 지원액이 지나치게 많다는 비판을 받고 있다.[25] 이 중 상당수가 운영비로 지출됨으로써 이들 민간단체의 자율성에 상당한 영향을 주게 된다.[26] 또 한 가지 염두에 두어야 할 것은 정부보조금 지원이 일반적으로 NGO의 업무 효과성을 높일 수 있지만, 비영리조직의 자율성을 떨어뜨릴 수 있다는 연구 결과를 통해 알 수 있듯이 NGO의 자율성에 부정적인 영향을 미칠 수 있다는 점이다.[27]

보조금 예산의 대부분이 정부사업의 대행이나 위탁사업의 수행에 대한 지원금의 성격을 가지고 있어, NGO의 자율적 활동에 대한 지원은 행정안전부를 중심으로 이루어지고 있지만 중앙정부뿐만 아니라 지방자치단체에서도 NGO에 대한 지원은 증가 추세를 보인다.

NGO에 대한 정부의 예산 지원은 전국사업과 지역사업으로 구분되며, 전국사업은 안전행정부가 시행기관으로서 개별 보조사업 범위가 2개 이상인 시·도가 대상이 된다. 지역사업은 시·도지사가 시행기관으로서 개별사업 범위가 해당 시·도 내에서 실시되는 사업을 총괄한다. 시·도 배정 기준은 기본경비 40%, 인구 50%, 지방자치단체 수 10%가 해당된다.

참고로 2006년도 유형별 국고보조금 교부액은 <표 3-4>와 같다. 가장 많은 교부액을 지급받은 유형은 사회 통합과 평화사업으로서 920백만 원이

---

25) 2004년도 전국적으로 지방자치단체에서 민간단체에 지원한 사회단체보조금의 액수는 약 1,219억 원에 이른다. 그 중 약 60%에 해당하는 730억 원이 13개 단체에 집중되어 지원되었고, 특히 조직육성법을 가지고 있는 새마을운동중앙회, 한국자유총연맹, 바르게살기운동중앙협의회 등 3개 국민운동단체에 27.6%에 해당하는 336억 원이 넘는 액수가 지원되었다(함께하는 시민행동, 2005).

26) 실제 2004년도 사회단체보조금 중 37.8%인 461억 원이 단체의 운영비로 지원되었다. 운영비를 구분해서 공개한 202지역 중 66개 지역이 70% 이상을 운영비로 배분했고, 80% 이상이 되는 곳도 16개 지역이다(함께하는 시민행동, 2005).

27) 박경래(2001)의 연구에서도 정부보조금이 구인 효과를 가져오기는 하지만 정부보조금이 유발하는 비영리조직의 자율성 상실을 경계하기 위해 보조금 배분의 자의성을 방지할 수 있는 평가 체제가 확립되어야 한다고 주장한다.

표 3-4 2006년도 민간단체 유형별 국고보조금 배정 내역

유형별	단체 수(개)	사업 수(개)	교부액(백만 원)
사회 통합과 평화	28	28	920
문화시민사회 구축	23	23	850
자원봉사·NGO활동 기반 확대	23	23	754
안전문화·재해재난	13	13	320
인권 신장·소외계층	24	24	863
자원 절약·환경보전	17	17	599
국제교류 협력	13	13	594
계	141	141	4,900

자료: 행정자치부, http://www.mogaha.go.kr. 2006.

교부되었으며, 가장 적은 교부액을 지급받은 유형은 안전문화·재해재난사업으로서 320백만 원이 지급되었다. 총 교부금은 141개 단체 141개 사업 4,900백만 원으로 2005년도 158개 단체 158개 사업 4,900백만 원, 2004년도 151개 단체 153개 사업 4,972.6백만 원, 2003년도 226개 단체 237개 사업 7,500백만 원에 비해 예산이 감축되는 경향을 보여준다.[28)]

그런데 비영리 민간단체 공익 지원사업은 이명박 정부가 출범함에 따라 정책의 변화가 있었다. 예컨대 2008년 행정안전부는 과거와는 달리 정부 예산을 받는 민간단체에 대해 비용 절감책을 요구했다. 그뿐만 아니라 구조조정에 대한 성과가 미진하면 지원을 축소하거나 중단하기로 했고, 민간보조사업 일몰제를 도입하기로 했다는 점에서 이전 정부정책과 차이를 보

28) 2005년도 유형별 국고보조금 교부액은 <표 3-5>와 같으며, 가장 많은 교부액을 지급받은 유형은 '국민통합'으로서 929백만 원이 교부되었으며, 가장 적은 교부액을 지급받은 유형은 '자원봉사'로서 298백만 원이 지급되었다. 총 교부금은 158개 단체 158개 사업, 4,900백만 원으로 2004년도 151개 단체, 153개 사업, 4,972.6백만 원, 2003년도 226개 단체, 237개 사업, 7,500백만 원에 비해 상당한 예산 감축이 있었다.

인다. 즉, 3년 이상 연속 지원한 민간보조사업의 성과와 지원 필요성 등을 평가하고 관련 자료를 제출하도록 했다.

2012년의 경우에는 공익활동 지원사업으로 7개의 유형별로 293단체, 총 14,780백만 원을 배정했다. 이를 내역별로 보면 <표 3-6>과 같다.

표 3-6 2012년도 공익활동 지원사업 유형별 국고보조금 배정 내역

유형별	사업 수(개)	교부액(백만 원)
사회복지와 취약계층 복지 증진	61	2,877
자원봉사 및 기부 나눔문화 확산	18	900
국가안보 및 사회 통합	58	3,031
재해재난 극복 및 안전문화 정착	18	916
건강한 사회 및 성숙한 시민사회 조성	41	2,453
저탄소 녹색성장 및 자원(에너지) 절약	45	2,271
국제교류 협력	52	2,332
계	293	14,780

자료: 행정안전부, http://www.mospa.go.kr.

표 3-5 2005년도 민간단체 유형별 국고보조금 배정 내역

유형별	단체 수(개)	사업 수(개)	교부액(백만 원)
국민 통합	29	29	929
문화시민 사회 구축	21	21	601
자원봉사	12	12	298
안전문화 · 재해재난	15	15	455
인권 신장 · 소외계층	20	20	675
자원 절약 · 환경보전	17	17	635
NGO 기반 구축 · 시민 참여 확대	23	23	728
국제교류 협력	21	21	579
계	158	158	4,900

자료: 행정자치부(2005).

3 한국 정부와 NGO 간 관계 유형

1) 유형

시민단체 활동의 정책 변화에 대한 영향력 정도는 정부와 시민단체 간의 관계에 따라 달리 나타난다. 정부와 시민단체 간의 관계는 정부와 시민단체의 목적과 수단의 일치 여부에 따라 네 가지 유형으로 분류할 수 있다.

표 3-7 정부와 시민단체 간의 관계 유형

	목적	수단
자율	+	+
관용	−	+
갈등	+	−
억압	−	−

* +: 일치 −: 불일치

정부와 시민단체의 목적과 수단이 모두 일치하면 자율 관계이고, 정부와 시민단체의 수단은 일치하는 데 목적이 불일치하면 관용 관계이다. 그리고 정부와 시민단체의 목적은 일치하는데 수단이 불일치하면 갈등 관계이고, 정부와 시민단체의 목적과 수단이 모두 불일치하면 억압 관계라고 할 수 있다.

2) 시대별 유형 변화

정부와 시민단체 간의 관계 유형화를 통해 우리나라 시민사회단체가 시기별로 어떻게 변화되어 왔는지를 보면 다음과 같다.

(1) 제1기: 억압 관계

억압 관계인 제1기(1960년~1979년)에 우리나라 시민운동은 정부로부터 아무런 관심의 대상이 되지 못했다. 또한 부분적으로 나타나는 집단행동에 대해서도 상당한 억압정책을 폈다. 이 시기에 단발적이고 일회적으로 나타난 시민운동은 반체제적 운동이거나 정부정책에서 야기되는 피해보상운동의 성격이 강했다.

그 결과 이 시기에 정부는 이들의 활동을 불법으로 규정해 주요 활동가를 구속하는 등의 강경책을 썼다. 이는 정권의 정당성 기반을 경제제일주의로 규정하고 있던 시대적 상황에서, 경제적 효율성을 저해하는 비제도권 세력을 인정하지 않았던 데서 비롯된다. 따라서 정부는 이들 모두를 체제에 도전하는 민주화운동으로 접근했고, 자신의 정권 기반에 대한 도전으로 이해했다.

단발적이고 일회적으로 나타나는 시민운동은 집단적 시위의 형태로 나타났다. 정부의 공적 통로는 대부분 작동되지 않았기 때문에, 응집력이 높고 동질적인 소규모 집단이 급진적이고 파괴적인 전략을 통해 운동 목표를 대외적으로 알리는 등의 방식이 주를 이루었다고 할 수 있다. 그러나 제도권 내의 정치 체제에서는 자율성의 부족으로 아무런 반응을 보이지 않았을 뿐만 아니라, 언론도 이러한 이슈에 대해 무보도(無報道)로 일관했다. 이러한 억압 관계에서 시민단체의 정책 변화에 대한 영향력은 거의 없었다고 할 것이다.

(2) 제2기: 갈등 관계

갈등 관계인 제2기(1980년~1987년)에 우리나라 시민운동은 이념과 조직, 전략을 가진 전문 시민운동조직이 등장하기 시작했다. 초기적인 형태이므로 조직의 규모와 응집력, 재정 동원력, 운동 강도 등은 낮았지만 정부정책에 대해 전문화된 대응 양태를 보이기 시작했다. 또한 정부정책에 우호적인 관변단체가 본격적으로 활동하기 시작했는데, 이는 정부가 시민단체의 관계를 조작하기 시작했다는 것을 의미한다.

이 시기에 정부는 시민운동단체의 성향에 따라 이원적인 태도를 취했다. 노동운동, 학생운동, 환경운동에 대해서는 억제와 통제 일변도였는데, 그것은 이런 운동이 체제에 대한 도전으로 받아들여졌고 따라서 반체제 세력으로 규정하는 입장을 취했다. 또한 시민운동단체도 민주화운동과 개별 부문별 운동을 병행 추진해야만 체제 내 민주화가 가능하다고 생각하고, 운동

전략을 수정하면서 시민운동단체 간의 연대 움직임이 나타나기 시작한 것도 특징으로 볼 수 있다.

이에 비해 재개발운동이나 세입자운동에 대해서는 비교적 흡수하려는 태도를 보였다. 그 이유는 이들의 집단행동이 생계형 운동이며 특정 지역에 한정적이고 요구 사항이 구체적이어서, 체제에 대한 저항운동과는 성격이 다소 다르다고 생각했기 때문이다. 그뿐만 아니라 선거와 관련되어 있어 체제 저항운동과의 연대활동의 고리를 단절하기 위한 당근과 채찍 전략을 사용했다.

이 시기부터는 다소 제한되기는 하지만 시민단체들은 성명 발표, 서명운동, 집회, 시위 등 다양한 형태로 의사 표시를 하기 시작했다. 제1기의 억제 관계 때보다는 정부와 시민단체 간의 관계가 다소 진일보했지만, 정부의 시민단체에 대한 권위주의적 태도는 크게 바뀌지 않았다. 다만 이 시기에 전문적인 시민운동조직이 대두하기 시작했으며, 저항운동조직과 활동 방향과 방법을 둘러싸고 갈등이 나타나기도 했다. 다만 언론은 시민운동단체의 활동에 대해 아주 작게 취급하는 방식으로 보도가 등장하기 시작했다.

이 시기의 정치적 기회구조는 1970년대 이전과 크게 다르지 않지만, 집권 과정에서 나타난 광주민주화운동에 대한 집권층 내부의 이용과 이에 대한 국민적 저항으로 운동의 기저가 크게 확산되었다. 그러나 시민단체에 대한 시민의 태도는 이중적(인정/불인정)인 양태로 나타났다. 그리고 다양한 형태의 시민운동이 발생하기는 했지만 지속적이지 못했고, 이들 간의 연대활동은 그다지 활발하지 않았다. 이러한 갈등 관계에서 시민단체의 정책 변화에 대한 영향력은 부분적 반응이었다고 할 것이다.

(3) 제3기: 관용 관계

관용 관계로 볼 수 있는 제3기(1988년~1992년)에 우리나라의 시민단체는 다양한 이데올로기를 가진 운동조직이 활성화되기 시작했다. 정치적 기회구조의 변화로 시민단체의 수가 크게 증가했으며, 이에 따라 활동이 증가하기 시작했다.

1987년 6월 민주화운동 이후 시민사회운동의 효과로 시민의 집단행동이 증가했다. 이후 집권한 노태우 정부는 시민사회단체의 정당성을 조금씩 인정하기 시작했다. 그러나 시민단체의 요구에 대해서는 선택적인 반응만을

중요 이슈 **[사설] 憲裁 구성까지 '시민단체 권력'에 휘둘리려나**

헌법재판소 소장을 포함한 재판관 5명의 인사가 8, 9월로 다가왔다. 전체 재판관 9명 중 과반수가 바뀌게 되므로 헌재 구성에 큰 변화가 예상된다. 일부 시민단체가 대법관 5명을 제청할 때처럼 헌재 재판관 후보를 공개적으로 추천해 헌재 구성에 영향을 미치지 않을까 적잖게 걱정된다. 대법관 추천제도는 본래 '밀실 결정'을 막기 위해 생겼다. 그러나 여론몰이를 우려해 추천 후보를 공개하지 않도록 하는 규정을 두었는데도 일부 단체는 번번이 추천자 명단을 공개했다. 이번에 바뀌는 헌재 재판관 5명 가운데 2명은 대통령이 임명하고 2명은 국회가, 1명은 대법원장이 지명한다. 대법관과 달리 헌재 재판관은 임명 과정에 개인이나 단체의 추천을 받는 제도가 없다. 그러나 공직후보자 낙천·낙선 운동 이후 초법적(超法的)인 일을 주저없이 해 온 일부 시민단체가 헌재 재판관 후보 추천을 강행하고 이를 발표한다면 지명자 또는 임명권자에게 영향을 미칠 가능성이 높다.

현 정부와 코드가 통하는 시민단체들이 추천한 후보 중 몇몇이 대법관이 되면서 법관들이 시민단체의 눈치를 보는 경향이 있다는 소리가 사법부 내부에서 흘러나온다. 퇴임을 앞둔 강신욱 대법관은 "시민단체들이 추천자 명단을 공개하기 때문에 법관들이 대법관이 되기 위해 이들의 눈치를 보면서 재판하는 경향이 나타나지 않을지 두렵다"고 말했다. 그는 "지금도 그런 것이 없다고 보기 힘들다"고 했다.

'시민단체 권력'이 사법권을 훼손하는 행위가 방치할 수 없는 지경에 이른 셈이다. 시민단체들이 대법원 구성까지 좌지우지하고 판결에 영향을 미치는 권력이 됐다면 사법권 독립의 심각한 위기가 아닐 수 없다. 사법부와 헌재는 권력은 물론이고 시민단체와 압력단체로부터 독립돼야 공정한 재판을 할 수 있다.

헌재 재판관은 전문적 헌법 지식, 헌법적 가치에 대한 신념과 균형 감각을 갖춘 사람이 임명돼야 한다. (자료: 동아일보, 2006년 6월 13일에서 발췌)

【토론 주제】

1. 거버넌스라는 관점에서 시민단체가 밀실행정 및 밀실정치를 방지하는 역할을 담당하면서 얻게 된 참여정치의 허와 실에 대해 토론해 보시오.
2. 정부와 코드가 통하는 시민단체란 무엇이며, 코드가 통하지 않는 시민단체는 무엇인가에 대해 그들의 역할은 무엇인가에 대해 토론해 보시오.
3. 시민단체의 독립성과 사법권의 독립성이 확보되어야 하는 이유에 대해 토론해 보시오.
4. 대통령이 독립적으로 정책을 결정해야 할 필요가 있는 일에 대해, 제5의 권력기관이라는 시민단체가 어느 정도 개입해야 하는지에 대해 토론해 보시오.

했다. 이는 이 시기의 여소야대라는 정치적 요인과 관련이 있었다.

이 시기부터 우리나라 시민단체의 수는 증가하기 시작했으며, 많은 국민에게 활동 상황이 알려지기 시작했다. 시민단체의 조직 규모도 커지고, 운동 방식도 온건한 방식이 정착되기 시작했다. 시민단체들은 정부정책에 대해 본격적으로 반대 의견을 개진하기 시작했고, 진정서 제출, 캠페인, 시위 등의 평화적인 방식으로 운동 목표를 대외에 알리고, 급진적/온건한 전략을 병행하여 사용하기 시작했다.

특히 이 시기에는 다양한 이데올로기를 가진 시민단체가 많았지만, 정부는 대표적인 시민운동단체[29]와만 선택적으로 반응했다. 그리고 시민단체의 정책 과정에서의 참여는 형식적 참여가 주류를 이루었다.

이 시기의 주요한 흐름 가운데 하나는 급진적 사회운동과 민중운동을 대체할 수 있는 중산층의 개혁적 요구를 수용할 수 있는 새로운 시민운동의 필요성이 증대했다는 데 있다. 이에 따라 1989년 7월 등장한 시민단체가 경실련이었다. 경실련은 "평화적 시민운동을 통한 경제 정의의 실현"을 이념으로 각계 전문가[30]를 중심으로 탄생되었다. 경실련은 대안 있는 시민운동이라는 기치를 내세우며, 체제에 대해 비교적 비판적 투쟁의 입장을 취하면서 정책대안의 개발에 치중했다. 이후 경실련은 시민단체의 대표주자 역할을 해왔다.

(4) 제4기: 자율 관계

자율 관계라고 할 수 있는 제4기(1993년 이후)에 우리나라의 시민단체는 현실주의적 전략에 기반한 적극적인 시민운동을 전개했다. 김영삼 정부가

29) 이러한 경향으로 인해 시민운동단체의 거대화 경향이 나타났다. 전국적인 조직망을 갖춘 거대 조직의 탄생은 운동의 대중성, 전문성, 운동성을 반영하는 것이기는 하지만 그 실체는 상당히 미약한 것으로 평가된다. 시민운동단체들은 그 외형을 키우기 위해 급급했지만 운동조직의 거대화는 영향력의 증대 효과로 나타났다. 즉, 정부에서 정책결정 과정에 운동조직의 참여를 제도화하려 하거나 대기업의 재정 지원이 증가하고 있는 것이다,

30) 경실련은 기독교운동집단과 학자 · 지식인집단을 중심으로 출발했다. 경실련 회원의 직업별 분포를 보아도 사무직 24.2%, 자영업 13.0%, 학계 11.5%, 학생 10.6%, 법조계 6.3%, 언론계 3.7%, 의약계 2.5% 등으로 분포되어 있어 개혁 · 진보적 성향의 사람들이 많이 포함되어 있음을 알 수 있다.

출범하면서 일기 시작한, 시민단체의 핵심 지도층의 정부 요직 진출은 정부와 시민단체 간의 새로운 밀월 관계를 형성하기 시작했다. 이러한 관계는 김대중 정부와 노무현 정부를 거치면서 더욱 강화되었는데, 이로 인한 부작용도 만만치 않았다. 그 결과 이명박 정부에 이르러서는 이러한 시민단체의 정치적 참여에 대한 부작용으로 인해 오히려 정부와 시민단체 간의 관계가 다소 냉각기로 접어드는 양상을 보이기도 했다.

이 시기를 대표하는 것 중의 하나는 참여연대의 출발이었다. 1994년 9월 참여연대는 "시민의 힘으로 세상을 바꾼다"는 기치를 내걸고 "국가 권력을 감시하고, 구체적인 정책과 대안을 제시하며, 실천적인 시민행동을 통해 자유와 정의, 인권과 복지가 바르게 실현되는 참여적 민주사회를 건설하는 것"을 목적으로 했다. 참여연대의 주요 구성원 중에는 진보적 민중운동가 출신이 다수를 이루었다.

자율 관계 시기로 볼 수 있는 이 시기에 시민단체가 정부 요직에 진출하는 계기를 만든 것은 경실련이었다. 이로 인해 경실련의 정치적 위상과 국민적 인지도가 제고되었고, 경실련의 입장이 정책 과정에 효과적으로 전달되는 통로를 제공하는 계기가 만들어졌다. 하지만 정부와의 잦은 교류로 시민단체의 정치화라는 시비에 휘말리게 되었다.

그렇지만 이러한 경향은 이후 들어선 정부에서 더욱 강해지기 시작했다. 특히 노무현 정부의 경우에는 혹독한 비판의 대상이 될 정도로 정부 요직에 대한 시민단체의 과잉 참여가 문제가 되었다. 이런 측면에서 참여연대는 비판의 주된 대상이었다. 김영삼 정부 초기에 있었던 경실련의 참여가 시민단체의 정치화에 대한 첫 비판의 대상이었다면, 이후 정부에서 보여지는 여타 시민단체의 정치화는 시민단체의 위상은 물론 정부와 시민단체 간의 새로운 관계 모형을 요구하기에 이르렀다.[31]

---

31) 운동 세력이 체제 내에 흡수됨으로써 비판의 기조가 정권 출범 초기에는 다소 약해지지만 시간이 지나면서 서서히 반대 입장으로 선회하고 있다. 이는 정부 출범 초기의 개혁 작업에 대한 급선회에서 나타나는 정권의 보수화가 가장 중요한 이유이다. 정권담당자들은 개혁과 경제 발전을 상충 관계로 이해하고 있다. 그래서 정권 초기에는 개혁을 내세우지만 중기 이후에는 경제 발전이라는 목표에 집중하게 된다. 이러한 이유로 개혁은 실패할 수밖에 없다. 개혁은 지속적 과정으로 나타나야 하기 때문이다.

이 시기에 걸쳐 시민단체의 수는 과거와 비교할 수 없을 정도로 급증했다. 이에 따라 새로운 모형으로 시민단체 간 경쟁과 협조 체제가 구축되기 시작했다. 그 결과 시민단체는 정책 변화에 상당한 영향을 미쳤는데, 여기에는 시민운동단체 간의 연대성이 중요한 요인이 되었다.

중요 이슈 **[사설] 대선 맞아 가면 벗는 與圈 외곽 시민단체 사람들**

이른바 범여권의 '제3지대 신당'이라는 미래창조대통합민주신당(약칭 신당)의 오충일 공동상임창당준비위원장은 그제 언론 인터뷰에서 "우리 정치사에서 기존 정당과 시민사회가 결합해 정당을 만든 것은 처음"이라고 말했다. 신당을 그럴듯하게 포장하려고 꺼낸 말이겠지만, 소가 웃을 소리다. 소위 '시민사회'를 대표한다는 사람들의 대부분이 정치권에서 닳고 닳은 '꾼'들이기 때문이다. 그 중에는 이 당, 저 당 옮겨 다닌 정치철새도 많다. 이런 사람들을 모아놓고 시민사회 운운하니 '진짜 시민' 모독이다. 국민이 그렇게 만만해 보일까. 시민사회단체 대표 자격으로 공동준비위원장을 맡은 오 목사부터가 1990년 김대중 평민당과 이기택 민주당의 야권 대통합 협상 때 '15인 협상 대표'의 멤버로 참여한 전력이 있다. 자신은 정치인이 아니라고 할지 모르지만 정치권과 그 주변에서 그를 어떻게 보는지는 스스로가 대충은 알 것이다.

'서울민주평화국민회의 상임대표' 출신으로 돼 있는 고광진 씨는 직업 정치인이다. 1988년부터 1996년까지 평민당, 민주당, 새정치국민회의 지구당위원장을 맡았고, 노무현 정권에선 대한석유협회 회장을 지냈다. 정치 입문 전에 민중불교운동연합 의장을 지낸 경력이 있지만 벌써 20년도 더 된 과거의 일이다.

민주평화국민회의 여익구 공동대표는 16년 전인 1991년 민주당 당무위원을 지냈다. 박우섭 씨는 여씨가 당무위원일 때 민주당 부대변이었고, 인천 남구청장도 거쳤다. 그도 신당 준비위에 시민사회단체 몫의 중앙위원으로 들어 있다. 현 정권에서 대통령시민사회수석비서관을 지냈고, 지금은 외교통상부 평화협력대사를 맡고 있는 황인성 씨도 갑자기 시민단체 인사가 됐다. 황씨는 이른바 참여정부평가포럼(참평포럼) 자문위원이기도 하다.

사정은 짐작이 간다. 김대중, 노무현 정권에서 시민단체 출신이 너도나도 감투를 쓰는 바람에 순수한 시민운동가의 씨가 말랐기 때문일 터이다. 그렇다고 10년, 20년 전의 이력서까지 끄집어 내 국민을 속이려 드는가. 그런다고 잡탕(雜湯) 정당 이미지가 세탁되겠는가. (자료: 동아일보, 2007년 7월 28일에서 발췌)

【토론 주제】

1. NGO의 본질적 역할과 존재 이유와 정치적 이해관계로 얽혀 있는 시민단체를 구분해서 대응해야 하는 이유에 대해 토론해 보시오.
2. NGO가 정치적 이해관계를 탈피하고, 진정한 시민의 목소리로써 이를 정책에 직접 반영할 수 있는 대안에 대해 생각해 보시오.

다시 말해, 권위주의 체제에 대한 저항 과정에서 성장한 인권운동조직, 노사 관계의 비대칭성과 국가의 억압에 대한 저항으로 출발한 노동운동조직, 급속한 산업화에 대한 성찰에서 출발한 환경운동조직, 가부장적인 권위구조 하에서 남녀 간의 평등을 성취하고자 하는 여성운동조직 등이 상호 밀접한 환경적 요인을 공유하며 성장해 왔다. 그렇기 때문에 이들 간에는 복잡한 인적·물적 자원의 공유나 교류가 이루어져 왔으며, 이들 간의 상호작용이 상승 효과를 가져다 주었다(권태환·이재열, 1998: 10).[32]

이 시기의 또 다른 특색으로 시민단체에 대한 정부의 지원이 이루어지기 시작했다는 점이다. 지방자치단체를 중심으로 시작된 정부사업 참여 시민단체에 대한 정부지원금(조성금, 보조금, 사업위탁 등)이 중앙정부에서도 이루어지기 시작했다.[33] 그리고 제도적 지원으로 노무현 정부는 청와대 시민사회수석실과 국무총리실 자문기구인 시민사회발전위원회를 설치했고, 이명박 정부는 사회통합수석실을 설치하고, 국민소통비서관, 시민사회비서관, 국민권익비서관을 운영하여 시민사회와의 소통과 협력을 위한 제도적 장치를 마련한 바 있다. 한편 박근혜 정부는 과거 청와대나 정부조직 내에 설치되었던 사회통합수석실과 특임장관실을 폐지하고 그 기능을 총리실로 이관했으며, 대신 국민대통합위원회에 시민사회단체 대표를 참여시켰고, 청와대 정무수석실에 국민소통비서관을 두도록 했다.

3) 우리나라 시민운동의 성공 요인

우리나라 시민운동을 큰 흐름에서 보면 성공했다고 평가할 수 있다. 물론 시민운동의 성공을 어떻게 정의할 것이냐에 대해서는 논란의 여지가 있

---

32) 시민단체에 대한 정부의 태도가 관용과 자율 관계로 변화하자 시민단체는 폭발적으로 증가했다. 이로 인해 질적 저하, 헤게모니 쟁탈전, 내부 비리 등이 나타나기 시작했다(유재현, 1999). 또한 시민운동이기보다는 사회적 명망가 중심의 엘리트운동의 성격이 강한 결과, 시민의 참여가 미흡한 결과를 초래했다.

33) 시민단체의 재정 기반을 보면 예산에서 회비 비중이 25% 내외인 반면 정부지원금은 18%를 차지하고 있다. 선진국의 경우 NPO 재정 기반으로서 정부지원금이 미국 30%, 일본 38%, 미국, 영국, 일본, 프랑스, 독일, 이탈리아, 헝가리 7개국 평균 43%에 이른다(제진수, 1999: 53).

다. 터너와 킬리언(Turner & Killian, 1972: 256)은 사회운동의 사회적 · 정책적 영향분석을 하면서 하나의 유용한 출발점을 제공해 주었다. 그들은 어떤 사회운동조직의 성공 여부를 판별하는 세 가지 기준을 다음과 같이 제시했다. 첫째, 사회개혁을 위한 하나의 프로그램이 되어야 한다. 둘째, 그들에게 유리한 권력 관계를 확립해야 한다. 셋째, 구성원의 만족도를 증진시켜야 한다.

갬슨(Gamson, 1975: 28-29)도 사회운동의 두 가지 성공 기준으로서 저항조직으로서의 사회운동조직이 하나의 조직으로 맞게 되는 운명과 사회운동조직 수혜자에 대한 새로운 이익의 배분을 제시했다. 첫 번째 기준의 핵심적 이슈는 국가와 같은 대상집단이 사회운동집단의 정당성을 수용하는가의 여부이며, 두 번째 기준의 핵심적 이슈는 운동집단의 수혜자가 운동 기간 동안이나 아니면 후에 새로운 이익을 획득하는가의 여부이다.

갬슨의 기준에 따르면 다음과 같은 네 가지 유형의 영향분석모형이 가능하다. 첫째는 완전한 실패로서 수용 거부와 새로운 이익 배분의 거절이다. 둘째는 완전한 성공으로서 한 집단으로서의 정당성 수용과 운동 목표의 달성이다. 셋째는 흡수(cooptation)로서 집단으로서의 정당성은 수용되었지만 새로운 이익이 발생하지 않는 것이다. 넷째는 선매(preemption)로서 집단으로서의 수용성은 거부되었지만 운동 목표는 달성한 경우 등이다. 이러한 갬슨의 유형은 [그림 3-2]로 정리할 수 있다.

	정당성의 수용 전면	 전무
새로운 이익	완전 반응	선매(先賣)
	흡수	실패

그림 3-2 저항운동의 결과

자료: Gamson(1975: 29).

이러한 관점에서 한국의 시민운동 흐름의 변화를 개관하면 다음과 같다.

(1) 정치적 기회구조의 변화

우리나라는 6·10 민주화운동 이후 시민사회 부문의 급격한 성장이 이루어졌다. 이러한 토대 위에 경실련과 참여연대, 환경운동연합 등 우리나라의 대표적인 시민단체가 대두했으며, 이들의 영향력도 크게 증가했다.

시민사회운동이 과거와는 달리 외부 자원 동원이 용이해지고, 민주화 과정에서 길러진 헌신적이고 유능한 사회운동 지도자가 시민단체 활동가로 변신함으로써 우리나라의 시민운동은 큰 효과를 발휘하고 있다. 또한 시민단체 지도자들이 정·관계에 진출함으로써 정책 반영이 용이해졌고,[34] 정부의 각종 위원회 및 정부사업에의 참여, 그리고 비영리 민간단체 지원법을 통한 정부의 재정 지원 등이 이루어지고 있어 시민단체 활동의 저변은 상당히 좋아졌다. 이에 따라 정부 부문에서도 시민단체와 여러 부문에서 파트너십을 유지하려 하고 있다.

(2) 목표 설정 및 전략의 수립

우리나라 시민운동은 단순히 탈이념적인 생활개혁운동이나 시민참여운동이 아닌 전(全)사회적 개혁을 원하는 사회변혁운동적 성격을 띤다(김수현·박은철, 2000: 25). 그러나 전사회적 개혁을 목표로 하면서도 추상적인 목표가 아닌 국민의 관심을 끌 수 있는 분명한 목표를 설정해 이를 모든 국민에게 각인시키는 데 성공했다. 그리고 단기적 성과에 그치지 않고 지속적인 이슈화에 성공했고, 미진한 부분에 대한 후속 전략도 상당 부분 이루어졌다.

(3) 시민단체 간 네트워크화

시민단체들은 하나의 이슈에 대한 연대 기구를 쉽게 조직하고 있다. 국민적 관심사가 될 수 있는 이슈에 대해 시민단체 간 연대활동을 함으로써 개별 시민단체가 할 수 있는 역량을 크게 상회하는 자원 동원 역량과 운동 성과를 기대할 수 있다. 우리나라의 시민단체가 일반적으로 조직, 인력 및

---

34) 시민단체 지도자의 정·관계 진출에 대해서는 시민단체 내에서 많은 비판과 지지를 받고 있다. 대표적으로 경실련과 참여연대는 정부재정 지원을 거부하고 있다.

재정 규모가 영세하다는 한계를 극복하며 운동의 역량을 강화하기 위한 좋은 전략으로 평가할 수 있다. 특히 시민단체가 갖는 조직적 특성, 느슨한 연계성(loosely-coupled connection)과 이슈에 따라 신속하게 응집되는 특성이 운동 성과에 영향을 준다.

여기에는 국민이 쉽게 공감할 수 있는 이슈에 접근하는 것도 많은 영향을 준다. 즉, 이슈를 중심으로 시민단체들이 네트워크 조직을 형성하고 있

중요 이슈 **시민단체, 당선-낙선 대상자 일부 발표…총선운동 본격화**

시민단체들이 4·15총선에 대비해 발족식을 갖는 등 본격적으로 당선 및 낙선운동, 정보공개운동에 나서고 있다.

▷ 당선운동 펼치는 물갈이연대='2004 총선물 갈이 국민연대'(공동대표 최열·崔冽)는 2일 후보 평가의 기준과 절차를 제시하는 등 당선 운동 준비 작업에 들어갔다. 물갈이연대는 이날 서울 종로구 안국동 느티나무 카페에서 기자간담회를 갖고 "출마자 등록이 끝나면 지역별 선정위원회의 평가를 거쳐 1차 지지 후보를 4월 초에, 선거일 일주일 이내에 국민 후보를 선정할 예정"이라고 밝혔다. 물갈이연대는 개혁성과 환경·여성·인권 등 주요 정책에 대한 입장에 각각 30점, 의정활동 등 성실성에 20점, 전문성과 정치 발전 기여도에 각각 10점씩 등 모두 100점 만점으로 후보를 평가할 방침이다.

▽ '바른 선택 국민행동' 당선·낙선운동 대상자 발표=반핵반김청년운동본부 등 보수단체로 이루어진 '2004 대한민국을 위한 바른 선택 국민행동'(공동대표 지만원·池萬元)은 당선·낙선 정보공개 후보자 일부를 2일 발표했다. …… 중략 ……

▽ 공명선거실천시민운동협의회 발대식=경실련 녹색소비자연대 등 72개 단체로 이루어진 공선협(상임대표 손봉호·孫鳳鎬)도 2일 후보자 정보 공개와 공천 예비선거 단계에서의 시민 참여를 강조한 2004년 공명선거운동 활동계획을 발표했다. 공선협은 이날 느티나무 카페에서 17대 총선 공명선거실천운동 발대식을 갖고, 장애인 유권자 투표 참여 캠페인, 대학 내 부재자투표소 설치 확대, 예비경선 시민 참여 유도운동 등을 펼치겠다고 밝혔다.

▽ 기타=참여연대 등 300여 단체가 참여해 낙선운동을 펼치겠다고 밝힌 '2004 총선시민연대'는 3일 발족식을 갖고 조직과 활동 방향을 발표한 뒤 5일 1차 낙천 리스트를 공개할 예정이다. (자료: 동아일보, 2004년 2월 3일에서 발췌)

【토론 주제】

1. 시민단체의 연대활동의 사례를 찾아보고, 이러한 연대가 주로 다루고 있는 주제가 무엇인지에 대해 조사해 보시오.
2. 시민단체의 연대활동이 가지는 시너지 효과에 대해 생각해 보고, 이들 연대의 한계는 무엇인지에 대해 토론해 보시오.

으며, 특히 국제적 연대화도 시도함으로써 이슈에 대한 국제적 저변 확대 및 활동 기반을 구축하고 있다.

중요 이슈 **'생보사 상장차익 배분' 둘러싼 논란/시민단체 "기업가치 기여 계약자 몫 인정해야" /생보업계 "엄연한 주주 몫…국외도 전례 없어"**

국내 최대 생명보험회사인 삼성생명이 내년 상반기 중 상장 계획을 공식화하자, 생보사 상장 차익을 주주가 독식하는 문제를 둘러싼 논란이 다시 일고 있습니다. 실제 생보 상장 계약자공동대책위원회와 보험소비자연맹은 삼성생명 상장과 관련해, 내년 초에 '미지급 배당금 청구 소송'을 제기하겠다고 지난 주 밝혔습니다. 삼성생명은 상장 전에 계약자들과 법정 다툼부터 벌여야 할 처지가 됐습니다. 사실 이 문제는 2007년 생보사 상장자문위원회가 "보험 계약자는 주주가 아닌 채권자로서 권리·의무만을 갖고 있어 상장 차익을 계약자에게 분배할 필요가 없다"고 결론을 내렸고, 정부가 이를 수용함으로써 일단락된 사안입니다.

하지만 시민단체에서는 생보사 상장 때 계약자 몫을 인정하지 않기로 한 상장 규정 개정안이 지나치게 업계 편향적이라고 여전히 주장하고 있습니다. 생보사가 상장을 하면 기업 가치를 반영해 주가가 형성될 텐데, 기업 가치에 기여한 계약자의 몫을 인정하지 않고 주주에게만 모든 열매가 돌아가는 것은 부당하다는 것입니다.

시민단체의 이러한 주장은 생보사의 회사 성격과 관련한 논란과 맞닿아 있습니다. 즉 생보사가 법적으로 주식회사인 것은 맞지만, 그동안 계약자 몫의 내부유보액이 회사의 결손 보전용으로 사용되는 등 상호 회사적인 성격으로 운영되어 온 측면이 있다는 얘기지요.

사실 정부도 과거에는 시민단체와 같은 생각을 갖고 있었습니다. 1989년과 1990년 교보생명과 삼성생명이 상장을 전제로 자산 재평가를 했을 때, 정부가 직접 나서 재평가 적립금의 70%를 계약자 몫, 30%를 주주 몫으로 할당한 바 있습니다. 당시 자산 재평가를 통해 계약자 몫으로 배분된 내부유보액은 삼성생명이 878억 원, 교보생명이 662억 원에 이르렀고, 이는 사실상 자본금 성격을 지닌 것이라고 할 수 있습니다. 이에 따라 시민단체에서는 삼성생명의 경우 계약자 몫 중 내부유보로 처리된 878억 원은 상장 때 신주를 발행해 계약자에게 돌려줘야 하고, 상장 전 자산을 재평가해 발생하는 자산 재평가 차익 중 계약자 몫은 배당금으로 지급해야 한다고 주장하고 있습니다.

…… 이하 생략 ……

(자료: 한겨레, 2009년 11월 23일에서 발췌)

【토론 주제】

1. NGO의 활동 상대는 정부뿐만 아니라, 기업 등도 포함된다. NGO와 이들과의 상호작용에 대해 토론해 보시오.
2. 이상의 기사와 같이 국민 개개인이 그 권익을 찾는 데 나서기 어려운 경우 시민단체가 이를 대신해 그 권익을 인정받은 사례를 조사해 보시오.

---

(4) 제도권 내에서의 운동 방식

민주화된 정부 이후 대부분의 변혁적인 사회운동단체들은 급격히 쇠퇴하기 시작했다. 체제 이념 투쟁에 치우친 사회운동단체들은 정권의 성격 변화에 따라 이를 지속하기 어렵게 되었다. 과거 불법적이고 과격한 투쟁 방식도 정권의 정당성에 대한 도전으로 인식되어 어느 정도 용인되었으나, 민주화된 정부 이후 이러한 투쟁 방식은 더 이상 용인되지 않았고, 국민에게 자신의 운동 목적을 전달하기도 어려워졌다.

불법적이고 과격한 투쟁 방식은 초기 단계에서 이슈를 널리 알리기는 쉽지만 사회적 정당성과 공감대를 확보하기 어렵다. 그리고 시민단체 구성원의 구속 등 희생도 불가피하다. 그러므로 사회적 파급성이 큰 이슈를 중심으로 합법적인 투쟁을 하는 것으로 선회했다. 이는 단기적으로뿐만 아니라 중장기적으로도 상당한 효과가 있다. 그리고 관련 법률의 문제가 발견되는 경우 법 개정운동을 통해 먼저 법률을 개정해 합법적인 운동공간을 마련하고, 2차적인 개혁전략을 수립하고 있다.

이러한 맥락에서 경실련의 '권익운동'이나 참여연대의 '작은 권리찾기운동'은 상당한 성과를 거두었다고 평가할 수 있다. 즉, 국민의 권리 중의 하나이지만 권리 확보 비용이 높아 그동안 포기하고 있던 생활 영역의 권리를 발굴해 이를 되돌려주는 시민운동이기 때문이다. 이를 통해 국민의 권리 의식을 회복할 뿐만 아니라 적극적 국가관을 갖게 하는 계기가 되었다. 국가에 대해 상대적 피해 의식을 가진 국민에게 이를 극복할 수 있을 뿐만 아니라 적극적으로 자기 권리를 요구하는 의식 전환이 이루어졌기 때문이다.

(5) 제도 개혁으로의 연계

시민운동의 성과는 관련 법률과 제도의 도입으로 나타나고 있다. 4·13 총선에서의 낙천·낙선운동과 같은 시민운동 방식은 일회적인 충격 요법으로 사용할 수 있지만 그 효과에는 뚜렷한 한계가 있다. 그것은 단순히 개인을 대상으로 한 인적 청산이 아닌 제도 개혁으로 이어져야만 지속적인 효과를 가져올 수 있기 때문이다.

(6) 운동의 지속화

시민단체들은 지속적으로 법제도의 개선 요구를 해왔을 뿐만 아니라 선거 과정에서 후보자에게 관련 공약을 요구하고 있다. 물론 이것이 제도화되는 데에는 상당한 시일이 소요된다. 그러나 단발적으로 얻어낸 성과에 만족하고 운동 역량을 분산시키지 않고 지속화함으로써 국민의 관심과 지지를 계속 유지해 왔다.

생각할 문제

거버넌스의 개념과 유형

1. 정부관료제가 정부실패 등으로 인해 국가 권력의 약화가 가져올 문제에 대해 생각해 보시오.
2. '정부실패'를 타개하기 위해 등장한 다양한 대안들을 조사해 보시오.
3. 세계적 조류로서 등장한 거버넌스의 개념과 이를 받아들일 수밖에 없는 사회적 변화에 대해 생각해 보시오.
4. 거버넌스에 대한 개념을 광의의 측면과 협의의 측면에서 각각 어떤 특성을 가지고 있는지 생각해 보시오.
5. 신거버넌스가 신공공관리론이나 신자유주의와 유사한 특성은 무엇이며, 상이한 특성은 무엇인지에 대해 생각해 보시오.
6. 많은 실패와 문제를 해결하기 위한 대안으로서 거버넌스적 관점이 많이 거론된다. 그럼에도 불구하고 거버넌스가 가지는 문제점과 실효성의 한계에 대해 생각해 보시오.
7. 거버넌스는 신자유주의의 또 다른 표현이라는 시각에 대해 생각해 보시오.

거버넌스와 NGO

1. 정부, 시장과 함께 거버넌스의 한 축으로서 시민사회의 공과에 대해 생각해 보시오.
2. 신거버넌스적 차원에서 NGO가 협조적 동반자로서 자신의 역할을 찾을 수 있는 방안에 대해 설명해 보시오.
3. 시민 참여는 다양한 방법으로 이루어지고 있는데, 각 유형의 성격과 영향력을 합법적 방식과 강제적 방식으로 구분하여 비교해 보시오.
4. 사회자본의 형성이 좋은 거버넌스의 강화와 어떤 관련이 있는지와 그 과정에서 NGO의 역할에 대해 생각해 보시오.

5. NGO가 거버넌스의 주체로 역할을 담당하기 위해 갖추어야 할 요건들에 대해 생각해 보시오.

■ NGO와 정부

1. 정부와 NGO 간의 관계는 정부의 성격에도 많은 영향을 받는다. 한국의 경우, 양자는 어떠한 변화 과정을 거쳤는지 조사해 보시오.
2. NGO에 지원되고 있는 정부의 보조금의 유형과 성격에 대해 조사해 보시오.
3. NGO에 지원되고 있는 정부보조금 배분에 따르는 문제점과 한계에 대해 생각해 보시오.
4. 정부의 보조금이 NGO의 활동에 미치는 영향을 순기능적 측면과 역기능적 측면에서 생각해 보시오.
5. NGO가 정부보조금 수령으로 인해 겪게 되는 갈등과 이를 해결하기 위한 대안에 대해 생각해 보시오.

제 4 장

NGO와 정책

현대 사회에서 NGO의 역할은 급속하게 확대되어 왔으며, 또한 NGO가 정책에 관여하는 폭도 대단히 넓어지고 있다. 특히 1980년대 이후부터는 NGO의 활동 범위가 이전과는 달리 환경, 복지, 소비자 분야 등 다양한 영역으로 팽창하기 시작했다.

NGO가 수적으로나 질적으로 성장하게 된 계기는 정부가 사회문제를 해결하는 데 시민에게 만족할 만한 대안을 제시해 오지 못했기 때문이다. 이로 인해 NGO는 정부가 해결하지 못한 영역에 관심을 갖게 되었고, 활동 영역 역시 확대하게 된 것이다. 이 같은 현상은 우리의 경우도 유사하여 1987년 6월 민주화운동 이후 민주화와 분권화가 진행되면서 NGO의 수도 급속히 증가했다.

이에 따라 NGO는 시민사회와 관련된 사회문제의 해결을 내세우면서 사회 변화를 주도하는 주요한 사회 세력으로 성장하기 시작했다. 이러한 배경을 토대로 NGO들은 한정된 역할에서 벗어나 각종 정부정책에 개입하고 있으며, 정책 과정에서 적극적인 영향력을 행사한다(홍성만, 2000: 39-40). NGO의 영향력은 수적인 성장과 함께 정책 과정에서 정책조언자로서 정보 제공, 정부위원회에 참여하여 의견 제출, 입법 청원, 시위·고발·언론을 통한 여론 압력 등 다양한 전략을 통해 행사되고 있다.

이처럼 NGO는 문제 해결을 위한 대안적 분쟁 해결 기구, 정부나 시장에 대한 견제 역할, 정부 서비스의 전달자, 시장실패에 대한 조정자, 이익 갈등의 조정자로서 역할 등을 담당해 나가고 있다. 나아가 정책대안의 제시자로서 활동과 정책결정 및 평가 과정에서 주요한 파트너로 요청받고 있다. 다시 말해, NGO는 국가의 의사결정 및 정책결정, 그리고 자원 분배 등에 참여함으로써 지속적인 인간·사회 발전의 동반자가 되어가고 있다(Fox, 1996).

여기에서는 이와 같은 관점에서 다양한 정책 과정상에서 NGO가 담당하는 역할과 그에 따른 결과를 살펴보고자 한다. 이를 위해 정책 과정에 대한 이론적 배경과 다양한 정책 과정 속에서 NGO의 역할과 그에 따른 사례를 살펴보고자 한다.

제1절 정책 과정에 대한 관점

정책 과정은 학자들이 추구하는 연구의 목적이나 관점에 따라 상이하다(봉민근, 2003; 정정길, 1998). 예컨대 정책학의 주창자라 할 수 있는 라스웰(H. D. Lasswell)이 제시한 정책 과정의 특성은 일련의 과정에서 발동 단계와 종결 단계를 강조했다는 데 있다. 다시 말해, 1970년대에 들어와서야 학자들이 관심을 표명한 정책종결(policy determination) 단계를 이미 1950년대에 정책 과정에 포함시켰다는 데서 시사하는 바가 크다.

라스웰의 정책 과정은 이후 정책학을 연구하는 많은 학자에게 영향을 끼쳤는데, 다양한 학자에 의해 제시되고 있는 정책 과정의 다양성이 이를 보여준다. 학자들이 제시하는 정책 과정의 특색들을 간략하게 살펴보면 다음과 같다.

라스웰 이후 정책학을 부활시켰다는 평가를 받고 있는 드로(Y. Dror)의 정책 과정의 특징은, 정책결정에 대한 합리모형이나 점증모형이 안고 있는 한계를 보완하고자 하는 데 있었다. 이에 따라 드로는 직관이나 통찰력 또는 영감 등과 같은 비합리적인 요소를 적극 활용하는 소위 최적 모형(optimal model)을 제시했다는 데서 의의를 찾을 수 있다. 드로의 정책결정 단계는 여러 취약점에도 불구하고, 내용이 치밀하고 기본 정책이나 기본 방침의 결정 단계 등 중요한 측면을 제시하고 있다는 점에서 의의가 있다.[1)]

드로 이후 등장한 정책 과정에 대한 연구들은 대체적으로 큰 차별성이 없이 유사한 성격을 보인다. 예컨대 앤더슨(J. E. Anderson)은 정책연구의 주된 초점을 정책 과정에 두는 접근 방법을 취했는데 이 같은 방법이 지닌 장점으로 다음을 열거하고 있다. 첫째는 정책 과정에서의 변동 흐름을 쉽게 파악할 수 있다는 점과, 둘째는 변화에 개방적이라는 점, 그리고 정책 과정의 동태적인 관점을 열어 준다는 것이다. 끝으로는 문화 제한적이 아니라 여러 국가의 정책연구에 적용될 수 있다는 점이 그것이다. 같은 맥락에서 다이(T. R. Dye)는 정책 과정을 일련의 정치적 활동으로 파악하면서 다섯 단계로 제시했다.

한편 존스(C. O. Jones)는 정책 개발과 정책집행을 연구하기 위해 전통적인 제도적 과정 접근 방법 대신에 정책 과정 접근 방법을 제시했다. 이를 위해 그는 정책 과정 구조의 기본 요소를 14개의 활동으로 분류하면서, 이들을 다시 다섯 유형의 하위 체제로 제시했다. 존스의 정책 과정 구조는 비록 활용된 사례가 미국에 한정되어 있기는 하지만 정책 현상을 비교적 종합적으로 포괄하고 있다는 평을 받고 있다. 유사한 맥락에서 정책의 유형과 집행의 관계에 초점을 두고 정책 과정을 고찰한 리플리(R. B. Ripley)와 프랭클린(G. A. Franklin)은 4단계의 정책 과정을 제시하고 있다.

호그우드(H. W. Hogwood)와 피터스(B. G. Peters)는 정책 과정을 정책순환이라고 명명하면서, 정책결정의 동태성을 강조했다. 그 결과 정책순환모형은 정책의 정치적 속성(political nature)을 강조하며, 순환 절차 내에서 정책의 속성에 영향을 미칠 수 있는 다양한 접근점이 존재한다는 사실을 강조한다. 이들은 정책순환을 포함하는 정책 단계로 일곱 단계를 제시했다.

1) 드로가 제시하는 정책 과정은 여러 측면에서 취약점을 안고 있다. 예컨대 기본 정책의 결정은 원래 세부 정책결정과 본질적으로 차이가 없다는 점과 기본 방침 결정에서 보듯이 과정이 지나치게 복잡하다는 점이다. 특히 정책 과정에서 중요한 단계인 정책의제 설정에 대한 논의가 전혀 없다는 것도 한계로 지적된다.

표 4-1 정책 과정에 대한 학자들의 관점

학자	정책 과정 단계
라스웰 (H. D. Lasswell)	정보→건의→처방→발동→적응→평가→종결
드로 (Y. Dror)	기본 방침 결정→정책결정→정책 결정 이후 단계
존스 (C. O. Jones)	문제 인식→정책 및 사업 개발→집행→평가→종결
다이 (T. R. Dye)	문제 인식→대안의 형성→합법화→집행→평가
앤더슨 (J. E. Anderson)	문제 인식→정책결정→정책의 채택→집행→평가
리플리와 프랭클린 (R. B. Ripley & G. A. Franklin)	형성·합법화→집행→평가→정책 변동
호그우드와 피터스 (H. W. Hogwood & B. G. Peters)	의제설정→정책결정→합법화→조직화→집행→평가→종결

이처럼 정책 과정을 바라보는 학자들의 관점은 <표 4-1>에서 보듯이 다양한데, 그것은 학자마다 정책 과정에 대한 시각이나 초점을 달리하고 있기 때문이다.

이상에서 보듯이 정책 과정은 학자마다 다소간의 초점을 달리하거나 다양함을 알 수 있다. 그렇지만 정책 과정에 대한 다양성과 용어의 차이에도 불구하고, 대저 정책 과정의 단계는 크게 정책의제 설정 단계, 정책결정 단계, 정책집행 단계, 정책평가 단계로 구분해 볼 수 있다.

제 2 절 정책 과정과 NGO

조직화되지 못한 일반 시민이 정책 과정에 참여한다는 것은 흔하지 않으며, 그 기회나 빈도 면에서 극히 제약되어 있는 것이 현실이다. 그러나 이러한 문제를 대신해야 하는 정당이나 의회는 대의민주주의임에도 불구하고 시민이 접근하기에는 이미 너무 멀리 있다. 따라서 현대 사회에서는 이에 대한 대안을 모색할 수밖에 없었는데, 그 대안으로 등장한 것이 바로 시민단체라 할 수 있다(최봉기, 2008). 이와같이 개인을 대신해서 NGO는 정책과정에서 다음과 같이 다양한 역할을 수행한다.

첫째, 정책 과정에서 NGO의 정책주창자 역할을 들 수 있다. 정책 과정에서 NGO가 수행할 정책주창자(advocacy)로서의 역할은 특히 정책의제 설정 단계에서 찾아볼 수 있다. NGO는 시민의 요구 사항을 관철시키기 위해 여론 형성을 하거나 정책대안을 제시하는 역할을 담당함으로써, 관료 행태를 변화시키는 역동체로서 역할을 한다. 예컨대 현대 관료제가 갖는 문제로서 획일적인 대응 개별성이나 창조적 행동의 억제, 형식주의 등 관료주의적인 행정조직이나 공무원의 형태를 주민 위주로 쇄신할 수 있는 개혁의 계기로서 NGO의 역할을 활용할 수 있다는 점이다.

둘째, 정책의 집행과 이의 전달 체제로서의 역할을 들 수 있다. NGO를 정부 서비스 주체의 일부로 활용함으로써 행정 서비스의 질을 높일 수 있다. 특히 정책집행 과정에서 NGO 활동을 통해 공공 서비스의 생산과 분배에 주민들이 생산적으로 참여하여 서비스 공급의 효과성을 높일 수 있다는 점에서 그 의의를 찾을 수 있다.

셋째, 정책을 집행하는 데 정부의 인력과 예산의 부족을 충당할 수 있는 능동적인 인력 활용의 대안으로서의 기능이다. 다시 말해, 정부의 재정 지원이 한계에 달하고 재정력이 취약한 상태에서는 NGO와 같은 민간활동에 그 역할을 기대할 수도 있다. 일본에서 보듯이 전통적 주민조직이라고 할 수 있는 정내회(町內會)가 정책집행력을 향상시키기 위해 행정기관과 같은 역할을 수행하는 것이 좋은 예라고 할 수 있다.

이 밖에도 NGO는 기술이나 전문성을 활용하여 용역이나 조사 또는 일상 업무 등에 참여함으로써, 공무원이 전문성을 요하는 업무에 에너지를 집중시킬 수 있도록 하여 공무원이 좀 더 긴급한 업무에 열중할 수 있는 기회를 제공할 수도 있다(봉민근, 2003). 그러나 아직까지 NGO가 정책 과정에 참여하는 데에는 많은 문제점이 놓여 있다. 가장 큰 문제는 정책결정 집단인 공무원과 시민단체 간에 역할 인식이 제대로 정립되어 있지 않다는 데 있다(한국지방행정연구원, 2006).

예컨대 이러한 인식 차의 문제는 한국지방행정연구원에서 2004년도에 실시한 시민단체의 정책 참여에 대한 공무원과 시민단체 참여자의 의견을 조사한 결과에 잘 나타나 있다. 즉, 시민단체의 지방자치단체 정책 과정 참여에 대해 공무원은 시민단체의 정책 참여 활동에 대해 기여하지 않았다는 부정적 의견이 40%에 이르는 반면, 시민단체의 경우 기여하고 있다는 긍정적 의견이 57.7%로 나타났다.

이런 결과에 비추어볼 때 정책 과정에 참여하는 데 시민단체의 한계나 문제점에 대해 공무원은 시민단체의 단체 이기주의를 가장 큰 문제로 지적한 반면, 시민단체 참여자들은 지방자치단체의 비협조를 지적하고 있어 문제의 원인을 상대방에 돌리고 있는 것으로 나타났다.

이 장에서는 정책 과정에 참여하는 NGO의 역할에 입각하여, NGO의 영향력을 정책의제 설정 과정, 정책결정 과정, 정책집행 과정, 정책평가 과정으로 구분하여 살펴보고자 한다.

1 정책의제 설정 과정에서 NGO

1) 정책의제 설정의 개념과 유형

(1) 정책의제의 개념

정책의제(policy agenda)는 수많은 사회문제 중에서 정부가 그것에 대한 정책적 해결을 의도하여 공식적으로 채택한 문제라 할 수 있다. 정책의제는 다양한 의미로 사용된다. 어떤 특정한 정부기관에 의해 진지하게 고려될 일련의 구체적이고도 특수한 사회문제 항목들을 의미하는 것이기도 하고, 해결의 필요성을 정부 스스로가 인식한 문제 또는 정부 밖의 사람들에 의해 제기된 문제 중에서 정책적 해결을 의도하여 정부가 채택한 문제를 뜻하는 것으로도 사용될 수 있다. 그 밖에도 수많은 요구 중에서 정책결정자가 어떤 대책을 강구하지 않을 수 없다고 느끼거나 선택하게 되는 것을 의미하기도 한다(최봉기, 2008).

(2) 정책의제 설정의 유형

정책의제 설정은 정책담당자가 공식적으로 다루기로 결정한 정책문제를 몇 개의 단계를 거쳐 정책의제화하는 것이라고 할 수 있다. 여기에서는 정책의제 설정 활동을 주로 주도 집단에 따라 분류한 콥 외(R. W. Cobb, J. K. Ross, & M. H. Howard)의 논의를 중심으로 그 유형을 살펴보고자 한다(Cobb et al., 1976).

① 동원모형

동원모형(mobilization model)은 정책의제가 정책담당자에 의해 형성되는 경우이다. 그러나 정책의제가 정책담당자에 의해 일방적으로 의제화하는 것은 아니며, 일반 대중이나 관련 집단의 지원을 유도하기 위한 노력을 수행하고 난 뒤 의제로서 채택하는 형태이다. 이에 따라 국민의 지원 및 순응의 확보, 국민의 반응 파악, 정책 형성 시 고려해야 할 요인 파악, 정책집행 시에 예견되는 문제점 파악 등은 이 형태에서 활용되는 기법이다. 일반적으로 민간 부문의 힘이 취약하고 대신 정부의 힘이 강한 후진국에서 많이 나타나는 유형이다.

② 내부접근모형

내부접근모형(inside access model)은 동원형처럼 정책담당자에 의해 정책의제화가 자발적으로 진행되는 것이다. 동원형과의 차이점은 국민과는 관계없이 정부관료제 내부에서만 정책의제화가 이루어지고 있다는 점이다. 내부접근모형이 발생하는 경우는 국민이 사전에 알면 곤란한 문제를 다룰 때나 시간이 급박할 때, 의도적으로 국민을 무시하는 정부에서 나타날 수 있다. 일반 대중에게 알려지는 것을 피하려고 하므로 일종의 음모형에 속한다. 일반적으로 동원형에서 보는 것과 유사하게 부(富)와 권력이 집중된 나라, 다시 말해 권력 격차(power divide)가 큰 국가에서 흔히 나타나는 유형이다.

③ 외부주도모형

외부주도모형(outside initiative model)은 정책담당자가 아닌 외부 사람의 주도에 의해 정책문제가 정부에 귀속되는 경우이다. 외부 사람이 정책문제의 쟁점화를 유도하여 정부와 정책담당자로 하여금 의제를 채택하지 않을 수 없게 만드는 것이다. 즉, 외부주도형의 특징은 사회문제로 인해 피해를 입은 집단이 정부에 압력을 가하기 위해 사회문제의 심각성에 대한 대중의 관심을 유도하려고 노력한다는 데 있다.

그 결과 많은 사회구성원이 정부가 이 문제를 해결하기 위해 나서야 한다고 믿게 되면, 여러 가지 전략을 사용하여 정부로 하여금 정책의제로 받아들이게 하는 것이 외부주도형의 특징이다. 일반적으로 NGO의 참여가 중심이 되는 정책 사례는 대체로 외부주도모형에 의한 정책의제 설정이라고 볼 수 있다. 외부주도모형은 다음과 같은 과정을 거치게 된다.

가. 이슈 제기

이슈 제기(initiation)는 외부주도모형의 첫 단계로서, 공식적 정부구조 외부에 있는 한 집단에 의해 일반적인 용어로 고충이 표명되는 단계이다.

나. 구체화

이슈 제기 단계에서 표명된 일반적인 고충은 특정한 요구로 구체화(specification)된다. 구체화를 위한 방식은 여러 가지가 있다.

다. 확장

정부 밖에 있는 외부집단이 이슈를 정부 구조에 올리려면 정책결정자가 압력을 느끼거나 관심을 갖도록 해야 한다. 이를 위한 방법에는 여러 가지가 있으나 이슈를 좀 더 큰 공중으로 확장(expansion)하고, 이전에 존재하던 이슈들과 결부시키는 것이 이를 가능하게 하는 한 방법이다. 그런데 이슈가 확장되는 도중에 좀 더 강력한 집단이 나타난다면 당초의 이슈 제기 집단은 무시될 수도 있다.

이슈가 당초의 이슈 제기집단을 넘어 공중에로 확장될 때, 관련 공중은 특정 이슈나 일반 공공문제에 관해 갖는 관심 수준이 다르기 때문에 그에 따라 다른 전략이 필요하다. 이슈가 공중에 확장되지 않고, 바로 정책결정자의 손으로 넘어가는 경우가 없는 것은 아니다. 그러나 사회적으로 중요한 이슈는 대개 관련 공중에 확장된다고 보아야 할 것이다. 그리고 공중의제에 오름으로써 쉽게 정부의제에 도달할 수 있다. 이러한 이슈의 확장 내용에는 다음을 고려해 볼 수 있다.

가) 이슈의 정의

이슈의 정의에서 하나의 이슈가 체제의제가 될 수 있는지의 여부는 그것이 정의되는 방식에 크게 좌우된다. 하나의 이슈(특히 소외계층이 이슈)가 체제의제에 접근할 수 있는 길은 그것이 갈등의 세 가지 차원, 즉 범위, 강도, 가시성에서 확산되는 과정을 통해서이다. 되도록 갈등에 실제 관련된 사람과 집단의 수가 많을수록, 또한 상호 대립되는 갈등의 강도가 강할수록, 또한 가시성이 커질수록 더욱 이슈는 확장된다. 이와같이 특정 이슈를 체제의제로 전환시키고자 하는 측은 이러한 가능성이 높아지도록 정의내려야 한다. 따라서 이들의 성공 여부는 이슈가 가능한 한 내용이 모호하고, 사회적으로 심각하며, 장기적 여파를 지니고, 비기술적이며 명백한 선례를 결하고 있는 것으로 특징짓고 정의내리도록 힘쓰는 데에 의존한다.

나) 이슈의 상징

이슈의 언어와 상징성에 관한 문제이다. 하나의 이슈는 상징을 통해 감정적인 이슈로 전환되는 속도가 빠를수록, 그것의 공중에 대한 가시도는 높아진다. 그러므로 이슈의 주창자는 어떤 식으로든 그 이슈에 적합한 상징을 선정하고 이의 활용을 도모해야 한다. 상징의 조작은 자유, 경찰국가, 흑인 가족, 인권, 국익 등과 같이 다양한 형태로 이루어질 수 있다. 이러한 과정은 집단의 물질적 자원, 구성원의 에너지, 실행력 등도 중대한 영향력을 미친다.

다) 대중매체의 기능

대중매체는 주어진 이슈의 현시성을 높이고, 그에 대해 대중의 관심을 불러일으킬 수 있다. 다시 말해, 대중매체는 인위적으로 사람의 관심을 특정 이슈에 집중시킬 수 있다. 그 때문에 대중매체가 특정 이슈에 초점을 맞추고 추적하는 경우 그 이슈가 도달할 수 있는 공중의 규모는 급속도로 확대된다. 그러므로 대중매체는 스스로의 문제를 체제의제로 만들고자 하는 집단의 입장에서는 유력한 무기가 아닐 수 없다.

라. 진입

이슈 확장에 성공하면 이슈는 공중의제가 되고 많은 사람의 관심을 끌게 되는데, 이때 사람들은 정부의 응답이 필요하다고 보게 된다. 진입(entrance)이란 이와같이 공중의제에 오른 이슈가 정부의제로 이동하는 것을 의미한다. 그런데 전환은 정치 체제에 따라 달라진다. 공중의제와 정부의제의 구별이 의미가 없을 정도로 거의 자동적인 곳이 있는가 하면, 오늘날 산업사회에서와 같이 두 의제 사이에 끼어 장기간 고정되는 경우도 있다. 특히 이슈에 관한 어떤 결정이 심각한 반대에 직면할 가능성이 높으면, 정부측은 거의 그 이슈를 공식적으로 신중하게 고려하지 않으려 든다.

이러한 진입을 위한 기본 전략에는 다음과 같은 것을 고려해 볼 수 있다. 첫째는 폭력 및 폭력의 위협이고, 둘째는 투표, 금전, 노동의 거부 등과 같은 제도적 제재(institutional sanction)이고, 셋째는 정당이나 이익집단과 같은 중개인의 이용을 들 수 있으며, 넷째로는 직접적인 접근 등으로 나눌 수 있다.

그런데 이와 같은 기본 전략을 각 집단이 선택하는 데에는 집단의 사회적 지위, 집단에 대한 이슈의 중요성, 정부의제에 이동하지 않고 공중의제에 남아 있었던 기간 및 각 전략을 선택한 결과 정부의제의 지위를 획득할 가능성에 대한 집단의 평가 등에 의존한다. 즉, 이슈가 중요할수록, 당초의 고충집단이 고립되는 정도가 심할수록, 이슈가 공중의제에 오래 있을수록, 당국이 그 이슈를 고려할 가능성이 적을수록 진입전략에는 제도적 제재와 함께 폭력 혹은 폭력의 위협을 사용할 가능성이 많고, 중개인이나 직접적 접근을 사용할 가능성이 적어진다는 것이다(이종수 외, 2008).

2) 정책의제 설정 과정에서 NGO의 역할

정부정책에 영향력을 행사할 때 NGO의 역할이 가장 활발하게 나타나는 단계가 정책의제 설정 단계라고 할 수 있다. 정책의제 설정은 앞에서 살펴보았듯이 정책 과정의 가장 초기 단계로서 사회 내 대립하는 집단 사이의 갈등으로 이슈가 발생하고, 이 이슈가 널리 공중에 확장되어 체제의제의 지위에 올라 정책결정자의 관심을 끌게 되도록 하는 것이다. 이와같이 이슈가 발생해 공중으로 확장되는 확장 경로와 체제의제에서 제도의제로 전환되는 진입 경로에는 이슈 경로를 촉진시키거나 방해하는 수많은 요인이 나타나는데, 이 같은 활동의 중심에서 NGO의 역할을 찾을 수 있다.

그렇지만 대부분 행정국가에서 관료집단을 포함한 엘리트집단은 오랫동안 정책의제 설정 과정에서 독점성을 지속해 왔다. 이에 따라 정책의제 설정에서 과정의 신속성과 효율성에만 주안점을 두다보니 다양성과 대표성 등에 관한 고려는 뒷전으로 밀려날 수밖에 없었다. 이러한 상황에서 NGO는 시민사회의 자발적인 참여에 기초하여 각종 사회 이슈에 대한 의견을 청취하여 정책의제 설정 과정에서 시민적 고려를 대변하는 중요한 기능을 수행한다.

특히 NGO는 정부 또는 기존의 정책집단에서 고려하지 못한 특정 정치·경제·사회적 이슈에 대한 문제 제기를 통해, 공공정책에 다양한 가치를 투영하고 정책에 대한 다양한 시민의 참여를 확대시키는 중요한 역할을 하게 되었다. 그 결과 NGO의 활동은 정치개혁, 경제 체제 개혁, 사회복지 서비스 제공 등 다양한 분야로 확산되고 있다.

정책의제 설정 단계에서 NGO가 의견을 투영하기 위해 선택할 수 있는 전략에는 여러 가지가 있다(박성복 외, 2000). 우선 확장전략으로 이슈가 새로운 집단으로 확장되면 공중의제의 지위를 얻기 쉬움은 물론 정부의제의 지위도 얻을 가능성이 높으므로 이슈 제기집단은 확장을 시도하게 된다. 이때 NGO는 확장 봉쇄 세력과 싸워야 하며, 다른 이슈로 주의를 돌리려는 집단과도 경쟁해야 한다. 이슈를 확장하기 위해서는 비교적 작은 집단을 대상으로 할 수도 있고, 직접 대중을 동원하는 방식을 취할 수도 있다. 다른 한편 특정한 이슈를 좀 더 광범위한 공중 속에 확장하는 것을 목적으로 삼는 특별한 소집단을 구성할 수도 있다.

한편 NGO는 의견 표명을 통해 지방정부에 자신이 활동하고 있는 분야와 관련하여 발생이 예상되는 문제를 제시하고 이를 해결해 줄 것을 요구하게 된다(임승빈, 2000). 이를 위해 NGO는 대체로 두 가지 방식을 활용한다(김준기, 2006).

첫째는 정부의 관심과 시민의 지지 기반을 확보할 필요가 있다. NGO는 정부위원회 등의 공식적이며 제도적인 참여 방식을 통해 의견을 투영하는 방법과 소외된 이슈를 의제화하기 위해서는 주로 비제도적인 참여 방식에 의존하고 있다. 둘째는 NGO 간의 전략적인 연대를 통해 정치적 자원을 공유하며 동시에 정치적 지지 기반을 확대해 나가고 있다. NGO는 이러한 활동을 통해 정부가 의견이나 요구를 검토하여 필요 시 정책문제로 인식하여 의제화하도록 유도한다(김렬 외, 2003).

또한 사회의 여러 문제를 정책의제화 되도록 정부가 사회문제를 정책문제로 채택하는 과정에서, 시민단체는 의견 표명을 통해 행정기관에 자신들의 사업 목표와 관련하여 발생한 문제나 발생이 예상되는 문제를 해결해 줄 것을 요구한다. NGO는 이러한 과정에서 주민의 의견이나 요구를 체계적으로 수집하여 적실한 정책 투입 요소로 활용하기 위해 간담회나 공청회 등에 시민단체를 참여시킴으로써 정책의제 설정 과정에서 정부와 시민단체 간의 협력 또는 갈등 관계가 형성된다(김병식, 2001; 조석주·김필두, 2000).

3) 정책의제 설정 과정에서 NGO 역할 사례

(1) 금융실명제[2)]

① 정책 개요

금융실명제는 건전한 자본주의가 유지되고 경제민주화를 위해 꼭 필요

2) 정책의제 설정 단계에서 NGO의 역할 사례로 인용된 금융실명제 사례는 김선미의 연구(2003)에서 발췌·인용했음을 밝혀둔다.

한 제도적 장치라고 할 수 있다. 따라서 국민은 금융실명제의 실시가 지하경제를 막아 공정한 규칙에 따른 경제활동이 이루어지도록 하고, 검은 돈에 의한 정치 부패를 어느 정도 방지할 수 있는 기능을 발휘할 것으로 기대했다.

제6공화국 출범 이후 한국 사회는 사회의 민주화가 진전됨에 따른 국민의 다양한 요구가 일시에 표출되었다. 특히 1988년 이후 주택가격과 전셋값 폭등 등 부동산 투기가 사회문제화되면서 경제적 문제가 사회문제로 불거지던 상황이었다. 당시 6·29 선언으로 사회적으로 팽배된 민주화의 열기가 정치 체제의 개방성이라는 외적 환경의 변화로 연결되고, 경제력 집중·조세 부담의 불평등에 대한 비판, 그리고 공정한 분배와 형평의 요구가 높았던 분위기와 맞물려 한국 사회에서 금융실명제에 대한 논의를 가능하게 했다.

노태우 정부는 이러한 문제에 대처하기 위해 1989년 4월 11일에 재무부에 '금융실명거래 실시준비단'을 설치하고, 1991년부터 금융실명제를 실시하기로 했다. 그러나 정부 초안은 중산 기득 계층과 보수 세력을 지지 기반으로 하는 민정당·민주당·공화당의 3당 합당에 따른 거대 여당의 출현 등으로 유보되었다. 이후 1992년 대선 정국을 중심으로 금융실명제가 다시 논란이 되었고, 정권 교체라는 선거 국면을 둘러싸고 전개되었다. 이에 김영삼 정부가 출범하고 정국 타개를 위한 카드로 전격적으로 제시된 것이 금융실명제였다.

② 정책의제 설정 과정에서 NGO의 역할

금융실명제는 경제민주화와 검은 돈에 의한 부패 방지라는 정치민주화를 위한 제도적 장치로서, 금융실명제 실시에 대한 사회적 공감대가 형성되는 시점에서 경실련이 지속적으로 문제를 제기함으로써 1993년 8월 12일 입법화되었다.

경실련은 금융실명제에 대한 의제설정 과정에서 지속적인 이슈 제기를 했다. 특히 경실련은 금융실명제가 선거 국면에서 계속 불거져 나온 이슈로서, 다른 경제적 이슈와는 달리 사회적 공감대를 빨리 형성할 수 있다고

표 4-2 금융실명제와 경실련 활동에 대한 언론 보도 정도 (단위: 회)

연도	금융실명제	금융실명제와 경실련
1990	1,077	57
1991	302	36
1992	713	73
1993. 8. 12	1,009	67
합계	3,101	233

자료: 한국언론재단 5대 일간지 KINDS 기사 검색을 기초로 작성.

판단했다. 이에 따라 경실련은 1992년 3월 21일 설문조사를 실시했는데, 금융실명제에 대해 찬성이 71%로 대다수의 국민이 금융실명제 실시를 원한다는 것을 확인했다. 이에 더해 각 3당과 재계의 찬성까지 더해져 공감대 형성에 용이성을 확보했다.

이에 경실련은 의제 설정 과정에서 다양한 활동을 벌이게 된다. 금융실명제에 대한 언론 보도를 살펴보면 <표 4-2>와 같다. 한국언론재단의 KINDS를 통한 5대 일간지 기사 검색 결과에서 1990년 1월 1일부터 1993년 8월 12일까지 제목에서만 118건이었고, 본문 내용까지 포함하면 총 3,101건이었다. 이러한 결과는 당시 금융실명제가 국민적 요구임과 동시에 당시 사회적인 쟁점이 되는 중요한 이슈였으며, 경실련이 당시의 사회적 요구였던 금융실명제 실시라는 국민의 요구를 정확하게 대변하고 있었음을 보여주는 것이다.

금융실명제는 경실련이 창립 초 부동산 투기 문제로 정부에 대립각을 세울 때부터 강조한 것으로 각종 정경 유착 사건이 있을 때마다 그 필요성을 강조했다. <표 4-3>은 1993년 8월 12일 발표한 정부의 금융실명제 실시안과 경실련의 안을 비교한 것으로, 정책결정에 미친 경실련의 영향력을 알 수 있다. 경실련 안이 수용됨으로써 금융실명제 실시라는 목표 달성과 함께, 제도 변화를 가져왔다는 점에서 경실련의 금융실명제 촉구운동은 완전 수용 사례에 해당된다.

표 4-3 금융실명제에 관한 경실련안(案)

항목	경실련안	정부안(정책 변환)	비고
실시 시기	금융실명제를 조속히 실시	금융거래를 실명화하는 1단계 금융실명제를 1993년 8월 12일부터 실시	
실시 원칙	금융실명제안을 먼저 실시 종합과세와 주식양도 차익 과세는 단계적으로(당분간 분리과세 후 종합과세, 부동산 양도소득세와 조화 모색)	이자·배당소득에 대한 종합과세는 1995년 소득세법을 개정해 1996년 1월부터 단계적으로 실시해 1997년 5월 종합소득세 신고. 주식 양도 차익에 대한 과세는 신경제5개년계획 기간 중에는 실시하지 않기로 함.	1차적으로 금융실명제 실시, 단계적으로 종합과세라는 경실련 안이 수용되었다는 점에서 일단은 목표 달성(입법화-정책 변환)
상속·증여세	상속·증여세-상속·증여세 부과권 소멸 기간, 생전증여의 누적 합산 기간, 증여 및 상속의 기초 공제액 등을 현실성과 과세 원칙에 비추어 재검토하고 자금 출처 소멸 방법을 구체화하고 간편화		

경실련이 정책의제 설정 단계에서 금융실명제도를 의제화하는 데 성공하게 된 요인을 구체적으로 살펴보면 다음과 같다.

첫째, 1987년 6·29선언 이후 민주화 과정의 정치적 기회구조와 공간의 확대를 들 수 있다. 1987년 6·29선언 이후 정치 체제의 개방성이라는 정치적 기회구조는 경실련이 출범·성장하게 된 배경으로 크게 작용한 요인이었으며, 구체적인 금융실명제 입법화라는 시민운동의 성공 요인은 이러한 정치적 기회구조를 전제로 한 좀 더 유동적이고 상황적인 정치적 기회공간의 요인이 더 크게 작용했다.

특히 1992년 대선을 중심으로 한 선거 국면에서의 정치적 세력 관계의 변화는 금융실명제 실시에 민감한 정치적 기회 공간으로 작용했다. 당시 김영삼 정부는 개혁 국면에서 반개혁 연합 세력의 도전이라는 위기 국면에 직면해 있었다. 이때 금융실명제를 둘러싼 김영삼 정부와 경실련의 '개혁을 위한 협력'이라는 감정적 공동체가 조성되었는데, 이는 다른 어떤 정치적 기회 공간의 요인보다 금융실명제 실시와 경실련안의 수용이라는 결과에 결정적 요인으로 작용했다.

둘째, 금융실명제 실시라는 정책 변화를 가져온 또 다른 성공 요인은 경실련의 운동 역량이 컸다는 점이다. 경실련은 당시 사회문제로의 관심 이전과 땅 투기 등이 사회문제화되었던 시점에서, 당시의 사회적 요구를 금융실명제라는 것으로 정확히 대변함으로써 쟁점화 시켰다. 이러한 경실련의 사회 현안에 대한 이슈화 능력은 곧바로 언론과 여론의 주목을 받음으로써 운동 역량을 제고해 갈 수 있는 요인이기도 했다. 또한 금융실명제 운동은 동원을 위한 전략과 동원의 횟수, 규모 등의 동원의 집중도를 통해 강한 운동 역량을 보였다. 특히 금융실명제의 경우 압력 행사 방식의 다양화와 동원의 집중성을 통해 조직의 운동 역량을 결집시킨 사례이다.

(2) 국민기초생활보장법[3]

① 정책 개요

국민기초생활보장법은 1998년 3월 참여연대가 개최한 공청회에서 국민에게 기본적인 복지 서비스의 혜택을 부여하기 위해서는, 저소득 계층 실업자에 대한 대책이 필요하다는 문제를 제기함으로써 구체화되기 시작했다. 당시 IMF 관리 체제 하에서 정부는 생활보호제도에 대한 전면적인 개편과 이에 대한 능동적 대처가 필요함에도 불구하고, 소극적인 자세만을 취하자 이에 대해 시민단체에서 문제를 제기하기 시작했다.

1998년 4월 참여연대는 기자회견을 통해 생활보호법의 전면 개정을 위한 입법청원 및 향후 저소득층 실업자들과 그 가족에 대한 생계 보장을 위한 다양한 실업 대응활동 계획을 발표했다. 또한 시민단체는 국민기초생활보장법 제정을 위해 여당과 야당에 이에 대한 대책을 요구했으며 저소득층에 대한 입법 노력을 촉구했다.

---

3) 정책의제 설정 과정에서 NGO의 역할 사례로 인용된 국민기초생활보장법은 박중훈 외(2006)에서 발췌·인용했음을 밝혀둔다.

시민단체는 1998년 정기국회에서 국민기초생활보장법을 통과시키고자 하는 노력의 일환으로 국민기초생활보장법의 통과를 촉구하는 우편엽서를 국회의원에게 발송하고 법 제정의 필요성을 담은 소책자 발간, 거리 캠페인 등의 활동을 꾸준히 진행했다. 참여연대 등의 시민단체의 노력으로 국민기초생활 이슈는 1998년 8월에 공식의제로 설정되었고, 당시 집권당이었던 국민회의가 시민단체의 입법청원안을 토대로 하여 국민기초생활보장(안)을 당론으로 확정하여 입법을 추진하기에 이르렀다.

② 정책의제 설정 과정에서 NGO의 역할

국민기초생활보장법에 대한 NGO의 문제 제기는 1998년 3월 4일 참여연대의 '긴급 제안, IMF 시대- 고실업 사태의 사회적 대안: 저소득계층 실업자를 위한 실업 부조제도의 도입'을 주제로 한 정책공청회에서 제기되었다. 이 공청회에서 참여연대는 국민복지 기본선을 확보하기 위해서는 저소득계층 실업자에 대한 대책이 필요하다는 문제 제기를 했다(참여연대 보도자료, 1998).

1998년 4월 참여연대는 기자회견을 통해 생활보호법의 전면 개정을 위한 입법 청원 및 향후 저소득층 실업자와 가족에 대한 생계 보장을 위한 대응활동 계획을 발표하고, 대량 실업을 극복하기 위한 사회안전망의 구축이 절실함을 주장했다. 이어 동년 5월 12일에는 전국 사회복지학 교수 209인이 참여한 '사회안전망 구축'을 위한 공동성명회 및 기자회견이 있었다. 참여연대가 주관한 이 모임에서 사회복지학 교수들이 역사상 처음으로 공동성명을 내고, 대량 실업에 따른 위기 극복을 위한 사회안전망 구축의 시급성을 주장했다(안병영, 2000).

1998년 7월에는 경실련, 기독교 도시빈민선교협의회 등 30여 개의 시민단체도 국회의사당 앞에서 '저소득 실직자 생활대책 수립과 기초생활보장법 제정 촉구대회'를 개최했다. 또한 공청회를 통해 완성된 국민기초생활보장법의 입법안을 한나라당 김홍신 의원을 소개 의원으로 국회에 국민기초생활보장법의 제정을 위한 입법 청원을 했다. 입법 청원의 내용은 실업 등으로 인해 빈곤 상태에 있는 국민에 대해서는 국가가 최소한의 생계 보장의 책임성을 명문화하여 생계, 의료, 주거, 자녀 교육 등 4대 기초생활을 보장하도록 하는 것이었다.

1998년 11월 11일에는 참여연대와 민주노총은 '제2의 강정우를 막기 위한 긴급토론회'를 개최했다. 이어 26일에는 명동성당에서 한국여성단체연합, 민주노총, 경실련, 참여연대 등 18개 단체가 '고용실업 대책 및 사회보장 확충 촉구대회'를 개최하여 '국민복지 권리선언'을 발표했고, 이를 청와대, 국회, 보건복지부 등 관계 기관과 언론에 전파했다.

이러한 활동을 통해 시민단체는 1998년 정기국회에서 국민기초생활보장법을 통과시키는 것을 목표로 했으며, 저소득 계층을 위한 기초생활 보장의 중요성을 알리기 위해 많은 노력을 기울였다.

시민단체는 이와같이 IMF 관리 체제로 인한 고실업 문제와 이를 극복하기 위한 사회적 비용의 문제를 최소화하기 위해서는, 국민기초생활보장법의 제정이 필요함을 주장했다. 이후 국민기초생활보장법의 국회 통과를 촉구하면서 국회의원에게 이를 알리는 엽서 보내기 활동 및 언론과 지식인 등에게 법의 제정을 알리기 위해 거리 캠페인을 전개하면서 전 국민을 대상으로 한 시민운동이 이루어졌다.

시민단체의 지속적인 법 제정 요구로 인해 국민기초생활보장법은 1998년 8월에 공식 의제로 설정되었다. 즉, 국민회의가 당 정책위원회에서 당 기초생활보장위원회가 마련한 법률안과 시민단체의 입법청원안을 토대로 국민기초생활보장(안)을 당론으로 확정하고 입법을 추진하기로 했던 것이다(김동환 · 김영래, 2004).

(3) **부패방지법**[4)]

① 정책 개요

부패방지법은 1996년 참여연대 맑은사회만들기본부의 부패방지법 입법청원을 시작으로 경실련, 반부패국민연대를 비롯한 시민단체의 부패 방지를 위한 노력의 결과라고 할 수 있다. 부패방지법 제정과 관련하여 반부패

4) 정책의제 설정 단계에서 NGO의 역할 사례로 인용된 부패방지법은 박중훈 외(2006)와 부패방지입법 시민연대(2001)에서 발췌 · 인용했음을 밝혀둔다.

개혁의 가장 중심적인 과제이자 국가 개혁의 최우선 과제로 인식하고 있던 김대중 대통령과 여당은, 야당 시절 이 법의 제정을 주요 공약으로 내세웠고 집권 후에도 수차례 국민 앞에 법의 제정을 약속한 바 있다.

당시 야당 또한 대통령 선거에서 부패방지법 제정을 공약한 바 있으며, 15대 국회의원 299명 중 244명이 이 법의 제정에 찬성하는 서약서에 서명을 하기도 했다. 그럼에도 불구하고 부패방지법은 15대 국회가 종료할 때까지도 통과되지 못한 채 사장되고 말았다.

이후 16대 국회가 개원되면서 2000년 7월에 경실련을 포함한 38개 시민단체가 연대한 '부패방지입법시민연대'를 결성했다. 이 연대는 의제설정 과정에서 부패방지법의 제정을 위한 다양한 방식 예컨대 의견서, 공청회, 논평, 시민행동 등을 통해 부패방지법의 제정 필요성을 역설했으며, 또한 시민단체안이라고 불리는 '부패방지법안'을 국회에 청원했다. 이후 2000년 12월 6일에는 한나라당 또한 '부정부패방지법안'을 국회에 제출하기에 이른다. 그 결과 국회 법사위원회에서 시민단체의 입법 청원 내용과 양당 법안을 토대로 별도의 대안을 마련하여 본회의에 상정했고, 이 대안이 2001년 6월 28일 국회 본회의에서 표결로 통과됨으로써 부패방지법이 제정되었다(박중훈 외, 2006; 부패방지입법시민연대, 2001).

② 정책의제 설정 과정에서 NGO의 역할

부패방지법이 제정되는 과정에서 경실련을 비롯한 YMCA, 반부패국민연대, 참여연대 등 38개 시민단체는 2000년 5월 '부패방지입법시민연대'를 구성하여 부패방지법과 자금세탁방지법을 16대 국회에 입법청원했다. 이 과정에서 '반부패법 연내 제정을 위한 서명운동'을 전개하는 것을 시작으로 공청회, 대(對)국민 홍보 등 법 제정을 관철시키기 위한 다양한 활동을 전개했다. 즉, 동년 7월에 '부패방지제도 입법을 위한 공청회'를 갖고 입법청원 예정인 「부패방지법」과 「자금세탁방지법」에 대한 시민단체 공동안을 발표했다(부패방지입법시민연대, 2001).

그런데 당시 시민단체가 중심이 된 부패방지법 제정에 결정적 영향을 미친 것은 노태우 비자금 사건, 1996년 한보사건, 그리고 IMF 외환위기 등이었다. 다시 말해, 이 세 사건은 권력층의 부정부패와 무능으로 촉발된 사건이라는 공통점을 가지고 있었다. 시민단체는 한국 사회의 고질적인 부패구조에 대한 여러 가지 대안 중, 부패방지법이 부패를 근절하는 총체적 방안으로 부각시키면서 이에 대한 사회적 분위기를 불러일으키게 되었다.

시민단체는 이러한 문제를 정책의제로 격상시키는 데 결정적 역할을 했다. 즉, 하나의 의제에 대한 공론장이 형성되고 이것이 시민사회 내에서 지배적 공론장의 지위를 획득하게 되었다. 이것이 다시 보편성과 연대 가능성을 보이면서 전반적인 사회의제로 격상되고, 최종적으로 정부의제로 채택되었다고 볼 수 있다(박중훈, 2006).

(4) **소액주주운동**[5)]

① 정책 개요

소액주주운동이란 소액주주들의 의결권을 모아서 소액주주의 권익을 보호하기 위한 운동이라 할 수 있다. 소액주주운동은 경영진의 전횡적인 경영을 견제하고 부실 경영에 대한 책임을 물음으로써, 소액주주들이 자신의 이익을 지켜내고자 한 운동의 대표적인 예로 볼 수 있다(장하성, 1997).

소액주주운동의 단계를 살펴보면 제1기에 해당하는 1997년부터 1999년까지는 소액주주운동이 시작되고 확대되는 시기였다. 1997년 한보철강의 부실에 따른 경제적 충격은 재벌 체제의 문제점을 드러냈고 재벌개혁의 일환으로 주총 참여, 주주대표 소송 등이 제기된다. 그래서 이 시기는 소액주주운동의 대중화 및 정책 제안의 시기라고 할 수 있다. 1998년 참여연대는 소액주주운동의 대상 기업 확대 및 국민 10주 갖기운동을 전개하여, 재벌개혁 및 지배구조 개선을 위한 소액주주운동을 국민적 운동으로 확산하기 위한 노력을 경주했다. 또한 정부정책에 대한 모니터링 및 제도개선운동에 박차를 가했다. 1999년에는 5대 재벌 대상 소액주주운동과 기업 지배구조 개선활동을 통해 기업들의 불공정거래 행위 등에 대한 대처 및 정부 대책에 대한 모니터링 활동을 강화했다.

---

5) 정책의제 설정 단계에서 NGO의 역할 사례로 인용된 소액주주운동 사례는 박중훈 외(2006)의 연구에서 발췌·인용했음을 밝혀둔다.

제2기는 2000년부터 2001년까지의 기간으로 2000년에는 증권 관련 집단소송제도 도입과 관련된 입법활동을 본격적으로 시작했다. 또한 편법 증여 및 경영권 승계 반대운동을 전개했으며, 집중투표제 의무화와 증권집단소송제도 도입을 위한 입법운동 및 정책 모니터 활동을 펼쳐나가기 시작했다. 2001년에는 개별 기업에 대한 소액주주운동을 통해 편법적 경영권 승계 저지와 정부의 재벌개혁 정책 후퇴를 막는 노력을 기울였다.

제3기는 2002년부터 2003년까지의 기간으로 경제민주화운동의 확장과 심화 시기로 금융기관 및 5대 재벌 이외의 재벌로 운동을 확장했다. 기존의 기업에 국한하지 않고 대상 기업을 탄력적으로 확대하고 지속적인 활동을 펼쳐나가기 시작했다(박중훈, 2006).

② 정책의제 설정 단계에서 NGO의 역할

참여연대는 1997년 한보사태와 관련한 전·현직 은행감독원장 및 은행장들을 고발했다. 동시에 제일은행 소액주주를 모집하는 캠페인을 전개해 14만 1,471주를 위임받아 주총에 참가하여 소액주주의 권리에 대해 사회적 인식을 환기시키는 계기를 갖게 된다. 제일은행 주총회의 결과, 취소소송 승소, 그리고 사법제도를 통한 사후적 개입이지만 이후 기업 관련 지배구조 개선에 관한 정책을 형성하는 중요한 사건이 되었다.

증권집단소송제도는 증권시장의 불법행위에 대한 구제 수단으로서의 역할뿐만 아니라 사전적 예방 효과와 재벌의 지배구조 개선을 위한 수단으로 인식되어 참여연대를 비롯한 시민단체는 증권집단소송제도의 도입을 촉구하는 성명서 발표와 서명운동을 벌이기 시작했다. 2000년 6월부터 참여연대는 국회의원을 대상으로 제도개선운동을 벌이면서 국회 정부위원회와 재경위, 법사위 소속 의원들과의 간담회를 추진하여 이 자리에서 금융지주회사제, 증권집단소송제, 상법과 증권거래법상의 기업 지배구조 관련 제도에 관한 의견을 전달했다.

이후 2000년 9월과 10월에는 국회에 관련 법 개정을 청원하며 입법운동을 벌여나가기 시작했으며, 입법을 위한 청원 소개 의원을 확보하고 법사위와 정무위, 재경위 등의 국회의원을 중심으로 면담을 진행하면서 법 제정을 촉구했다. 이를 통해 27명의 의원 협조를 얻어 2000년 10월 16일에는 입법청원안을 국회에 제출하게 된다. 입법기관에 대한 법 제정 촉구 노력뿐만 아니라 정부를 상대로 제도 도입의 필요성을 설명하고 정부가 제도 도입에 나서줄 것을 촉구했으며 정책 과정 관련자들은 국회, 정부, 대통령의 입장을 지속적으로 모니터링했다.

또한 법의 도입을 위해 사이버 캠페인 사이트를 운영하여 증권집단소송제도와 관련된 여론 형성을 위한 노력을 했다. 참여연대의 입법청원 이후, 국회 법사위는 전체회의를 통해 참여연대안의 청원안과 의원발의안을 안건으로 상정하고 공청회를 개최한다는 결정만 내리고 의사일정을 마쳤다. 그런데 이것은 정부가 법안을 제출할 때까지 법안 심의를 하지 않겠다는 의사를 표명한 것이다. 이에 참여연대는 정부의 법안 제출 여부와는 별도로 국회에서 법안 심의를 촉구하면서 지속적인 입법운동을 해나갔다.

법안 심의는 다음 회기로 넘어갔지만 2001년 4월 법안 심의를 촉구하는 공문을 보내어 정책 과정에서 증권집단소송제도가 배제되지 않도록 노력했으며, 지속적으로 언론을 통해 재벌 개혁과 관련한 정책으로 증권집단소송제도의 도입을 강조했다(박중훈, 2006).

2 정책결정 과정에서 NGO

1) 정책결정의 개념과 과정

(1) 정책결정의 개념

정책결정(policy making)이란 정부의 정책결정기관이 현재와 미래의 문제를 해결하기 위해 주요한 행동지침을 결정하는 것을 의미한다. 따라서 정책결정은 국가의 목적이나 공익을 실현하기 위한 주요 방침을 결정하는 것으로서, 복잡하고 동태적인 과정을 거쳐 최선의 행동 대안을 선택하는 행위라고 할 수 있다. 즉, 문제 해결 및 변화 유도를 위한 공적 수단으로서 미래에 관한 정부의 제반 활동 지침을 만들어 내는 과정이다(최봉기, 2008).

정책결정을 어떻게 볼 것인가에 대한 문제는 연구의 목적이나 관점에 따라 또는 학자마다 정의하는 바가 다양하다. 예컨대 케이든(Gerald E. Caiden)은 정책결정을 사회적 문제를 공적으로 해결하는 일반적 방향의 결정이라고 했으며, 드로(Yehezkel Dror)는 다양한 인자가 상이한 작용을 하는 복잡한 동태적인 과정으로서, 주로 정부기관에 의해 장래의 활동지침을 결정하는 것을 목적으로 한다고 정의했다. 따라서 정책결정은 어떤 문제해결을 위해 정부기관이 장래의 주요 행동 지침을 결정하는 매우 복잡하고 동태적인 과정이라 할 수 있다(이종수 외, 2008).

(2) 정책결정의 과정

정책결정 과정은 정책의제 설정 단계가 이루어진 후, 정책목표의 설정 ⇒ 대안의 탐색 ⇒ 모형의 설정 ⇒ 결과의 예측 ⇒ 결과의 평가 ⇒ 최선의 대안 선택 단계로 이루어진다(이종수 외, 2008).

① 정책목표의 설정

정책의제가 설정된 이후에는 구체적이고 명료한 목표가 설정되어야 한다. 이러한 목표는 정책결정과 집행을 통해 달성하려고 하는 바람직한 최종 상태로서, 각종 대안의 탐색 및 분석의 준거가 될 뿐만 아니라 결정과 집행, 그리고 평가의 기준이 되기도 한다. 또한 목표 설정을 둘러싸고 이해관계자 간에 갈등이 발생하게 된다. 목표 설정에는 가급적 대상집단을 참여시킬 것이 요구되고 정책 논리에 바탕을 두어야 한다.

② 대안의 탐색

목표가 설정되고 난 다음에는 목표 달성을 위해 여러 가지 대안을 찾아 상호간의 비교 분석을 위한 목록을 작성해야 한다. 가능한 모든 대안의 탐색이 가장 이상적이겠지만, 현실적인 여건으로 인해 많은 어려움이 수반된다.

③ 모형의 설정

대안이 집행되었을 경우 나타날 미래의 영향을 평가하기 위해서는 분석대상이 되는 체제의 특징과 관련 요인 간의 관계를 규정하는 것이 필요하다. 왜냐하면 실제 상황은 매우 복잡한 요소가 서로 얽혀 있기 때문에 이의 요인과 결과 및 분석이 어렵기 때문이다.

④ 결과의 예측

각 대안이 가져오게 될 결과를 모형에 입각하여 계약적으로 측정하는 단계이다. 결과를 예측하는 단계를 다시 세분해 보면 다음과 같다. 즉, 첫 단계에서는 어떤 결과가 나타날 것인가에 대한 예측과 두 번째 단계에서는 예측 결과가 일어날 확률을 구하는 것이 그것이다.

⑤ 결과의 평가

발생할 사태가 얼마나 바람직한가를 평가하는 단계로서, 계량적인 측정치에 입각하여 사회 현실의 여건을 감안해야 한다.

⑥ 최선의 대안 선택

이 단계에 이르면 모든 결과에 대한 종합평가가 이루어지고, 그에 따라 최선의 대안을 선택한다.

2) 정책결정 과정에서 NGO의 역할

정책의제로 채택된 정책 이슈를 해결하기 위한 정책결정 활동은 통상적으로 정부기관의 고유한 업무라고 할 수 있다. 그렇지만 현실적으로 정책결정 단계에서는 공식적인 참여자 외에도 다양한 비공식 참여자가 중요한 역할을 수행한다. 이때 비공식 참여자로는 이익집단, 정당, 일반 국민, 여론, 언론매체 등을 들 수 있는데, NGO도 비공식 참여자로서 정책결정에 참여하게 된다(김동환·김영래, 2004).

정책결정 단계에서 일반 국민이 정책결정에 참여하는 방법에는 여러 가지 측면이 있기는 하지만, 이들은 대체로 간접적인 방법이며 현실적으로 많은 한계가 있다. 따라서 일반 국민을 대신하여 NGO가 여러 가지 문제를 해결하기 위해 직접적으로 정책결정 과정에 관여하게 된다. 그 이유는 시민단체는 확산과 진입에 있어 일반 국민보다 우월한 입장에 있기 때문으로, NGO가 일반 국민보다 여론의 형성이나 언론매체를 활용하는 데 더 용이함을 의미한다.

특히 NGO는 고도의 전문적인 지식과 활동 경험을 바탕으로 독자적인 기획이나 정책대안의 제시도 가능하며, 정부도 나름대로 행정적으로 실현 가능한 해결책을 제시하여 상호 협의하는 대상으로 NGO를 선호하기도 한다. NGO는 이러한 일련의 과정을 통해 자신의 의견이 반영되도록 공식적 정책결정 과정에 참여하기도 하고, 해당 정부기관과 협의 및 설득, 그리고 반대하거나 다양한 방법으로 영향력을 행사하기도 한다(김렬 외, 2003).

NGO는 대통령이나 국회의원과 같은 공식적 참여자들이 그들의 존립 기반을 위해 국민의 투표 결과에 크게 의존하며, 여론에 민감하다는 것을 알고 있다. 또한 여론을 형성하는 데 라디오나 텔레비전 또는 신문과 같은 대중매체가 매우 강한 영향력을 미친다는 것을 잘 알고 있기 때문에 이 같은 매체들을 적절하게 이용하기도 한다. 이러한 이유로 NGO는 정책결정에 강력한 영향력을 미치고 있으며, 여론과 언론매체를 다양하게 활용하면서 영향력을 극대화한다.

이와같이 NGO가 정책결정에 영향을 미침으로써 NGO는 정책결정이 첫째, 사회에서 무엇이 잘못되어 있고, 그 원인이 무엇인가 견해를 밝힐 수 있다. 둘째, 문제에 대한 예측 또는 해결책으로 바람직한 청사진을 제시할 수 있다. 셋째, 사회의 지배적인 가치와 사회운동이 추구하는 가치를 연결시킴으로써, 공익집단의 활동을 통해 정책 방향의 정당성을 확보할 수 있다는 점에서 의미를 지닌다(김영평, 1995).

정책결정 과정에서 NGO의 정책 참여 형태는 매우 다양한데 대체적으로 공식적 참여, 비공식적 참여, 비합법적 참여로 구분한다(김수석 외, 2002).

첫째, 공식적 정책 참여는 NGO의 정책 과정에의 참여가 법적 혹은 제도적으로 보장되도록 하여, NGO가 참여자의 하나로 직접 정책 과정의 파트너로 참여하는 것을 의미한다. 이와 같은 공식적 참여는 정책결정 과정에서 가장 빈번하게 발생하는 것으로, 주로 민감한 이슈를 다룰 때 등장하는 경향이 많다. 문제의 사안이 국민이나 정책 대상집단에 매우 민감하게 작용하는 경우, 관료나 의회의원의 독자적 결정이 부담스러울 때가 있다. 이러한 경우 NGO를 제도적 장치에 참여시켜 위험 부담을 줄이고자 사용하는 방법이다.

둘째, 비공식적 참여는 NGO가 정부의 정책결정에 다양한 경로를 통해 간접적으로 참여해 영향을 미치는 것을 말한다. 이러한 경우 주로 문제 인식, 의제 설정, 정책결정·집행·평가 과정에 민간단체의 장 또는 대표가 정책결정기구나 정책결정권자에게 비공식적으로 의견을 개진하는 수준의 참여를 의미한다. 예를 들어 NGO가 직접 해당 의회 의원을 상대로 의견을 개진하거나, 관료를 상대로 의견을 사적으로 개진하여 정책에 의사를 반영하는 것이 일반적인 비공식적 참여 형태이다.

셋째, 비합법적 참여는 넓게 보면 비공식적 참여의 형태에 속하지만, 비

중요 이슈 **인천 가톨릭환경연대, 경인운하 건설 반대 앞장**

지난 해 8월, 인천지역 환경단체들을 경악시킨 사건이 발생했다. 건설교통부가 인천 송도지구 수해를 예방한다는 명목으로 굴포천 방수로 공사를 시작했던 것. 환경단체들은 정부가 시민들의 반발로 중단했던 경인운하 건설사업을 편법으로 재개한 것으로 보았다.

가톨릭환경연대는 같은 해 10월 서울과 인천의 환경단체들과 함께 '경인운하 건설 반대를 위한 수도권 공동대책위원회'를 꾸렸다.

격렬한 반대운동이 벌어졌고 회원들은 공사 현장의 5m 철골 구조물에 올라가 농성을 벌였다.

따가운 한낮 햇살과 새벽녘 추위와 싸운 지 20여 일. 마침내 방수로 공사가 경인운하와 무관하다는 공식 입장과 함께 경인운하에 대한 환경영향평가를 다시 실시하겠다는 정부의 약속을 받아냈다.

환경연대는 요즘 인천 녹지축 살리기운동에 힘을 쏟고 있다.

계양산에서 문학산을 거쳐 S자 형태로 이어지는 남북 녹지축을 되살리기 위해 시민 설문조사와 인천시 녹지조례 제정을 위한 공청회를 마쳤다.

권창식 사무차장은 "인천이 '떠나고 싶은 도시 1위'의 오명을 떨쳐내려면 시민 스스로 도시환경을 바꿔 나가려는 적극성이 필요하다"면서 "시민을 대상으로 한 환경강좌와 체험 프로그램을 확대할 것"이라고 밝혔다.

(자료: 서울신문, 2002년 7월 30일에서 발췌)

【토론 주제】

1. 이상의 기사는 인천지역 시민단체의 정책 참여로 지역의 정책 변화를 가져온 사례들이다. 지역NGO가 정책 참여의 결과로 정책 변화를 유도한 사례를 조사해 보시오.
2. NGO의 참여 중 공식적 참여와 비공식적 참여, 비합법적 참여가 정책에 미치는 영향력에 대해 토론해 보시오.

합법적 참여는 법의 범주를 벗어난 것으로 여론 동원과 정책결정자의 주의를 환기시키기 위한 불법적 운동이나 시위 등 집단행동을 통한 참여를 의미한다. 비합법적 참여는 자신들의 이익을 지키기 위해 공통적 인식의 기초 위에 비합법적인 운동이나 시위를 하는 것으로, 주로 정책문제의 인식이 정책담당과 달라서 정책담당기관이 문제의 중요성을 인식하지 못한다고 편단되거나 비공식적 통로를 통해 의견을 전달했음에도 대응이 없는 경우에 비합법적 참여가 이루어진다. 이러한 참여는 비합법적이지만 여론을 환기시킴으로써 정책 당국의 대응을 촉구하기 위한 유효한 수단으로 활용된다.

정책결정 과정에서 NGO가 성공적으로 영향력을 행사하기 위해 갖추어야 할 조건이나 요건으로는 첫째, 풍부한 인적·조직적 자원을 들 수 있다. 이는 정책결정에의 영향력 행사 여부를 결정짓는 가장 중요한 요인으로, 이익집단이 가용 혹은 동원할 수 있는 자원의 정도를 의미한다. 둘째, 정치적 기회구조의 요인을 들 수 있다. 이는 개인이건 집단이건 사회적 행위 주체들은 완전히 독립적으로 존재할 수도 없으며 언제나 자율적으로 행동할 수 있는 것도 아니라는 측면에서, 정치적 기회구조는 어떤 식으로든지 주변 환경의 영향을 받기 마련이다(김영호, 2002).

3) 정책결정 과정에서 NGO 역할 사례

(1) 의약분업[6]

① 정책 개요

의약분업정책은 1998년에 김대중 정부가 출범하면서 추진되었다. 의약분업정책은 1963년 약사법 개정 이후 이익집단 간의 대립으로 인해, 의(醫)와 약(藥)을 분리시키려는 시도는 이루어지지 못하고 있었다. 그러나 정치적 환경 변화와 제도적 요인의 변화를 배경으로 의약분업정책이 본격적으로 다루어지게 되었다.

특징적인 정치환경의 변화는 새로운 정부의 출범을 통해 정책 추진의 전

6) 정책결정 과정에서 인용된 의약분업 사례는 안병철(2002b)의 논문에서 발췌·인용했음을 밝혀둔다.

환점을 맞게 된 것을 들 수 있다. 1997년 12월 김대중 대통령 후보는 의약분업의 정책적 추진을 공약으로 제시했다. 이에 김대중 정부는 신정부에서 추진할 100대 국정과제로 의약분업정책을 포함시키게 된 것이다. 이와 함께 의약분업정책을 추진하게 된 또 다른 배경으로, 1993년 약사회와 한의사회 간에 있었던 한약조제권을 둘러싼 분쟁을 들 수 있다. 이 과정에서 대안으로 제시된 것이 의약분업이었다. 의약분업의 주된 내용은 의사와 약사의 직무를 재조정하는 것이었다.

그러나 문제는 당시 이해당사자인 의사와 약사는 현재의 업무 행태에 대한 문제를 제대로 인식하고 있지 않았다는 것으로 그 이유는 현행 유지가 이들의 이익 창출에 별로 지장이 없었기 때문이다. 예를 들어 의사는 약의 조제와 선택권을 행사하면서 제약회사로부터 경제적 편익을 얻고 있었고, 약사 역시 한국에서만 독특하게 존재하던 소위 임의조제권이라는 권리를 갖고 있었기 때문에 의약분업을 실현하려는 의지나 노력도 없었다.

게다가 의약 일치의 역사적 관행 속에서 의약품의 오남용으로 가장 심각한 피해를 받고 있던 의료 소비자도 그동안 관행에 익숙해져서 문제를 심각하게 생각하지 않았다. 따라서 이 문제는 크게 사회적으로 관심을 환기시킬 요인이 없었다. 이러한 상황 속에서 의약분업의 추진은 획기적인 의료개혁 정책일 수밖에 없었다(안병철, 2002b). 그 결과 정책의 추진은 곧 이해관계자인 양 이익집단, 즉 의사협회와 약사협회가 각각의 이익 극대화를 위한 투쟁 형태로 나타날 수밖에 없는 상황이었다.

② 정책결정 단계에서 NGO의 역할

시민단체가 보건의료정책에 영향력을 행사하기 시작한 것은 1989년에 시작된 의료보험 통합정책에 대한 논쟁 때부터였다. 이후 1993년에 있었던 한약조제권 분쟁에서도 시민단체가 개입하여 이익 갈등의 조정자로서 문제해결을 시도했으나, 그것은 조직적 준비를 거친 개입이라기보다는 조직지도자의 개인적 참여 수준에 머물렀던 것으로 평가할 수 있다.

이후 1996년에도 국무총리 산하 기구인 의료개혁위원회에 시민단체가 참여하여 의사결정에 일정한 역할을 했으나, 이것은 정부가 주도하는 정책

입안 과정에서 의견 수렴 차원으로서 시민단체가 참여한 것이지 조직적 참여로 보기에는 한계가 있었다. 이처럼 간헐적인 참여 수준에 불과했던 NGO가 의약분업 문제에서 정책 입안을 주도한 것은, 보건의료정책 문제에서 새로운 시도라고 할 수 있다(조병희, 2000).

중요 이슈 **[사설] 시민단체도 견제와 경쟁이 중요하다**

시민단체가 정부와 밀착해 권력 감시 기능에서 멀어지고 도덕성과 개혁의 정의 기준을 독점하여 스스로 권력화하고 있다는 비판이 나오고 있다. 그제 '바른 사회를 위한 시민회의' 주최 심포지엄에서는 우리 시민단체가 한국 정치의 부실함에서 비롯된 반사 이익과 소수 정권의 정치력 보강 차원의 지원에 기대어 '거품 성장'을 했다는 비판이 나왔다. 우리는 이 학자의 시민운동 평가 절하 발언에는 동의하지 않는다. 그러나 압축적 고성장을 이뤄낸 지금, 시민운동에도 견제 세력과 다원화가 필요하다는 지적에는 동감한다.

1987년 6월항쟁 이후 본격화한 시민운동은 민권, 환경, 소비자, 여성 분야 등에서 시민의 권리 증진에 커다란 기여를 했다. 여기에는 단순한 거품보다는 민주화운동 과정에서 축적된 리더십과 도덕성, 시대정신에 부합한 어젠다 설정, 폭넓은 국민의 지지 등이 바탕이 됐다고 우리는 본다. 참여정부 이후 두드러진 시민단체의 정부 정책결정 과정 참여 역시 권력의 분산 관점에서 비판만 할 사안은 아니다.

그러나 2000년 총선연대의 낙천낙선운동, 천성산 터널 공사 중단 등에서 보듯 합법적 수단을 넘어선 과격성, 근본주의적 배타성 등은 언제까지나 용인될 수 있는 방법은 아니다. 시민단체의 기능은 민주적 절차에 의한 다양한 의견 수렴에 있기 때문이다. 또한 몇몇 지도자에 의해 이끌리는 '시민 없는 시민운동', 진보주의에 편중된 이념적 색채 등도 바람직하지 않다고 본다. 다양한 국민 의사 대의 기능을 하지 못하기 때문이다. 우리가 보수 시각의 뉴라이트 운동의 등장을 주목하는 이유이다.

시민운동은 더욱 전문화되고 다원화되어야 한다. 서로 비판하고 견제하는 가운데 우리의 정책 역량은 높아질 것이다. (자료: 서울신문, 2005년 3월 12일에서 발췌)

【토론 주제】

1. 시민단체의 수적인 성장과 함께, 분야별로 세분화되어 더욱 다양해지고 있다. 이러한 시민단체에 요구되는 덕목은 무엇인지에 대해 토론해 보시오.
2. 시민단체가 세분화되면서 전문성을 확보하는 것이 무엇보다 중요해졌다. 이러한 전문성을 강화하기 위해 시민단체가 취할 수 있는 대안에 대해 토론해 보시오.
3. 정책의제 설정 과정에 참여하는 NGO의 행동 유형이 경우에 따라서는 매우 폭력적으로 보일 때가 있다. 이러한 경우 국민들로부터 지지를 얻기 어려운데, 이를 위한 대안에 대해 토론해 보시오.

시민단체가 의약분업 정책결정 과정에 개입하게 된 배경은 구체적으로 이러했다. 정부의 의약분업 추진 내용이 미진하고 의사회와 약사회가 합의를 얻는 데 실패했다는 점과, 이로써 의사회와 약사회가 각각 국회를 상대로 분업 실시 연기를 청원하여 사실상 의약 분업 실시를 원하지 않는다는 것으로 결론을 맺으려 했기 때문이다. 이에 시민단체는 의약분업 문제에 개입하기 시작했으며, 다양한 영향력을 행사하기 시작했다(안병철, 2002b).

즉, 1998년 5월에 정부가 분업추진협의회를 구성한 이후 사실상의 의약분업안인 제4차 회의 결과가 나올 때까지, 시민단체는 의약분업 문제에 대해 어떠한 공식적 태도 표명도 하지 않았다. 그러나 시민단체는 의약분업이 확실하게 실시되지 않고는 우리나라 보건의료제도의 혼란상을 극복하여 이를 선진화시키는 것이 절대로 불가능하다는 판단에 따라 1998년 9월 15일 의약분업안 개정 촉구 성명서를 발표함으로써 공식 입장을 표명했다. 그 내용은 예정대로 1999년 7월 1일 의약분업을 실시해야 한다는 정책 실시의 당위성에 대한 주장이었다. 이것이 정부의 의약분업정책 추진에 따른 NGO들의 대외적인 첫 번째 입장 표명이었다.

그러나 시민단체의 입장 표명 이후에도 의약분업과 관련하여 이익집단의 이해 대립은 계속되었고, 결국 이익집단이 국회를 상대로 의약분업 연기를 시도함에 따라 분업 실시가 무산될 위기에 처하게 된다. 이에 시민단체는 적극적인 대응을 하게 되는데, 그 중의 하나가 의료계의 약가 비리문제를 언론을 통해 사회 이슈화한 것이다(참여연대, 1998. 11. 12). 이것은 의약분업에 대한 전 국민의 관심을 불러일으킨 계기가 되었으며, 향후 시민단체가 의약분업 정책결정 과정에 적극적으로 개입하게 된 촉발 기제로 작용했다.[7]

---

7) 이들의 약가 비리문제에 관한 입장은 다음과 같았다. "보험약가와 실거래가 더 높게 책정된 것은 보험약가를 당사자인 제약협회가 결정하도록 되어 있는 현재의 보험약가 결정구조에 근본적인 원인이 있다. 보험약가는 곧바로 보험재정 지출로 연결된다는 점에서 업계에서 자율적으로 결정하는 표준 소매가와는 달리 국가가 적정한 이윤을 조장하는 선에서 공공성에 기초하여 결정해야 함에도 불구하고 업계에 일임하여 박대한 부당 이익을 보장하고 보험재정의 손실을 초래한 것은 정부 주무관청인 보건복지부의 직무 유기이다. 1981년부터 제약협회 산하 의료보험약가 심사위원회에서 보험약가를 결정해 왔다는 점

시민단체의 약가 비리 폭로 이후 이 문제가 사회 이슈화되자 의약분업 문제에 대한 국민적 관심은 폭발적으로 증가하게 되었고, 정책 추진의 주도권은 정부에서 당시 집권 여당인 국민회의로 전환되었다. 그러나 약가 비리의 폭로는 정책문제의 성격 자체를 변화시키고 복잡한 양상을 유도하게 된다. 정부 대신 주도권을 갖게 된 국민회의도 진전을 하지 못하다가 결국 의약분업 실시는 연기되었다.

다만 이때 의약분업을 연기하면서 의사회와 약사회는 시민단체와 함께 2개월 이내에 합의안을 도출한다는 전제 조건을 설정했다. 이 전제 조건을 바탕으로 시민단체는 본격적으로 의약분업 문제에 개입하게 된다. 하지만 이러한 외부적인 조건에도 불구하고 중요한 사실은 의약분업의 준비를 양 단체와 정부에만 맡겨두었을 때. 지금까지의 전례를 비추어볼 때 그 실현이 담보되기 어려울 것이라는 인식이 지배적이었다(시민단체, 2000).

NGO의 이러한 본격적 개입은 비록 외부적 환경 변화에 따른 것이지만 정책주도권(policy initiative)을 행사할 수 있는 계기가 마련된 것이다. 정책주도권의 확보는 정책결정 게임의 향방을 결정하기 때문에 NGO가 정책 영향력을 행사하는 데 핵심적 영향 변수이다.

실제로 정책결정 과정의 초기 단계에서 각각의 NGO는 정책조언자 혹은 비판자로서 그 역할을 수행했고, 대응 행동도 각 NGO의 개별적 수준(경실련/참여연대/소시모)에 한정했다. 그러나 정책결정 과정에서 정책주도권을 확보한 이후에는 일반적 참여 수준을 벗어나, 정책결정 과정에 적극 개입하여 주도적 역할을 수행하게 된 것이다. 따라서 정책결정 과정에서 NGO가 영향력을 행사하는 전략 중 조직 간의 연합 형성으로서 시민대책위원회를 구성하고, 그동안 정책참여자인 정부, 이익집단, 보건복지위원회에 대해 강력한 비판을 전개해 나갔다.

그 결과 정책결정 과정에서 제기된 시민단체의 주장은 다음과 같았다. 먼저 보건복지부에 대해서는 정부의 정책담당 주체로서 능력 부족을 비판

에서 지난 20년간 부풀려진 보험약가로 인해 의료보험의 재정 손실 규모는 수십조에 이를 것으로 추정된다."

했고, 국회 보건복지위원회는 이익단체의 대변자적 행태로 국회의원이 본분을 망각하고 있다고 비판했다. 또한 의약계는 비현실적인 요구를 통해 의약분업을 유명무실하게 만들고 있다고 비판했다.

한편 시민단체는 역량을 강화하기 위해 조직들 간 연합을 형성하여 공동으로 문제를 해결할 목적으로 '의약분업 실현을 위한 시민대책위원회'를 조직한다(홍성만, 2000). 이 시민대책위원회에 참여한 단체는 경실련, 참여연대, YMCA, 녹색소비자연대, 한국소비자연맹 등으로 한국 사회에서 시민운동을 대표하는, 공공 부문이나 이익집단에 영향력을 행사할 수 있는 단체들이었다.

시민대책위원회가 구성된 이후 대책위원회는 의약분업 모형을 도출하기 위해 토론회와 공청회 등을 개최했다. 1차 토론회는 1999년 3월 30일 개최되었는데, 각 단체의 입장을 개진하는 수준으로 마무리되었다. 이후 2차와 3차 토론회에서도 합의를 위한 토론이 이루어지기보다는 지속적으로 자신들의 입장을 반복 주장하는 토론이 지속되었다. 이에 따라 대책위는 이해갈등의 조정을 위해 1999년 4월 22일에 공청회를 개최하고, 시민대책위원회 나름의 의약분업정책 초안을 발표하기에 이른다.[8)]

시민대책위원회가 제시한 정책안은 의약분업 대상에서 병원과 주사제를 포함했는데, 이 같은 이유는 의사회와 약사회의 이해 갈등을 조정하고 의료 소비자의 권리를 최대한 확보하려는 의도에서였다. 의약분업 과정에서 정부는 정책결정에 대한 권한은 정부에 있다는 것을 강조하며 다른 행위자의 의견을 수용하지 않는 자세를 유지했지만, 결국 1999년 5월 10일 시민단체 합의안을 적극 수용할 방침을 천명하게 된다. 이는 정책결정자인 보

---

8) 당시 시민대책위원회가 제시한 정책대안의 내용을 살펴보면 다음과 같다. ① 분업 대상기관: 모든 병의원을 대상으로 하고, 의료기관 외래조제실을 폐쇄하기로 한다. ② 대상의약품은 두 개의 대안이 제시되었다. 제1안은 주사제를 포함하되 일부 주사제(운반, 보관의 안전성)는 제외로 하는 안, 제2안은 주사제를 제외하되 경구약제 우선 원칙으로 의료보험 심사 평가 기준을 대폭 강화한다. ③ 처방과 조제 방식은 상품명과 일반형 처방을 병용하고, 약효 동등성 확보를 전제로 대체조제를 전면 허용하고, 지역의약분업협의회에서 상용 의약품과 대체조제 의약품에 대해 협의하기로 한다. ④ 일반의약품 판매 방식은 소분 판매 금지와 PTP 포장 및 포일(foil) 포장 판매를 허용하는 등의 골자로 되어 있다(시민대책위원회 의약분업 초안, 1999. 4. 22).

건복지부로서 정책의 주도권을 상실했다는 문제를 안고 있었지만, 의약분업이 전 국민의 관심사인 상황이었고 어려운 과정을 통해 합의안이 도출된 만큼 거부할 수 없었다는 것을 그 이유로 들 수 있다. 이후 보건복지부는 구체적인 정책 입안을 준비하기 위해, 그동안 수동적 역할에서 탈피하여 능동적인 역할을 하게 되는데 의약분업 실행위원회의 구성이 그것이었다.

이상으로 정책결정 과정에서 취한 NGO의 대응 행동을 정리하면 <표 4-4>와 같다.

표 4-4 정책결정 과정에서 NGO의 대응 행동

개입 수준	대응 행동	주요 내용	NGO 단체
제1단계 (1998.9~1999.2)	성명서 발표(1998. 9. 15)	의약분업 실시	경실련, 소시모, YMCA, 한소연맹
	홍보물 배포(1998. 10)	완전 의약분업	소시모, YMCA, 한국소비연맹
	대언론홍보전략(1998. 11. 12)	약가비리 폭로 기자회견	참여연대
	분업 연기 반대 기자회견(1998. 11. 26)	분업 연기 반대	경실련, 참여연대, 한국소비자연맹, 인의협, 건강약사회, 건강치과회 14개 단체
	국회의원들에게 편지쓰기 (1998. 11. 30)	직능 이해관계에 따른 분업 결정 반대	경실련
	긴급호소문 발표 (1998. 12. 11)	의업 연기 철회 요청	경실련, 참여연대
	헌법소원(1998. 12. 16)	상임위 배분에 대한 국회법 위반	참여연대
	국회공청회(1999. 1. 4)	의약분업 실시	참여연대, 전문가집단
제2단계 (1999.3~1999.8)	조직 간 연합 형성 (1999. 3. 30)	분업안 중재	경실련, 참여연대, YMCA, 소비자연명, 녹색소비자연맹
	공청회/토론회(1999. 4~5. 8)	협상과 조정	시민대책위원회
	최종안 도출(1999. 5. 10)	조정과 밀어붙이기	시민대책위원회
	정부의 압력 행사(1999. 5. 12)	대정부 압력	시민대책위원회
	분업실행위원회 참여 (1999. 7. 2)	시민단체 합의안 구체화	시민대책위 관계자(경실련, 참여연대, 녹색연맹 소시모, YMCA), 인의협

(2) 국민기초생활보장법

① 정책 개요

국민기초생활보장법은 1999년 8월 제정된 것으로 기존의 저소득층에 대해 단순한 시혜적 보호 차원의 생활보호제도에서, 저소득층 국민의 생활에 대한 국가의 책임을 강화하고, 이러한 공공부조가 권리성인 급여로 전환됨에 큰 의미를 부여하고 있다. 즉, 수급권자의 권리를 부각하고 빈곤에 대한 사회적 책임을 강조하고 있으며, 소득공제율제도 등을 통해 수급권자에게 근로 의욕을 고취시켜 생산활동에 능동적으로 참여하도록 유도하는 생산적 복지의 실현에 법 제정 의의가 있다.

다시 말해, 기존 생활보호제도에서는 저소득층에 대한 보호가 시혜적인 의미로 빈곤에 대한 개인책임주의 원칙에 기반하고 있었다. 그래서 기존의 제도가 구빈법적인 성격의 전근대적인 형태였다면, 국민기초생활보장제도는 생활보호제도의 보호 개념에서 보장의 개념으로 기본 개념이 수정된 형태라고 할 수 있다.

② 정책결정 단계에서 NGO의 역할

국민기초생활보장법은 정책의제 설정 단계부터 법안 통과에 이르기까지 NGO가 주도적인 역할을 담당했다(문진영, 2001). 1999년 3월 '국민기초생활법 제정추진 연대회의(이하 연대회의)'는 주요 시민단체에 의해 법 제정을 위한 전국적인 범국민운동을 조직적으로 전개할 목적으로 구성되었다.

그러나 시민단체는 정책결정 단계 이전인 의제설정 단계 때부터 가능한 빠른 시간 내에 국민기초생활보장법이 국회를 통과할 수 있도록 노력했으며, 법안 내용의 충실한 구성에도 관심을 집중하고 있었다. 그러나 국민기초생활보장법은 법안심사소위원회에서 심의만을 마친 채 정부로부터 심의보류라는 요청을 받게 되었다. 국민기초생활보장법안이 1998년 12월에 국회 보건복지의 법안심사소위를 통과했음에도 불구하고, 정부가 '복지병' 등을 이유로 상임위 통과 유보를 요청하여 법 제정이 지연된 것이다.

이에 따라 1998년 당시의 정기국회에 대해서는 더 이상 기대할 것이 없는 상황에서, 시민단체는 사회안전망을 구축하기 위한 상설 연대 기구를 발족시키기에 이른 것이다. 1999년 3월 4일 경실련, 참여연대, 민주노총, 의보연대회의, 종교사회복지대표자회의 등 28개 관련 시민사회단체는 '국민기초생활보장법 제정추진 연대회의(약칭 연대회의)'를 발족시켰다. 그리고 연대회의는 1999년 정기국회 하반기에 국민기초생활보장법을 통과시키고자 구체적인 활동계획을 세우게 된다.

구체적 활동을 위해 내부 조직을 구축하는 한편, 발족식과 공식 기자회견 등을 통해 이슈를 공론화하는 데 앞장서게 된다. 이어 연대회의는 일반국민의 정치적 지지를 확보하기 위한 대중 동원운동과 고위 정책결정자에 대한 지지 기반을 확보하기 위한 상층부 운동도 병행하여 진행했다. 또한 국민의 생존권 보장과 사회안전망 구축을 위한 구체적인 사업계획도 병행하게 된다.

연대회의는 1999년 3월 17일 '국민기초생활보장법 제정의 쟁점과 전망'이라는 제목으로 국회의원회관에서 공청회를 개최했으며, 법 제정의 필요성과 구체적 시행 방안을 제시했다. 1999년 4월 이후 연대회의의 조직활동은 더욱 본격화되기 시작했는데, 연대회의는 단체별로 성명서를 발표하기 시작함으로써 국민기초생활보장법 제정을 촉구했다. 여기에 전국의 44개에 달하는 시민, 노동, 종교, 사회단체가 일제히 단체별로 성명서를 발표했고, 국무총리실, 국회보건복지위원회 위원들, 여야 총재, 3당 정책위의장 등에 팩스로 법 제정을 촉구하기도 했다. 이어 1999년 5월에는 연대회의의 권고에 따라 종교계 지도자들도 국민기초생활보장법의 조속한 제정을 촉구하는 성명을 발표하게 되었다.

이러한 과정에서 그동안 정책결정권자의 관심권 밖에 머물고 있던 국민기초생활보장법 제정운동은 1999년 6월 21일 김대중 대통령의 울산 방문에서 중산층과 저소득 서민이 안심하고 살 수 있는 국민생활보장기본법을 제정토록 하겠다는 발언을 통해 새로운 전기를 맞이한다.

김대중 대통령의 울산에서의 공식적인 법 제정에 대한 의지 표명으로, 연대회의는 1999년 9월에 국민기초생활보장법의 정기국회 통과를 위한 결정적인 힘을 얻어낸 것이다. 1999년 6월 22일에 연대회의는 긴급실무위를 개최했으며, 이 자리에서 관련 의원의 면담과 공청회를 개최할 것을 결정했다. 6월 24일에는 사회복지학회 주최로 국민기초생활보장법 공청회가 열렸으며, 연대회의는 입법권을 가지고 있는 국회의원 개개인에 대한 설득 활동을 병행했다.

국민회의와 한나라당의 정책위 의장과 원내총무 그리고 국회 보건복지위 법안심사소위원회 위원 전원과의 면담을 추진하는 등 여당과 야당 모두에게 임시국회 회기 내 통과를 앞장서서 지원해 줄 것을 촉구했다. 이러한 적극적인 설득 활동으로 한나라당은 국민기초생활보장법 제정에 대해 더 적극적인 자세로 전환하게 되었다.

그러나 제205회 임시국회는 회기 도중 발생한 대선자금 문제로 파행을 맞게 되어, 국민기초생활보장법은 예기치 않게 표류하게 되었다. 그러자 연대회의는 임시국회가 조속한 시일 내에 다시 소집되고, 국민기초생활보장법을 비롯한 각종 민생법안을 빠른 시간 내에 제정하도록 정치권에 촉구했다. 정치적 문제로 법 제정이 지연되다가 마침내 1999년 8월 11일에 법제사법위원회를 그리고 1999년 8월 12일에 열린 206회 임시회의 본회의를 통과함으로써 국민기초생활보장법이 제정되었다. 약 1년 5개월에 걸친 법 제정 과정이 결실을 맺게 된 것이다(김동환·김영래, 2004).

이러한 과정 속에서 연대회의는 집행위원회와 정책위원회 등을 구성하여 전략적이고 체계적인 정책 입안을 추구했으며, 정치적 기반을 구축하는데 여당뿐만 아니라 당시 야당인 한나라당의 정책 수뇌부와의 접촉을 통해 지지를 확보했다(김준기, 2006). 결론적으로 국민기초생활보장법을 둘러싼 정책결정 과정에서 나타난 NGO들의 영향력 요인 및 대응 수준은 NGO가 정책주도권을 확보하고 이를 바탕으로 주도적으로 정책대안 도출을 위한 대응 행동으로 볼 수 있다(안병철, 2002a).

(3) 새만금사업[9)]

① 정책 개요

새만금사업은 1971년에 수립되었던 옥서지구농업개발사업계획의 연장이라고 할 수 있다. 당시 옥서지구사업은 1단계로 금강 유역의 논산과 익산지

9) 정책 과정별로 인용된 새만금사업 사례는 박중훈 외(2006)에서 발췌·인용했음을 밝혀둔다.

역의 관개 배수를 개선하고, 2단계로서 김제지구의 간척을 포함한 김제·부안·옥구 등 만경강 일대 농경지에 대한 관개 배수의 개선을 도모하는 내용으로 수립되었다. 이 계획에 따라 농림수산부는 1975년에 사업의 타당성 조사를 실시했으며, 이듬해인 1976년에 1단계 사업의 기본 설계를 완료했다.

이후 1987년에는 개별 지구 단위로 이루어지는 농업 목적의 간척사업을 종합개발사업으로 전환하고 농림수산부의 공식 사업으로 확정되어, 서해안 간척사업이라는 이름으로 확정·공식 발표되었다가 새만금사업으로 그 명칭이 변경되었다. 새만금사업이 정책적 문제로 등장하게 된 것은 1987년 대통령 선거에 출마한 후보들의 추진 공약으로 채택되면서부터이다. 1991년에 제1호 방조제 공사가 착공된 이후 1996년까지는 별 다른 문제 없이 공사가 진행되었다. 그러나 시화호의 오염문제가 제기되면서 새만금사업에 대한 비판적 여론이 형성되기 시작했다.

결국 1997년에 김대중 대통령은 새만금사업을 부실사업으로 규정했고, 이에 따라 민관공동조사단이 구성되었으며 사업은 중단된다. 하지만 1999년 1월 전라북도는 새만금사업의 재검토를 건의하고, 이를 둘러싼 논란과 갈등이 반복되는 상황이 발생하게 된다.

1999년 5월에 구성되었던 민관공동조사단이 내부적 합의를 이루지 못하자, 새만금사업의 재개결정권은 정부에 귀속되고 말았다. 이에 정부는 방조제 공사를 재개하고, 수질 개선 대책의 추진을 병행하면서 내부 간척지를 순차적으로 개발하는 안을 만들게 된다. 이러한 결과는 새만금사업 백지화를 주장하는 환경운동연합이나 녹색연합 등에 의해 격렬한 항의로 이어진다(함태성, 2005). 그러나 결국 2006년 3월 16일 대법원 전원합의체가 원심 판결을 확정짓는 판결을 내림에 따라, 정부의 새만금사업은 재개되었고, 2006년 4월 21일 끝막이 공사를 마침에 따라 15년 만에 공사를 완료하게 되었다.

② 정책결정 단계에서 NGO의 역할

NGO는 새만금사업을 둘러싼 정책결정 과정에서 본격적으로 반대운동을 통해 정책에 개입하게 된다. NGO들은 성명서 발표와 기자회견과 같은 의사 표출을 통해 새만금사업에 대한 재검토 및 중단을 요구했다. 전북환경운동연합은 1998년 1월에 새만금사업의 재검토를 주장하는 성명을 발표했으며, 녹색연합은 2월에 새만금지구의 간척 및 매립 중단을 요구하는 성명을 발표하는 등 다양한 형태로 활동했다. 특히 이 시기의 NGO활동은 단기적인 형태에 머물지 않았다. 지속적인 정보의 생산을 바탕으로 정부의 새만금사업에 대한 영향력을 강화했고, 이를 통해 민관공동조사단의 구성이라는 결과를 도출하게 된다.

시민단체는 정부의 새만금사업에 조직적으로 대응하기 위해 '새만금간척사업 백지화를 위한 시민위원회'를 구성했다. 이 위원회는 1998년 7월에 농림부 장관을 면담하고 새만금간척사업의 전면 중단과 민관공동조사단의 구성을 요구했으며, 정부가 주장하는 환경친화적 간척사업의 근거와 입장을 밝힐 것을 촉구했다. 또한 동년 9월 7일에는 각계 인사 100명이 서명한 새만금간척사업 즉각 철회를 위한 선언문을 발표했고, 이어서 토론회 개최를 통해 새만금사업의 경제성 문제에 의문을 제기했다.

이와 함께 시민위원회를 중심으로 이루어진 새만금간척사업에 대한 환경오염 문제를 알리는 활동으로 인해, 환경영향조사를 실시하겠다는 정부의 발표를 얻어내고 동년 5월 19일에는 민관공동조사단이 공식적으로 발족하게 되었다. 이러한 민관공동조사단은 NGO의 정책결정 과정에서의 영향력을 확신할 수 있는 부분이며, 재검토 및 조사단의 필요성을 NGO 측이 먼저 제기했다는 점에서 의미가 있다.

민관공동조사단은 새만금사업의 재개 혹은 중단에 대한 결정권을 갖지는 못했지만, 제도 외적인 압력 행사 단계를 뛰어넘어 NGO의 의견을 반영할 수 있는 공식적 통로 역할을 수행했다. 민관공동조사단의 활동은 1999년 5월부터 본격적으로 시작되었으며, 새만금사업은 착공 8년 만에 사업중단이라는 상황에 직면하게 되었다. 이 기간 동안 이루어진 NGO의 활동은 참여 방식이나 행사 횟수에서 수적으로 크게 증가했으며 적극적인 것을 알 수 있다. 그러나 이러한 활동에도 불구하고 민관공동조사단은 뚜렷한 결론을 내리지 못하고, 이 문제를 정부의 손에 맡김으로써 공사는 재개되

표 4-5 NGO의 활동 유형과 빈도

참여 방식	횟수 (1999.5~2001.5)	참여 방식	횟수 (1999.5~2001.5)
공식 면담	5	기자회견	20
의견 제출	5	보도 자료	98
집회 및 시위	28	성명서 및 선언문	30
농성	6	공청회 및 토론회 개최	10
서명운동	2	전화·편지·엽서	3
항의 방문	3	유인물 배포	3
캠페인	3	감시조사 활동	10
행사	9	국제연대	17
미디어 이벤트	9		

고 이에 대한 소송에 휘말리게 된다. 이 기간 동안 이루어진 NGO들의 활동 유형을 요약하면 <표 4-5>와 같다.

정책결정 과정에서 NGO의 영향력은 사법제도라는 제도적 공간에서도 발휘되었다. 녹색연합과 생명회의는 어린이·청소년 200명을 원고로 하여 새만금 취소소송을 제기했고, 2001년 5월에는 환경운동연합이 새만금 취소소송을 제기했다. 환경운동연합이 2001년 5월에 제기한 헌법소원의 내용을 구체적으로 살펴보면, 새만금간척사업은 위헌적인 공권력 행사이며, 사업재개 결정은 민관공동조사단의 참여 과정을 형식적으로 만들어 헌법상의 적법 절차를 위반했다는 내용이었다. 또한 환경영향평가 및 경제성 평가 부실, 지속적인 사업비 증가, 새만금의 수질 개선 불가 등의 사정 변경이 발생했기 때문에 사업 시행에 대한 취소를 요구하는 행정소송을 행정법원에 제기했다.

결과적으로 헌법소원은 기각되었지만, 행정소송에서는 원고의 새만금사업 집행정지 가처분 신청을 받아들여 법원의 선고 판결 전까지 사업은 중단되기에 이른다. 이 과정에서 특기할 만한 것은 법원의 잠정적인 공사 중지 결정이 NGO가 사법제도를 정책결정 과정에서 영향력을 행사하는 하나의 장으로 자리매김하는 계기가 되었다는 점이다.

(4) 동강댐 건설 사례[10)]

① 정책 개요

동강댐 건설문제는 1990년 여름에 한강 대홍수가 발생한 것을 계기로 영월지역 주민이 지역 시찰 중인 대통령에게 댐 건설을 건의했고, 정부는 이것을 계기로 그해 10월에 한강 수계 항구 재해대책 차원에서 동강댐 타당성 조사를 지시하면서 본격적으로 추진되었다. 한국수자원공사는 한강 중·하류지역의 안정적인 용수 공급, 댐 하류부의 홍수 피해 경감, 수력발전시설에 의한 전력자원 개발을 목적으로 1990년 12월부터 1992년 7월까지 약 2년간 동감댐 건설계획을 발표했다.

1991년 댐 건설에 대한 타당성 조사로 시작된 영월댐 건설 계획은 1997년 10월 정부가 댐 건설 예정지를 지정 고시하면서 갈등이 시작되었다. 1999년 초까지 동강영월댐 반대운동은 폭넓은 연대활동과 우리나라 환경운동에서 가장 많은 운동자원을 동원하며 반대 여론을 형성해 나갔다. 댐 건설을 반대하는 쪽의 정책동맹과 관련된 조직만도 수십 개에 이를 정도였다.

② 정책결정 과정에서 NGO의 역할

동강댐에 대한 반대 여론이 강해지자 건설교통부는 댐 안전 및 생태·환경에 관한 추가 검증조사를 실시키로 하고, 객관적 평가를 위해 1999년 2월초 전문가들로 이루어진 합동평가단을 구성하겠다고 발표했다. 그러나 환경단체들은 진행 상황과 평가단 구성에 대해 "환경영향평가를 직접 수행할 전문가를 동수로 구성하자는 것이면 적극 참여하겠지만, 단순히 자문 역할은 댐 건설 정당화의 명분만 줄 가능성이 크다"며 참여하지 않겠다는 의사를 표명했다.

그러자 건교부는 곧장 댐 건설을 강행하겠다는 입장을 밝혔고, 이에 환경운동연합 등 환경단체들은 3월과 4월에 걸쳐 밤샘 농성에 돌입하는 등 행동의 강도를 높였다. 농성 기간 동안 국내외 시민단체와 종교, 학술, 문화

---

10) 정책결정 단계에서 NGO의 역할 사례로 인용된 동강댐 건설 사례는 이근행(2000)의 연구에서 발췌·인용했음을 밝혀둔다.

예술 영역 등 2천여 명이 지지를 표명했고, 1천여만 원의 성금이 모이는 등의 가시적인 성과가 나타났다. 결국, 건설교통부는 여론의 거센 압력에 밀려 연내에 강행하겠다던 방침을 철회했다.

그해 여름, 새로운 공동조사단이 논의되었고, 사업의 타당성을 과학적·객관적인 방법으로 조사·연구·평가하고 필요한 대책을 정부에 건의하기 위한 '영월댐 건설 타당성 종합 검토를 위한 공동조사단'을 국무총리실 수질개선기획단에 설치·운영하고, 9월부터 6개월 예정의 활동에 들어갔다.

시안을 원점에서부터 종합적으로 검토하여 댐 건설 여부를 최종적으로 결정하기 위해 새롭게 구성된 공동조사단은 정부(건교부, 환경부, 강원도)와 환경단체 및 민간위원이 추천한 101명 가운데 형평성과 전문성, 다수 추천자를 고려하여 5개 분과 33명으로 구성되었다. 이러한 구성은 환경단체들의 입장이 상당히 관철된 결과라 할 수 있다.

조사단은 주로 기존 자료에 대한 평가와 분석 및 각종 대안에 대한 검토 작업 등을 수행했으며, 공동조사단은 5월 19일 제출한 최종 보고서에서 영월댐 건설은 타당성이 없는 것으로 결론을 맺고 이에 따른 대안을 건의했다. 이어 대통령은 '영월댐 건설사업 백지화'를 공식 선언하고 물관리정책조정위원회를 열어 동강댐 건설계획 백지화 방침을 최종 확정하기에 이른다.

3 정책집행 과정에서 NGO

1) 정책집행의 개념

정책집행은 정책의 내용을 실현시키는 과정이다. 여기서 정책의 내용은 정책 목표와 정책 수단으로 이루어지는데, 정책 내용을 실현시킨다는 것은 정책 수단을 실현시키는 것이 핵심이다(정정길, 2004). 따라서 정책집행은 정책결정에 의해 만들어진 정책을 시행하는 것으로 결정 과정을 통해 얻은 정책은 아직까지 문서에 불과하다. 수많은 정책 수단과 계획은 집행 작업을 거쳐 현실로 나타나야만 원하는 목표를 달성할 수 있고 정책문제를 해

을 거쳐 현실로 나타나야만 원하는 목표를 달성할 수 있고 정책문제를 해결할 수 있다. 이와같이 정책집행은 오랜 시간, 여러 장소, 복합적인 상황에서 발생하는 일련의 행정적·정치적 결정과 활동을 통해 이루어진다고 볼 수 있다(이종수 외, 2008).

2) 정책집행의 의의

정책집행 활동에서 만들어진 정책을 시행하는 일은 주로 정책 담당자가 담당한다. 이들은 끊임없이 정책을 만들고, 한편으로는 집행을 담당한다. 집행은 구체적 결정의 연속이다. 정책이 결정된다고 정책 자체가 스스로 효과를 만들어 내는 것은 아니다. 결정된 정책이 담당자의 손을 거쳐 문제 상황에 대한 정책 조치가 취해져야만 정책이 의도한 성과가 구현될 수 있다. 정책집행 단계에서는 주로 다음과 같은 일이 수행된다(이종수 외, 2008).

첫째, 정책결정 내용의 공식화로서, 주로 법과 시행령을 마련하고 관보나 언론매체를 통해 국민과 관계 기관에 공표하거나 법 형태를 띠지 않는 것은 정부 공문서로 만들어 관계 기관에 배포하는 것으로 나타난다.

둘째, 집행을 담당할 기관 및 사람을 정하는 일로서, 기존의 기관과 사람을 이용하기도 하고, 새로운 정책일 경우에는 별도의 기관을 창설하고 공무원을 충원하기도 한다.

셋째, 집행기관에서 업무 시행세칙과 근무 규율을 마련하고, 업무 개시 등을 모든 국민에게 알리는 것도 중요한 과정이다.

넷째, 결재권자가 관심을 크게 가지고 있는 정책의 경우엔 시정 방침, 대통령 특별 지시 사항, 업무 지침, 세부 시행세칙을 정하고, 이를 집행하는 하부기관에 시달하는 업무이다.

다섯째, 정책에 대한 구체적 해석으로서, 법이나 시행령, 시행세칙은 굵직굵직하게 대강만 정해놓은 경우 구체적인 해석이 집행담당자에게 맡겨지게 된다. 이들이 어떻게 해석하느냐에 따라 정책의 집행이 영향을 받을 수 있다.

여섯째, 정책집행은 가치의 구체화 과정으로, 정책목표를 실현시키는 작업이다. 모든 정책은 반드시 집행 과정을 거쳐야만 가치 실현이 이루어질 수 있다. 조직 상층부의 결정권자로부터 일선기관 공무원에게 정책 내용이 전달되면서 목표 가치가 구체화되고 실현된다.

3) 정책집행 과정에서 NGO의 역할

정책의 집행 과정에서 NGO는 정책이 본래 목적 달성을 위해 적절하게 집행되고 있는지 진행 사항을 주시하는 역할을 담당해 왔다. 최근 거버넌스적 협력 체제의 공고화로 인해 주로 공무원이 담당하던 집행의 역할을 관련 이해집단 및 민간기관이 직접 개입하는 사례가 증가하는 추세로, NGO가 대표적이라 하겠다. 정책집행 활동은 주로 정부기관이 독자적으로 또는 NGO와 공동으로 협력하여 담당하기도 하고, NGO가 정부의 위탁을 받아 대신 집행을 담당하는 경우도 증가하고 있다. 이 과정에서 NGO는 정부의 인적·물적 자원 부족을 충당하거나 공무원의 능력이나 전문성에 대한 보완적 기능을 수행할 수 있다(김렬 외, 2003).

NGO가 정책집행 과정에 참여하는 방식에는 여러 가지가 있는데, 사회복지기관이나 행정 업무에 주민이 개별적으로 자원봉사하는 것에서부터 행정의 서비스 공급을 대행하거나 공공시설을 위탁받아 관리·운영하는 집단적 참여 방식까지 다양하다. 이와같이 NGO가 집행에 참여하게 된 원인은 무엇보다 정부의 민영화 확대에 힘입은 바 크다. 특히 사회 및 복지 서비스 부문에서는 기존 정부 기능의 상당 부문이 민간위탁의 형태로 NGO에 의해 제공되고 있다. 이 경우 비용의 일부를 NGO가 부담하기도 함으로써 행정비용의 절감은 물론 시민이 만족할 수 있는 다양한 서비스를 제공할 수 있다는 장점이 있다.

이처럼 정책집행 과정에서 NGO의 역할은 일정 기간 행정의 업무를 대행하는 경우도 있지만 더 나아가 정부와 같은 종류의 서비스를 제공하여 정부의 활동을 보충하기도 한다. 또한 정부가 공급하는 서비스와 다른 질의 서비스를 제공하여 시민의 만족도를 높임으로써 정부활동을 보완하기도 한다. 한편 특정 분야에서는 정부가 제공하지 않는 서비스를 NGO가 유일하게 제공하는 경우도 있다(조석주, 2001). 그러나 NGO가 정부의 지원과 사업 참여 등에 지나치게 의존할 경우, 독립성 확보가 한계에 처할 수 있다.

4) 정책집행 단계에서 NGO 역할 사례

(1) 민간단체의 대북 보건의료 지원사업[11)]

① 정책 개요

북한에 대한 보건의료 부문 지원사업이 본격화된 것은 북한 사회가 경험하고 있는 경제적 위기와 맥을 같이한다. 이미 북한은 1970년대 중반 대외채무 불이행(moratorium)을 한 차례 선언할 정도로 악화되었다. 이후 다소 회복되던 북한의 경제 상황은 1980년대 후반부터 다시 악화된다. 식량이나 석유 수입에 필요한 외화 부족과 국제신용도 하락이 원인이 되었다. 특히 1990년에 사회주의권의 붕괴와 김일성 주석 사망에 따른 체제 전반에 대한 위기감으로 1993년부터 1996년 사이에 GDP가 50% 정도 감소했다.

1995년 대홍수 등 자연재해로 인해 북한 사회의 참상이 알려지면서, 국제사회의 대북 지원이 본격화되었다. 유엔 기구들의 식량, 긴급의약품, 도로와 철도를 포함한 기간시설 복구 지원 등 긴급구호가 이루어지고, 기초의약품 및 의료장비의 부족, 기아와 전염성 질환 증가, 아동을 중심으로 한 영양 결핍 등 와해된 북한의 사회안전망과 보건의료 체계에 따른 피해가 속속 알려지면서 국제기구를 비롯한 남한 정부 및 각종 민간단체의 보건의료 분야 지원이 이루어지게 되었다.

② 정책집행 단계에서 NGO의 역할

대북지원사업에서 민간단체들의 참여가 활성화된 것은 1999년 2월 대북지원 창구의 다원화 조치와, 아울러 남북협력기금이란 매칭 펀드 형식의 안정적 재원이 확보되면서부터이다. 또한 2000년 6월에 열린 제1차 남북정상회담을 계기로 남북 관계의 긴장이 완화되고 평화 협력 분위기가 조성되면서, 대북 지원단체들의 모금 용이성 및 절차 간소화 등이 이루어진 것도 민간단체의 지원 증가라는 효과를 가져오게 했다.

민간단체의 대북지원사업은 크게 개별사업과 합동사업으로 분류되는데,

11) 정책집행 단계에서 NGO의 역할 사례로 인용된 민간단체의 대북 보건의료 지원사업은 한국보건사회연구원(2008)에서 일부 발췌·인용했음을 밝혀둔다.

이는 보건의료 분야의 지원에서도 유사하다. 개별사업은 각 민간단체가 대북지원사업을 수행하는 것으로서, 지원 초기 결핵 및 말라리아를 비롯한 전염성 질환 퇴치 및 의약품 지원에서 발전하여, 보건의료 체계 복구를 위한 병원 설립 및 개보수, 의료시설 지속 운영을 위한 의료장비, 결핵 등을 비롯한 의약품 및 의료 소모품을 지원하고 있으며, 어린이 보건의료 및 영양 개선(콩기름, 급식) 등의 사업이 추진되고 있다.

한편 이러한 대북 보건의료사업은 2005년을 기점으로 기존의 개별사업 외에 '합동사업'이라는 새로운 형태로 전개되었다. 합동사업은 민간단체들의 중복 지원과 개별 프로젝트의 한계를 극복하기 위해 다수의 민간단체가 연합하여 추진하는 사업으로서 2005년부터 시범적으로 5개의 시범 합동사업을 추진했고, 2006년에도 5개, 2007년에는 3개의 합동사업을 실시했다.

이 가운데 보건의료 부문의 합동사업은 2005년과 2006년에 각 3개와 2007년 2개였다. 따라서 민간단체의 대북지원사업의 경우 정부가 정책집행

표 4-6 2007년 민간단체 합동사업 내용 및 소요 예산 (단위: 백만 원)

사업명	사업 내용	참여 단체	총 사업비	기금 지원	자체 재원
보건의료 체계 개선사업 (나눔인터내셔널)	• 1-4차 의료기관 지원 • 의료협력센터 생산동 건립 • 보건의료 기술 전수 • 오폐수처리장 설치	어린이의약품지원본부 우리겨레하나되기 우리민족서로돕기 한국복지재단 국제기아대책기구	2,800	1,720	1,080
평양직할시 강남군 종합복지사업	• 종합복지사업 (탁아소, 영양사업 등) • 교육개선사업(소학교 신축 및 교육기자재 지원) • 보건의료사업(의료품 지원)	경남통일농업협력회 남북어린이어깨동무 민족통일중앙협의회 우리민족서로돕기	1,173	724	449
사업관리비	2006년 합동관리비 이월분으로 사용		-	-	-
합계			3,973	2,444	1,529

주: 1) 평양직할시 강남군 종합복지사업은 2007년에만 지원(3차년 사업 종료).
2) 2005년 5개 사업 50억 원, 2006년 5개 사업 50억 원 지원.

과정에 관여하기 어려운 현실적인 여건 등으로 인해, NGO의 실질적인 역할은 여타 사업에 비해 크다고 할 수 있다.

(2) 노숙인 쉼터 운영정책[12)]

① 정책 개요

우리나라의 노숙인 문제는 외환위기 이후에 표면화되어 사회구조적 문제로 인식되었다. 물론 노숙인 문제는 어느 사회나 가지고 있는 것으로 자본주의 생산 체제가 확립된 이래 늘 존재해 왔다. 그러나 외환위기 이후 전례 없는 대량의 노숙인 발생 사태가 벌어지게 되면서, 누구나 노숙인이 될 수 있다는 의식이 사회적으로 확산되었다. 사회구조적 모순과 노숙과의 관계가 인식되었으며, 사회안전망의 취약성이 가시적인 문제로 등장하게 되었다.

1998년 2월 보건복지부는 '실업시대 도시노숙자 등 보호대책 마련에 따른 토론회'를 개최하여 정부와 지방자치단체는 행정적·재정적 지원을 맡고 민간과 종교단체 등은 현장 보호 등과 같이 적극적 지원을 한다는 원칙을 제안하여 민관 협동의 방식을 명확히 하고자 했다. 이에 민간 종교단체 등은 1998년 3월 초 '전국실직노숙자 대책 종교·시민단체협의회'를 구성하는 등 많은 시민단체가 이에 동참하게 되었다.

② 정책집행 단계에서 NGO의 역할

외환위기 이후 구축되어 온 노숙인 복지사업은 민관의 활발한 협력에 바탕을 두고 이루어지고 있어, 어느 사업 영역보다도 집행 과정에서 NGO의 역할이 큰 부분이라고 할 수 있다. 그러나 상담보호센터→쉼터→자활의 집→사회 복귀라는 경로를 설정하고 사업을 진행하는 과정 중에, 행정의 한계나 민간 내부조직의 한계가 드러나기 시작했다.

그 결과 이에 대한 반작용으로 지원 체계에 대한 대안활동 혹은 옹호활동의 일환으로 민간 부문의 노숙 지원 사례들이 이어졌는데, 그 중 대표적

12) 정책집행 단계에서 NGO의 역할 사례로 인용된 노숙인 쉼터 운영정책은 한국보건사회연구원(2007)에서 발췌·인용했음을 밝혀둔다.

표 4-7 노실사의 주요 사업과 역할

연도	날짜	주요 내용
2002	5월 12일	노실사의 전신인 노숙인복지실무자협의회(노실협) 창립
	12월 12일	노숙인 복지와 인권을 실천하는 사람들(노실사) 창립총회
	12월 14일	제1회 노숙인(Homeless) 인권문화제 개최
	12월 21일	2001 거리에서 죽어간 노숙인 추모제 개최
2003	4월	"노숙인은 우리의 이웃입니다" 대(對)시민 캠페인
	4월	계간지 「떨꺼둥이」 창간호 발간
	6월	노숙인인권공동실천단 조직 및 활동
	11월	단신 생활자 주거 지원을 위한 노실사 사랑방 개소
	12월	2002 거리에서 죽어간 노숙인 추모제 개최
	6월	국민기초생활보장제도 현실화를 위한 연석회의 참여
	12월 22일	2003 거리에서 죽어간 노숙인 추모제 개최
2004	1월	한일 홈리스와 주거 지원 세미나 (한국보건사회연구원, 전신노협과 공동 주최)
	5월	서울시 비영리 민간단체 등록(서울시 제2003-496호)
	5월	서울시 의료구호비 중단 사태에 대한 대응활동 및 항의 농성
	8월	철도공안의 단속 과정에서 사망한 문씨사건 대응활동 시작
	9월	철도공안 폭력 단속 재발 방지대책 마련을 위한 농성문화제 개최
	12월 21일	2004 거리에서 죽어간 노숙인 추모제 개최
2005	1월	1·22 서울역 사태 대응을 위한 '노숙인 사망 진상조사 및 근본 대책 마련을 위한 연대모임' 구성(37개 제 인권·사회단체) 및 활동 전개
	2월	KBS 추적 60분과 '거리노숙인 생활 실태 및 인권실태조사' 공동 진행
	3월	노숙인 문화권 증진을 위한 문화행동 구성 및 활동 전개
	6월	"매입 임대주택 주거 빈곤층의 희망인가" 대토론회 주관 단체
	8월	노숙인 문화예술체험 워크숍 진행
	12월	2005 거리에서 죽어간 노숙인 추모제 개최
2006	1월	겨울 빈민 현장활동 주관
	5월	서울시 대응 '일자리 갖기 프로젝트'와 노숙인들의 안정적인 주거 실현계획에 대한 공개질의서 공동 발송
	6월	주거권과 주거 공공성 실현을 위한 모색 워크숍
	6월	서울시 노숙인 일자리 갖기 프로젝트 실태 파악을 위한 설문조사 실시
	7월	금융 채무의 사회적 책임을 위한 연석회의 주관
	10월	영등포역 방화 셔터 압사 노숙인 사건 관련 대응활동 시작
	12월	2006 거리에서 죽어간 노숙인 추모제 개최
2007	4월	남대문 쪽방 화재 사망자 추모제
	4~12월	홈리스 주말 배움터-노숙 홈리스들의 만남의 장
	6~12월	서울시 거리 노숙인 대책 규탄 1인 시위 및 촛불문화제
	10월	"노숙인 인권 침해 주범, 서울시를 고발한다" 기자회견, 인권위 진정
	11월	서울시 노숙인 의료 지원 체계 개선을 위한 토론회 주관

인 NGO의 정책집행 사례가 '노숙인 복지와 인권을 실천하는 사람들(노실사)'이라 할 수 있다.

'노숙인 복지와 인권을 실천하는 사람들'(노실사)은 노숙 지원 체계에서 다양한 경험을 가진 실무자를 중심으로 2001년 12월 12일 결성된 단체이다. 노실사는 노숙을 삶의 한 형태로서 도시 빈민인 노숙인을 함께 살아가는 우리의 이웃이자 사회적 실체로 인정하는 것을 창립 모토로 하고 있으며, 당사자와 함께할 것을 원칙으로 한다. 이 단체는 빈곤의 극단적 형태로서 노숙에 대한 사회적 책임을 강조함과 동시에 사회적 약자의 인권 침해 상황에 대한 적극적 대응, 거리 생활자이기 때문에 박탈된 권리를 스스로 찾는 활동들을 전개해 나갔다. 노실사가 정책집행 과정에서 수행했던 주요 역할이나 사업은 앞의 <표 4-7>과 같다.

노실사는 이 밖에도 주거 지원 활동을 펼치고 있는데, 이는 현행 지원 체계의 한계에 대한 타개책 또는 대안에서 비롯된 것으로 이해할 수 있다. '임시주거비지원사업', '주거복지센터사업', '쪽방지역재생포럼' 등을 통해 쉼터와 같은 형태지만 좀 더 밀착된 지원과 함께 지역사회 정착의 발판이 될 수 있는 지원 형태를 취하고 있다. 특히 주거복지센터는 공공 부문의 주거복지 전달 체계의 민간 파트너로서 지역주거 복지계획 수립 및 각종 민관 협력 네트워크 구축에서 주요한 역할을 수행하고 있다.

(3) 외국인산업연수생제도[13]

① 정책 개요

한국은 1980년대 중반 이후부터 전 산업 분야에서 노동력 부족 현상이 나타났고, 상대적으로 고임금 시대가 도래했다. 노동력 부족 현상으로 인해 외국인 노동자가 유입된다. 1991년 10월 26일 '외국인 산업기술연수사증 발급 등에 관한 업무처리지침'(법무부 훈령 제255호)의 제정은 공식적인 통로가 제공되는 계기가 된다.

이를 토대로 정부는 1991년 11월 1일부터 산업기술연수생제도를 실시한

13) 정책집행 단계에서 NGO의 역할 사례로 인용된 외국인산업연수생제도는 이종두(2004)의 연구에서 발췌·인용했음을 밝혀둔다.

다. 산업기술연수생제도란 외국에 직접 투자하거나 합작 투자하는 기업체, 외국에 기술을 제공하는 기업체 등이 외국 현지에서 고용한 노동자들의 기능 향상을 위해 국내에서 기술 연수를 실시할 수 있도록 제도적으로 보장해 놓은 것이다. 산업연수생제도는 이후 외국인노동자정책의 기본 틀이 되는데, 대상 기업과 연수생들의 연수 기간을 한정하고 있다.

그러나 이 제도는 제한된 대상 기업과 짧은 연수 기간 등으로 인해 한계가 많았다. 따라서 산업기술연수생제도는 노동력 부족에 직면한 산업계의 요구를 충족할 수 있는 것이 아니었다. 그러나 정부는 1993년 국내의 실업률이 상승하는 등 경기 하강에 따른 고용 사정이 악화되면서 산업기술연수제도를 중단했다가, 1993년 11월 재개한다. 이 과정에서 도입 기준이 완화되고, 체류 기간도 2년으로 연장, 적용 대상도 대기업에서 중소기업으로 확대되었다. 그러나 한국의 현실을 고려했을 때 연수생제도는 이미 편법적으로 사용될 가능성을 충분히 안고 있었다.

이렇게 입국한 외국인 노동자들은 대체로 단순기능직에 종사하고 있으며, 이들은 더 높은 임금을 위해 근무지를 이탈하여 불법체류자로서 신분을 택하는 경우가 비일비재하게 나타났다. 한국의 외국인 노동자문제는 이 미등록 노동자의 비율이 다른 국가들에 비해 지나치게 높다는 데 있다. 이는 한국의 외국인 노동자정책이 갖는 구조적 문제점에서 기인한다.

② 정책집행 단계에서 NGO의 역할

외국인 노동자를 위한 인권운동이 시작된 것은 노동자들의 입국이 본격화되어 사회적 문제가 발생하기 시작한 1992년부터이다. 초기 전문 인권단체보다는 교회 등 종교단체를 중심으로 선교와 인권 차원에서 지원하는 수준이었다. 1993년에 이르러 '외국인 노동자 피난처'와 같은 전문 인권단체가 생겨났고, 1994년 이후 본격적으로 여러 단체가 등장하여 활동을 시작하게 된다.

외국인 노동자 문제가 사회적으로 알려지기 시작한 것은 산업재해를 당하고도 치료와 피해 보상을 제대로 받지 못한 미등록 노동자들이 1994년 1월 10일부터 2월 7일까지 서울 종로구 종로5가 경실련 강당에서 농성을 한 사건부터라고 할 수 있다. 농성이 시작되자, 국내 시민단체·종교·노동단체들은 '외국인 노동자를 위한 공동대책위원회'를 결성하여, 외국인 노동자들에 대한 법적 보호 장치의 마련을 정부에 요구했다.

노동부는 이에 대해 외국인 미등록 노동자에게도 산업재해보상보험을 전면 적용할 것이라고 발표했는데, 이는 미등록 노동자에게 산업재해보상보험 적용이 중단된 지 17개월 만에 재개된 것이었다. 시민단체와 외국인 노동자단체의 활동은 노동부의 즉각적인 반응을 불러왔는데 이런 행태는 이후에도 계속 나타난다.

1995년 1월 9일에는 13명의 네팔인 산업연수생이 명동성당에서 농성을 시작했다. 이 사건으로 외국인 노동자들의 현실이 드러나고, 이때 농성을 지원하기 위해 '외국인산업기술연수생 인권 보장을 위한 공동대책위원회'가 결성된다. 이를 계기로 조직적인 연대와 대응의 필요성이 부각되었고, 1995년 7월 민주노총, 외국인 노동자 피난처, 시화일꾼의 집, 한국교회여성연합, 경불련 외국인노동자 마을, 성남외국인노동자 피난처, 부천 외국인노동자의 집 등의 대표자들이 외국인 이주노동자 권리 확보와 법제도 개선을 목표로 외국인노동자대책협의회(외노협)를 결성했다. 그리고 외노협은 1996년 4월부터 6월 2일까지 '외국인노동자보호법 제정'을 위한 서명운동을 벌였다. 그러나 정부는 이에 대해 강경한 조치로 대응했다. 1996년 7월 법무부는 중국 교포들이 만든 '중국노동자협회' 간부들을 검거, 조사한 뒤 강제 출국 조치를 했다.

시민단체의 지속적인 노력은 정부의 부처 중 노동부의 정책집행 과정에 일정한 영향을 주었다. 노동부는 1995년 1월 11일 '외국인산업기술연수생제도'에 대한 문제점을 인식하고, 외국인 노동자를 일정 기간 연수시킨 후 연수 성과를 평가해 취업(기능 실습)을 허용하는 '연수취업제도'를 도입할 방침을 밝혔다가, 네팔인 산업연수생들의 명동성당에서의 농성이 문제가 되자, 산업기술연수생제도에 대한 근본적인 검토를 했다. 그리고 2월 3일 노동부는 외국인 노동자의 수입을 공식으로 허가하는 '고용허가제도' 도입을 적극적으로 추진하겠다고 발표했다. 2월 13일에는 노동부 장관이 기자간담회에서 이를 다시 확인했다. 3월부터는 '외국인 산업기술연수생의 보호 및 관리에 관한 지침'을 마련하여 외국인 연수생에게도 법정 노동 시간과 최저임금, 산재보험 등 기본적인 노동 조건을 보장하도록 했다.

이런 정책 방향이 통상산업부와 중소기업협동조합중앙회의 반발에 부딪치자, 노동부는 1996년 1월, '외국인 직업훈련제도' 도입안을 발표하여 '고용허가제도'를 철회하고 '연수취업제도'를 모색하는 듯한 태도를 취했다. 1996년 7월 31일 대통령자문기구인 세계화추진위원회는 노동부의 고용허가제도와 산업기술연수제도의 대안을 놓고 논의한 결과 '연수취업제도'를 도입하기로 했는데, 역시 통상산업부와 중소기업협동조합중앙회는 이번에도 중소기업의 임금 부담을 이유로 반대했다. 1996년 8월 22일 노동부 장관은 이 문제에 대해 입장을 번복, '고용허가제'를 주 내용으로 하는 고용법 제정 방침을 천명했다. 그리고 1997년 4월에도 입법을 추진했다. 이때 산업기술연수생제도와 관련된 비리사건이 발생하면서 정부는 새로운 안으로 '연수취업제'를 채택했다.

이 과정에서 드러나듯이, 노동부의 입장 번복은 노동부가 통상산업부와 같은 경제 부처에 비해 불리한 위치에 있었음을 보여준다. 그러나 노동부는 자신들의 취약한 입지를 강화하기 위해 시민단체들의 압력을 이용할 수 있었다. 즉, 노동부가 개선된 외국인 노동자정책을 내놓는 데 큰 힘이 된 세력은 바로 시민단체들이었던 것이다.

시민단체의 활동은 정부의 정책 개선을 요구하는 것으로 그치지 않았다. 외노협에서는 1996년 「외국인노동자보호법」을 만들어 입법청원운동을 했다. 이후에도 지속적인 법개정운동을 추진하여, 2000년에는 '노동허가제'를 내용으로 하는 '외국인 노동자 고용 및 인권 보장에 관한 법률'을 가지고 입법 청원했다. 그러나 시민단체의 입법 청원은 모두 거부당했다.

그러나 시민단체들의 요구가 결실을 맺은 부문도 있다. 즉, 법원의 판결을 통해 자신들의 노력을 일정 선상 위로 올릴 수 있었다. 1991년 노동부는 불법체류 외국인에 대해서도 산업재해보상보험법을 적용하라는 지침을 내렸다가, 1992년 8월 법무부의 항의가 있자, 적용 불가로 입장을 바꾸었다. 그러던 중 1993년 11월 26일 서울고법 특별9부는 불법체류 외국인이라는 이유로 산재보상을 해 주지 않는 것은 부당하다는 판결을 내렸다. 이후에도 미등록 노동자들의 '근로자'로서의 법적 지위는 여러 차례 확인되었다. 1997년 8월 26일 대법원은 '불법체류 외국인에게도 퇴직금을 지급해야 한다'는 판결을 내렸고, 노동부는 1998년 10월 15일을 기점으로 미등록 노동자에게도 근로기준법의 전 조항을 적용하기로 했다.

한편 산업연수생들의 경우에도 1999년 12월 이후 '근로자성'을 인정받게 되었다. 그러나 연수생들의 경우 근로자 대우를 받는 것이 법적인 근로자로 인정을 받는 것을 의미하지는 않았다. 그런 가운데 2001년 4월 17일 대구지방법원은 필리핀 산업기술연수생의 퇴직금 지급 소송과 관련, 퇴직금 지급을 명하는 강제조정안을 제시했다. 이를 통해 산업연수생도 근로자로 퇴직금을 받을 수 있다는 선례가 만들어졌고, 산업연수생도 명칭에 관계없이 실제로 '근로'를 제공한다면 근로기준법상이 '근로자'로 대우받아야 한다는 사실이 한층 더 명확해졌다. 또 시민단체의 활동은 외국인 노동자 문제를 사회적인 문제로 인식시키는 데 큰 역할을 했다.

1994년 미등록 노동자의 노동 조건이 사회적 쟁점으로 부각되자, 김영삼 대통령은 미등록 노동자에게도 산업재해보상보험을 적용하도록 지시했고, 1994년 2월 7일 노동부는 3년 전의 사고까지 소급하여 보상하겠다고 발표했다. 2000년 5월에는 김대중 대통령의 이주노동자 인권 개선 지시로 노동부와 민주당에서는 고용허가제의 도입을 추진했다.

한편, 2003년에는 산업연수제의 폐지와 고용허가제의 도입을 약속한 노무현 정부가 출범하면서, 정부는 2003년 3월 말로 예정되었던 미등록 노동자의 출국을 8월 말까지 유예하는 조처를 발표했다. 동시에 외국인 노동자 문제에 대한 일반인의 관심사도 높아졌다.

2001년 한국노동연구원이 중소기업을 대상으로 조사한 결과 중소기업 사업주의 54.2%가 고용허가제의 도입이 필요하다는 의견을 제시했다. 또한 2002년 12월 국가인권위원회 조사에 따르면 일반 국민의 70%가 산업연수생제도를 폐지하고, 고용허가제를 도입하는 것이 바람직하다는 의견에 찬성한 것으로 나타났다.

결론적으로 이 외국인산업연수생제도는 정책을 집행하는 과정에서 발생한 다양한 집행상의 문제에 NGO들이 참여한 사례라고 할 수 있다.

(4) 자동차세 불복종운동[14)]

① 정책 개요

한국납세자연맹의 자동차세 불복종운동의 핵심은 오래된 차라도 새 차와 똑같은 세금을 내야 한다는 불합리성에 근거한다. 즉, 자동차세는 자동차라는 재산을 보유함에 따라 부과되는 세금으로, 자동차 가액은 해가 바뀔 때마다 감가상각으로 재산가치 감소의 속도가 빠른 상품 중의 하나임에도 현행 자동차 세제는 배기량만을 기준으로 세율 구간을 정한 뒤 구간별 차등 세율을 적용해 과세하고 있는 실정이다. 이 점을 한국납세자연맹은 주목하여 재산세에서 헌법상 허용되지 않는 역진세율이 적용되고 있다고 판단하여, 헌법상 평등 원칙과 재산권 보장 원칙을 위배한 것으로 인식했다.

1999년부터 자동차세제에 관한 문제점이 법률적으로 검토되기 시작했는데, 경상남도 진주에서 과세제도의 부당성을 이유로 자동차세에 대한 위헌심판 제청과 자동차세 부과 취소 소송을 제기한 것이 최초였다. 그 결과 창원지방법원은 위헌 신청을 받아들여, 2000년 5월 15일 헌법재판소에 사건을 접수한 것이 자동차세 불복종운동의 배경이었다.

② 정책집행 과정에서 NGO의 역할

한국납세자연맹이 2001년 2월 21일부터 3월 16일까지 1차 불복종운동을 전개하기로 결정하지만, 최초 소송을 진행시켰던 변호사가 불복종운동 개시 수일 전, 한국납세자연맹과 아무런 상의도 없이 돌연 소송을 취하함으로써 불복종운동에 결과적으로 불리한 상황을 조성했다. 납세자연맹은 3월 15일 서울행정법원에 자동차세 부과 처분취소 소송을 우편 접수시키고, 위헌심판 제청과 더불어 행정소송을 빨리 제기할 수 있는 감사원 심사청구를 제기했다. 왜냐하면 감사원 심사 청구는 제기 후 2개월 내에 결정이 없으면 행정소송 제기가 가능했기 때문이다.

하지만 이미 1월 20일에 변호사 단독으로 창원 지방법원에 위헌 신청의

14) 정책집행 단계에서 NGO의 역할 사례로 인용된 자동차세 불복종운동 사례는 홍철(2006)의 연구에서 발췌·인용했음을 밝혀둔다.

전제가 되는 자동차세 부과처분 취소 소송을 취하시킨 영향으로 인해, 3월 19일 창원 지방법원은 헌법재판소에서 심리 중인 2000헌가7 위헌재정사건의 전제가 되는 자동차세 부과 처분취소 소송이 취하되어, 위헌 제정을 취하한다는 공문을 법원장의 결재를 받아 대법원 법원행정처장에 발송했다. 이에 한국납세자연맹은 3월 20일 헌법재판소의 심판1과 사무과에 자동차세 위헌제청사건(2000헌가7)이 심리 중인지를 확인한 결과 심리 중이라는 답변을 받아냈지만, 2001년 4월 26일 헌법재판소는 2000헌가7사건에 대해 각하 결정을 내렸다.

이에 2차 불복종운동을 진행하게 되는데, 1차 불복종운동에 참가해서 구청으로부터 기각 통보를 받은 납세자 중 1,100명이 한국납세자연맹 소속 변호사에게 행정자치부 심사청구와 행정소송에 대한 위임장을 제출했다. 결국 7월 19일 서울행정법원에서는 위헌 신청을 받아들여 8월 31일 헌법재판소에 헌법소원을 제출하게 되는데, 이에 앞서 1차 불복종운동의 성과로도 볼 수 있는 지방세법 개정에 의해 3년 이상 된 자동차에 대해서는 세금을 깎아주기로 한 개정안이 시행되었다.

이로 인해 세금고지서를 받은 지 90일 이내에 이의신청을 해야 한다는 규정에 따라 2001년도 상반기분의 마감 시한인 9월 15일까지 시민들의 환급 신청이 쇄도하게 된다. 당시 행정자치부가 9월 18일 오후 잠정 집계한 불복 신청 인원은 전국적으로 85만 명으로 추산되었으며, 우편접수를 포함하면 최소 100만 명 이상이 2,000억 원 정도를 청구한 것으로 추산되었다.

자동차세 불복종운동의 성과는 국민들의 부당한 조세행정에 대한 권리주장을 조직화시켰다는 데 있다. 즉, 이를 통해 상식적인 납세자권리찾기 운동이 자리매김하게 되는 첫 관문에 들어선 것으로 평가할 수 있을 것이다. 또한 촉박한 시일에도 불구하고 시민들의 자발적인 참여와 관심이 뒤따랐다는 점이야말로 시민 없는 시민운동이라는 냉소적인 시각을 불식시킬 수 있었다.

이 사례에서 보듯이 NGO들은 조세행정에 관한 시민들의 권리 의식을 바탕으로 국가를 상대로 예산통제 활동을 펼치기도 한다. 구체적으로는 예산편성 과정에서부터 납세자의 뜻을 반영시키려 하고, 예산집행 과정에서 감시활동 및 더 나아가 조세개혁까지도 요구하고 있다(한겨레21, 1999).

4 정책평가 과정에서 NGO

1) 정책평가의 개념

정책평가란 정책의 집행 과정과 집행 결과를 사후적으로 검토·평가하는 활동으로, 과정평가와 사후결과평가를 포괄하는 총괄평가라 할 수 있다(최봉기, 2008). 이런 측면에서 정책평가 단계는 정책의 완성이자 정책의 시작이라 할 수 있다. 즉, 정책 결과에 대한 정확한 평가가 이루어져야 정책환류로 이어져 더 바람직한 상황을 기대할 수 있다.

정책평가는 정책대안이 결정된 후에 집행 과정에서 의도한대로 능률적으로 집행되었는지, 그리고 정책이 집행되고 난 후에 설정된 목표를 달성했는지를 평가하게 된다. 이러한 정책평가에서 산출된 자료는 새로운 정책의 결정, 정책의 집행, 종결에 관한 정보를 제공하게 된다. 따라서 정책평가는 정책의 내용, 집행 및 그 영향 등을 추정하거나 조정 또는 평정하는 것이다. 즉, 정책 그 자체의 효과성에 초점을 둔 것이다(이종수 외, 2008). 그래서 정책평가의 목적은 목표의 성취 정도를 알 수 있고, 성공과 실패의 원인을 구체적으로 파악할 수 있으며, 목표 달성을 위해 사용된 수단을 재규정해 주고 심지어 하위 목표도 재규정하는 데 있다(Bigman, 1961).

또한 정책평가는 다음과 같은 과정을 거치는데 첫째, 정책목표에 대한 정확한 규명이 필요하다. 둘째, 평가 기준을 세워 동일한 척도를 제시해 평가의 일관성을 확보한다. 셋째, 인과모형을 작성하여 정책과 관련된 다양한 참여자들이 중요한 변수를 선정하여 모형에 포함시키게 된다. 넷째, 이용 가능한 시간, 자원의 제약, 정책과 관련된 주요 관여자들에 대한 접근 가능성 등을 참작하여 연구설계를 한다. 마지막으로 질적 분석과 양적 분석에 필요한 자료들을 수집한다. 이러한 과정은 분석 방법을 선택할 때도 평가 문제의 성격이나 연구설계, 이용 가능한 자료 등에 대해 종합적으로 고려하여 결정하게 된다.

2) 정책평가 과정에서 NGO의 역할

시민단체는 법이 제정된 이후에도 법의 집행에 대한 지속적인 감시와 보완을 촉구하게 된다. 과거에는 정책의제 설정 단계에 활동의 초점이 맞춰지는 경향이 많았으나, 이제는 평가를 통한 환류도 NGO의 주요 영역으로 이해된다(김동환·김영래, 2004).

NGO는 감시자로서 역할을 통해 시민단체가 가지는 가장 중요한 역할을 담당한다. 정부나 기업뿐만 아니라 사회 정의를 헤치는 모든 세력과 요소에 대해 감시하고 비판하는 것이 NGO의 가장 큰 기대 역할이다. 이러한 일련의 과정은 집행된 정책의 오류를 수정하고 변경시키거나 수행 중인 정책에 대한 지속적인 감시자로서 역할이라 할 수 있다(박선경·김영미, 2004). NGO는 평가에 필요한 자료 및 정보를 구축하여 각기 독자적으로 또는 공동으로 평가를 수행하기도 하며, 다른 공식적 평가자의 평가에 영향을 미치는 다양한 활동을 행하기도 한다(김렬 외, 2003).

NGO는 평가를 통해 정책에 대해 수정하도록 요구하거나, 일정 기간의 성과를 평가하여 정책이 유지되거나 확장하도록 유도할 수 있고, 효과가 미진하다고 판단되는 경우에는 정책의 종료 여부를 결정하여 정부에 요구할 수도 있다. 이러한 과정에서 NGO는 자신들이 추구하는 가치가 반영될 수 있도록 평가에 영향을 미치려고 한다.

이와같이 정책평가 단계에서 NGO는 한정된 자원의 정치적 남용, 상대적으로 미약한 정책의제 설정 및 결정 과정의 시민 의견 반영의 통로, 단체장의 정치적 목적 실현을 위한 비합리적인 정책 실현 등의 문제점을 해결하는 데 중요성을 가진다.

그러나 단순히 정책적 합리성과 정책 결과에 대한 책임성 회피를 위한 수단으로 사용되는 시민단체의 정책평가는 더 커다란 정치적·사회적 문제를 야기할 수 있다. 그러므로 이해관계를 떠나서 정책의 개선 방안을 제안할 수 있는, NGO의 적극적인 역할의 수행과 지속적인 자극을 주고 유연하게 자기 개혁을 단행할 수 있는 평가 참여가 중요하다(김병식, 2001).

중요 이슈 **[사설] 시민단체 감시를 받게 된 "과거사"**

'바른 사회를 위한 시민회의'가 정부의 과거사 정리에 대해 감시활동에 들어가겠다고 밝혀 주목된다. 시민회의 측은 어제 '과거사 규명, 실태와 문제점' 토론을 연 데 이어 오는 21일 '과거사 진상 규명 모니터링단'을 구성해 본격적인 감시활동에 들어갈 계획이다. 일차 대상은 정부의 각종 과거사정리위원회가 선정한 사건으로, 자체적으로 자료를 수집하고 검증하는 데 초점을 둘 예정이라고 한다.

시민회의의 이 같은 움직임에 대해 일부 과거사위원회 관계자는 '정치적 의도'를 들어 부정적인 태도를 보이고 있으나 그렇게만 볼 일은 아니다. 현 정부의 과거사 바로잡기가 이미 많은 문제점을 드러내고 있기 때문이다. '동백림 사건' '인혁당 사건' '민청학련 사건' '동학혁명' 등 과거사 정리 과정에서 자료 부실과 이념적 편향성 등으로 졸속이란 비판을 받지 않았던가. 10여 개에 이르는 별의별 과거사정리위원회가 국가 예산을 펑펑 써가면서 국론 분열의 불씨를 제공한 책임은 이 위원회들이 져야 할 몫이다.

왜곡된 역사는 바로잡아야겠지만, 사실 '묻힌 과거'를 100% 밝혀내는 건 불가능하다. 그래서 과거사 조사의 범위와 적절성, 이념적 중립성, 인적 구성 등이 실체적 진실 접근에 그만큼 중요했던 것이다. 그런데도 정부의 과거사위원회들은 이를 간과한 채 서둘러 결론을 내림으로써 정략적 의도가 깔린 '과거사 파헤치기'란 오해를 키웠다. 시민회의의 감시 활동이 역사 재조명 과정의 편향적 인식을 바로잡는 균형자로서의 역할을 다하기를 기대한다.

(자료: 세계일보, 2006년 2월 14일에서 발췌)

【토론 주제】

1. 시민단체가 집행 과정에서 정부나 기업에 대한 감시가 어떤 효과를 가져올 수 있는지에 대해 토론해 보시오.
2. 과거사 위원회의 사례와 같이 시민단체의 개입이 정치적 의도를 가지고 있다고 매도되기도 한다. 따라서 정치적 이념에서 자유롭기 위한 시민단체의 구성은 어떻게 이루어져야 하는지에 대해 토론해 보시오.

이러한 역할은 정책 과정 전반에 대한 총체적 참여로 이어진다. 정책평가에 대한 NGO의 활동 참여는 정부의 요청에 의한 각종 평가위원회 참여와 같은 공식적인 방식과 세미나, 포럼, 기자회견 등을 통해 이루어지는 정부정책 평가 등의 비공식적인 형태로 이루어진다(김준기, 2006).

3) 정책평가 단계에서 NGO 역할 사례[15)]

(1) 국민기초생활보장법

국민기초생활보장법이 국회를 통과하자 시민단체들은 정책이 집행되는 과정에서 법의 정신이 훼손되지 않도록 감시와 평가를 지속했다. '국민기초생활보장법 제정추진연대회의'는 법이 제정되자 '국민기초생활보장법 추진연대회의'로 이름을 바꾸고, 1999년 8월 25일 집행위원회를 소집하여 국민기초생활보장법을 세심한 부분까지 자체 점검과 평가를 했다.

2000년 상반기부터 연대회의 소속 시민단체는 그들의 역할을 국민기초생활보장법의 집행 과정에 대한 감시 및 평가활동으로 설정했다. 참여연대는 정부기관 및 공공기관에서 국민기초생활보장법의 수급 대상자 신청과 접수를 한시적으로 실시하는 것에 대해 강력하게 항의했다. 또한 국민기초생활보장법의 문제점을 지적하고 해결하기 위해 참여연대 사회복지위원회 산하에 '기초생활보장 수급권 찾기 운동본부'를 발족했다. 수급권 신청 기한을 제한하는 것은 수급권자의 권리를 침해하는 것이며, 수급권자의 선정기준도 생활보호법보다 까다롭기 때문에 생활보호 대상자조차도 수급 범위에 포함되지 못하는 사례 등을 들어 행정소송을 통한 수급자 구제와 제도 개선에 적극 나섰다.

2000년 5월 12일에는 연대회의도 기자회견을 가졌는데, 이들 역시 국민기초생활보장법의 철저한 집행을 촉구하기 위한 것이었다. 5월 19일에 연대회의는 정부종합청사 앞에서 '국민기초생활보장법의 올바른 정착을 위한 대정부 항의집회'를 열었다. 이 자리에서 이들은 수급권자 신청 기간 철회, 수급권자 선정 기준 중 재산 기준의 상향 조정, 부양 의무자에 대한 재산 기준 백지화, 제도의 사각지대에 있는 저소득자에 대한 대책 마련 등을 요구했다. 이에 보건복지부는 수급권자 신청 기간에 제한을 두지 않는 방식으로 변경하여 무기한 접수를 받기로 하는 등 정책을 변경했다(김동환 외, 2004).

이러한 NGO의 활동은 정책평가의 시각, 즉 총괄평가의 관점에서 보자

---

15) 정책평가 단계에서 NGO의 역할 사례로 인용된 '국민기초생활법과 의약분업' 사례는 김동완・김영래(2004)에서 발췌・인용했음을 밝혀둔다.

면, 집행 단계에서 나타나는 문제에 대해 시정을 요구하는 것은 집행 단계에서 이루어진 것이기는 하지만, 큰 범위에서 이해한다면 평가 과정을 거쳐 나온 결과가 피드백된 것으로 이해할 수 있다.

국민기초생활보장법의 경우 정책의 시행으로 수혜를 받는 집단은 사회 빈곤층이라 볼 수 있다. 이들은 정책 과정에서 그들을 조직화하여 의견을 제시하고 힘을 과시하지 못했으나, 정책의 시행으로 인해 피해를 보는 집단 역시 사회 전체로 분산되어 있었기 때문에, NGO가 정책의제 설정부터 정책의 평가 단계에 이르기까지 조직적인 저항이 덜 노출되었다고 할 수 있다.[16] 이러한 요인으로 인해 NGO의 정책평가가 지속적으로 이루어질 수 있었다고 평가된다(김동환 외, 2004).

(2) 의약분업 사례

의약분업 사례의 경우 초기에는 NGO가 정책에 주도적으로 참여함으로써 정부와 의사 및 약사 중심의 정책결정 구조를 시민 중심으로 바꾸려고 했고, 또한 정책집행을 감시하고 도와주는 등 의료시민운동에서 획기적인 전환점을 열었다고 볼 수 있다. 그러나 의사 파업 사태 이후 의사들을 설득하는 데 실패했고 그 이후로는 정책집행에 대한 감시와 평가가 거의 이루어지지 않았다. 이런 측면에서 의약분업 사례는 NGO의 적극적인 중재와 감시활동이 효과적으로 이루어지지 못한 사례로 평가된다.

의약분업 사례에서 NGO의 정책평가가 실패한 이유를 살펴보면, 정책의 시행으로 인한 수혜를 받는 집단은 다수의 국민이지만, 이 수혜자 집단은 조직적으로 정책 과정에 참여하지 않고 분산되어 있었다. 그러나 정책의 시행으로 손해를 보는 의료계는 조직적으로 단결하여 정책결정 과정에 참여했다. 또한 시민단체가 정책을 감시하고 평가하는 데 대해 의료계가 조

---

16) 이 사례의 경우 특이점은 정책 과정에서 직접적으로 손해를 보는 집단이 조직화되기 힘들었다는 점이다. 다시 말해 기획예산처 등 경제 부처가 국민기초생활보장법의 제정에 반대했으나, 정책의 시행으로 인해 직접적인 피해를 입는 집단은 경제 부처가 아니라, 직접적으로 피해를 보는 집단은 세금을 더 내야 하는 시민이었다. 따라서 정책 시행의 피해집단이 사회 전체로 분산되어 있었기 때문에 조직적으로 저항할 수 없었다고 볼 수 있다.

직적으로 반발했다는 점을 들 수 있다.

예컨대 1999년 11월 '의약품 실거래가' 제도가 실시되면서 약가 마진이 제대로 수가로 전환되지 못하자, 수입에서 큰 손실을 본 의사들이 대대적인 반발을 하게 된 것이다(전철수, 1999). 의사의 반발에 대처하는 과정에서 시민단체는 합리적인 대응을 하지 못하고, 의사의 잘못을 비판하는 쪽으로만 방향을 전개함으로써 의료계와 시민단체 간의 관계는 계속 악화되었다.

또한 이 과정에서 시민단체 내부도 분열되는 양상을 보이게 되어 결국 의료계의 결속은 계속 강화되어 간 반면에, 그 반대에 섰던 의료개혁 추진세력은 구심점을 상실하고 의사의 반발에 제대로 대응하지 못하는 힘의 역전 현상이 전개되었다.

다시 말해, '의약품 실거래가' 정책이 시행되면서 의료계가 경제적으로 커다란 위협을 입게 되자, 이에 자극을 받아 의료계는 좀 더 강력하게 조직화될 수 있었다. 이렇게 강력한 조직체가 형성되면서 의료계와 시민단체와의 갈등이 격화되기 시작했다. 이처럼 의약분업 사례는 정책 시행의 피해자인 의사협회가 정책결정 과정에 조직적이고 집중적으로 개입하면서, NGO가 정책집행의 감시와 평가를 견제받게 되었기 때문에 지속적인 감시와 평가가 이루어질 수 없었다.

결국 정책평가에서 NGO의 활동이 얼마나 성공적으로 이루어질 수 있는가는 정책으로 인한 이익집단의 갈등이 어떠한 양상을 띠는가에 의존하는 것으로 보인다. 국민기초생활보장법의 경우처럼 정책으로 인해 피해를 입는 집단들이 조직화되기 어려운 경우, NGO는 정책의 입안에서 평가까지의 모든 과정에서 주도권을 행사할 수 있었다. 이에 반해 의약분업정책의 경우에는 첨예한 갈등이 보이는 이해집단이 존재했으며, 이들의 갈등과 대립상황에서 NGO는 정책의 주도권을 상실하고 외곽으로 밀려날 수밖에 없었다(김동환 외, 2004).

생각할 문제

정책 과정에 대한 관점

1. 정책 과정에서 NGO의 개입이 주는 의미에 대해 생각해 보시오.
2. 여러 정책 사례에서 알 수 있듯이, NGO가 정책 과정에서 다양한 형태의 활동을 통해 영향력을 행사하고 있다. 이러한 활동이 가지는 특성에 대해 생각해 보시오.
3. 정부를 변화시키기 위해 필요한 시민과 시민단체의 적절한 참여 수준에 대해 생각해 보시오.
4. 정책 과정의 특성상 시민단체의 참여가 가장 용이한 단계와 가장 어려운 단계는 무엇이며, 그 이유에 대해 생각해 보시오.

정책 과정과 NGO

1. 정책 과정에서 소외계층에 대한 정책적 배려를 위해 시민단체가 할 수 있는 방법에는 어떤 것이 있는지 생각해 보시오.
2. 시민단체의 정책 과정에 대한 참여 강화를 위해 정부가 취할 수 있는 정책적 조치에는 어떤 것이 있는지 생각해 보시오.
3. 정책 과정에서 시민단체의 참여가 바람직한 방향으로 가지 위해 활동 역량을 제고할 수 있는 방안에 대해 생각해 보시오.
4. 정책 과정에 시민단체의 참여가 필요한 이유에 대해 생각해 보시오.
5. 정책 과정에 시민의 요구를 반영하기 위해 참여하는 시민단체의 역할이 가져오는 이점과 부작용에 대해 생각해 보시오.

제 5 장 NGO의 성장 과정과 운영 체계

제 1 절 NGO의 성장 과정

1 국제 NGO의 성장 과정

1) 국제 NGO의 조직

NGO는 전 세계적으로 확산된 민주화와 자유화의 물결에 힘입어 점차 그 규모와 영향력이 확대되고 있다. 이런 영향력을 반영하듯 유엔 경제사회이사회(ECOSOC)는 NGO에 대해 특별 지위를 부여하고 있으며, NGO는 유엔을 통해 지구적 문제의 해결에 적극적으로 참여하여 그 영향력을 확대시켜 가고 있다.

예컨대 유엔 경제사회이사회와 협의 지위를 갖는 NGO 수는 1990년대부터 상당히 증가하여 1996년에는 1,000개이던 것이 2005년에는 2,719개에 이른다. 이들 NGO는 보통 특정 분야 협의 지위를 갖는 NGO가 가장 많고, 명부상 협의 지위 NGO도 그와 비슷한 수를 갖고 있다. 다만 포괄적 협의 지위 NGO의 수는 매우 제한적이다. 이들 NGO의 대륙별 비율을 보면 유럽과 북미가 압도적이며, 아시아의 NGO 수가 다소 증가하는 추세라고 할

표 5-1 유엔 경제사회이사회와 협의 지위를 갖는 NGO 수 (단위: 개)

연도	포괄적 협의 지위	특정 분야 협의 지위	명부상 협의 지위	합계
1948	13	26	1	40
1968	17	78	85	180
1992	38	297	409	744
1993	40	334	410	784
1994	40	334	410	784
1995	65	406	415	886
1996	76	468	497	1,041
1997	85	582	517	1,184
1998	100	742	663	1,505
1999	111	918	909	1,938
2000	122	1,048	880	2,050
2001	124	1,132	895	2,151
2002	131	1,197	906	2,234
2003	131	1,316	903	2,350
2004	134	1,474	923	2,531
2005	136	1,639	944	2,719

자료: http://www.un.org/esa/coordination/ngo/

수 있다.

이 같은 NGO의 영향력 확대는 <표 5-2>에서 볼 수 있듯이 국제 NGO의 폭발적인 증가 추세라고 할 수 있다. 국제기구연감이 발표한 국제

표 5-2 국제 NGO의 증가 추세 (단위: 개)

연도	NGO 수	연도	NGO 수
1909	176	1992	27,190
1981	13,234	1994	31,085
1988	24,904	1996	38,234

자료: Union of International Association(1997).

NGO 현황을 살펴보면 국제 NGO의 수가 1909년에는 176개에 불과했으나, 1996년 현재에는 38,000여 개로 증가한 것으로 나타났다. 따라서 국제 NGO의 폭발적 증가는 NGO의 활동 범위가 국지적 범위에서, 이제는 세계적 · 국제적으로 영역이 확대되고 있음을 보여 준다(김영래, 1999).

NGO의 수적 증가는 OECD에 등록된 NGO의 증가 추세로도 짐작할 수 있는데, OECD에 등록된 개발 관련 NGO는 1980년의 1,600개에서 1997년 현재 약 5,500여 개로 크게 증가했다. 그리고 이들이 사용한 지원금 역시 28억 달러에서 60억 달러로 증가한 것으로 나타났다(OECD/DC, 1996).

국제 NGO의 수적 증가와 함께 국제 NGO에서 종사하는 회원 수도 <표 5-3>에서 보는 바와 같이 급격한 변화를 보인다. 이는 전 세계적으로 일반적인 상황이라 이해할 수 있는데, 전체적으로 1990년에는 148.501명 정도의 회원을 확보하고 있었던 국제 NGO가 2000년을 지나면서 255.432명으로 72%에 달하는 증가율을 나타내고 있다.

표 5-3 국제 NGO의 회원 수 증가 추세

구분	1990년	2000년	1990~2000	2000년 회원 밀도
전체	148,501명	255,432명	72%	42명
서유럽	6,547명	85,518명	52%	47명
북미	6,533명	10,257명	57%	41명
오세아니아	4,042명	6,382명	58%	42명
일본	2,347명	3,569명	52%	48명
동아태 지역	9,266명	16,393명	77%	56명
동유럽, 중앙아시아	8,940명	35,235명	335%	62명
남미, 카리브 지역	22,697명	33,565명	48%	25명
북아프리카, 중동	8,242명	11,964명	45%	13명
남아시아	5,121명	8,136명	59%	30명
사하라 이남 아프리카	20,076명	32,763명	63%	30명

자료: 주성수(2006).

이러한 추세는 특히 1990년대 민주화된 동유럽과 중앙아시아 지역에서 두드러진다. 동유럽과 중앙아시아 지역은 1990년에 8,940명의 회원에 불과하던 것이, 2000년에는 35,235명의 회원으로 증가하여 300%가 넘는 증가를 보였으며, 회원 수의 밀집 정도 역시 가장 높은 것으로 나타났다. 이에 반해 아프리카와 중동 지역은 회원 수의 증가 추세도 가장 낮았으며, 회원 수의 밀집 정도가 가장 낮은 것으로 나타났다.

다음으로 NGO의 분포 현황을 지역별·국가별로 살펴보면, <표 5-4>에서 보는 바와 같이 유럽 지역에 가장 많이 분포되어 있는 것으로 나타났다.

특히 유럽 지역에서 생성된 NGO는 세계대전 이후에 인도적 구호의 목

표 5-4 지역별·국가별 NGO 현황

(단위: 개)

지역 \ 연도	1960	1966	1977	1991	1993
미주 지역	**5,057**	**7,471**	**10,995**	**22,039**	**23,420**
미국	612	847	1,106	2051	2,266
캐나다	492	699	980	1838	1,981
유럽 지역	**13,023**	**18,212**	**32,443**	**48,172**	**53,927**
영국	742	1,039	1,380	2,590	2,780
프랑스	886	1,168	1,457	2,777	2,976
독일	841	1,115	1,399	2,733	2,911
이태리	88	1,057	1,343	2,557	2,731
아시아 지역	**3,342**	**5,232**	**8,112**	**18,747**	**20,513**
한국	102	209	371	897	999
일본	412	636	878	1,682	1,812
대만	108	182	239	632	733
싱가포르	58	85	260	743	810
홍콩	93	164	312	850	921
필리핀	195	304	422	866	923
총계	24,136	36,237	52,119	110,851	121,594

출처: *The Year book of International Organization*(1993/1994).

적으로 결성된 경우가 많은데, 이러한 NGO가 1960년대를 거치면서 환경, 인권, 평화, 여성 등과 같이 영역별로 전문화하는 과정을 거쳐 확대되었다. 오늘날 대표적 국제 NGO로 알려진 Consumer International, 국제사면위원회, 그린피스(Greenpeace) 등도 이 시기에 결성되었다. 한편 NGO의 증가율이라는 관점에서 볼 때 아시아 지역 NGO의 증가 추세는 주목할 만하다. 즉, 같은 기간에 거의 7배 정도의 폭발적인 증가 추세를 보이고 있다는 점이 그것이다. 이는 1970~80년대를 거치면서 아시아 지역의 국가들이 맞이한 민주화에 따른 결과로 볼 수 있다(김영래, 1997).

2) 국제 NGO의 재정

지역별·국가별로 NGO의 수적 증가 추세는 살펴본 대로 급증한 반면, 국제적으로 NGO들이 맞이하고 있는 내적 환경은 열악한 실정에 놓여 있다. 내적 환경이 비교적 좋은 것으로 평가되고 있는 미국 NGO의 경우도 인적·물적 자원 측면에서 풍족하지는 않다. 실제로 단체의 설립 초기에는 유급 스태프를 고용할 만큼 자금이 충분하지 않기 때문에, 자원봉사자가 업무 집행 부문의 자원봉사자를 겸하거나 별도의 사람들이 동일한 자원봉사자로서 업무에 참여하는 경우도 많다.

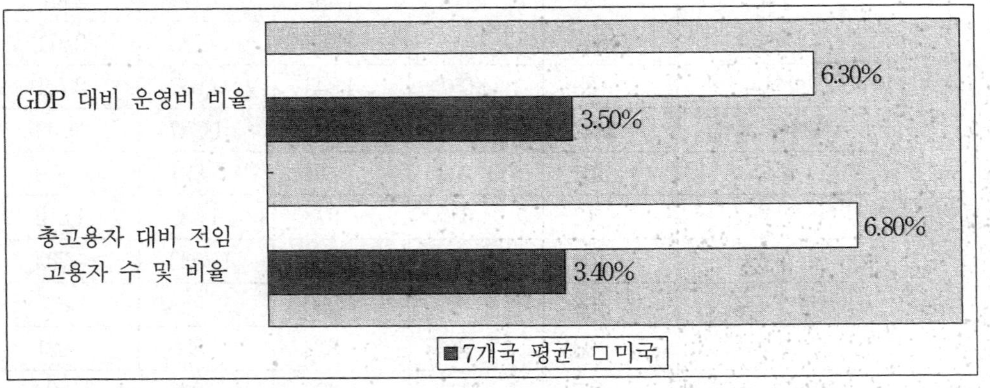

그림 5-1 미국 NGO와 주요 7개국 간의 현황 비교

주: 7개국 평균은 미국, 일본, 영국, 프랑스, 독일, 이탈리아, 헝가리가 포함된다.

유급 스태프를 고용하는 경우라 하더라도 노동량에 비해 보수가 적어 실제로는 자원봉사자에 가까운 경우가 많다. 조직의 절반 이상은 이러한 자원봉사자만으로 운영되는 소규모 단체라고 할 수 있다(제진수, 1999).

표 5-5 각국 NGO의 종합적 비교

비교 요인	미국	독일	일본	한국
각국 주요 NGO	• 시에라클럽(Sierra Club) • 지구의 친구들(Friends of Earth) • Common Cause • American Friends Service Committee	• 독일자연보호연합(DNR) • 독일 환경과 자연보전을 위한 연맹(BUND)	• 시민포럼2001 • WELL COMPANY • 환경과지속사회연구센터	• 경제정의실천연합 • 환경운동연합 • 녹색연합회 • 흥사단 • 참여연대
조직 및 의사결정 구조	• 총회가 실질적으로 최고의 의사결정 기구 • 의사결정권이 특정 기구에 집중되어 있지 않은 분권적 조직의 특성	• 총회가 실질적으로 최고의 의사결정 기구 • 의사결정권이 특정 조직과 기구에 집중되어 있지 않은 분권적 조직의 특징	• 총회가 실질적인 의사결정기구이지만 회원이 단체에 편지, 전화나 각종 위원회, 총회를 통해 참여 • 상대적으로 다른 나라와 비교할 때 간접적 의사개진	• 일반회원 중심의 총회에 의한 결정보다는 소수의 전문가와 상근 운동가들이 중심이 되어 결정되는 중앙집권적 의사결정 구조
리더십	• 시민과 조직구성원의 참여를 통한 민주적 리더십	• 신속성과 탄력성을 겸비한 참여 지향적 민주적 리더십	• 민주적 리더십, 중간적 리더십, 권위적 리더십이 상존	• 시민문화의 변혁보다는 한 지도자를 중심으로 한 강력한 권위적 리더십
인력 운영 방식	• 회원들의 자발적인 참여에 의해 운영됨. • 소득과 교육 수준이 높을수록 참여율이 증가함. • 여성 인력의 비율 높음.	• 국민의 57%가 참여 • 조직에 상주하는 소수의 사무직원을 제외한 모든 활동을 시민의 자발적인 참여로 운영함.	• 여성이 많은 단체는 반수를 넘고 있으며, 연령을 보면 50대에서 60대 이상이 각각 40%를 넘어 연령층이 높음.	• 일반회원 중심이라기보다는 소수의 상근운동가와 전문가 중심임.
재정 운영 방식	• 미국 NGO의 전체 수입은 약 6,700억 달러 • NGO 재정적 기반으로는 ① 회원들의 회비·서비스요금(자주재원), ② 정부보조금(보조금, 프로젝트계약 등), ③ 민간기부(개인기부, 기업기부, 재단조성금 등)으로 구성됨. • 가장 큰 재원으로는 회원들의 회비와 서비스 요금으로 50%	• NGO 재원은 정부보조금, 기업 및 개인의 기부금, 회원 회비로 구성됨. • NGO에 대한 재정 분담 방식을 1962년에 최초로 시행한 국가이며, 정부에 대한 재정의존도가 68.2%에 이른다. 더욱이 정부는 단체의 운영비는 물론 연구 프로젝트를 의뢰함으로써 NGO의 재원 확보	• 일본의 NGO의 재원은 자체조달, 외부조달 등임 • 자체조달은 개인이나 기업으로부터 기부금 모금, 회원의 회비, 사업수입, 기금 운용 등을 통해 조달하며, 전체 재원 가운데 약 62% 정도 • 외부조달은 다양한 기관과 기금에서 지원	• NGO의 재원은 회원의 회비 및 기부금, 정부보조금, 자체수익금 등이 있음. • 정부로부터 보조되는 기금은 정부의 관심 사안에 따라 기금이 사용되기 쉽고 NGO활동을 위한 인프라 구축이나 연구조사 사업에는 지원되지 않는다는 점

그러나 상대적으로 미국의 NGO는 [그림 5-1]에서 보듯이 다른 국가와 비교해서 그리 나쁜 상황이라 할 수도 없다. 주요국인 미국, 일본, 영국, 프랑스, 독일, 이탈리아, 헝가리 등 7개국의 평균과 비교할 때, 미국의 운영비 상황은 6.3%로 주요국의 평균인 3.50%보다 높은 편으로 나타났다. 또한 총 고용자 대비 전임 고용자의 수 및 비율의 측면에서도 6.8%로, 주요 국가의 평균 3.40%보다 높은 편으로 나타났다. 따라서 전 세계적인 관점에서 본다면 미국은 그래도 나은 환경이다. 그렇지만 그림에서 보듯이 전체적으로 NGO의 환경이 그리 좋은 편이 아니라고 할 수 있다.

이와 같은 내적 환경은 <표 5-5>에서 보듯이, 각국을 대표하는 NGO들임에도 재정 운영 방식을 보면 미국의 경우 자체재원 확보가 50%에 불과하고, 독일은 이보다 낮은 31.8%에 불과하다. 따라서 이들 NGO가 각국을 대표하는 단체임에도 이 정도 수준의 자체재원을 마련하는 데 그치고 있다는 현실을 감안한다면, 더 영세한 시민단체의 내적 환경은 대단히 열악하다고 볼 수 있다.

3) 국제 NGO의 활동

국제 NGO의 활동은 환경, 인권, 평화 등 다양한 분야에서 펼쳐지고 있으며, 세계 각지에서 이와 관련된 회의가 개최되었다.[1] 이러한 국제 NGO 회의는 지구촌이 안고 있는 현안 문제에 관해 의견을 나누고 정책대안을 제시할 수 있는 장으로, 국제 NGO가 국제 거버넌스의 한 축으로서 그 역할을 담당하도록 하는 데 일조한다.

<표 5-6>은 유엔에서 개최한 국제회의와 이에 참여한 국제 NGO의 현황을 살펴본 것이다. 표에서 보듯이 국제회의를 위한 주제의 다양성은 물론, 참가국도 매우 다양함을 알 수 있다. 예컨대 주제의 경우 환경, 인권, 여권, 평화, 성장 등으로 지구가 안고 있는 시급한 문제가 주를 이룬다.

이런 측면에서 NGO들의 세계대회는 NGO의 활동을 더욱 활성화시키고, 지구촌 구성원들로부터 관심을 불러일으키는 데 일조하고 있다.

---

1) 한국도 1999년에 서울에서 NGO 세계대회를 개최한 바 있다.

표 5-6 역대 NGO 세계대회 개최 현황

대회명	주제	참가 규모	일시 및 장소	대회 성과 및 특징	한국 NGO 참가 여부
1992년 리우 환경회의	환경	2,400명의 NGO 대표 참가	1992. 6. 3~14 브라질 리우데자네이루	리우선언 발표	참가
1993년 비엔나 인권회의	인권 신장 인권 보호	171개 국가에서 800여 개의 NGO 참가	1993. 6. 14~25 오스트리아 비엔나	개발도상국 인권 신장 계기 마련	참가
1994년 카이로 인구회의	인구 성장 환경 친화적 개발	11개 국가 1,500개의 NGO에서 4,200명 참가	1994. 9. 5-13 이집트 카이로	인구개발문제 협의	참가
1995년 코펜하겐 사회개발회의	빈곤 퇴치 고용 창출 실업 근절 사회 통합	811개의 NGO에서 4,500명의 대표 참가	1995. 3. 6-12 덴마크 코펜하겐	각종 세미나 개최	참가
1995년 베이징 세계여성대회	여권 신장	2,100개의 NGO에서 5,000명 이상의 대표 참가	1995. 8. 30-9 중국 베이징	각종 워크숍과 전시회 개최	참가
1996년 이스탄불 세계주거회의	환경 친화적 주거 개발	2,400개의 NGO에서 8,000여 명 참가	1996. 6. 3~14 터키 이스탄불	제2차 UN Habitat II 병행	참가
1999년 헤이그 평화회의	평화	300개 이상의 국제NGO를 포함하여 5,000명 참가	1999. 5. 11~15 네덜란드 헤이그	헤이그 국제평화회의 개최	참가
1999년 서울 NGO 세계대회	NGO	유엔에 가입된 2,200여 개 국제 NGO를 포함, 6,000여 명 참가	1999. 10. 10~16 대한민국 서울	새로운 밀레니엄을 맞아 NGO의 역할 및 위상에 대한 토론의 장	참가
2002년 브라질 세계사회포럼	또 다른 세계는 가능하다	150개국 5만여 명 참가	2002. 8. 26~9.4 브라질	세계 각국 NGO	참가
2002년 요하네스버그	지속 가능한 세계	180여 개국 대표	2002. 8. 26~9.4	정부기구 및 NGO 대표	참가

자료: 세계NGO대회 자료집.

2 한국 NGO의 형성 과정

1) 한국 NGO의 형성 과정

(1) 한국 NGO의 형성 과정

우리나라는 해방 이후 국가 주도의 근대화 과정이 매우 빠른 속도로 진행되었다. 국가 주도의 근대화 과정에서 시민사회는 분절과 파편화(fragmentation)의 대상이라고 할 수 있다. 국가가 모든 과정을 주도했고, 시민사회는 거의 존재하지 않거나, 국가의 관리 대상으로 인식되었다. 이는 국가가 자신의 목적을 더 쉽게 달성하기 위해 목적 달성을 저해하는 집단에 대해 억압적 기제를 작동시켰기 때문이다. 그래서 시민사회는 아직 미약한 단계로 형성되고 발전되어 왔다고 할 수 있다.

이러한 상황에서 국가는 국가 일변도의 성장정책의 문제점을 인식하고, 시민단체의 필요성을 인식했지만 이는 철저하게 국가관리의 틀을 벗어나지 못했다고 할 수 있다. 이는 국가조합주의(state corporatism)로 설명할 수 있으며, 시민사회를 관리하기 위해 친정부적인 시민단체를 집중적으로 육성하기 시작했다. 이를 관변단체라고 할 수 있다. 그래서 관변단체에 대해서는 최대한의 지원과 육성을 아끼지 않았다.

이에 비해 반체제(체제 도전)적인 운동단체에 대해서는 억압과 통제로 일관했다. 민주화 요구가 잠재되어 있다가 미약하지만 서서히 나타나기 시작했다. 이것이 1960~1980년대의 민주화운동이라고 할 수 있다. 주로 학생운동, 노동운동이 주류를 이루었지만 그 기반을 조직화하거나 공개적으로 확산시키기 어려웠다.

우리나라는 1990년대를 전후해 체제에 대한 논란이 비교적 감소되었다. 이는 대통령 직선제의 도입과 관련이 많다. 박정희 정부 및 전두환 정부의 권위주의적 정권을 거치면서 민주화 및 체제에 대한 논쟁이 많았지만, 국가의 억압적 기제의 작동으로 조직화 정도는 낮았다고 할 수 있다. 그러나 노태우 정부 및 김영삼 정부가 들어서면서, 즉 대통령을 직선함으로써 민주주의에 한 발 더 다가서게 되었고, 시민사회의 형성에 대한 관심이 매우 높아졌다. 특히 이 시기에 시민사회의 조직화된 형태로서 NGO가 많이 등장하게 되었다.

이런 관점에서 우리나라의 NGO 형성의 특징을 살펴보면, 과거 관변단체적 성격의 NGO에서 실질적인 시민사회 대변기구로서의 NGO가 많이 등장하게 되었다. 이것은 그동안의 반체제적인 저항운동에서 합법화 투쟁으로의 전환, 제도권 내 투쟁으로의 전환이 이루어지면서 나타나게 된 현상이다. 즉, 체제에 대한 반대 및 저항활동이 대안 중심, 이슈 중심의 활동으로 전환되기 시작하면서 NGO의 분화 및 전문화와 함께 NGO의 거대화 현

표 5-7 유엔 경제사회이사회와 협의 지위를 갖는 한국의 NGO

1. 포괄적 협의 지위(General Consultative Status)

- 굿네이버스(Good Neighbors International)
- 세계평화여성연합(Women's Federation for World Peace International)

2. 특정 분야 협의 지위(Special Consultative Status)

- 밝은 사회 국제본부(Global Cooperation Society International)
- 한국환경운동연합(Korean Federation for Environment Movement)
- 한국여성단체협의회(Korean National Council of Women)
- 한국여성정치문화연구소(The Korean Institute for Women and Politics)
- 세계대학총장연합(International Association of University President)
- 경제정의실천시민연합(Citizen's Coalition for Economic for Justice)
- 민주사회를 위한 변호사 모임(Minbyun)
- 한국여성단체연합(Korea Women's Association United)
- 한국자유총연맹(Korea Freedom League)
- 한국국제봉사기구(Korea International Volunteer Organization)
- 참여연대(People's Solidarity for Participatory Democracy)
- 원불교여성연합회(Won-Buddhism Women's Association)
- 환경정의시민연대(Citizens Movement for Environmental Justice)

3. 명부상의 협의 지위(Roster Consultative Status)

- 새마을운동본부(National Council of the Saemaul-Undong Movement)
- 대한가족보건복지협회(Planned Parenthood of Korea)
- 소비자보호시민모임(Citizens Alliance for Consumer Protection of Korea)

상도 나타나고 있다.[2)]

이와 함께 국제적으로도 NGO의 활동 영역을 넓혀 나가고 있는데, 이는 <표 5-7>에서 보듯이 UN 경제사회이사회와 협의 지위를 갖는 한국의 NGO 수가 증가하고 있는 데서 엿볼 수 있다. UN 경제사회이사회와 협의 지위를 갖는 한국의 NGO 현황을 보면 특정 분야 협의 지위를 갖는 NGO가 13개로 가장 많고, 명부상 협의 지위 NGO가 3개, 포괄적 협의 지위 NGO가 2개로 총 18개에 이른다. 다만 한국의 전체 NGO 수에 비해 협의 지위를 갖고 있는 NGO의 수가 많지 않으며, 또한 협의 지위를 갖고 있는 NGO의 활동량도 그다지 많지는 않다.

(2) 한국 NGO 역할의 패러다임 전환

정치적 기회구조의 변화와 함께 우리나라 NGO의 역할 패러다임이 크게 전환되었다. 그 중요한 원인은 저항적 사회운동의 패러다임이 합법적인 활동공간을 적절히 활용하지 못하는 상황에서, 새로운 시민운동단체가 등장하게 된 데서 찾을 수 있다(정수복, 1996: 32-35).

우리나라 초기 시민단체의 역할은 명백하게 이원적인 틀, 즉 제도권이냐 비제도권이냐 하는 틀을 갖고 있었다. 제도권의 시민단체는 정부와의 원만한 관계를 중시하는 체제 순응형이며, 비제도권의 시민단체는 정부와의 대항적 관계를 유지하는 체제 저항형으로 뚜렷하게 구분되었다. 이러한 이원화로 체제 내의 시민단체는 급격하게 관변단체화되었다. 즉, 초기의 시민단체는 관변단체 중심이었다.

이들은 설립 때부터 정부와의 강한 연결고리를 갖고 있었기 때문에 정부에 예속적이거나 협조적인 성격을 강하게 띠거나 준(準)권력형 기관으로 활동하는 경향이 많았다(송하중・임승빈, 1999: 6). 이러한 역할 체계 속에

2) 국제사회적 측면에서도 1990년 16,208개이던 국제적인 NGO가 3년 만에 28,900개로 증가했다(김수현, 1998a: 51). 일본의 경우도 시민의 역할이 요구・반대형 운동에서 제안・실천운동으로 1960년대 후반부터(안보 투쟁의 종료) 관심이 옮겨갔다. 공해방지운동이나 자연보호운동, 소비자운동의 일상화에서 시작해 복지, 교육, 환경 등으로 그리고 건강, 문화, 국제교류, 국제협력 등의 분야에서 독자적인 발상에 의한 시민활동이 생겨나게 됐다(제진수, 1999: 224-225).

서 시민단체는 정부정책의 홍보와 행정 대리인의 역할을 수행하는 대신에 정부로부터 법적·제도적으로 철저히 보호받았다.

그러나 1987년 6월 민주화운동에 따른 정치적 민주화와 경제 성장에 따른 중산층의 형성, 그리고 소득과 교육 수준이 상승하면서 중간계급의 정치적 참여와 문화적 향유, 정의로운 사회에 대한 관심은 높아갔지만 기존 제도권 정치의 비대표성으로 정치적 대표 체계는 제대로 갖추어지지 못했다. 그래서 이들을 대변하기 위한 좀 더 진일보한 시민단체가 등장했고, 정부정책에 대한 반대 및 대안 제시의 역할이 강조되기 시작했다.

또한 정부 불신의 골이 깊어지면서 정부 신뢰가 무너지자, 정부 부문과 시민 간의 대립과 마찰이 발생하는 경우 중재자의 역할을 시민단체가 담당하게 되었다. 이에 따라 시민단체의 대안적 분쟁 해결 기구(alternative dispute resolution)로서의 역할이 점차 부각되고 있다(서왕진, 1997). 또한 시민단체는 정부나 시장에 대한 견제 역할 및 보완 역할(Hansmann, 1987), 비시장적 재화 및 서비스의 생산자(Douglas, 1987)로서의 역할도 요구받고 있다.

그뿐만 아니라 시민단체의 전문화 성향도 나타나고 있다. 전문화된 소규모 시민단체(정책 NGO)가 많이 등장하고 있다. 경실련, 참여연대와 같은 종합적이며 대규모적인 시민단체와 대비되는 소규모 시민단체가 등장했다. 그러나 이들은 현실적으로 많은 제약에 놓여 있다. 자원 동원 능력, 인지도, 참여 인원 수 등 여러 가지 약점을 가질 수밖에 없으므로 대규모 시민단체의 대외적 상징(자원 동원 능력, 인지도, 참여 인원 등)과 소규모 시민단체의 대내적 전문성 간의 교환 관계를 통한 분업 체제가 자연스럽게 구축되어 가는 과정에 있다. 이는 연합형성(coalition-building) 차원에서 이해할 수 있다.

이러한 측면은 다음과 같은 연구 결과와도 상치한다. 최근에 설립된 조직일수록 이전에 설립된 조직과 연대활동을 하는 데서 강한 연대를 추구하는 경향이 있다. 이전에 설립된 조직은 최근에 설립된 조직과 정보 교환 수준의 연대활동에 더 적극적이다. 두 상이한 조직 간에 연대 관계를 결정하는 중요한 요인은 상근자로 대표되는 조직의 과업 수행 능력이다. 조직의 회원 수로 측정한 조직 규모의 효과가 전혀 없다. 즉, 회원의 수보다 조직의 상근자 수가 훨씬 조직의 역량을 잘 반영한다(권태환·이재열, 1998: 31-32).

(3) 한국 NGO의 조직화 과정

한국 정부는 오랫동안 불신을 받아왔다. 정부와 시민 간의 간격은 매우 컸고, 이것은 불신으로 나타났다. 정부 불신은 정책 불신으로 이어지고 있었다. 이러한 정부의 제도화된 메커니즘이 형식화되고 불신받기 때문에, 주민은 자신의 요구(행정에 대한 불만 및 시정)를 간헐적인 집단행동의 형식으로 나타내게 되었다. 이러한 주민들의 집단행동은 주민운동으로 접근할 수 있다. 초기 주민운동은 자신 주변의 생활 이슈를 해결하기 위한 자구책의 일환인 생존형 운동이라고 할 수 있다.

이러한 초기적 주민운동의 성격은 유사한 이슈를 가진 주민운동과 연대하면서 변화하기 시작했다. 운동 과정에서 주체에 따라 상이한 목표와 전략을 갖게 되고 활성화되면서 점차 운동의 근원과 본질에 눈을 뜨게 됨으로써 권위주의적인 정치 권력과 독점자본에 대한 저항운동적 성격으로 전환되었다. 그리고 점차 운동의 연대성을 확대하고, 상설 조직화, 제도나 정책의 개혁 요구 등으로 이어지면서 '사회적' 성격을 지니는 운동으로 변화되었다. 즉, 정책 대상집단이 조직화해서 자신들의 이익에 반하는 정책에 대항해 새로운 이익을 정책에 반영하려는 사회적 집합행동으로 변화되었다. 그래서 시민운동은 사회운동으로서의 성격을 내포한다고 할 수 있다(권해수, 1999: 80-81).

비제도권 차원에서 형성되어 온 시민운동의 조직화 양태로서 NGO는 조직 발전 단계별로 여러 가지 특징을 보여준다. 우선 조직 형성 단계에서 조직 내부적으로는 지도자와 주도권의 문제에 직면하며, 공공기관과의 관계에서는 등록과 공식적인 인정 여부에 관심을 집중하며, 사회와는 비교적 격리 관계에 있다.

조직 확장 단계에서 조직 내부적으로는 내부 규율 확립 문제에 중점을 두며, 공공기관과의 관계보다는 사회와의 관계에 치중해 목표 확장(goal

표 5-8 NGO의 조직 발전 단계별 특징

구분	단체 내부	공공기관과의 관계	사회와의 관계
조직 형성	지도자와 주도권	등록, 공식 인정	격리
조직 확장	내부 규율 확립	무	목표 확장 및 조직원 확대
조직 활동	관리와 이탈 통제	지원	언론 효과

자료: 권해수(1999).

enlargement) 및 조직원 확대를 기하고자 한다. 마지막으로 조직활동 단계에서 조직 내부적으로는 관리와 이탈 통제문제에 직면하며, 공공기관으로부터의 지원이 공론화되면서 사회적으로는 언론 효과를 극대화하기 위한 전략을 사용하고 있다. 각 조직 발전 단계에서는 이념적 지향의 변화, 구성원 간의 주도권 쟁탈전, 그리고 단체의 공언된 목표와 실제 목표 간의 괴리 등이 나타나게 된다.

이런 측면에서 한국 NGO의 변화 과정을 보면 조직 형성 단계에서는 개인 명망가 중심적인 운동 지향성을 보여주었다. 사회적 이슈에 관심이 있는 소수 명망가가 이슈를 개발하고, 자원을 동원해 일반 대중에게 알리는 형태로 발전되었다. 그래서 NGO의 발전 초기 과정에는 진보적인 사회개혁가 소수의 헌신적인 노력이 매우 중요하다.

이 단계에서 NGO의 지도자들은 공공기관으로부터는 억압과 통제의 대상이었고, 사회로부터는 무관심의 대상이었다. 이는 권위주의적 정치 체제와 밀접한 관련이 있다. 이들의 헌신적인 노력은 정치적 기회구조(political opportunity structure)의 변화와 함께 일반 대중의 주목을 받게 되었고, 가시적 성과가 나타나자 시민의 참여 경향이 증가하기 시작했다.

이를 통해 운동은 확대되었으며, 운동의 확대 과정에는 운동을 조직화하기 위한 상근조직화(常勤組織化)가 나타나게 된다. 운동 이슈가 부각되면서 회원의 수 및 참여도가 크게 증가하지만 이러한 운동을 지속화하기에는 많은 한계가 있다. 회원은 NGO의 조직 목표에 대한 외형적인 동조에 불과하다. 이들 회원에 대해 구체적 활동 방향이나 역할 부여가 미진하며, 구체적 참여 통로가 제대로 확보되지 않는 경우가 많기 때문이다.

이로 인해 회원의 상당수가 활동하지 않게 되는 현상이 나타나게 되었다. 조직의 외형은 확대되었지만 NGO는 여전히 개인 명망가 중심으로 움직였으며, 다만 NGO의 지도자층이 조금 확대되는 수준이었다. 이는 자원봉사자 중심적인 선진국의 NGO 활동과 크게 다른 양상을 보이는 것이다.

가입 초기 많은 관심을 보이고, 회비를 납부하던 회원도 시간이 지나면서 회비 납부 실적이 부진해지고 무관심해지는 경향을 보이고 있다. 한 가지 이슈를 지속화하기 어렵기 때문이기도 하다. 그러므로 NGO들은 관심을 지속화하기 위해 이슈를 확장하고 이를 관리하기 위한 조직의 신설로 조직 확대 현상이 나타나게 된다. 이러한 경향이 지속화되면 NGO는 재정적 위기에 직면하게 될 가능성이 커지게 된다.

결국 이의 타개책으로 재정적 후원자를 물색해야 하고, 동시에 언론과의 연계활동이 불가피하게 나타나기 시작했다. 이러한 요인으로 NGO는 개인 중심적인 활동이 많이 나타나게 된다.[3]

이러한 과정에서 나타나게 되는 NGO의 문제점은 특정인(대개는 설립자)을 중심으로 한 권력구조, 조직 운영의 관료제라고 할 수 있으며, 쉽게 극복되지 않고 있다. 특히 재원의 25% 내외만이 회비 수입인 상태에서 나머지 재원을 특정인에게 의존하는 재정적 문제를 야기하고 있다. 즉, 이러한 특정인에 의한 높은 재정 기여도는 결국 발언권으로 나타나게 된다.[4] 이것은 회원을 참여시키는 운동보다는 언론을 대상으로 하는 명망가 중심의 활동에 더욱 주력하게 만들어 왔다.

특히 저항적 민주화운동이 퇴조하고 NGO가 언론의 구미에 맞는 아이디어 창출에 골몰하면서 언론의 주목을 받게 되었다. 이와 같은 언론과의 연대활동 강화로 공공기관과 정부, 그리고 대기업이 NGO를 지원하는 계기가 되었다. NGO가 감시활동을 해야 하는 정부 및 기업으로부터 재정적 후원

---

3) 초기의 시민운동단체는 집단화하지 못하도록 하는 정치 체제 내의 억압과 압력 때문에 개인 의존성이 심화됐고, 이로 인해 개인 중심적으로 운영할 수밖에 없었다고 표현하는 것이 더 정확할 것이다. 그러나 후기에 시민사회단체의 조직화가 이루어지고 난 이후에는 명망가 중심의 대외활동으로 인해 개인 중심적 리더십이 지속되었다.

4) 특정인의 발언권 강화는 권위주의적 의사결정으로 이어지게 된다.

을 동원함으로써 이것이 NGO의 감시의 끈을 느슨하게 하는 악순환의 고리 역할을 하기도 한다.

그뿐만 아니라 NGO의 참여가 연고적 동원[5] 형태로 이루어짐으로써 시민사회운동에 대한 일반 회원의 자세는 소극적・수동적이 되고 있다. 시민단체의 참여가 개인적 친분과 연고 관계로부터 이루어지며, 이러한 경향은 실무자들이 더욱 컸다. 그러나 연고적 동원은 실무자 수준에서는 이념적 갈등에 의한 조직의 분열을 방지하는 긍정적 측면도 있다(송호근, 1998: 46-47).

2) 한국 NGO의 성장 과정

(1) 한국 NGO의 성장 추이

한국 NGO의 생성 기원은 1900년대 초까지 거슬러 올라간다. 당시에 대한적십자사, 흥사단, YMCA 등 10여 개 단체가 설립되면서 한국에서 최초로 NGO가 등장했으나, 본격적인 설립은 1980년대 이후로 전체 NGO 설립의 77.5%가 이 시기에 집중되어 있다(김혁래, 1997). 그런데 NGO의 생성 과정에서 특기할 만한 것으로는 1970~1980년대에 설립된 단체는 주로 양분되어 있었다는 점이다.

예컨대 새마을운동과 바르게살기운동 등 정부의 필요에 의해 설립되었거나 관에 의지하여 운영되는 단체와 이와 대조적으로 1987년 6・29 선언이 있기 전까지 민주화 쟁취를 위한 반정부적 성격을 지닌 단체로 양분되어 있었다. 그러나 6・29선언 이후 다양한 시민의 욕구를 충족시키기 위해 수많은 단체가 설립되면서 NGO는 급격한 성장을 거치게 된다.

한국 NGO의 성장 추이를 살펴보면 1987년을 기점으로 급속히 증가되었고, 이러한 증가 추세는 지금도 계속되고 있다. 특히 [그림 5-2]에서 보듯이 1990년대와 2000년대 들어 전체 NGO의 80%에 이르는 단체가 설립되었는데, 이는 한국의 민주화 발전과 직접적으로 연계되어 있다. 다시 말해, 사회・정치적 환경의 반영은 설립 시기로도 짐작할 수 있는데, NGO의 설

---

5) 이에 비해 서구 신사회운동은 인지적 동원이 주류를 이룬다(Inglehart, 1990).

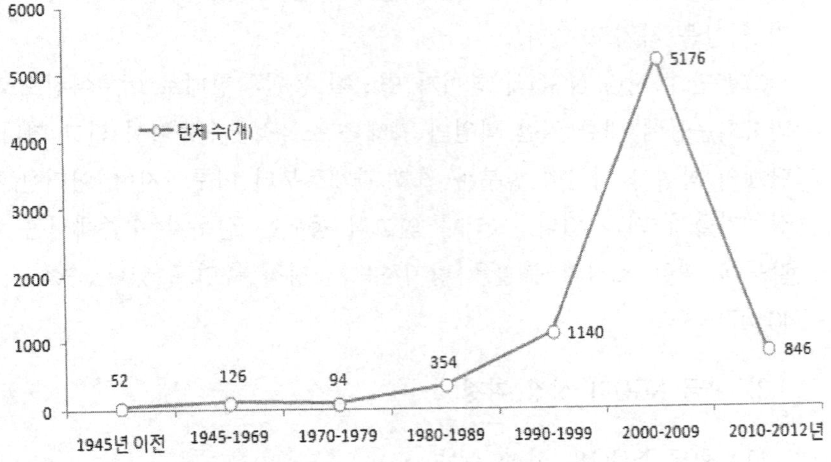

그림 5-2 민간단체의 설립 연도

립 연도는 정치민주화 등 전반적인 사회분위기가 급변하기 시작한 1990년대 이후 설립 단체 수가 급속도로 증가한 데서 찾을 수 있다.

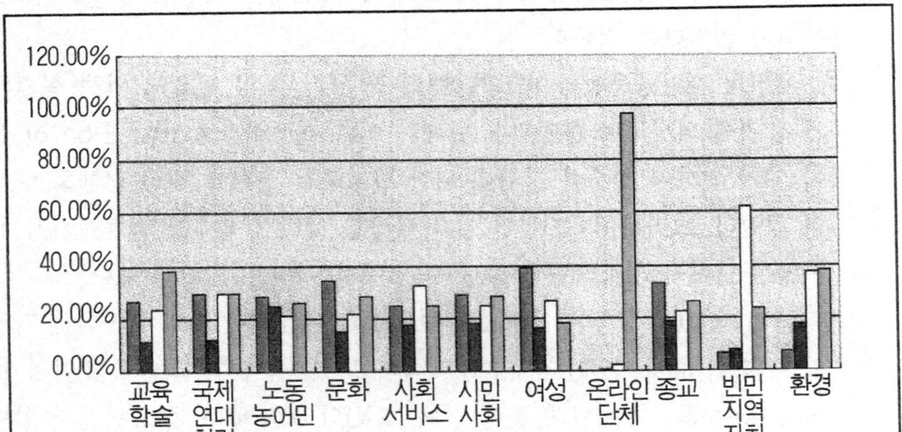

그림 5-3 기간별 단체 설립 비율

이와 함께 NGO들의 설립 시기를 분야별로 보면 [그림 5-3]과 같다. 1990년대에는 환경, 지역자치, 시민사회 부문의 NGO 단체가 특히 급증하는 현상을 보였고, 2000년대 들어서는 온라인을 매개로 하는 NGO 단체가 급속한 증가 추세를 보이고 있다. 이는 1990년대는 환경이나 지역자치, 시민사회 부문과 관련이 있는 현안 문제에 일반 시민의 관심이 집중된 분야이기 때문에 이들과 관련된 NGO 단체들이 활성화되었다면, 2000년 이후는 정보화의 진행과 함께 온라인 관련 NGO 단체의 97%가 설립되는 것과 같은 특징을 보여준다. 이는 활동 방법의 다변화 및 우리나라의 인터넷 이용의 확산 등 사회적 환경을 반영한 결과라 할 수 있다.

(2) 한국 NGO의 분포

한국 NGO의 수나 규모를 정확하게 파악하기란 쉽지 않다. 그것은 NGO 단체 가운데 많은 단체가 등록했음에도 불구하고, 우리나라의 비정부·비영리단체 현황은 아직 그 실체가 명확히 밝혀지지 않고 있다. 그 이유는 아직까지 많은 수의 시민단체가 미등록단체의 형태로 활동하고 있기 때문이다.[6] 시민운동정보센터에서 파악한 바에 따르면 현재 활동 중인 시민단체의 54%가 미등록단체로 추정된다.

등록된 단체와 비등록된 단체를 모두 포함하여 비영리단체의 규모는 6만 개 정도에 이른다는 주장도 있으나(Kim & Hwang, 2000), 이는 이익단체나 기업의 재단 등과 같은 광범한 민간단체를 포함하는 경우이며, 정확한 규모는 아직 밝혀지지 않고 있다. 따라서 한국 NGO의 수나 규모에 대한 추계는 대체로 한국민간단체총람이나 각 중앙부처 또는 시·도에 등록된 단체만을 대상으로 분석해야 하는 한계를 안고 있다.

이와 함께 한국 NGO의 실태를 분석하는 데 따르는 어려운 문제는 모든 단체들이 그나마도 한국민간단체총람이나 각 중앙부처 또는 시·도 등에 등록되어 있는 것이 아니라는 점이다. 또한 등록된 단체들도 각기 다른 기준의 적용을 받는 관계로 양 기관의 통계는 내용면에서나 수적인 면에서

6) 현재 우리나라에서 비정부·비영리단체는 사단법인이나 재단법인 또는 특수법인의 형태로 등록되거나 비등록단체의 형태로 설립 운영되고 있다.

현격한 차이를 보이고 있어, 두 기관의 통계를 비교하는 것은 한계가 있다. 이에 더해 한국민간단체총람의 경우도 시기별로 분석 대상과 기준을 달리해 온 관계로 시계열적 비교를 하는 경우 다소 문제가 있다.[7] 따라서 여기서는 상황에 따라 두 기관의 통계를 병렬적으로 제시함으로써, 예시적 관점에서 한국 NGO의 실태를 분석하고자 한다.

이런 관점에서 한국 NGO의 양적 변화를 살펴보면 다음과 같다. 처음으로 시민운동단체만을 조사 대상으로 설정해 분석한 「한국민간단체총람 2006」에 따르면, 동 기간에 한국 NGO는 총 23,017개로 5,556개의 시민운동단체와 17,461개의 민간단체가 있었다. 이후 6년이 지나 발간된 「한국민간단체총람 2012」에 따르면 한국의 시민운동단체 수는 12,657개로, 2005년도 5,556개의 2배가 넘는 폭발적인 증가세를 나타냈다.

이러한 현상은 정부에 등록된 단체의 양적 변화에서도 유사하게 나타나고 있는데, 20012년 12월 현재 「비영리민간단체지원법」 제4조에 근거하여 각 부처 및 시와 도에 등록된 단체는 총 10,860개로 나타났다. 이는 2009년

7) 「한국민간단체총람」은 1997년부터 조사가 시작되어 왔다. 초기에는 민간단체(시민운동단체 포함) 이외에 직능단체도 조사해 오다가, 2006년부터는 민간단체는 제외하고 순수한 시민운동단체만을 분석 대상으로 조사해 오고 있다. 그 이유는 시민운동단체의 수가 늘어난 것도 있지만, 조사 방법을 개선하고 조사 대상을 강화한 결과로 매 차례마다 조사단체의 수가 늘어나고 있다. 1997년에는 2,000개 정도의 단체가 조사되었으나, 2003년도 판에서는 4천 개 가까운 단체가 조사되었다. 그리고 「한국민간단체총람」은 1997년, 2000년, 2003년까지는 시민의 신문에서 발행되었고, 2006년, 2009년, 2012년에는 시민운동정보센터에서 발행되고 있다.

표 5-9 한국민간단체총람의 조사단체 수 추이

	조사 기간	조사단체 수	전년판 대비 증감
1997년판	1996. 4~9	2,000개	
2000년판	2000. 5~9	2,500개	25
2003년판	2002. 7~11	3,937개	57
2006년판	2005. 6~12	5,556개	41
2009년판	2008. 5~11	7,925개	43
2012년판	2012. 4~10	12,750개	60

11월에 등록된 8,733개(중앙정부 980개, 시 · 도 7,753)보다는 약 20% 정도가, 그리고 2006년 6월에 등록된 6,365개(중앙정부 706개, 시 · 도 5,659개)에 비해서는 수적으로 약 40%가 증가한 성장이다. 결론적으로 어느 통계를 기준으로 하던 한국 NGO의 양적 증가는 괄목할 정도로 크다고 할 수 있다.

다음으로 시민운동단체의 분야별 분포를 살펴보면 다음과 같은데, 기준의 변화로 2005년도와 2011년도를 수평적으로 비교하는 데는 다소 무리가 있다. 우선 「한국민간단체총람 2006」을 기준으로 직능단체, 법적 지위단체가 아닌 공익적 활동 · 자발적 결성 등의 특징을 가진 시민운동단체 분야는 시민사회(1,336개), 사회 서비스(1,030개), 환경(736개), 온라인단체(638개), 문화(549개), 교육 · 학술(355개), 지역자치 · 빈민(325개), 여성(296개), 노동 · 농어민(170개), 국제연대 · 협력(93개), 종교(28개)의 순이었다.

이 가운데 특히 시민사회 분야에서는 시민사회 일반(23.5%), 평화통일민족(18.19%), 인권추모사업회(12.87%), 가정(10%) 순으로 나타났다. 이들 시민운동단체 중 시민사회, 사회 서비스, 환경, 온라인 단체 등 4개 부문의 단체 수는 전체의 2/3 정도인 67.31%를 차지한다.

이 같은 분야별 분포 경향은 최근 들어 개발에 대한 반작용으로 환경운동 분야에 대한 관심이 과거보다 높아지고 있고, 여성운동 분야도 많은 관심을 갖고 참여하는 데 따른 것으로 볼 수 있다. 따라서 이러한 경향성은 NGO가 과거처럼 정부 주변적인 성격에 머물거나 생활 계몽, 자활, 복지, 종교 등에 활동 범위를 국한했던 것에 비해 매우 다원화되었으며, 사회 속에서 나름의 다양한 목소리를 내어 참여를 이루어 내는 등 NGO의 시대가 열리고 있음을 보여준다(서춘식, 2002).

그런데 이러한 시민운동단체의 분야별 분포 경향은 6년이 지나 발간된 「한국민간단체총람 2012」에서는 [그림 5-4]에서 보듯이, 2005년도의 그것과는 다소 다른 변화를 맞이한다. 예컨대 복지 분야(2,215개)의 시민운동단체가 가장 많은 분야를 차지했으며, 다음으로는 정치/경제 분야(1,538개), 환경 분야(1,491개), 청년/아동 분야(1,035개), 자원봉사 분야(905개)의 순으로 나타났다. 따라서 2011년도를 기준으로 시민운동단체의 분야별 분포가 갖는 특징은 복지 분야가 시민사회 분야로 대표되는 정치/경제 분야보다 수

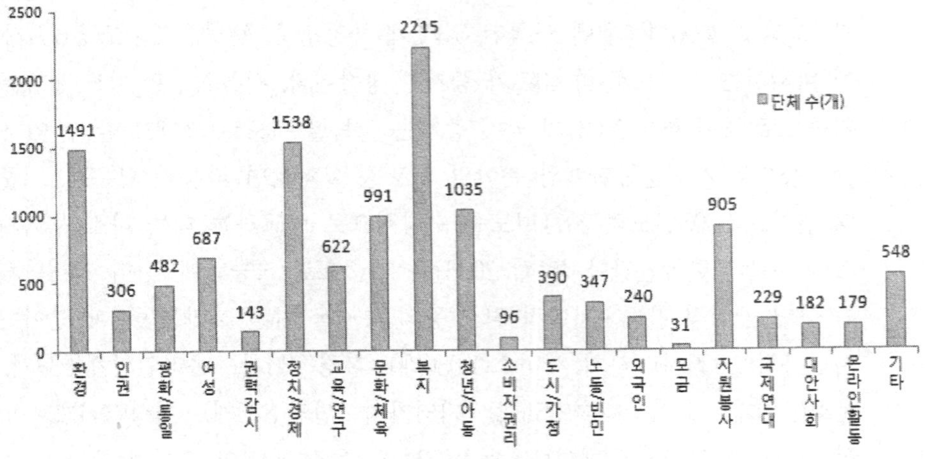

그림 5-4 민간단체 분야별 단체 수

자료: 「한국민간단체총람 2012」.

적 증가가 높았다는 점에서, 향후 복지 분야의 시민운동단체의 증가 추세는 클 것으로 보인다.

한편 이러한 단체의 분야별 분포 경향을 20012년 12월 현재 「비영리민간단체지원법」 제4조에 근거하여, 중앙행정기관에 등록된 비영리민간단체의 분포를 통해 살펴보면 <표 5-10>과 같다. 총 등록 단체 수는 1,301개로 이

표 5-10 비영리 민간단체의 부처별 등록 현황(2012. 12. 31 현재)

계											
1,301	기획재정부	교육과학부	외교통상부	통일부	법무부	국방부	행정안전부	문화체육관광부	농림수산식품부	지식경제부	
	7	50	140	119	7	26	206	125	38	9	
	보건복지부	환경부	고용노동부	여성가족부	국토해양부	경찰청	소방방재청	문화재청	농촌진흥청	산림청	
	146	153	42	87	30	7	12	6	6	12	
	중소기업청	특허청	통계청	식품의약품안전정	해양경찰청	방송통신위	국가보훈처	공정거래위	금융위	국가인권위	사행산업통합감독위
	2	23	1	2	10	11	9	7	4	1	3

자료: 안전행정부(http://www.mospa.go.kr)

중 행정안전부(206개), 환경부(153개), 보건복지부(146개), 외교통상부(140개), 문화체육관광부(125개)의 순으로 등록 단체가 많은 것으로 나타났다. 이에 반해 인권이나 권력 감시, 산업과 밀접한 관련이 있는 국가인권위(1개), 법무부(7개), 경찰청(7개) 등에는 등록단체가 미미한 것으로 나타났다. 따라서 이러한 결과는 앞에서 살펴본 바와 같이 시민운동단체 분야의 분포와 유사한데, 이는 한국 NGO의 분야가 아직은 다양성이라는 측면에서 넓지 않음을 시사한다.

끝으로 한국 NGO의 지역별 분포를 다음과 같다. 즉, 「한국민간단체총람 2006」에 따르면 한국 NGO의 수도권 집중도는 1999년의 66%에서 2003년에는 49.88%로 감소되다가, 2005년에는 다시 54.7%로 증가했다. 분야별로는 국제연대 협력이나 문화, 종교 관련 단체의 경우 수도권 집중 비율은 현저히 높았다. 그러나 환경 분야인 환경 일반단체와 환경 특정 분야의 지역 편중 현상은 점차 해소되는 경향을 보였다. 이에 따라 환경단체의 55% 정도가 7개 광역시와 경기도를 제외한 나머지 광역단체에 고르게 분포하는 양상을 보였다.

그런데 한국 NGO의 지역별 분포 경향은 최근에 이르러 완화되는 추세를 보이고 있다. 「한국민간단체총람 2012」에 따르면, 전체 NGO의 48.5% 정도만이 수도권에 위치하는 것으로 나타나, 2005년도의 54.7%에 비해 수도권 집중도가 다소 낮아지는 추세를 보이고 있다.

이와같이 「한국민간단체총람」을 중심으로 살펴본 한국 NGO의 지역별 분포 성향은, <표 5-11>에서 보는 바와 같이 「비영리민간단체지원법」에 근거해 각 부처 및 시·도에 등록된 현황에서도 유사하게 나타나고 있다. 표에서와 같이 20012년 12월 현재 「비영리민간단체지원법」 제4조에 근거

표 5-11 비영리민간단체 등록 현황(2012. 12. 31 현재)

(단위: 개)

계	중앙행정기관 (33개 부처)	시·도
10,860	1,301	9,559

자료: 안전행정부(http://www.mospa.go.kr).

하여, 각 부처 및 시와 도에 총 10,860개가 등록했으며, 이중 1,301개가 중앙정부에, 그리고 9,559개가 시·도에 등록했다. 따라서 이러한 결과는 상대적으로 한국 NGO의 지역별 분포의 수도권 집중도가 그리 크지 않음을 보여준다고 할 수 있다.

한국 NGO의 지역별 분포의 수도권 집중도를 시·도 행정기관에 등록된 비영리 민간단체의 분포를 통해 살펴보면 <표 5-12>와 같다. 표에서 보듯이 지역별 분포는 경기(1,727개)가 가장 많고, 서울(1,404개), 전북(857개), 경북(649개), 부산(617개), 경남(596개), 인천(522개)의 순으로 분포하고 있는 것으로 나타났다. 따라서 지역별 분포에서 여전히 서울과 인천, 경기를 포함한 수도권이 전체의 38% 이상으로 나타나, 2009년의 편중 정도 30%보다도 다소 집중화 현상이 높아진 것으로 나타났다. 그렇지만 이러한 집중도는 「한국민간단체총람 2012」의 결과인 48.5%에 비해서는 수도권 집중도가 낮은 것으로 나타났다.

단체들의 수도권 집중도와 함께 단체의 성격을 중심으로, 단체의 지역별 분포와 활동 분야를 살펴보면 [그림 5-5]와 같다. 그림에서 보는 바와 같이 종교단체, 국제연대협력단체, 문화단체 분야 등은 특히 수도권 집중 비율이 다른 분야에 비해 월등히 높다는 것을 알 수 있다. 이에 반해 노동·농어민단체, 여성단체, 빈민·지역자치단체 분야의 경우는 상대적으로 수도권 집

표 5-12 비영리 민간단체의 지역별 분포(2012. 12. 31 현재)

(단위: 개)

<table>
<tr><td rowspan="4">2009년</td><td rowspan="2">총</td><td>서울</td><td>부산</td><td>대구</td><td>인천</td><td>광주</td><td>대전</td><td>울산</td><td>경기</td><td></td></tr>
<tr><td>1,037</td><td>488</td><td>311</td><td>421</td><td>335</td><td>307</td><td>235</td><td>1,343</td><td></td></tr>
<tr><td rowspan="2">7,753</td><td>강원</td><td>충북</td><td>충남</td><td>전북</td><td>전남</td><td>경북</td><td>경남</td><td>제주</td><td></td></tr>
<tr><td>239</td><td>290</td><td>311</td><td>728</td><td>416</td><td>554</td><td>484</td><td>254</td><td></td></tr>
<tr><td rowspan="4">2012년</td><td rowspan="2">총</td><td>서울</td><td>부산</td><td>대구</td><td>인천</td><td>광주</td><td>대전</td><td>울산</td><td>세종</td><td></td></tr>
<tr><td>1,404</td><td>617</td><td>365</td><td>522</td><td>369</td><td>424</td><td>252</td><td>9</td><td></td></tr>
<tr><td rowspan="2">9,559</td><td>경기</td><td>강원</td><td>충북</td><td>충남</td><td>전북</td><td>전남</td><td>경북</td><td>경남</td><td>제주</td></tr>
<tr><td>1,727</td><td>259</td><td>365</td><td>351</td><td>857</td><td>497</td><td>649</td><td>596</td><td>296</td></tr>
</table>

자료: 안전행정부(http://www.mospa.go.kr)

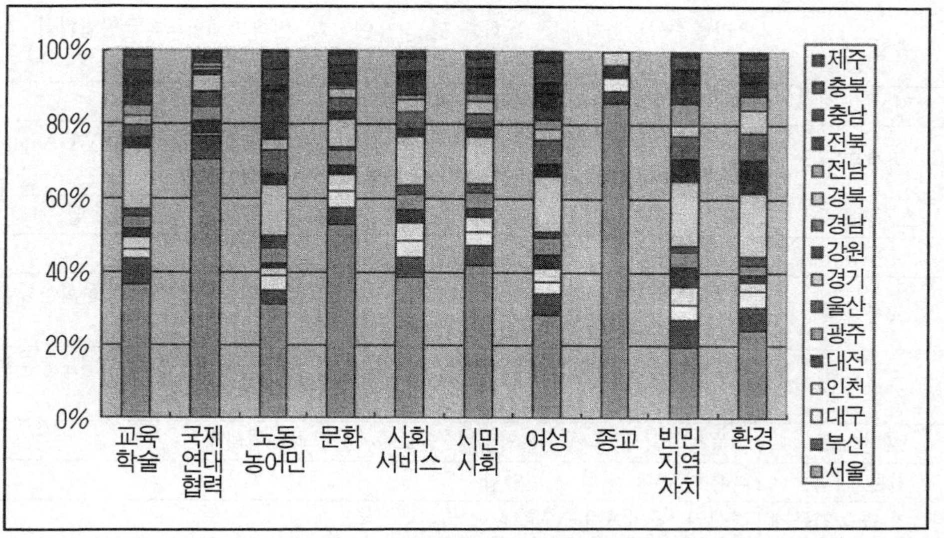

그림 5-5 지역별 활동 분야의 분포

중도가 낮은 것으로 나타났다.

끝으로 한국 NGO의 분포적 측면을 활동 영역이라는 관점에서 살펴보면 <표 5-13>과 같다. 즉, 이전의 분포표들이 한국 NGO들의 지역별 분포나 등록에 따른 것이라면, <표 5-13>은 활동 영역별로 어떤 단체들이 활동하는가를 고찰하는 데 도움을 준다.

표 5-13 활동 영역별로 본 NGO

사회운동 영역	NGO의 명칭
지방자치	경실련, YMCA, 참여연대, 지방자치실무연구소, 흥사단
환경운동	황경운동연합, 녹색연합, 환경정의시민연대, 생명의 숲 가꾸기 국민운동, 기독교 환경운동연대, 한국야생동물보호협회, 한국그린크로스
인권	인권운동사랑방, 민주화실천가족운동협의회, 한국정신대대책협의회, 민주사회를 위한 변호사모임, 강제동원진상규명시민연대
교육개혁	참교육위한전국학부모연대, 인간교육실현학부모연대, 학벌없는사회를위한모임,
국제적 연대	굿네이버스, 월드비전, 지구촌나눔운동, 글로벌케어, 한국JTS, 세계청년봉사단, 한국국제기아대책기구, 한민족복지재단, 선한사람들

통일 개혁	우리민족서로돕기운동, 평화를 만드는 여성회, 민족화해협력범국민협의회, 세계평화여성연합, 우리겨레하나되기운동본부
경제 개혁	경실련, 함께하는 시민행동, 한국납세자연맹
여성운동	한국여성민우회, 한국여성정치연구소, 한국여성의 전화연합, 대한YWCA, 한국여성단체연합, 한국여성정치문화연구소, 원불교여성회
소비자운동	한국소비자연맹, 녹색소비자연대, 소비자문제를 연구하는 시민의 모임
농민	우리밀 살리기 운동본부, 전국귀농운동본부
교통문제	녹색교통연합, 어린이교통안전협회, 자동차10년타기운동연합, 교통문화운동본부, 한국교통시민협회, 걷고싶은도시만들기시민연대
노동	외국인노동자대책협의회, 외국인노동자의 집, 한국노동청년연대, 부천노동문화센터
보건의료	기독청년의사회, 청년한의사회, 인도주의실천의사협의회
언론 개혁	바른 언론을 위한 시민연합
외국인 노동자문제	경실련, 참여연대, YMCA
문화운동	문화연대, 여성문화예술기획, 두레, 책사랑회, 국민생활체육협의회, 자전거타기운동연합, 범국민자전거생활진흥회
장애인복지	장애인권익문제연구소, 참여연대
청소년	YMCA, YWCA, 흥사단, 겨레사랑운동 실천연합, 청소년을 위한 내일여성센터, 청소년폭력예방재단, 한국스카우트연맹
의식 개혁	기독교윤리실천운동, 신사회공동선운동연합, 흥사단, 새마을운동중앙회, 성숙한사회가꾸기모임, 한국장묘문화개혁범국민협의회, 정신개혁시민협의회
자원봉사	YMCA, YWCA, 대한적십자사, 볼런티어21, 곰두리봉사대, 녹색어머니회, 부름의전화, 생명의전화, 자원봉사애원, 한국자원봉사연합회, 섬기는사람들
권력 감시	참여연대, 경실련, 반부패참여연대, 민주언론시민운동연합, 한국시청자연대회의, 행정개혁시민연합, 바른 사회를 위한 시민회의, 부산참여자치연대

자료: 박상필(2006)에서 재구성.

(3) 한국 NGO의 회원

한국 NGO의 폭발적인 수적 증가에 비해 회원 수의 증가는 매우 취약한 편이다. 「한국민간단체총람 2006」에 따르면 [그림 5-6]에서 보듯이, 전체 시민단체의 70% 정도는 회원 수가 1천 명 이하였고, 회원이 1만 명 이상인 단체는 전체의 9%에 불과했다.[8]

8) 한국 NGO의 회원에 대한 좀 더 구체적인 논의는 후술하는 제5장 제2절 NGO의 운영 체계를 참조.

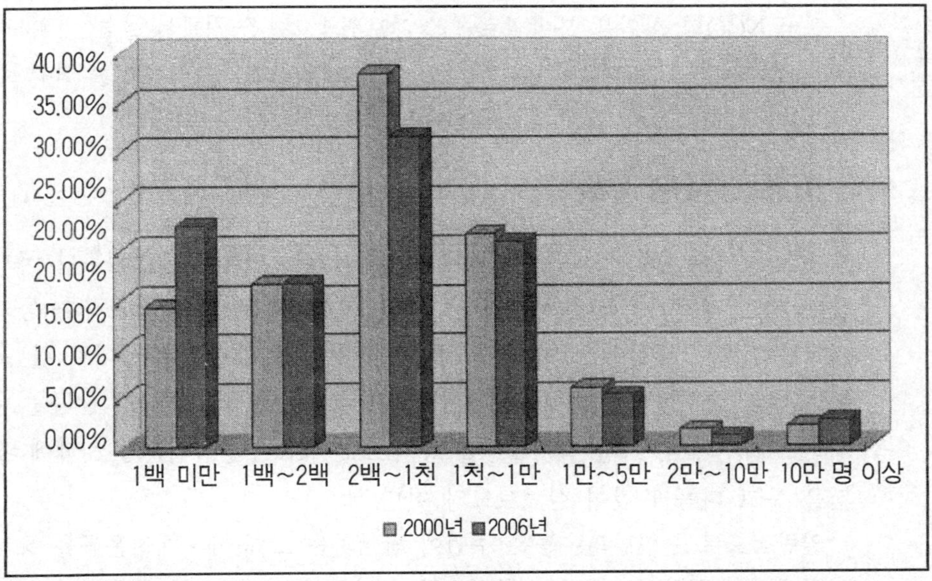

그림 5-6 민간단체 회원 수

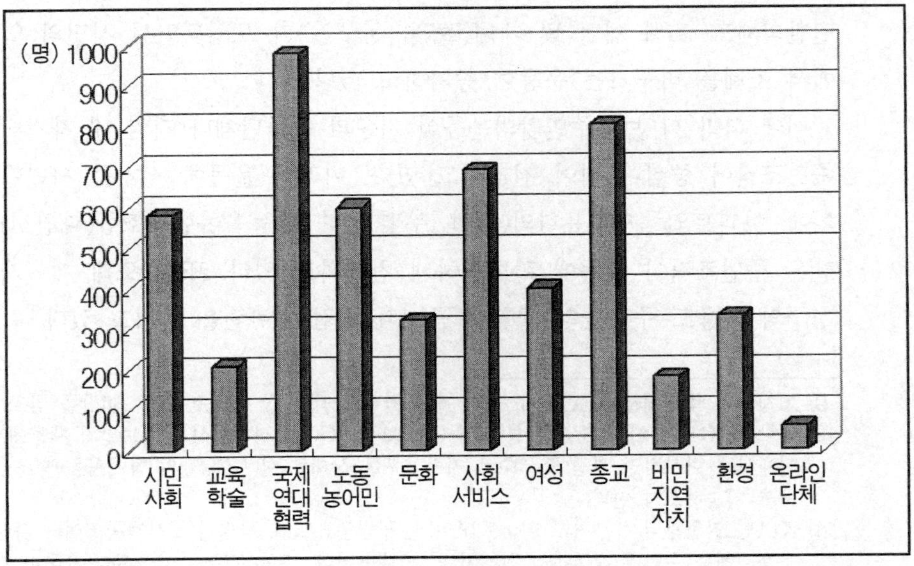

그림 5-7 분야별 단체의 회원 수

한국 NGO의 회원을 분야별로는 살펴보면 [그림 5-7]에서 보는 바와 같이, 상대적으로 국제연대·협력이나 종교, 사회 서비스 분야에서는 회원 수가 여타 시민단체의 평균 회원 수보다 많은 것으로 나타났다.

3) 한국 NGO의 활동

NGO의 참여활동은 매우 다양하다. 거시적인 측면에서 중앙정부나 국회를 상대로 정책의제를 형성하거나 결정 또는 집행 과정에 참여하는 등의 거시적 활동이 있는가 하면, 미시적인 측면에서 지방정부를 상대로 한 운동 형태로 이루어지는 참여활동이 있다.[9] 여기서는 한국 NGO의 활동을 미시적인 측면에서, 시민 참여활동을 중심으로 주로 주민발의운동 사례에 초점을 두고 다음과 같이 살펴보고자 한다.[10]

일반적으로 주민발의운동은 주민이 참여하는 조례 제·개정운동을 통해 지방행정을 변화시키겠다는 목적으로 활성화되고 있다. 이런 면에서 기존의 조례개혁운동은 청원권을 통해 행사되었기 때문에, 시민의 적극성이나 능동성이 다소 결여되었다는 한계가 있었다. 이에 따라 2000년 3월부터 주민발의제도('조례 제정 및 개폐(改廢) 청구권')가 도입되면서 시민의 입장에서 조례를 바꾸자는 운동이 증가하고 있다.

이에 따라 다양한 주민발의운동이 기존의 운동단체나 지역 내 자치적인 주민조직이 중심이 되어 전개되고 있다. 이러한 운동에는 기존 시민단체 외에 아파트입주자대표회의(인천 부평구)나 공동육아협동조합(과천시)과 같은 주민조직이 운동에 광범위하게 참여하고 있다. 또한 조례 제·개정 청구의 내용도 주민들의 생활상 문제와 밀접한 관련을 가지고 있다.[11]

9) 거시적인 측면에서 NGO들의 정책 과정 참여에 대한 구체적 논의는 제4장을 참조.

10) 한국 NGO의 거시적 측면에서의 활동은 제4장 NGO와 정책에서 살펴보았기 때문에, 여기에서는 미시적인 관점에서 주로 지방정부를 상대로 한 NGO들의 참여활동에 초점을 두고 기술하고자 한다.

11) 2001년 인천광역시 부평구 미군부대 이전 구민투표조례, 광명시 도시계획조례나 과천시 보육조례는 주민과 직접적인 이해가 있는 내용이다. 또한 2002년 안산시의 판공비 자동공개 및 지출에 관한 조례는 전형적인 예산 낭비 사례인 지방자치단체의 판공비 문제를 다루고 있어 시민의 지지를 쉽게 이끌어 낼 수 있었다. 광명, 과천, 부평, 안산에서는 주민 발의 요구 수를 크게 초과하는 시민들의 서명을 받아내었고, 실제로 조례를 개정 또

표 5-14 조례 제정 및 개폐 청구에 필요한 연서 주민

(단위: 명)

20세 이상 주민 수	연서 주민 수
1만 5천 미만	370
1만 5천 이상 3만 미만	680
3만 이상 5만 미만	1,200
5만 이상 7만 미만	1,900
7만 이상 10만 미만	2,500
10만 이상 15만 미만	3,300
15만 이상 20만 미만	4,600
20만 이상 25만 미만	5,900
25만 이상 30만 미만	6,900
30만 이상 40만 미만	7,800
40만 이상 50만 미만	10,000
50만 이상 80만 미만	11,000
80만 이상 110만 미만	18,000
110만 이상 150만 미만	25,000
150만 이상 200만 미만	33,000
200만 이상 250만 미만	43,000
250만 이상 300만 미만	53,000
300만 이상 500만 미만	62,000
500만 이상 700만 미만	102,000
700만 이상	140,000

그러나 성과평가라는 측면에서 중요한 것은 어느 정도의 시민이 주민발의운동의 주체로 참여했는지, 참여한 시민에게 어떤 변화가 있었는지, 주민

는 제정하는 성과를 거두었다.

발의운동이 향후 지역운동에 어떻게 영향을 미쳤는지 등이 더 의미가 있을 것이다(하승수, 2002). 그리고 주민발의 이후에 운동으로의 연계가 중요하다.[12] 이런 점에서 시민의 참여 하에 주민발의제도에 의해 이루어진 조례 제정 사례를 통해 NGO의 참여활동의 한 단면을 살펴보고자 한다.

(1) 정보공개조례

정부의 투명성(transparency) 확대에 대한 지속적 요구는 행정정보의 공개 확대를 의미한다. 이것은 곧 행정정보 자체와 행정 과정의 투명성이기도 하다. 그래서 부패통제는 국민이 의혹에 대해 사실 여부를 확인할 수 있는 기회를 제공하는 청구 공개에 관한 것으로, 정보공개법이 이에 대해 규정을 둔다. 정부 정보는 정부가 자발적으로 공표·제공하는 정보, 국민이 청구할 때 공개하는 정보 그리고 법적으로 공개가 금지된 정보로 이루어진다.

일반적으로 정보공개제도의 경우는 국민의 청구에 의한 공개인 청구 공개와, 정부기관이 자발적 또는 법령 규정에 의해 의무적으로 공개하는 정보 제공 두 가지로 이루어진다. 이때 청구 공개는 공공기관이 직무상 작성 또는 취득하여 관리하는 정보를 국민이 청구할 때 공공기관이 이를 열람, 복제, 사본 등의 형태로 그 청구자에게 공개하는 제도이다. 반면 정보 제공은 공공기관이 자발적으로 또는 법령 등의 규정에 따라 의무적으로 정보를 배포 또는 공표하는 제도이다.

이에 따라 정보공개제도를 활용한 한국의 시민운동은 정보 공개 자체를 위한 운동이라기보다는 권력 감시나 예산 감시, 복지, 환경 등의 의제를 다루는 운동 수단으로 이를 이용해 왔다고 할 수 있다. 그리고 지역사회에서는 주민 참여를 통한 지방자치의 실현이라는 목적을 위한 수단으로 정보공개제도를 활용하고 있다.

이런 측면에서 청주시에서는 1992년 10월 1일에 전국 최초로 「청주시 행정정보공개 조례」를 제정했다. 이후 다른 지방자치단체들도 이에 자극을 받아 정보공개 조례의 제정·시행을 확대해 나가고 있으며, 현재는 대부분

---

12) 과천시는 개정 보육조례에 의해 시민을 대상으로 하는 보육위원 공모를 했고, 시는 기존의 관행대로 하려고 해 주민발의운동을 추진한 시민과 갈등이 있었다.

의 지방자치단체에서 조례를 제정하여 운영 중에 있다. 예컨대 서울특별시는 2000년 10월 서울특별시 「열린 시정을 위한 행정정보공개 조례」를 제정해 정례 공표 대상 9종 24개 업무, 수시 공표 대상 14종 39개 업무를 설정해 놓았다. 그리고 정례적으로 인터넷이나 시보(市報) 등을 통해 이를 공표하고 있다.

그러나 청주시를 필두로 전국의 지방자치단체로 확산된 행정정보공개제도가 초기의 의도와는 달리 다음과 같은 비판에 직면해 있다는 점을 간과해서는 아니 된다.

① 정보 공개는 거의 정부기관의 재량에 맡겨져 있어, 부패정보와 같은 민감한 정보의 공개를 정보공개제도로부터 기대하기 어렵다. 따라서 정보공개의 거부 등에 대해 청구자의 대응이 쉽지 않다.

② 행정기관이 정보 공개를 하기 위한 준비가 불충분하다.

③ 행정정보공개제도에 대한 이해 부족으로 소극적 이용에 그치고 있다.

④ 행정정보에 대한 접근이 여전히 용이하지 않다.

⑤ 공개와 비공개 규정이 불명확하거나 모호하다.

⑥ 공공기관에 제출하는 정보공개 청구를 전자청구제도로 바꾸어 편리와 신속성을 높일 필요가 있다.

(2) 주민투표조례

주민투표법은 지방행정의 민주성과 책임성을 높이고 지역 주민의 '자기결정권'을 확립할 수 있는 제도적 장치라고 할 수 있다. 다시 말해, 이는 주민에게 중대한 영향을 미치는 이슈들에 대해 주민 의사가 존중되어야 하며, 모든 공공 부문의 의사결정 과정에 주민투표가 이루어져야 함을 의미한다.

일본에서는 이미 원자력발전소나 핵폐기장 건설, 환경을 파괴하는 대형 공공사업, 미군기지 이전 등과 관련해 조례를 통한 주민투표가 활발하게 이루어져 왔다. 우리의 경우는 주민투표법이 제정되기 이전부터 <표 5-15>에서 보듯이, 주민투표는 주민 의견조사의 형식으로 지역 차원에서 실시해 왔다. 다만 이를 법제화한 시점은 2004년 1월 29일로 이때 주민투표법이 공표되고, 2004년 7월 30일부터 시행되기 시작했다.

표 5-15 주민투표법 제정 이전 주민투표 실시 사례

자치단체	일시	조사 대상	실시 지역	방법
서울 광진구	1996.5	경계조정(법정동 및 행정동)	해당 동지역	찬반
	1997.4	공공시설(도로변 방음시설 설치 형태)	해당 지역	설문
	1999.6	공공시설(시민휴식공간 설치 및 형태)	이용 주민	선택
	1999.9	공공시설(시민휴식시설 중 그늘막 존치)	이용 주민	찬반
서울 강남구	1999.12	공공시설(시민휴식공간 이동식 화장실 설치)	이용 주민	찬반
	2000.5	민자유치사업(역삼디지털타워 건립)	해당 지역	찬반
	2000.8	공공시설(보도블록 확장공사)	해당 지역	찬반
부산 부산진구	1997.9	경계 조정(행정동 통합에 따른 경계)	해당 지역	선택
부산 사하구	1997.4	신평소각장 시험 가동	해당 주민	찬반
인천 강화군	1994.9	인천시 편입	해당 지역	찬반
부산 강서구	2000.1	경계 조정(경계 조정 시 행정동 선택)	해당 지역	선택
광주 북구	1996.7	지하상가 조성사업	해당 지역	찬반
울산 북구	2001.5	공공용지(화장장 유치 후보지)	해당 지역	찬반
경기 안성시	1997.4	공공용지(여객터미널 후보지 선정)	전 지역 대표	선택
충북 청원군	1999.6	행정구역 및 명칭(읍 승격과 명칭)	해당 지역	찬반
충북 청주시	1999.6	경계 조정(행정동)	해당 지역	찬반
충북 진천군	1999.8	행정구역 명칭 변경(면 명칭 변경)	해당 지역	찬반
여수, 여천시 · 군	1997.9	시 · 군 통합	전 지역	찬반
목포, 신안 · 무안	1998.3	시 · 군 통합	전 지역	찬반

자료: 김혜정(2006).

2004년도에 주민투표제가 도입된 이후 2005년 3월 현재까지, 실제로 주민투표가 청구된 사례는 여수시의 1건과 제주도 서귀포시 1건이 전부였다. 그러나 여수시 건은 계류 중이고, 서귀포시 건은 반려되었다(행정자치부, 2005).

그런데 우리의 주민투표법이 갖는 문제점은 지자체들이 안전행정부의 권고안조차 무시한 채, 높은 주민투표 청구인 수를 요구하는 조례를 제정하려 한다는 데 있다. 예컨대 시 · 도별 주민투표조례 제정 현황은 서울 · 부산 · 경기도가 각각 1/20이며 경북 1/19, 울산 1/15, 제주 1/14이며, 나머

지 시·도도 1/15에서 1/17로 나타났다. 따라서 이에 기초해 주민투표청구인 수를 산정해 보면, 서울시와 경기도는 각각 39만과 37만여 명이 모여야 청구가 가능한 실정이다.

(3) 주민참여예산조례

주민참여예산제도는 지역 주민이 지방정부의 예산편성 과정에 직접 참여하는 제도로서, 지방재정 운용에 대한 시민적 통제장치로서의 성격을 갖고 있다. 다시 말해, 주민참여예산제도는 예산편성권의 분권화·분산화·공유화를 통해, 지방재정의 민주적이고 투명하고 효율적인 운영을 위한 지방자치단체와 지역 주민의 협력모델의 일종이라고 할 수 있다(김철, 2003).

표 5-16 재정 운영에 대한 국민의 참여와 통제 장치

참여의 지향성 참여의 시점	소극적(간접 참여)	적극적(직접 참여)
사전적	• 재정정보 공개 (예산편성안, 예산 공개)	• 참여예산제도
사후적	• 재정정보 공개 (결산정보 공개)	• 납세자소송제도·예산감시운동 • 정보공개청구 ·주민감사청구제도

자료: 곽채기(2003: 5).

이에 따라 2003년 2월에 전국 지방자치단체에 주민참여형 예산편성제도 시행을 권고한 이후, 처음으로 2004년 3월 「주민참여예산제운영조례」로서 광주광역시 북구가 처음으로 「광주시북구 주민참여예산제 운영조례」를 제정했다.

(4) 시민옴부즈만조례

옴부즈만(Ombudsman)은 기존의 경직된 통제구조를 보완하려고 고안한 제도로서 융통성과 비공식성이 높은 제도이며, 법적이라기보다는 사회적·정치적 성격이 강한 제도이다. 이것은 옴부즈만의 개인적 신망과 영향력에 의존하는 바가 큰 제도이다. 따라서 옴부즈만은 엄격한 통제자라기보다는 조정자·중재자에 가깝다고 할 수 있다(오석홍, 2008).

표 5-17 시민 옴부즈만 운영 실태

□ 광역자치단체 운영 실태(16개 시·도에 29개 옴부즈만 운영) (단위: 개)

시·도	서울	부산	대구	인천	광주	대전	울산	경기	강원	충북	충남	전북	전남	경북	경남	제주	합계
옴부즈만	2	2	2	1	2	1	3	1	1	2	2	1	3	3	2	1	29

□ 기초자치단체 운영 실태(85개 시·군·구에 117개 옴부즈만 운영) (단위: 개)

시·도	서울	부산	대구	인천	광주	대전	울산	경기	강원	충북	충남	전북	전남	경북	경남	제주	합계
자치단체	10	10	4	2	3	2	3	15	1	3	4	6	2	3	16	1	85
옴부즈만	11	19	4	3	3	2	7	21	1	4	4	6	2	4	25	1	117

자료: 송창석(2004: 66). 이 자료는 2004년 7월 현재 기준임.

이에 따라 우리의 경우 <표 5-17>에서 보듯이 2004년 7월 현재 광역자치단체 16곳과 기초자치단체 85곳을 포함해 모두 101개 기관에 옴부즈만제도가 도입되었고, 광역자치단체 29명과 기초자치단체 117명을 포함한 146명의 옴부즈만이 활동하고 있다.

이런 측면에서 서울특별시의 시민감사관은 「서울특별시 시민감사관 운영 및 주민감사청구에 관한 조례」(2000.05.20 조례 제3740호 제정, 2002.07.15 조례 제4018호 개정)에 따라 설치되었다. 서울특별시의 시민감사관은 행정기관의 위법, 부당한 행정처분 등으로 침해된 시민의 권익을 구현하고, 시정을 감시하는 제도로 지방자치법에 근거한 기초자치단체에 대한 주민감사청구와 시의 권한 사항에 대한 시민의 감사청구 및 고충민원에 대한 감사(조사)의 청구를 다루도록 규정한다.

이에 비해 부천시의 시민 옴부즈만은 소속 행정기관이 책임을 다하고 있는가를 조사하여 시정을 권고하고 제도 개선을 위한 의견을 표명함으로써 시민의 권리와 이익을 보호하는 것을 목적으로 설치되었다.

표 5-18 우리나라 지방자치단체 시민 옴부즈만제도 도입 현황

구분	서울시 강동구	서울시 양천구	경기도 안양시	충북 청주시	경기도 부천시	전북 정읍시
명칭	구민고충 조사위원회	구민고충 민원처리 위원회	안양시 시민고충 처리위원회	청주시민 고충심위의	부천시 시민 옴부즈만	시민고충 처리관
설치 근거 (공포일)	조례 (1996. 1. 3)	조례 (1996. 1. 10)	조례 (1996. 1. 23)	조례 (1996. 8. 1)	조례 (1997. 4. 30)	조례 (2003. 4. 30)
구성	5인 합의제	6인 합의제	14인 합의제	5인 독임제	2인 독임제	1인 독임제
실적	17건	6건	115건	2건	78건	81건
보수	-	-	-	-	4급 10호봉	4급 1호봉
임기	2년 연임 가능	2년 연임 가능	2년 연임 가능	2년 연임 가능	2년 연임 가능	3년 연임 가능
지원 부서	감사실 민원관리계 겸임(4명)	감사실 민원관리계 겸임(4명)	시민과 생활민원계 겸임(4명)	자치행정과 민원처리계 겸임(4명)	부시장 직속옴부즈만실 (3명)	기획감사실 (2명)
근무 형태	비전임 (사안 처리 시 출석)	비전임 (사안 처리 시 출석)	비전임 (사안 처리 시 출석)	비전임 (사안 처리 시 출석)	격일제 (주3일 근무)	상근전임
특이 사항		*구청장의 직소 민원 체제 운영으로 운영 중지	*위원장이 시의원 *총무국장 위원 위촉	*강제력 없어 민원인 신청 기피 *민원실 활성화로 운영 성과 미흡	*자문위원 30명 *의회 동의받아 시장 위촉 *직권조사권 인정	*시장 추천에 의해 의회 동의 얻어 위촉 *자문위원 9인 구성

자료: 송창석(2004: 67).

즉, 부천시의 시민 옴부즈만은 "시민이 시와 소속기관, 시로부터 권한을 위임받은 법인·단체·기관이 행한 행위로 고충을 제출한 사항에 대한 조사 및 처리"와 "스스로의 발의에 의한 사안의 채택조사 및 집단민원 중재, 조정", "시정을 감시하고 비위의 시정 등의 조치를 강구하도록 권고", "제도의 개선을 요구하기 위한 의견 표명", "권고, 의견 표명 등의 내용 공표" 등의 직무를 담당하도록 규정하고 있다.

대전광역시의 경우 2004년 3월 조례를 개정하고 시민 옴부즈만의 위원 수를 50명에서 30명으로 줄이고, 10명의 위원이 서명하면 감사를 청구할 수 있는 권한을 부여했다. 그러나 시민 옴부즈만제도를 효과적으로 운영하는 데는 한계가 있다는 평가이다.

이와같이 현재 한국의 지방자치에서 실시되고 있는 시민 옴부즈만제도는 <표 5-17>에서 보듯이 수동적인 업무 처리 체계에서 크게 벗어나지 못하고 있다. 따라서 국민권익위원회와 같은 적극적인 감시와 문제 발굴, 시정 권고, 제도 개선 제안 등의 활동은 전무한 실정이다(http://blog.naver.com/chonew/100003788305).

(5) 주민감사청구조례

주민감사청구제도 역시 시민 참여를 통한 행정통제에 목적이 있다고 할 수 있다. 이에 따라 우리의 경우도 주민감사청구제가 도입되었지만, 이의 실효성에는 많은 의문이 제기되고 있다. 그 이유는 주민감사청구인의 수를 지나치게 많이 정해 감사청구를 하기 어렵게 하는 요인이 되고 있다. 감사청구의 남발을 방지하는 차원에서 청구인 수를 정했지만 실제 청구가 많이 이루어지지는 않고 있다.

즉, 정부는 유명무실한 주민감사청구를 반드시 거쳐야 주민소송을 제기할 수 있도록 했고, 주민감사청구는 지방자치단체의 인구 규모에 따라 100~300인의 서명을 받도록 하고 있다. 이는 주민소송제 도입 시 무분별한 소송 남발을 방지하고, 지나치게 어렵게 할 경우 제도의 사문화(死文化)를 우려해 주민감사청구를 더 쉽게 할 수 있도록 필요 청구인 수를 대폭 낮추었다고 주장한다.

이에 대해 '함께하는 시민행동'의 무작위 조사 결과, 광역자치단체인 서울시, 경상북도, 전라남도가 모두 300인이었고, 기초자치단체도 서울 도봉구 100인, 경기 의정부시 200인, 경기 하남시 200인, 경북 울진군 200인, 광주 북구 200인 등으로 나타났다. 그러므로 정부가 주민감사청구제의 개선안을 통해 제도의 접근을 쉽게 하겠다는 것은 허위이며, 주민소송제 도입안의 문제점에 대한 시민단체 등의 비판을 피하기 위한 과장된 생색내기에 불과하다고 보고 있다.

이에 반해 일본의 경우 주민소송 전에 주민감사청구를 거치도록 하고 있지만, 단 1명의 주민이라도 청구할 수 있고 독립적 감사위원회가 감사를 실시하고 있어 제도에 대한 신뢰도가 높은 편이다.

그 결과 주민감사청구제도가 시행된 2000년부터 2004년 6월까지 4년 6개월 동안 전국에서 주민감사가 청구된 건수는 43건(연평균 9.6건)뿐이며, 이 중 42%인 18건은 청구 요건 미비 등을 이유로 각하되어 감사를 받지도 않아 실제 감사가 실시된 것은 25건(연평균 5.6건)에 불과했다(함께하는 시민행동, www.action.or.kr). 특히 경기도와 대전광역시 등은 주민감사청구제가 도입된 2000년 이후 현재까지 시와 구 등 자치단체에 접수된 주민감사청구는 단 1건도 없었다.

(6) **지방의제 21**(www.la21.or.kr)

지구 환경보전을 위한 지방정부의 역할을 강조하면서 각국 지방정부는 지역 차원의 환경실천계획인 '지방의제 21'을 추진할 것을 권고했다. 이는 지구 환경보전은 개개 국가의 환경보전에서 출발하며, 국가의 환경보전은 지역 차원에서 실천되었을 때 효과를 거둘 수 있는 점을 시사한 것이다. 행정부 차원에서는 지방정부가 주민과 가장 가까운 위치에 있어 지속 가능한 발전을 위한 시민교육 또는 시민 동원을 할 수 있고, 의제 21에 명시된 많은 문제와 해결책이 지방정부의 역할에 달려 있다고 보는 것이다. 즉 의제의 내용 2/3 이상이 지방정부의 적극적인 참여 없이는 실현 불가능한 행동계획이기 때문이다.

표 5-19 지방의제 21 현황

(단위: 개)

지역		의제 수립		의제 미수립 지역	추진기구 수립		추진기구 미수립 지역
		광역	기초		광역	기초	
서울특별시	(26)	1	25	-	1	25	-
부산광역시	(17)	1	16	-	1	14	강서구, 중구(2)
대구광역시	(9)	1	8	-	1	7	남구(1)
인천광역시	(11)	1	5	강화군, 동구, 서구, 옹진군, 중구(5)	1	7	동구, 옹진군, 중구(3)
광주광역시	(6)	1	5	-	1	5	-
대전광역시	(6)	1	5	-	1	5	-

울산광역시	(6)	1	0	남구, 동구, 북부, 울주군, 중구(5)	1	0	남구, 동구, 북부, 울주군, 중구(5)
경기도	(32)	1	29	동두천시, 하남시(2)	1	30	동두천(1)
강원도	(19)	1	10	고성시, 삼척시, 영월군, 인제시, 정선군, 철원군, 홍천군, 횡성군(8)	1	12	고성시, 삼척시, 영월군, 철원군, 홍천군, 횡성군(6)
충청북도	(13)	1	12	-	1	12	-
충청남도	(17)	1	11	금산군, 논산시, 서천군, 청양군, 계룡시(5)	1	11	공주시, 금산군, 부여군, 청양군, 계룡시(5)
전라북도	(15)	1	13	순창군(1)	1	12	순창군, 진안군(2)
전라남도	(23)	1	22	-	1	21	광양시(1)
경상북도	(24)	1	23	-	1	22	청송군(1)
경상남도	(21)	1	20		1	18	거창군, 함양군(2)
제주도	(3)	1	2	-	1	2	-
계	248	16	206	26	16	203	29

자료: www.la21.or.kr, 2009년 11월 20일 현재.

2009년 10월 현재 <표 5-19>에서 보듯이 248개 지방자치단체 중 91%인 222개 지방자치단체가 지방의제 21을 수립하고, 219개 지방자치단체가 이를 위한 추진기구를 설치하여 추진했다. 2012년 현재는 <표 5-20>에서와 같이 추진기구를 설치하지 않은 지방자치단체는 28개로 큰 변화가 없는 실정이며, 회원 수는 28,718명인 것으로 나타났다.

지방의제 21에 배정된 예산 현황을 광역자치단체와 기초자치단체별로 살펴보면 다음과 같다. [그림 5-8]에서 보듯이 2004년 기준으로 광역자치

표 5-20 지방의제 21 추진기구 설치 현황(2012년 현재)

계	추진기구			추진기구 비설치 지자체
	계	광역	기초	
244개	216	16	200	28

자료: www.la21.or.kr, 2013년 총회 자료.

단체의 경우 평균 예산은 306,994천 원이며, 인구 1인당 평균 219원이 배정되었다. 그리고 기초자치단체의 경우는 [그림 5-9]에서 보듯이 평균 예산은 41,918천 원이었다.

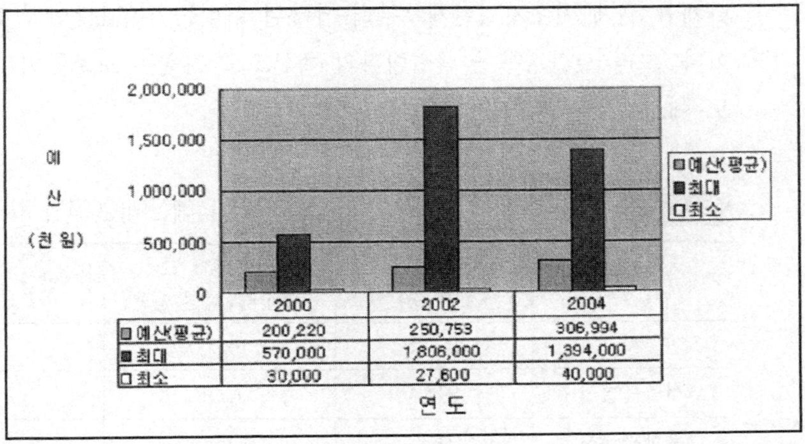

그림 5-8 광역자치단체 지방의제 21 예산 현황

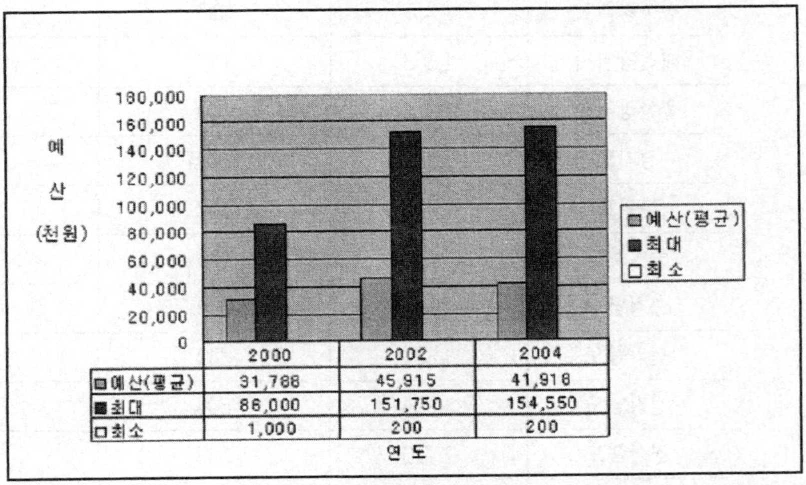

그림 5-9 기초자치단체 지방의제 21 예산 현황

끝으로 인구 1인당 지방의제 21 예산액은 <표 5-21>에서와 같이 평균액이 219원이었으며, 경기도가 384원으로 가장 높았던 반면 대전광역시는 40원으로 가장 낮았다. 참고로 2012년 현재 지방의제 21을 추진하고 있는 전국지속가능발전협의회 예산은 2억 9천 7백만 원이며, 이 중 16개 광역자치단체와 64개 기초자치단체로부터 납부된 회비는 7천 1백만에 불과한 실정이다. 그리고 환경부 녹색협력과의 예산으로 지원된 보조금이 2억 원 정도로 예산에서 차지하는 비중이 높았다.

표 5-21 광역자치단체 인구 1인당 지방의제 21 예산액(2004년 기준)

구분	인구 수 (천 명)	지방의제 21 예산액(백만 원)	1인당 예산액(원)
계	45,985	10,090	219
서울특별시	9,854	1,717	174
부산광역시	3,655	154	42
대구광역시	2,474	98	40
인천광역시	2,466	514	208
광주광역시	1,351	317	235
대전광역시	1,366	142	103
울산광역시	1,012	100	99
경기도	8,938	3,425	383
강원도	1,485	507	341
충청북도	1,463	406	278
충청남도	1,840	629	336
전라북도	1,887	349	185
전라남도	1,994	646	324
경상북도	2,716	543	200
경상남도	2,971	265	89
제주도	513	278	542

제 2 절 NGO의 운영 체계

1 인적 구조

NGO는 민간기업과 같이 영리를 추구하거나 이익을 배분하지 않으며, 정부기관처럼 권력을 배분하지도 않는다. 또한 비계층제이거나 계층제의 수준이 낮은 유동적인 구조를 지니는 경우가 많으며, 자원 배분에서도 상당한 재량을 지니고 있다(이희태 · 김석용, 2001). 그래서 <표 5-22>에서 보듯이 GDP 중에서 비영리단체의 지출 비중이 크지도 않다.

NGO의 인적 자원은 NGO 성장의 주요한 자원임과 동시에 NGO의 성격을 특징짓는 중요한 요소가 된다. NGO의 성장과 역할에 대한 공급 측면이론(supply side theory)은 NGO의 성장 주체로서 개인이나 다양한 집단의 역할을 상정하고 있다(강상욱, 2001).

이러한 관점에서 볼 때 한국 NGO의 인적 자원의 특성을 살펴보면 다음과 같다. 첫째, 전통적으로 한국 NGO에 근무하는 종사자들의 경우 학생운동 경험을 가진 사람들이 많았다는 것이다. 둘째, NGO 근무자들의 근무 시

표 5-22 국가별 GDP 중 비영리단체의 지출 비중

국가 \ 비중	총고용 비중(%)	서비스산업 고용 비중(%)	GDP 중 비영리단체의 지출 비중(%)
일본	2.5	8.6	3.2
독일	3.7	10.4	3.6
영국	4.0	9.7	4.8
프랑스	4.2	10.0	3.3
미국	6.9	15.4	6.3
헝가리	0.8	3.2	1.2
이탈리아	1.8	5.5	2.0

간은 비교적 길고 직무의 한계가 명확하게 설정되어 있지 않다는 점이다. 셋째, 열악한 환경으로 인해 NGO 근무자는 직무만족도가 높으면서도 상대적으로 이직 의사도 높다. 넷째, NGO 중에는 조직 안정성이 확립되지 못한 경우가 많으며, 그 결과 정부나 기업조직에 비해 직원의 신분 보장 정도가 낮다는 특징을 보인다(이희태, 2007).

한국의 NGO들이 구축하고 있는 인적 자원의 구성은 다양하지만, 일반적으로 시민단체의 대표, 실·국장·사무총장 등 상근 집행 간부, 상근 간사, 그리고 외부 전문가집단으로 이루어져 있다.

1) 대표

시민단체의 대표는 주로 비상근 형태로 외형적으로만 시민단체에 참여하는 경우가 많으나 사회적 지명도나 대외활동, 리더십을 통해 시민단체의 활동과 성장에 주요한 역할을 담당한다. 시민운동정보센터에서 2,900여 개의 시민단체를 대상으로 단체 대표의 경력 분포를 조사한 <표 5-23>의 결과를 보면, 시민운동 활동가 출신이 34.0%로 가장 많고, 그 다음으로 대학교수 15.7%의 순으로 나타났다. 시민운동 활동가의 비중은 경제 분야의 시민단체를 제외한 전 부문에 걸쳐 가장 많은 비중을 차지한다. 이에 따라 시민단체의 대표에 한정해 볼 때, 시민단체 운동가와 대학교수 집단이 가장 주요한 비중을 차지하고 있음을 알 수 있다.

2) 상근 활동가

시민단체의 상근 활동가란 시민단체에 상근하면서 사무총장, 실·국장, 간사 등의 일정한 직책과 보수를 받고 근무하는 자를 말한다. 이들은 과거 우리나라에 특수한 사회운동의 경험을 한 시민운동가라고 불리기도 하나, 최근에는 사회가 민주화되고 대학운동권의 개념도 사라지면서 그 성격도 많이 변화하기 시작했다.

1980년대 이후 시민단체의 초창기 시절에는 시민단체의 상근자는 주로 과거 사회운동단체나 대학운동권 출신의 인사가 대부분이었으나, 이후 사회운동단체가 점차 변모하거나 소멸하고 시민단체가 급성장하면서 과거 사

표 5-23 민간단체의 분야별 대표자 경력 분포 (단위: 개, %)

구분	단체수	종교인	관변단체	NGO	정치인	정부출연기관인사	국제기구인사	공무원	언론계	대학교수/학회회장	회사사장	지역사회단체인사	자유직	임시정부인사	대회입선	일반회사/단체근무	합계
시민사회	773	8.9	4.9	36.7	3.7	0.6	1.7	2.0	4.6	17.2	9.7	4.2	0.9	0.2	0.4	4.4	100.0
지역자치	174	12.3	3.4	38.7	6.5	-	0.8	1.1	2.3	11.5	13.0	5.7	1.1	-	0.4	3.1	100.0
사회서비스	580	11.8	5.2	33.9	2.4	0.6	0.7	3.6	1.2	14.2	15.9	3.2	0.8	-	1.8	4.6	100.0
환경	241	6.6	2.2	39.6	3.3	2.8	1.7	5.0	2.5	11.6	16.3	3.3	1.4	-	0.8	2.8	100.0
문화	402	1.4	2.8	31.3	2.5	2.0	0.4	1.6	9.6	19.0	13.1	0.5	5.5	-	4.4	5.9	100.0
교육/학술	189	3.8	3.0	29.8	3.0	3.4	0.4	1.5	2.6	37.7	9.8	1.9	0.8	-	1.9	0.4	100.0
종교	86	32.6	2.3	25.6	2.3	0.8	0.8	2.3	3.9	11.6	8.5	-	-	-	-	9.3	100.0
노동/농어민	163	2.8	4.6	58.3	5.1	3.2	1.4	1.4	0.9	6.9	6.5	6.5	-		-	1.9	100.0
경제	305	0.2	5.8	17.6	4.0	2.7	0.4	2.0	1.8	9.4	43.3	0.9	0.4	-	-	11.4	100.0
국제	39	3.1	-	32.8	20.3	1.6	-	4.7	4.7	14.1	17.2	-	1.6	-	-	-	100.0
기타	16	3.8	3.8	15.4	-	3.8	-	15.4	3.8	11.5	30.8	3.8	3.8	-	-	3.8	100.0
	2968	7.6	4.2	34.0	3.7	1.5	1.0	2.5	3.7	15.7	15.6	3.0	1.4	0.1	1.2	4.8	100.0

자료: 「한국민간단체총람 2006」.

회운동과 관련이 없는 대학 졸업자나 일반 직장인 등이 하나의 직업군으로 시민단체의 간사직을 맡는 경향이 증가하고 있다.

일반적으로 NGO의 상근 활동가로 활동 중인 상근자의 수는 매우 적다. 「한국민간단체총람 2012」에 따르면, 상근자의 수가 10명 이상인 경우가 전체의 8.14%로 나타났는데, 이는 「한국민간단체총람 2006」에서 조사된 결과인 13%에도 못 미치는 것을 알 수 있다. 반면, 상근자 수가 5명 미만인 단체는 전체의 72.73%로 나타났다.

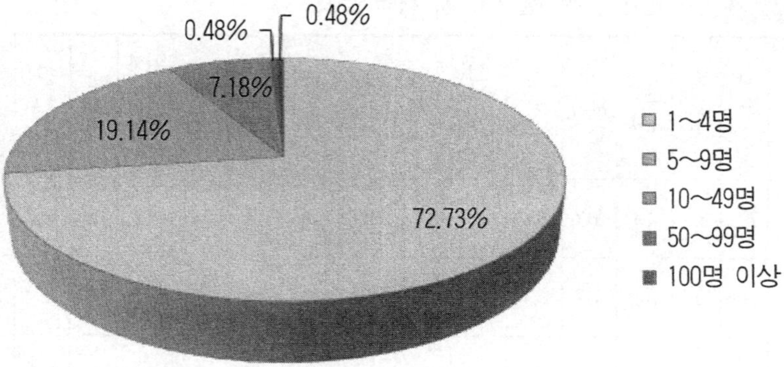

그림 5-10 민간단체의 상근자 수별 분포

이를 좀 더 구체적으로 분야별로 살펴보면, 100명 이상의 상근 활동가를 보유한 NGO는 주로 문화단체와 사회 서비스 분야, 시민사회 일부에 국한되어 있는 것으로 나타났다. 그 밖에 많은 수의 NGO에서 5명 미만의 상근 활동가가 일하고 있는 것으로 나타났다.

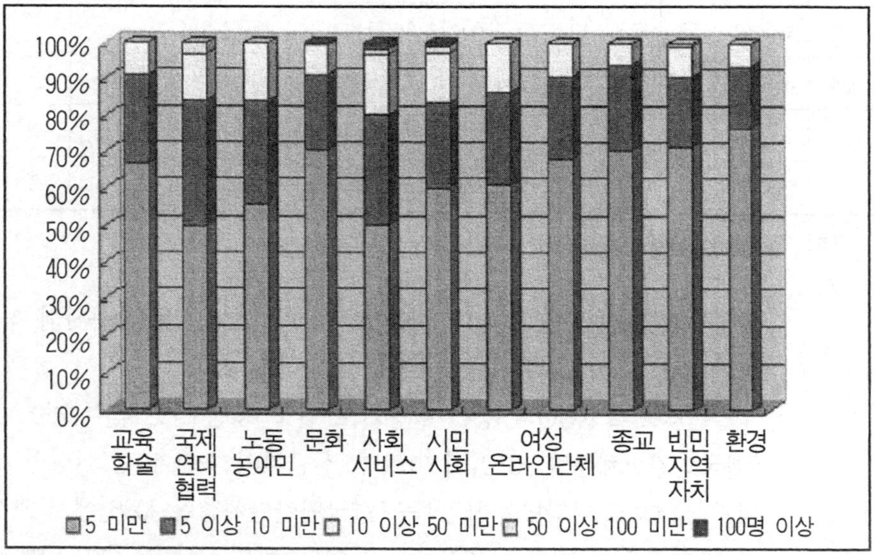

그림 5-11 분야별 상근 활동가의 수

특히 환경 분야의 경우 설립단체 수는 많으나, 각각의 단체에서 보유한 상근 활동가의 규모는 매우 작은 것으로 나타났다. 이는 환경 분야의 NGO가 대체로 소규모로 구성되어 있음을 보여주는 것이다.

중요 이슈 **인생 후반전은 나눔으로'…봉사 땀흘리는 노년 퇴직자들**

"직장을 그만두며 내 인생의 남은 1만 일은 공동체를 위해 살겠다고 다짐했습니다." 5일 서울 수송동 희망제작소 사무실에서 만난 김신형(60·사진) 씨는 지난 2000년 27년간 몸담았던 은행을 그만두던 당시를 회고하며 이같이 말했다. 김씨는 "사람이 80세까지 산다면 약 3만 일을 사는 셈"이라며 "대부분의 사람들이 처음 1만 일은 교육을 받으며 꿈을 다지는 기간으로, 두 번째 1만 일은 직장을 갖고 가족을 돌보는 기간으로 계획하는 반면, 마지막 1만 일을 어떻게 살아야 할지에 대해서는 고민이 덜한 것 같다"고 얘기했다.

그는 현재 희망제작소 사회창안센터에서 연구원으로 일하고 있다. 사회창안센터는 '관용차를 소형차와 경차로 바꾸자' '지하철 손잡이의 높이를 다양한 신체 조건을 고려해 각각 다르게 만들자' 등 시민들의 공익 아이디어를 공론화하기 위해 설립된 곳이다. 민간 싱크탱크인 희망제작소(이사장 김창국)는 지난해 8월 기업, 관공서 등 전문직에 종사했던 40~60대 퇴직자들을 재교육시켜 비영리단체에서 경험과 지식을 마음껏 펼칠 수 있도록 주선해 주는 프로그램인 '해피 시니어 프로젝트'를 시작했다. 그리고 이 프로젝트의 일환으로 행복설계 아카데미라는 '퇴직자 학교'를 만들어 비영리단체 취업을 돕기 위한 교육을 실시했다. 정부가 주도하는 생계형 일자리 창출이 아닌, 퇴직자들을 위한 사회공헌형 일자리 창출 프로그램은 이 프로젝트가 처음이었다.

…… 중략 ……

희망제작소 남경아 연구원은 "봉사에 대한 막연한 사명감만 갖고 활동을 시작했다가 능력이나 적성에 맞지 않아 어려움을 호소하는 이들이 많다"면서 "자신에게 맞는 비영리단체가 무엇인지 고민하는 일이 선행돼야 한다"고 당부했다. 희망제작소는 오는 15일부터 인터넷(www.makehope.org)을 통해 아카데미 3기 신입생을 모집한다.

(자료: 문화일보, 2008년 2월 5일에서 발췌)

【토론 주제】

1. NGO가 가지고 있는 인적 자원과 참여의 한계에 대해 토론해 보시오.
2. NGO 활동에 참여를 유도하는 방법과 인적 자원 활동에 대한 방안에 대해 토론해 보시오.
3. 각계각층의 다양한 참여가 NGO 활동의 발전에 어떤 영향을 미치는지에 대해 토론해 보시오.
4. NGO에 참여하는 인적 자원에 가장 필요한 것이 무엇인지에 각각의 입장에서 토론해 보시오.

실·국장급 이상의 간부급 상근 활동가의 경력 분포는 전체적으로 사회운동 경력자가 절대적 우위를 차지하고 있다. 그러나 최근에는 전문가가 증가하는 양상을 보이고 있어, 점차 NGO의 인적 구성이 다양해지고 있다.

그러나 한국 NGO에서 활동하고 있는 상근 활동가들의 질적 변화가 있다고는 하나, 아직은 한국의 NGO와 외국 NGO의 인적 구성이라는 면에서는 현격한 차이를 보인다. 특히 한국 NGO의 경우 참여하는 인적 구성원의 대부분이 사회운동가 출신이었다는 점에서 볼 수 있듯이, 전문운동가들이 사회운동에서 곧바로 시민운동으로 전환되었다는 것과 운동 방식으로는 여전히 사회운동적 방식을 고수했다는 점을 들 수 있다. 이에 반해 서구의 신사회운동은 상당히 다양한 운동 방식을 취하고 있으며, 이를 통해 목적 달성을 꾀하고 있다는 것으로 이러한 운동 방식의 차이는 인적 구성의 연속성에서 이해할 수 있다(김태룡, 2003).

이 같은 한국 NGO의 상근 활동가에 대한 특성은 <표 5-24>의 분야별

표 5-24 분야별 시민단체의 실무 책임자 경력 분포

(단위: 개, %)

구분	단체 수	종교인	관변단체	NGO	정치인	정부 출연 기관 인사	국제 기구 인사	공무원	언론계	대학 교수/ 학회 회장	회사 사장	지역 사회 단체 인사	자유직	대회 입선	일반 회사/ 단체 근무	합계
시민사회	536	4.9	3.1	46.9	.1	.5	1.2	2.3	4.7	12.6	5.8	3.3	.4	.5	13.6	100.0
지역자치	131	2.9	6.4	52.3	1.2	--	-	2.9	5.8	7.6	6.4	8.7	-	-	5.8	100.0
사회 서비스	323	5.9	4.0	35.1	.9	1.7	.9	4.2	2.4	13.4	7.5	4.5	1.7	1.4	16.3	100.0
환경	141	1.1	2.3	49.1	1.1	5.1	1.1	9.1	7.4	8.0	4.6	.6	1.1	1.1	8.0	100.0
문화	207	1.5	.8	25.6	.8	4.5	-	2.3	10.5	16.2	9.0	.8	7.9	3.4	16.9	100.0
교육/학술	102	1.7	5.0	31.4	.8	2.5	-	3.3	3.3	35.5	6.6	-	.8	.8	8.3	100.0
종교	52	26.1	1.4	33.3	-	-	-	4.3	5.8	10.1	5.8	-	-	-	13.0	100.0
노동/농어민	112	.7	2.2	69.9	.7	2.9	.7	2.2	.7	3.7	2.9	6.6	-	1.5	5.1	100.0
경제	150	1.0	9.2	20.3	1.4	6.3	.5	7.7	5.8	6.8	9.7	3.4	-	1.0	27.1	100.0
국제	22	-	-	31.3	-	3.1	-	3.1	18.8	28.1	9.4	-	-	-	6.3	100.0
기타	11	6.3	12.5	18.8	-	-	-	18.8	-	6.3	-	-	6.3	-	31.3	100.0
전체	1,787	4.1	3.7	40.3	.7	2.2	.7	3.9	5.2	12.7	6.7	3.3	1.5	1.1	13.9	100.0

자료: 시민운동정보센터(1999).

시민단체의 실무 책임자의 경력에서 찾을 수 있다. 시민단체의 실무책임자들이 지닌 경력 중 상위 세 가지는 시민단체 활동가(40.3%), 회사원(13.9%), 교수/학회장(12.7%) 등이며, 시민단체장은 회사 사장 경력자들이 많이 분포되어 있었으나, 상근 활동가는 회사원 출신으로 그 분포가 바뀐

중요 이슈 **노블레스 오블리주 시민단체 간부 1위, 정치인 꼴찌**

우리나라 국민들은 시민단체 간부·노동조합 간부·대학교수 등이 사회적 신분에 상응하는 도덕적 의무를 다하고 있다고 평가하는 것으로 나타났다. 반면 우리 사회의 고위층(노블레스)으로 인식되고 있는 정치인·고위 공무원·대기업 최고경영자(CEO)에 대해서는 도덕적 의무(오블리주)를 다하지 못하는 것으로 생각하는 것으로 조사됐다.

22일 서울대 사회발전연구소가 성인 남녀 800명을 대상으로 설문조사를 실시한 결과를 토대로 작성한 '노블레스 오블리주 지표 개발을 위한 연구용역' 보고서에 따르면 우리나라의 '노블레스 오블리주 지수'는 100점 만점에 26.48점으로 낮은 수준이었다. 9개 직업별 노블레스 오블리주 지수는 시민단체 간부가 56.26점으로 가장 높았고, 노조간부(49.95점), 대학교수(45.54점), 언론인(40.67점), 의사·변호사·회계사 등 전문직(30.68점), 검찰 간부·대법관 등 고위 법조인(29.34점) 순이었다. 반면 국회의원·정치인은 16.08점으로 가장 낮았고, 이어 고위 공무원(26.40점), 대기업 CEO·고위 임원(28.12점) 순으로 낮았다.

국민들은 병역 의무를 시민단체 간부와 노동조합 간부는 잘 지키고 있지만 국회의원과 대기업 CEO는 잘 지키지 않는다고 생각하는 것으로 나타났다. 납세 의무는 시민단체 간부와 노조 간부는 잘 지키고 있는 반면 국회의원과 의사·변호사 등 전문직은 잘 지키지 않는 것으로 평가됐다. 청렴성은 시민단체 간부와 대학교수는 높지만 국회의원과 고위 공무원은 낮은 것으로 조사됐다. 보고서는 "(정부가) 공직자 부패나 대기업의 불법에는 눈을 감고, 국민적 비판을 받는 인물을 장관으로 내세워서는 법 질서를 바로 세울 수 없다"고 밝혔다.

• 노블레스 오블리주(nobless oblige)는 높은 사회적 신분에 상응하는 도덕적 의무. 로마 시대 왕과 귀족이 보여 준 투철한 도덕의식과 솔선수범하는 자세를 일컫는다.

(자료: 경향신문, 2009년 7월 23일에서 발췌)

【토론 주제】

1. NGO의 인적 구성원의 특성으로 시민운동가와 전문직 참여자로서 교수가 차지하는 비율이 높았다. 이러한 점에서 NGO가 활동하는 데 가질 수 있는 장점에 대해 토론해 보시오.
2. 민주주의의 성장 과정을 거치면서 언론이 제4의 권력이라 불린다면 시민사회운동은 제5의 권력이라 불릴만큼 우리 사회를 이끌어 가는 리더집단으로 자리매김하고 있다. 사회적 역할의 중요성에 적합한 NGO의 자세에 대해 토론해 보시오.

것을 볼 수 있다. 이 같은 경향은 모든 분야에서 유사하게 나타난다.

다만 지역자치 분야의 시민단체에서 지역자치단체 인사(8.7%), 환경 분야의 시민단체에서 공무원(9.1%), 종교 분야의 시민단체에서 종교인(26.1%), 국제 분야의 시민단체에서 언론인(18.8%) 등이 상위 3위 이내에 포함된 것이 특별한 경우라고 볼 수 있다.

반면 NGO의 인적 구성이라는 측면에서 상근 활동가 중 간사는 실·국장급 이상의 활동가들이 지닌 경력 분포와는 차이가 있다. 강상욱(2002)의 연구에 따르면, 대학을 졸업하고 바로 상근 간사로 투입된 경우가 가장 많았다. 이는 간부급에서 가장 많은 비중을 차지하는 사회운동 경력자의 비중보다 높은 것으로, 간부급에 비해 새로운 인적 자원의 충원은 사회운동 경력과 무관한 일반 대학 졸업자나 전문가들로 채워지고 있다는 것을 보여주는 것이다. 따라서 과거 사회운동 경력자가 시민운동의 제1세대라면, 일반 대학 졸업자나 전문가들이 시민운동의 제2세대를 이루면서 인적 자원이 변화되고 있다.

3) 전문가집단

시민단체에 참여하는 전문가집단은 단체의 설립에 직접 관여하거나, 설립 이후 단체의 활동에 주도적으로 참여하는 지원집단으로 주요한 역할을 한다. 전문가집단은 시민단체가 성장하는 데 상근 활동가 다음으로 중요한 공헌을 하고 있다. 전문가집단의 경력 분포를 살펴보면 교수집단이 가장 많이 참여하는 것으로 나타났다. 그 밖에 전문직 종사자나 종교단체 관계자 등이 참여하고 있다.

시민단체의 성장과 활동에 참여한 전문가집단은 <표 5-25>의 환경운동연합의 전문가 배경에서 보듯이, 1990년대 초까지만 하더라도 주로 진보적 성향의 교수나 종교단체 관계자 등 일부의 집단에 한정되었다.

그러나 최근에는 변호사, 회계사 등 고학력자로 이루어진 광범위한 분야의 전문가집단과 다양한 경력을 소지한 인사들이 참여하는 경향을 보인다. 이들의 참여는 NGO가 활동 과정에서 전문성을 확보하는 데 일조한다.

표 5-25 환경운동연합의 전문가 배경 비율(1994년 기준)

배경	인원(명)	비율(%)
교수	44	32.1
언론출판인	20	14.6
문화예술인	19	13.9
변호사	13	9.5
시민운동가	10	7.3
종교인	7	5.1
정치가	1	0.7
기타	23	16.8

4) 회원

회원은 NGO의 설립 목적이나 취지에 동감하고, 활동을 지지하여 가입한 사람들을 일컫는다. 따라서 회원의 규모나 수는 단체의 활동 성과와 영향력을 반영하는 것으로 볼 수 있다. 하지만 우리나라에서는 아직 NGO에 회원으로 가입하여 활동하는 사례가 많지 않고, 활동도 적극적이지는 않다. [그림 5-12]에서와 같이 「한국민간단체총람 2012」에 따르면, 한국의 민간단체는 전체의 약 56%가 100~999명 이하의 회원을 보유한 정도의 규모

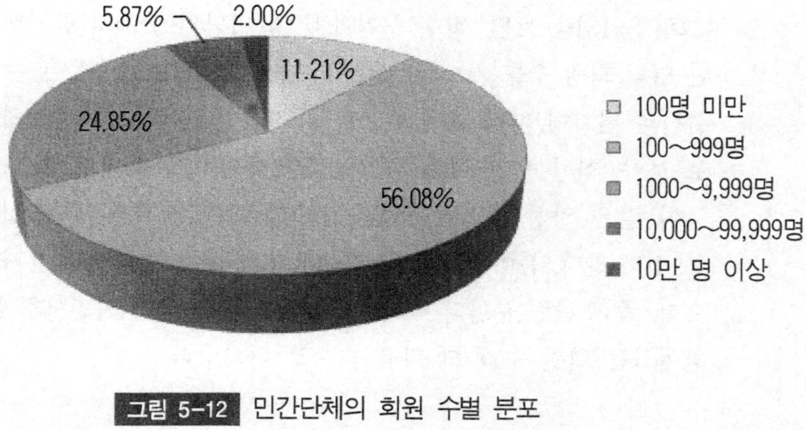

그림 5-12 민간단체의 회원 수별 분포

로 나타났으며, 100명 미만의 규모는 11.21%이고, 10만명 이상의 회원을 보유한 단체는 2% 정도인 것으로 나타났다. 한편 『한국민간단체총람 2006』에 따르면 등록된 단체에 가입한 회원 수의 중앙값은 300명 수준으로 나타났으며, 1만 명 이상의 회원을 보유하고 있는 단체는 전체 등록된 단체 중 8.8%에 불과한 것으로 나타났다.

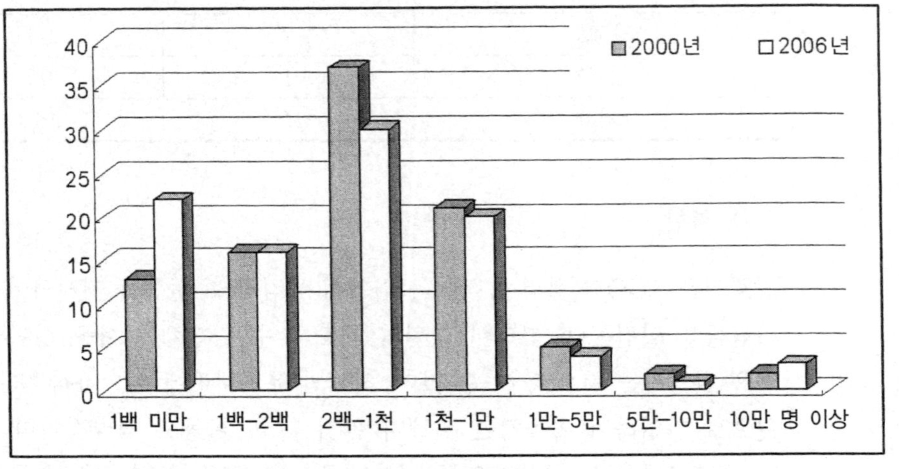

그림 5-13 시기별 회원 수의 비교

NGO에 가입한 회원 수의 변화를 알기 위해 2000년과 2006년을 비교한 [그림 5-13]을 보면, 회원 수가 1백 명 미만의 단체가 증가한 반면 2백~1천 명의 회원 수를 거느린 단체의 수는 감소하고 있음을 보여 준다. 따라서 시간의 변화에 따라 회원이 1백 명 미만인 단체 수가 증가하고 있는 것으로 보아, 회원 수가 적은 시민단체가 증가하고 있음을 알 수 있다.

이 같은 양상을 시민단체의 분야별로 평균 회원 수를 알아보면 [그림 5-14]과 같다. 분야별로는 국제연대 협력 분야 단체의 회원 수가 가장 많았으며, 종교 관련 분야와 사회 서비스, 노동 농어민, 시민사회 분야의 단체에 참여하는 회원 수가 그 다음 순으로 나타났다.

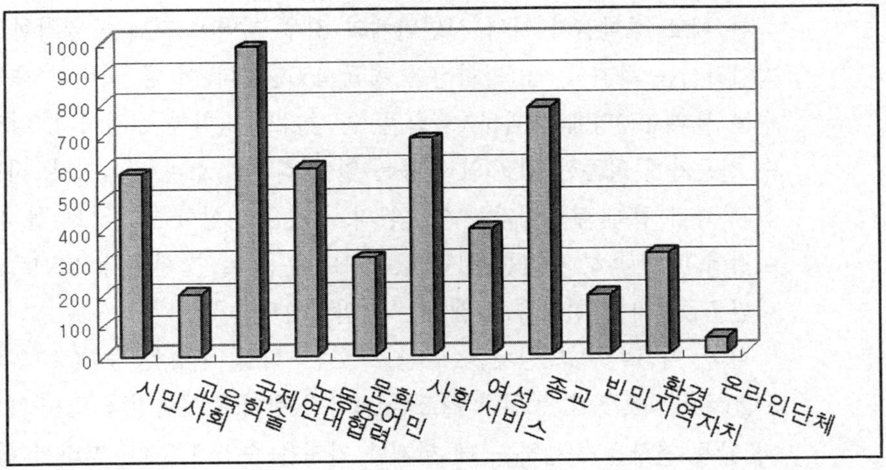

그림 5-14 분야별 평균 회원 수

이들 분야 중 특히 환경단체를 중심으로, NGO에 참여하는 회원들의 일반적 특성을 살펴보면 다음과 같다(김종순, 1999).[13] 일반적으로 민간환경단체에 참여하는 회원들의 연령별 분포는 30대와 40대가 각각 34.48%로 전체의 3분의 2를 넘고 있는 것으로 나타나, 20대 및 50대 이상에 비해 높은 관심도를 반영했다. 민간환경단체 회원들의 직업으로는 주부(32.14%)가 가장 많았고, 전문직 종사자(17.86%)와 관리직 종사자(17%), 그리고 학생(14.29%) 순으로 나타났다. 그러나 공무원(3.23%)과 교사(3.56%) 경우 평균 가입률 3.22%와 비슷한 것으로 나타났다. 학생, 농업, 생산직, 자영업, 기타 직업의 가입률은 평균을 훨씬 하회하는 것으로 나타났다.

한편 회원의 확보는 NGO의 인적 자원과 물적 자원에 모두 영향을 미치는 것으로, 낮은 회원 확보는 운동의 확산이나 참여의 확산에 가장 큰 문제이기도 하다. 이에 더해 회원 수의 확보가 회비 납부로 연결되지 못하는 것도 NGO가 자원 확보의 어려움을 겪는 주요 원인이기도 하다.

---

13) 환경단체에 참여하는 회원들의 특성을 전체 NGO 회원의 특성으로 일반화하기에는 다소 무리가 있지만, 다만 전체 NGO 회원에 대한 자료가 미진한 관계로, 환경단체에 대한 연구 결과를 통해 참여 회원의 특성을 추론해 보고자 한다.

한 예로 경실련의 지역 시민단체의 경우 지역이 지니는 열악한 조건에 기인하기는 하지만, 등록 회원은 평균 450명이나 이 중 회비를 내는 회원 수는 불과 170명에 불과하고, 회원 수 증가도 미미한 실정이다. 따라서 소수 전문가에 의존한 NGO의 활동은 일반 회원의 소외로 이어져, 시민의 관심 부족과 참여 부족이라는 악순환의 고리를 형성하는 것으로 볼 수 있다. 이것이 바로 흔히 말하는 시민 없는 시민운동, 소수 활동가, 엘리트에 의한 시민운동이라는 현상을 초래하는 원인이기도 하다.

결국 이러한 시민단체들이 안고 있는 회원 구성의 문제로 인해 <표 5-26>에서 보듯이, 동원이 필요한 적극적 항의나 시위전략 또는 캠페인 등과 같은 전략을 수행하는 데 한계를 가져올 수밖에 없다. 따라서 활동전략도 언론을 이용한 기자회견이나 선언문과 논평 등의 방법을 통해 조직의 활동을 유지할 수밖에 없는 실정인데, 이러한 현상은 대부분의 NGO가 직면해 있는 문제이기도 하다(김태룡, 2003).

표 5-26 경실련의 활동전략별 사업구조

(단위: 건, %)

	1989	1990	1991	1992	1993	1994	1995	1996	1997	1998	1999	2000	2001	계
적극적 항의·시위 전략	4 (28.6)	12 (15.2)	17 (12.8)	5 (4.4)	12 (6.0)	30 (16.0)	45 (18.4)	16 (9.3)	11 (9.2)	6 (3.8)	3 (3.9)	46 (13.6)	16 (9.7)	223 (11.1)
정책 대안적 정책	5 (35.7)	32 (40.5)	39 (29.3)	52 (45.6)	128 (63.7)	83 (44.4)	89 (36.3)	69 (40.1)	43 (35.8)	79 (49.7)	48 (62.3)	87 (25.7)	67 (40.6)	821 (41.0)
합리적 의사 표시 전략	4 (28.6)	24 (30.4)	62 (6.6)	29 (25.4)	40 (19.9)	61 (32.6)	89 (36.3)	48 (27.9)	56 (46.7)	63 (39.6)	15 (19.5)	141 (41.7)	67 (40.6)	699 (34.9)
캠페인	1 (7.1)	11 (13.9)	15 (11.3)	15 (13.2)	6 (3.0)	3 (1.6)	4 (1.6)	37 (21.5)	8 (6.7)	3 (1.9)	3 (3.9)	13 (3.8)	3 (1.8)	122 (6.1)
연대 활동				13 (11.4)	15 (7.5)	10 (5.3)	18 (7.3)	2 (1.2)	2 (1.7)	8 (5.0)	8 (10.4)	51 (15.1)	12 (7.3)	139 (6.9)
합계	14 (100)	79 (100)	133 (100)	114 (100)	201 (100)	187 (100)	245 (100)	172 (100)	120 (100)	159 (100)	77 (100)	338 (100)	165 (100)	2004 (100)

2 조직구조

모든 조직과 마찬가지로 NGO도 다양한 조직 형태를 띠고 있다. 임승빈(1998)에 따르면, NGO의 조직 형태는 대체로 단독조직, 연합체, 협의기구로 구분할 수 있다.

표 5-27 NGO의 조직 형태와 단체

조직 형태	단체
단독조직	부정부패추방 범국민연합회, 참여민주사회시민연대, 인간교육실현학부모연대, 한살림모임중앙부인회, 나라사랑청년회, 한마음운동본부, 민족의 명예를 생각하는 모임, 크리스찬 아카데미, 주민자치 연구모임, 한강살리기 시민운동연합, 녹색평화시민운동연합, 환경을 지키는 시민의 모임, 푸른 한반도 되찾기 시민모임, 영근회, 낙동강보존회, 신천 레저골프장 반대대책위원회, 인천시민의 광장, 생명을 지키는 안산시민의 모임, 푸른 이어도의 사람들, 군산·옥구환경운동 시민연합, 수도권매립지 대책위원회, 온산공해대책협의회, 한국야생화연구소, 경실련경제정의연구소 등
연합체	경실련, YMCA, YWCA, 홍사단, 천주교정의구현전국연합, 대한불교청년회, 참교육을 위한 전국학부모회, 소비자문제를 연구하는 시민의 모임, 우리말 살리기 운동본부, 주거권 실현을 위한 국민연합, 카톨릭여성단체연합, 불교사회연구원, 기독교학생총연맹, 기독교윤리실천운동, 국민정신개혁운동시민회, 한국민주청년단체협의회, 공동체의식개혁국민운동협의회, 전국자원활동단체협의회, 서울환경연합운동, 자연의 친구들, 환경을 지키는 시민의 모임, 녹색삶을 위한 시민의 모임, 배달환경연구소 등
협의기구	정의로운 사회를 위한 시민운동연합회, 전국농민단체협의회, 한국여성단체협의회, 한국여성민우회, 환경사회단체협의회, 겨레사랑 시민운동협의회, 환경사회단체, 건강사회실천운동협의회, 한국시민단체협의회, 쓰레기문제해결시민운동협의회, 5·18광주전남공동대책위원회, 맑은 물 되찾기 운동연합회 등

자료: 임승빈(1998).

첫째, 단독조직은 조직 내부에 별도의 지부나 하위 조직을 갖지 않는 조직을 의미한다. 대개 이러한 조직은 교육이나 환경 등 대부분 단일한 목표 설정과 역량의 집중화를 선호한다. 부정부패추방범국민연합회, 참여연대,

인간교육실현학부모연대 등이 단독조직 유형에 속한다.

둘째, 연합체는 동일한 조직 내에서 지역별 또는 활동 영역별로 특화된 하위조직으로 구성된 조직 형태라고 할 수 있다. 따라서 예산 및 활동 범위에서 하위 조직은 기본적으로 중앙조직이라 할 수 있는 연합체에 종속되나 어느 정도의 자율성을 갖는다. 이러한 단체에는 경실련, YMCA, YWCA, 흥사단, 천주교정의구현전국연합, 대한불교청년회 등이 있다.

셋째, 협의기구란 유사한 활동을 하는 개별 조직이 추구하는 목적을 효율적으로 달성하기 위해 단독조직을 회원으로 하여 새롭게 구성된 단체를 말한다. 여기서 협의기구에 회원으로 가입한 조직은 협의기구의 하위단체가 아니며 각자 독립성을 보장받는다. 이러한 단체에는 정의로운 사회를 위한 시민운동연합회, 전국농민단체협의회, 한국여성단체협의회 등이 있다.

1) 경실련

(1) 중앙경실련

경실련의 조직구조와 그에 따른 권한구조는 시간의 변화에 따라 상당한 변천이 있어 왔다. 경실련의 조직 변천은 창립 후 큰 변화를 보이지 않다가 창립 10주년을 맞이하면서 대폭적인 변화를 시도하는데, 이로써 창립부터 10년까지의 전기에 해당하는 기간과 그 이후의 후기 기간으로 나누어 볼 수 있다(김태룡 외, 2002).

조직구조의 측면에서 경실련의 중앙조직으로는 최고 의사결정기구인 총회와, 총회의 의사를 집행하는 상설 집행기구인 상임집행위원회가 창립 이래로 존재하고 있다. 그리고 총회 밑에 중앙위원들로 구성된 의사결정 기구인 중앙위원회가 전기 기간 동안 존속해 오다가, 후기 기간에 중앙위원회는 폐지되고 대의원회로 대치되었다. 이후에 중앙상임위원회가 중앙위원회의 대의기관의 성격으로 존재하다가 1991년에 폐지되었다.

경실련의 중앙조직은 따라서 의사결정기구인 총회와 중앙위원회(전 대의원회), 그리고 집행기구인 상임집행위원회로 구성된 의결과 집행이라는 이원구조로 이루어져 있어, 정부의 사법부에 해당하는 기구는 존재하지 않는 조직구조를 가지고 있다.

이에 따라 2013년 6월 현재 의사결정기구인 중앙위원회 산하에 상임집행위원회가 존재하고 특별기구(경제정의연구소, 경실련 통일협회, 경실련 도시개혁센터, 시민권익센터, 갈등해소센터)와 5개의 지역협의회(경기/인천지역협의회, 강원지역협의회, 충청지역협의회, 전라/제주지역협의회, 경상지역협의회)가 병렬로 속해 있다. 그리고 다시 조직위원회, 정책위원회, 윤리위원회, 시민입법위원회, 국제위원회와 사무국이 포함되어 있다.[14)]

다음으로 권한구조의 측면에서 살펴보면, 경실련에서 최고 의사결정기구인 총회는 의결권을 가진 회원으로 구성되는데, 총회의 권한은 시간의 흐름에 따라 약화되는 양태를 보여준다. 즉, 창립 시에는 규약의 제정 및 개정권, 사업계획의 승인권, 사업보고와 결산의 승인권이 있었으나, 1991년에 이르러서는 총회의 이러한 권한이 모두 중앙위원회로 위임되었다.

의결권을 가진 회원들로 구성된 총회의 권한이 각 부문 조직이나 지역의 중앙위원(전 대의원)으로 구성된 중앙위원회(이전의 대의원회)로 위임되면서 총회가 지니는 권한은 절대적으로 감소하게 되었다. 따라서 경실련의 의사결정기구에서 비록 의결권을 지닌 회원들로 한정되기는 하지만 시민으로 구성된 총회의 권한이 약화되고 상대적으로 중앙위원으로 구성된 중앙위원회(이전의 대의원회)로 권한이 집중되는 의사결정의 집중화 현상이 초기부터 발생했다.

이러한 권한의 집중화 현상은 당시의 권위주의적 통치구조에서 의사결정 과정의 비밀성을 유지해야 하는 상황이나 또는 의사결정 과정의 효율성을 추구하려는 의도에서 비롯된 것이기는 하나, 시민단체에서 가장 중요한 구성원인 시민의 집합체인 총회의 권한이 약화된 것은 이후 시민단체에서

---

14) 과거에는 의사결정기구인 중앙위원회 산하에 4개의 부설기관(서울시 교육청·경실련알뜰가게, 환경농업실천가족연대, CCEJ- HITEL 정보교육원, 경실련 정농생활협동조합)과 유관 조직(경제정의실천불교시민연합), 감사, 고문/지도, 그리고 5개의 지역협의회(경기/인천지역협의회, 강원지역협의회, 충청지역협의회, 전라/제주지역협의회, 경상지역협의회)가 속해 있었다. 그리고 상설 집행기구인 상임집행위원회 산하에는 조직위원회, 정책협의회, 윤리위원회, 재정위원회, 국제위원회, 사무처, 그리고 5개의 개별 기구(경제정의연구소, 경실련 통일협회, 경실련 도시개혁센터, 부정부패추방운동본부, 월간 경실련)가 속해 있었다.

시민의 역할 상실의 한 원인이 되기도 했다.

중앙위원회의 권한 강화와 함께 상설 집행기구인 상임집행위원회의 권한이 시간의 흐름에 따라 강화되는 양상을 보인다. 즉, 창립 시에는 상임집행위원회의 권한으로 ① 총회, 중앙위원회 및 중앙상임위원회가 결의한 모든 사업의 집행, ② 중앙상임위원에 대한 의안의 제안 및 사전 심의, ③ 기타 중앙상임위원회에서 위임한 사항으로 구성되었다.

그러나 상임집행위원회의 권능이 1991년 이후에는 ① 특별기구의 설치 및 폐지, ② 조직의 구성 및 운영에 필요한 각종 내규의 제정 및 개정권, ③ 고문, 지도위원, 상임집행위원장, 부위원장, 사무총장, 정책연구위원장, 조직위원장, 기획실장, 정책연구실장의 선임권이 추가되고, 1993년에는 부설기관의 설립권이 새로운 권능으로 추가되었다.

그리고 2000년에는 ① 대의원회 선출직 상임집행위원 후보의 추천권, ② 사무총장 선출권 등이 추가되었다. 따라서 상설 집행기구로서 상임집행위원회는 집행기구임에도 불구하고 상임집행위원회의 장 및 상임집행위원을 스스로 선출할 수 있게 되었고, 조직의 구성 및 운영에 관한 각종 내규의 제정과 개정권과 같은 결정 권한을 지님에 따라 상위 의사결정기구인 대의원회와 총회의 통제 영역에서 상당 부분 벗어나게 되었다.

그러나 상임집행위원회의 이 같은 권한 강화로 기존의 총회나 중앙위원회의 권한이 상대적으로 약해지는 경향을 초래했다. 즉, 상임집행위원회의 권한 강화는 상대적으로 시민의 참여와 권한을 약화시키는 원인으로 그리고 상임집행위원회의 통제를 받는 사무처의 권한이 비대해지는데 주된 영향을 미치게 되었다. 이와 함께 합리적 대안의 모색이라는 관점에서 강화된 상임집행위원회 하의 정책위원회도 사무처의 권한 강화와 비례해 영향력이 증대함에 따라 시민들의 의사결정기구인 총회와 대의원회의 권한은 상대적으로 약화될 수밖에 없는 구조로 전이되었다. 이상과 같은 경실련의 조직구조를 도표화하면 [그림 5-15]와 같다.

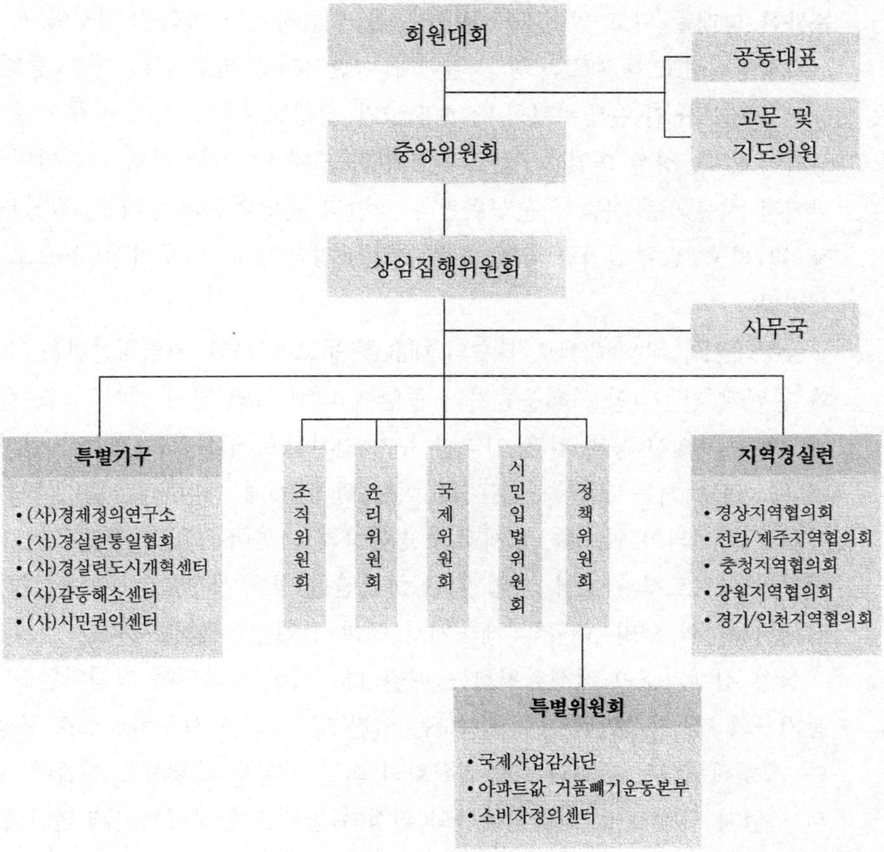

그림 5-15 경실련 조직도

자료: 경제정의실천시민연합(2013년 6월 현재).

(2) 지역경실련

중앙조직의 이 같은 특성에 비해 지역조직은 경실련 규약에 따라 초기 1년 동안에는 지역별 · 직종별 조직으로 분류되어 "본 연합은 지역별 · 직종별 단체를 두며, 조직과 운영에 대해서는 1991년 8월 31일까지 중앙위원회에서 정한다"에 근거하여 설립되기 시작했다. 이후 지역조직에 대한 설립과 운영 및 재정에 관해서는 별도의 내규를 정함으로써 지역조직에 대한 법적 측면이 완성되었다. 이 같은 지역조직의 구조와 권한은 중앙조직과 유사한 형태를 띠고 있어 특징적인 면을 발견하기는 어려운 실정이다.

지역경실련도 대체로 중앙 경실련과 마찬가지로 최고의결기구인 총회와 상설 의결기구인 운영위원회, 집행기구인 집행위원회 그리고 사무처로 구성되어 있다. 상설 의결기구인 운영위원회는 매 1~2개월마다 개최되며 총회에서 선출되는 선출직 운영위원과 당연직 운영위원(공동대표, 집행위원장, 각 기구 및 부설기구의 장, 회원 자치모임의 대표, 사무처장) 등으로 구성된다.

공동대표의 경우 대체로 복수의 대표를 두고 있는데, 지역경실련은 NGO와 관련된 전문적인 사회운동가가 중앙에 비해 그리 많지 않아 교수, 성직자, 변호사, 의사 등과 같은 지역의 유지 인사들로 구성되는 경우가 일반적이다. 이들에게는 조직을 대표하고 중요한 문제에 대한 의사를 결정하는 권한이 부여되어 있으나, 실제로는 명목상의 권한이 주를 이루고 있다. 운영위원회는 조직과 운영, 사업과 활동에 관한 중요 사항을 심의·의결하고 집행위원장의 임명, 내규의 제·개정 등과 관련된 책임을 진다.

상설 집행기구인 집행위원회는 매월 1회 이상 개최되며 집행위원장, 활동기구의 장, 집행위원장이 추천하는 약간 명, 그리고 사무처장으로 구성된다. 집행위원회는 총회와 운영위원회의 의결 사항을 집행하고 정관에 명시된 사업과 활동을 추진하며 예산의 편성과 집행을 담당하는 실질적인 활동기구로서, 원활한 업무 수행을 위해 상임집행위원회를 두는 경우가 많다. 지역경실련의 경우 집행위원의 평균 수는 31명으로 나타났는데, 인원상 문제는 크게 없는 편이나 이들에 대한 교육 프로그램이나 교류 기회가 적어 통일성에 문제가 다소 있다.

그리고 사무국의 실무를 총괄하는 기구로는 사무처를 들 수 있다. 사무처는 사무처장(또는 사무국장)과 약간 명의 간사를 두고 있는데, 지역경실련의 경우 평균 3.3명의 상근 활동가가 활동하는 것으로 나타났다. 또한 집행위원회와 각종 활동기구의 결정 사항을 실질적으로 집행하고 단체의 회원관리와 조직 운영 등 대부분의 행정 업무와 조직관리, 그리고 사업과 활동의 축으로서 과중한 업무를 부담하고 있다. 이러한 사무처의 업무 집중 현상은 대부분의 활동기구들이 교수나 전문가집단, 직장인으로 구성되어 있는 현실적 상황에서 현장 활동이나 시간 투입이 제한될 수밖에 없어 더욱 가중되고 있는 형편이다.

(3) 중앙경실련과 지역경실련의 관계

경실련의 지역조직의 구조적 측면은 앞에서 살펴본 대로 중앙조직과 유사한 형태를 띠고 있는 반면 양자의 관계는 명료치 않은 실정이다. 즉, 양자의 관계를 우선 경실련 규약에 의해 살펴보면, 1989년 11월 4일 제정된 경실련의 규약 제18조 지역별·직종별 조직에 따르면, "본 연합은 지역별·직종별 단체를 둘 수 있으며, 그 조직과 운영에 대해서는 1991년 8월 31일까지 중앙위원회에서 정한다"라고 구체적인 사항을 명시하지 않은 채 1991년 12월 30일에 이르러서야 규약상에 "① 이 연합은 지역조직을 둔다. ② 지역조직의 설립, 운영 및 재정에 관하여는 내규에 의한다"라고 규정함으로써 양자의 관계가 명료해졌다.

즉, 창립 초부터 1991년 8월까지 중앙조직과 지역조직의 관계는 중앙위원들로 구성된 중앙위원회에서, 그 조직과 운영에 관한 권한을 행사할 수 있는 관계로 규정하고 있었다. 그러나 구체적으로 지역조직에 대한 중앙조직의 관할 체계는 명료하지 못한 상태로 지속되다가, 1995년 규약 개정에 따라 조직위원회의 역할 범위에 지역이 포함되었다. 따라서 양자의 관계에서 초기에는 중앙위원회가, 그 이후에는 조직위원회가 지역조직의 활동에 대한 협의, 조정, 지원을 담당하는 양태로 변화하게 되었다.

이러한 관계는 그러나 1999년 10월에 개정된 규약에 따라 지역조직에 대한 총괄권이 상당 부분 지역협의회에 이관되었다. 즉, 1999년 10월 개정된 규약이 효력을 발생하기 전에는 지역조직에 대한 협의나 조정, 지원 등의 총괄 권한이 중앙에 있었으나, 자치 시대에 부응한 조직개혁을 통해 지역권역을 중심으로 편제된 지역협의회가 탄생함으로써 상당 부분 중앙의 권한이 지역으로 이동하여 중앙조직과 지역조직과의 관계가 느슨한 연대의 네트워크조직으로 탈바꿈하게 되었다.

즉, 이 규약에 따르면 "지역조직 상호간의 사업 및 정보 교류를 위해 지역경실련협의회를 두며, 이의 구성과 운영의 세부 상황은 별도의 규칙에 의한다"라고 규정함으로써 지역에 대한 중앙의 권한이 상당 부분 지역경실련협의회로 위임되었다(김태룡 외, 2002).

2) 참여연대

참여연대의 조직구조는 최고 의결기구로 총회가 있고, 상설 의결기구로 운영위원회, 운영위원회의 감독 하에 집행을 담당하는 집행위원회, 집행위원회의 위임 하에 일상적인 업무를 담당하는 상임집행위원회로 구성되어 있다.

총회는 참여연대의 최고 의결기구로서 공동대표 전원의 명의로 소집하고, 정기총회는 연 1회 개최하며, 임시총회는 재적 회원 1/10 이상의 요구나 운영위원회의 결의가 있을 때 소집할 수 있다. 총회는 참여연대의 조직과 운영에 관한 중요 사항을 심의·의결하며 출석 회원 과반수의 찬성으로 의결한다고 규정하고 있다.

운영위원회는 총회의 위임을 받아 참여연대의 조직과 운영, 사업과 활동에 관한 중요한 사항들을 토의하고 의결하는 상설기구로, 총회에서 선출한 임기 1년의 선출직 운영위원과 정관에 정한 당연직 운영위원으로 구성한다. 운영위원회는 집행위원회 위원장과 약간 명의 부위원장과 정책위원장단 및 선출직 집행위원을 선출하며, 집행위원장이 제청하는 당연직 집행위원과 각 활동기구의 임원을 임명하는 권한이 있다.

집행위원회는 총회와 운영위원회의 의결 사항을 집행하며, 정관에 명시된 사업과 활동을 추진하는 상설기구로서, 조직 구성, 인사 운영, 예산 편성과 집행 등의 핵심적인 권한을 갖고 있다. 또한 운영위원회에서 선출된 임기 1년의 선출직 집행위원과 당연직 집행위원으로 구성되어 있다. 그리고 운영위원회와 중복되지 않도록 2개월에 1회씩 회의를 개최한다(김선혁·문명재, 2006).

집행위원회는 활동기구로서 1개의 본부와 4개의 위원회 및 산하 센터를 두고 있는데, 민생희망본부, 노동사회위원회, 사회복지위원회, 시민경제위원회, 국제연대위원회, 조세재정개혁센터, 평화군축센터, 의정감시센터, 사법감시센터, 행정감시센터, 공익제보지원센터 등이다. 또한 각 부설기관의

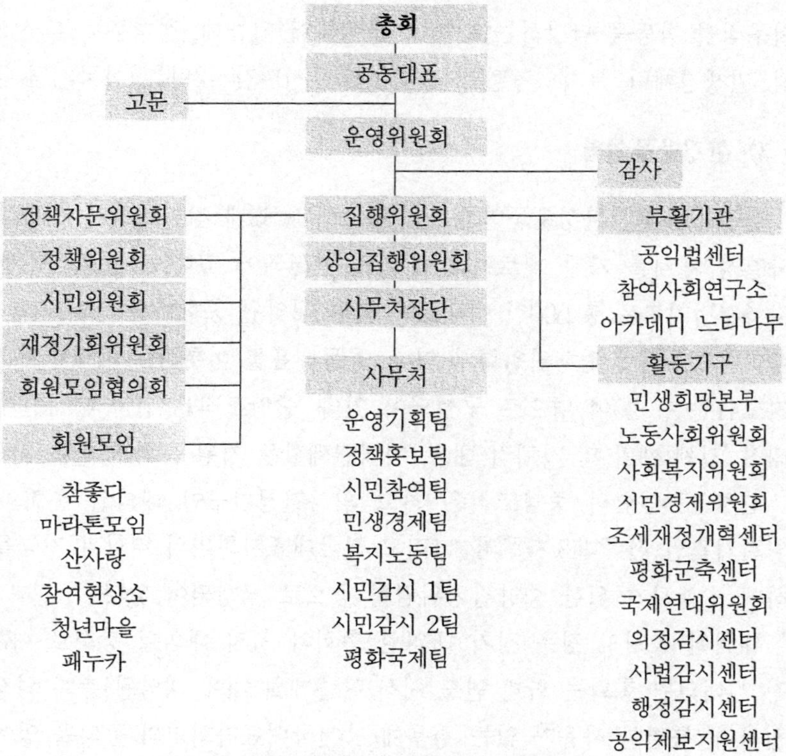

그림 5-16 참여연대 조직도

자료: 참여연대(2009년 12월 기준).

활동을 원활하게 지원하기 위해 상임집행위원회를 설치하여 매주 1회 회의를 개최한다.

상임집행위원회의 경우 참여연대의 최고 권력기구라 할 수 있다. 조직 구성, 사업활동, 인사 등에 절대적인 영향력을 미치고 있다. 상임집행위원회의 구성은 공동대표, 운영위원장단, 집행위원장단, 정책위원장, 사무처장단으로 구성되어 있으며, 대부분 집행위원과 운영위원을 겸한다(신민기, 2006).

운영위원회의 감독을 받고 있는 또 다른 기관으로 사무처장단이 있다. 사무처장은 상임 집행위원회의 지휘를 받으며, 사무처를 통제하는 역할을 담당한다. 사무처 산하에는 집행기구로서 운영기획팀을 두고 있으며, 각종 전문적인 활동을 담당하는 팀들이 구성되어 있는데, 정책홍보팀, 시민참여팀, 민생경제팀, 복지노동팀, 시민감시1팀, 시민감시2팀, 평화국제팀 등이다.

3) 환경운동연합

환경 NGO인 환경운동연합은 중앙조직과 35개 지역조직이 유기적인 의사결정 체계를 가진 네트워크 체계로 연결되어 있다. 중앙조직에서 최고 의사결정기관은 총 500인 이내로 구성된 대의원 총회이며 상설 의결 및 집행기관으로 중앙집행위원회가 있다. 공동대표를 비롯하여 지역단체 의장과 지도위원 등 20여 명으로 구성되어 있다. 중앙조직은 전국적 사안에 대한 대처, 정책 개발 및 정책적 대응, 지역단체활동 지원 등의 역할을 담당한다.

환경운동연합의 중앙조직은 최고 의사결정기구인 대의원 총회와 상설 의결기관인 전국대표자회의, 그리고 전국대표자회의의 역할과 기능을 원활하게 수행하기 위한 중앙집행위원회 등으로 구성되어 있다.

대의원 총회의 경우 정기 대의원 총회와 임시 대의원 총회로 나뉘는데, 정기 대의원 총회는 회계 연도 시작 후 3개월 내에 대의원 총회 의장이 소집하며, 특별한 사유가 있는 경우에는 전국대표자회의의 동의를 얻어 60일 한도 내에서 정기 대의원 총회의 동의를 얻어 60일 한도 내에서 정기 대의원 총회 개최일을 변경할 수 있다. 임시 대의원 총회는 전국대표자회의 또는 대의원 정족수의 1/10 이상의 소집 요구로 대의원 총회 의장이 소집하도록 되어 있다.

전국대표자회의는 환경운동연합의 상설 의결기관이라 할 수 있으며, 전국대표자회의의 의장은 공동대표 중에서 1인으로 한다. 전국대표자회의의 기능은 다양한데, 중앙집행위원회 위원장 및 부위원장을 선출하고 내규와 준칙을 제정·개정한다. 그리고 예산 및 사업계획안을 의결하고, 추천직 중앙집행위원을 선출하며, 대의원 총회에 상정 안건과 기타 주요 사업을 의결하는 기능을 수행하게 된다.

중앙집행위원회는 전국대표자회의의 위임사안과 상시 의결사안을 처리하고, 사무처, 전문기관 및 기구, 각 지역조직에서 제출된 안건을 처리하는 기구이다. 임원의 임기는 2년으로 연임할 수 있고, 각 지역에서 추천한 광역대표가 참석하도록 되어 있어 실질적으로 환경운동연합 전체의 공식적인 입장을 표명하는 기구로서 역할을 수행한다.

환경운동연합의 전문기관으로 환경법률센터는 1991년 4월 '환경법률상담실'을 시작으로 1993년 환경운동연합 '시민법률상담실', 1997년 '법률위원회'를 거쳐 2000년 환경운동연합 부설기관으로 확대 개편되면서 100여 명의 변호사가 소속되어 활동하고 있다. 법률센터의 주요 활동은 환경 소송의 활성화, 환경 관련 제도개혁운동, 환경 현안에 대한 법률 자문, 활동가에 대한 법률 교육 등을 시행하고 있다.

이 밖에도 환경문제에 대한 사회교육을 강화해 올바른 환경 의식을 고취할 목적으로 '시민환경정보센터'를 신설했고, 화석연료와 원자력 발전에 기반을 둔 중앙집중형 에너지 체제의 단점과 한계를 인식하고 재생 가능 에너지 위주의 소규모 분권형 에너지 체제를 추구하기 위해 '에너지기후팀'이 신설되었다.

지역환경운동연합 조직의 경우 지역총회가 최고 의사결정기구이며, 상설 의결기구로 집행위원회가 존재한다. 상근 간사로 구성된 사무국의 지휘 아래 사업 집행을 하는 구조를 갖고 있다.

지역조직은 그 지역의 특수성에 따라 지역 사안에 대처하면서 환경교육, 환경범죄 감시 등을 일상적으로 수행하고 있다. 지역환경운동연합 현황을 보면 수도권·경기지역 9개, 경상 지역 8개, 충청지역 7개, 강원지역 5개, 전라지역 5개, 제주지역 1개 등 총 35개의 지역조직을 보유하고 있다.

환경운동연합의 내부 의사결정 방식을 살펴보면, 1년에 한 번 소집되는 대의원 총회가 최고 의사결정 기구로서 강령 및 기본 정책, 정관의 채택 및 개정, 공동대표의 선임과 감사, 사무총장의 선출 등의 권한을 가진다. 대의원 총회에 상정되는 안건은 우선 전국대표자회의에서 검토되며, 전국대표자회의의 역할을 효율적으로 수행하기 위해 중앙집행위원회가 갖추어져 있다.

하지만 환경운동연합 역시 경실련이나 참여연대와 마찬가지로 최고 의사결정기구인 대의원 총회는 단지 상징적인 의미만을 가지고 있고 조직의 전반적인 운영은 대부분 사무처를 중심으로 이루어지고 있다. 사무총장은

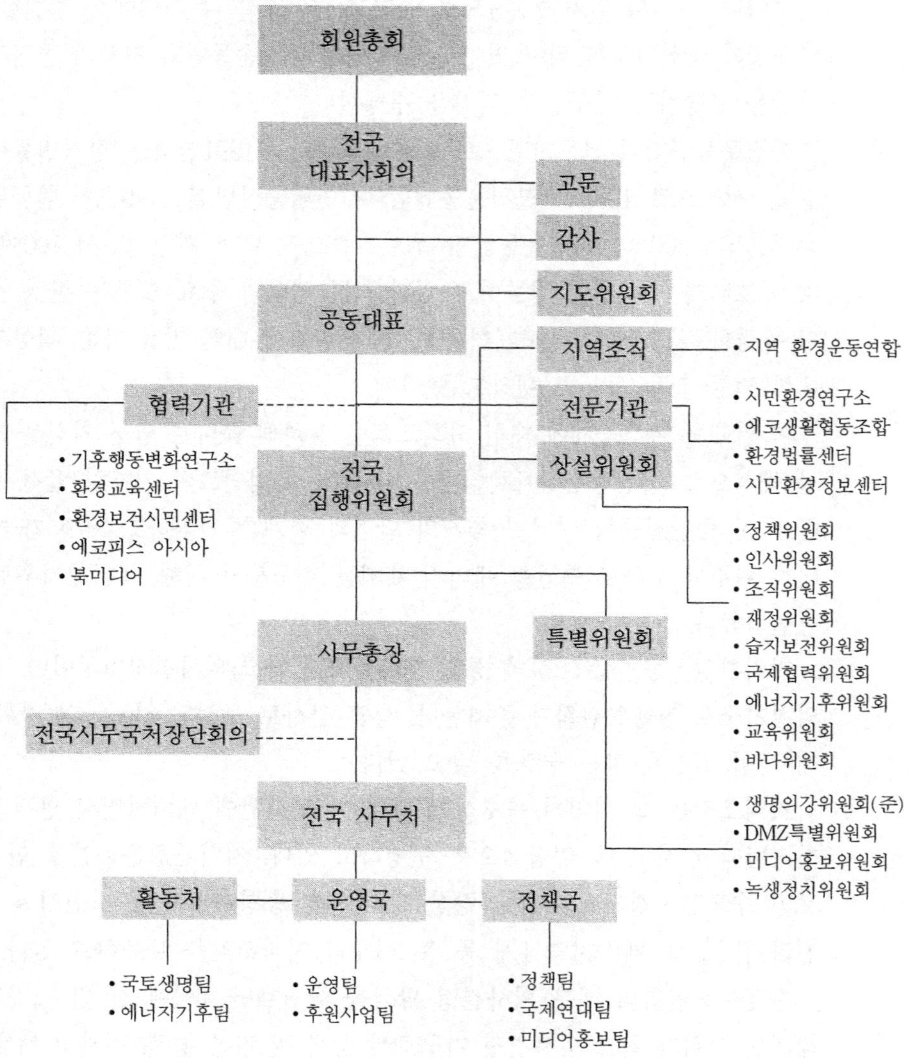

그림 5-17 환경운동연합 조직도

자료: 환경운동연합(2013년 6월 기준).

사무처를 대표하여 환경운동연합 운영 전반에 대해 실무 책임을 지고 특별한 사업의 수행을 위해 필요한 경우에 전국대표자회의의 승인을 얻은 후 특별위원회를 설치·운동할 수 있다(김선혁·문명재, 2006).

3 재정구조

1) 재정 규모

NGO는 강제력으로 세금을 걷는 정부나 영리를 목적으로 경제활동을 하는 기업에 비해 재정적으로 열악할 수밖에 없는 구조를 가지고 있다. NGO는 이러한 영리를 목적으로 재정을 확보할 수 없기 때문에, 회원의 자발적인 회비나 후원금을 그 재정의 원천으로 삼고 있다. 따라서 대부분의 NGO 재정은 매우 열악한 것이 현실이다.

이를 반영하듯 「한국민간단체총람 2012」에 따르면 [그림 5-18]에서 보듯이, 등록된 민간단체의 예산은 1억-10억 원의 예산 규모가 46.94%로 가장 높았으며, 예산이 10억 이상인 단체는 9.7%인 것으로 나타났다.

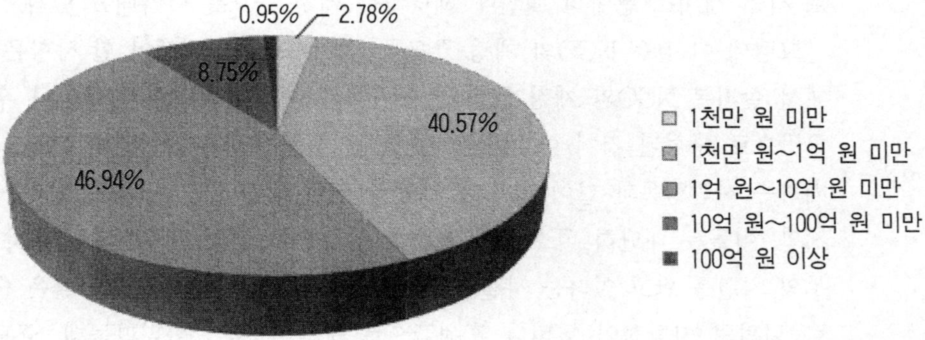

그림 5-18 예산 규모별 NGO 분포

자료: 「한국민간단체총람 2012」.

한편, 「한국민간단체총람 2006」에 나타난 NGO 단체별 평균 예산을 살펴보면 [그림 5-19]에서 보듯이 역시 국제연대 협력 분야의 단체들이 평균 약 2.6억 원으로 가장 많고, 사회 서비스 분야의 단체들이 약 1.5억 원으로 그 뒤를 잇고 있다. 이에 반해 시민사회 분야 단체의 경우는 약 0.8억 원으

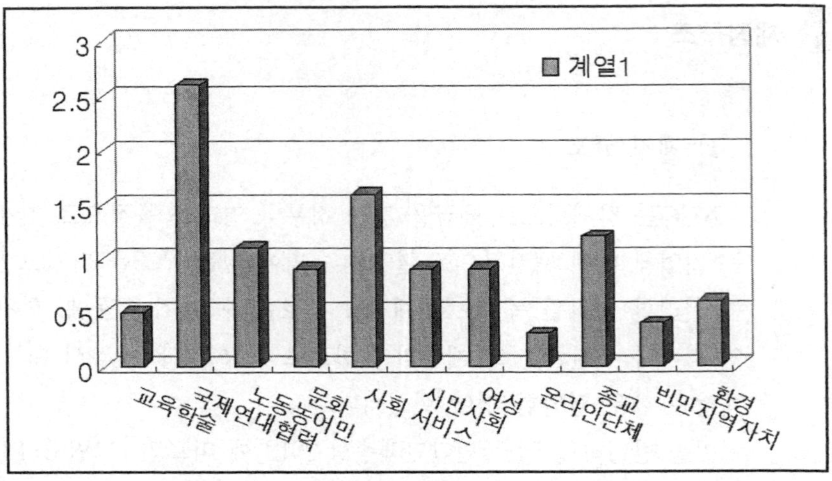

그림 5-19 단체별 평균 예산

자료: 「한국민간단체총람 2006」.

로 사회 서비스 분야의 절반에 해당하는 재정 규모를 나타내고 있다.

그런데 이 같은 NGO의 재정 규모를 살펴보면서 고려해야 할 사항은 앞에서 살펴본 NGO의 재정 규모가 순수하게 회원의 자발적인 회비나 후원금만으로 구성된 것이 아니라는 데 있다. 경실련이나 참여연대 그리고 함께하는 시민행동과 같이 정부의 지원을 전혀 받지 않는 단체가 있기는 하지만, 이들은 대단히 극소수에 불과한 실정으로 거의 대부분의 단체가 정부의 지원을 받고 있다는 사실이다. 따라서 NGO의 재정 규모도 실은 순수한 회원의 자발적인 회비나 후원금으로 충당된 것이 아니라는데, 규모의 영세성이 문제가 된다 하겠다.

이러한 현실은 비단 한국의 NGO들만이 처한 상황은 아니다. 샐러먼(Lester Salamon)이 26개국의 비영리 민간단체를 비교 연구한 결과를 보면, 비영리 민간단체의 재원 중에서 정부의 재원은 약 35%를 차지하고, 이는 개인 기부금 12%에 비하면 3배 가까운 액수에 해당한다(김선혁 · 문명재, 2006).[15] 따라서 외국이나 우리의 경우 모두 NGO들의 재정 규모는 현실적

15) 일본의 경우 정부재정의 비율은 40%가 넘는 것으로 추정된다.

으로 열악할 수밖에 없고, 그에 따른 정부에 대한 의존도는 심화될 수밖에 없다.

다만 한국의 경우 다른 선진국에 비해 정부의 재정 지원이 매우 작은 것으로 나타났다. 한국 비영리 민간단체의 재정에서 정부 재원이 차지하는 비율은 24%이며, 수수료에 의존하는 비율이 70%를 넘는 것으로 나타났다. 예컨대 2005년도에 행정자치부에 사업 지원을 요청한 125개(총 사업 129개) NGO의 재정 원천을 조사한 결과인 <표 5-28>을 보면, 이 중 정부보조금이 차지하는 비율이 20%를 넘고 있다. 따라서 정부보조금 없이 자체 회비로 충당하는 일부 단체의 경우를 제외하고, 조직을 운영하기 위한 경상적 경비를 확보하기 위해서는 정부의 보조금이 큰 비중을 차지할 수밖에 없다.

표 5-28 NGO의 재정 원천

(단위: %)

	회비	기부금/모금	정부보조금	사업수익	기타	합계
합계	25.8	28.9	20.7	14.5	10.3	100

다만 정부의 재정 지원을 받지 않는 경실련이나 함께하는 시민행동의 재정 원천의 특징을 살펴보면 회비 수입, 모금 수입, 잡지 수입, 사업 수입, 기타 수입, 특별이익 등으로 구성되어 있다. 이들 단체는 정부의 재정 지원이 전혀 없는 상태에서 이들 수입으로만 단체를 운영한다는 점에서 의의가 있는데, 정부의 재정 지원을 받지 않는 이들 단체의 재정구조를 살펴보면 다음과 같다.

우선 '함께하는 시민행동'이 단체 홈페이지인 <한눈에 알아보는 시민행동> 코너에서 공개한 재정 상태에 대한 자료인 <표 5-29>를 살펴보면, 재정 원천은 회비 수입, 후원/모금 수입, 사업 수입, 기타로 구성되어 있다. 2012년을 기준으로 할 때 회비 수입과 후원 수입이 전체 수입에서 86.76%를 차지하고 있는데, 이는 2003년의 65.4%에 비해서는 증가한 상태이다.

표 5-29 함께하는 시민행동 재정 원천

(단위: 원)

수입	2000년	2001년	2002년	2003년	2012년	2013년
회비 수입	30,717,200	64,322,942	138,434,700	154,980,145	145.003.000	137,179,000
후원/모금 수입	125,689,599	209,901,319	46,960,861	53,473,750	91,012,193	133,252,802
사업 수입	15,544,100	39,353,300	67,784,920	102,722,471	30,000,000	20,085,900
기타	58.674,503	458,616	7,149,061	7,630,604	6,178,264	1,682,548
계	230,625,402	314,036,177	260,329,542	318,856,970	272,193,457	292,200,250

경실련의 재정 원천도 함께하는 시민행동과 크게 다르지 않다. 2012년 12월 기준으로 경실련의 재정 수입은 총 1,424,078,060원으로 2008년의 1,254,502,385원에 비해 다소 증가했는데, 사업수익보다는 회비 수입과 모금 수입이 증가한 것으로 나타났다.[16] 전체 재정수입 가운데 회원이 자발적으로 내고 있는 회비나 모금 수입의 비율이 85.6%에 달하는 것으로 나타났고, 이는 2008년의 80.5%에 비해서도 상당히 높아진 것으로 볼 수 있다. 이처럼 단체들이 정부의 지원을 받지 않고 회원들의 회비나 모금 수입으로 조직을 운영하고 있는데, 정부의 재정 지원이 없는 상태에서 회원의 자발적 회비로 조직을 운영하는 데 따른 경제적인 어려움은 대단히 큰 실정이다.

표 5-30 경실련의 재정 원천(2012년 12월 기준)

구분	회비 수입	모금 수입	잡지 수입	사업 수입	기타 수입	특별이익	수입 합계
2012년	947,105,357	271,799,330	96,507,680	86,415,190	21,850,343	400,160	1,424,078,060
2008년	832,799,750	176,618,022	81,449,800	144,568,650	17,444,843	1,621,320	1,254,502,385

16) 경실련의 재정 규모에서 수입 합계는 중앙 경실련과 지역 경실련의 수입을 합한 액수이다. 따라서 2008년 기준으로 이 중 지역 경실련의 수입인 583,212,960원을 제외하면 중앙 경실련의 순수 수입은 671,289,425원이다. 다만 특별기구의 수입 약 1억 원을 포함하면 중앙 경실련의 순수 수입은 7억 7천만 원에 달하는 것으로 나타났다.

그런데 서울과 같은 대도시에 위치하면서 경실련이나 참여연대 또는 환경운동연합과 같이 소위 대형 시민단체의 경우는 그래도 재정 형편이 나은 편이다. 문제는 소규모의 시민단체나 지역 NGO들이 처한 재정적 환경은 열악하기가 그지없다. 그것은 대부분 회원들의 낮은 회비 의존율과 대외적 지원의 부족으로 고통받고 있기 때문이다.

이러한 어려움은 결국 정부의 재정 지원 여부를 둘러싼 논쟁으로 이어지고 있으며, 재정문제는 시민단체의 도덕성을 가늠하는 스캔들로 이어지기도 한다(박원순, 2001; 최창현 · 이원웅, 2000). 예컨대 지역 경실련은 비판과 견제 기능을 수행하기 위해 공적 자금의 수령을 꺼리고 있는데, 이로 인해 전체 재정 규모를 거의 절반으로 줄이는 결과를 초래하기까지 했다는 측면은 지역 NGO의 재정적 문제가 얼마나 어려운가를 단적으로 보여준다.

지역 경실련의 경우 2002년도를 기준으로 할 때 월 평균 회비 수입은 대략 250만 원 전후로 나타나 있는데 현재도 크게 다를 바가 없다. 이에 비해 월평균 경상비(인건비와 관리비)는 약 500만 원으로, 회비 수입이 월평균 경상비의 50%선에 머물러 있다. 그러나 이에는 사업비와 같은 부분은 포함되어 있지 않기에 이를 포함한다면, 실제로 회비가 차지하는 비율은 이보다 더욱 낮아진다. 지역 경실련의 재정 상황이 이러하다면 군소 지역 NGO의 실태는 더욱 열악할 것으로 추정할 수 있다.

인적 측면의 문제이지만, 재정문제와 연관되어 있는 상근 활동가에 대한 처우문제도 재정 상태에서 다루지 않을 수 없다. 어려운 재정 여건으로 말미암아 상근 활동가는 최저 생활비도 지급받지 못하고 있으며, 의료보험이나 국민연금 등의 혜택도 받지 못하는 경우도 많은 것으로 나타났다(김태룡, 2003).

2) 정부의 재정 지원

시민단체에 대한 정부의 재정 지원은 수혜 대상 NGO의 이질적인 성격을 고려하여 지원의 근거나 방식을 채택해야 하기 때문에, 재정적 지원은 매우 다양하게 이루어지고 있다. 또한 이러한 지원에 대한 명확한 자료가 아직 정리 및 공개되지 않아 정부 재정 지원 규모와 실체를 알기 어렵다는 점이 있다.

현재 민간단체에 대한 정부 재정 지원의 유형은 매년 국회의 의결을 거쳐 독립된 예산 항목으로 책정되는 정부의 '민간단체 보조금'과 각 부처별로 개별적 법률에 의해 매년 일정 금액을 지원하는 보조금, 그리고 중앙부처나 지방자치단체가 각 부서별 예산사업의 집행 과정에서 여러 가지 형태로 민간단체에 재정을 지원하는 유형으로 구분할 수 있다.

비영리 민간단체에 대한 정부 지원에 대한 김준기(2006)의 조사에 따르면, 직접 재정 지원을 하고 있는 부처는 농림부, 문화관광부, 보건복지부, 법무부, 여성부, 재정경제부, 통일부, 행정자치부, 환경부, 과학기술부 등이 있다.

반면에 직접적 재정 지원을 제공하지 않는 부처에는 기획예산처, 교육인적자원부, 건설교통부, 정보통신부, 해양수산부, 산업자원부 등이 있다.[17] 한편, 직접 지원을 하지 않으나 산하기관에서 지원하는 부처에는 외교통상부가 있다. 외교통상부의 경우, 한국국제협력단에서 민간단체 지원을 하고 있는 것으로 나타났다.

그러나 이와같이 정부에서 민간단체에 대해 재정적으로 지원하는 것은 주로 정부 예산서 상의 '민간단체 보조금' 항목이나 개별 법률에 의한 것이 대부분이다. 특히 대상 단체의 성격도 준공공기관이나 소위 관변단체 또는 협회, 학회 등과 같은 직능단체 성격에 대한 비중이 높을 뿐 아니라, 그 목적이 단순히 시민단체의 활동을 순수 지원한다기보다는 정부의 위탁 업무와 같은 개별적 사업 수행과 관련된 경우가 많다.

반면에 안전행정부와 서울특별시 등 자치단체의 비영리 민간단체 보조사업은 주목적이 시민단체의 성장과 활동을 지원하기 위한 것으로 중요한 의의를 지니고 있다. 또한 다른 부처의 지원과 달리 특정 부문의 단체에 국한하지 않고 일반적으로 모든 부문의 시민단체를 대상으로 하고 있어 수혜대상 단체가 가장 많을 뿐 아니라, 매년 정례적으로 시행하는 대표적인 지

---

17) 이들 부처 가운데 여러 부서가 이명박 정부와 박근혜 정부의 출범 이후 명칭이 바뀌거나 통합 과정을 거쳐 현재는 존재하지 않는다. 다만 시점을 기준으로 부처명을 기술했음을 밝혀둔다.

중요 이슈 **Metro/ 서울시, NGO와 184개 사업 추진**

서울시는 환경운동연합, YMCA전국연맹, 홍사단 등 184개 비정부기구(NGO)와 제휴을 맺고 서울 탐조 지도 제작, 여성자립 프로젝트 등 184개 사업을 공동 추진하기로 했다고 20일 밝혔다. 시 관계자는 "3차에 걸친 공익사업선정위의 심사를 거쳐 18일 최종적으로 184개 단체를 선정했다"면서 "단체당 1,000만 원에서 2,000만 원까지 20억 3,300만 원이 지원될 것"이라고 밝혔다. 지난해 12월부터 두 달 동안 인터넷을 통해 접수한 공익사업 공모에는 서울 관광객 1,200만 명 유치활동과 여성이 행복한 도시 만들기 등 10개 사업 분야에 걸쳐 310개 시민단체가 응모했다.

(자료: 서울신문, 2008년 3월 21일에서 발췌)

【토론 주제】

1. 자치단체나 정부로부터 지원받을 때, NGO가 가지게 되는 부담은 어떤 것이 있는지에 대해 토론해 보시오.
2. 정부로부터 지원받는 사업비로 진행하는 경우, 사업의 객관성과 조직의 중립성 확보를 위한 대안을 생각해 보시오.
3. NGO가 정부로부터 지원받는 보조금을 받지 않고 자립할 수 있는 방법에 대해 토론해 보시오.
4. NGO 정부보조금 지급과 관련하여 바람직한 대안은 없는지에 대해 토론해 보시오.

원사업이라는 점에서도 중요한 의미를 지닌다(강상욱, 2002). 따라서 여기에서는 대표적으로 비영리 민간단체에 대한 보조사업을 수행하고 있는 안전행정부와 서울특별시의 지원사업을 중심으로, 민간단체에 대한 정부의 재정 지원 실태를 살펴보고자 한다.

(1) 안전행정부 재정 지원

안전행정부의 민간단체 보조사업은 종래 특별법에 의해 지원되는 소위 '관변단체'에 대한 지원의 성격이 강했다. 그러나 1999년부터 「보조금의 예산 및 관리에 관한 법률」에 의거하여 시행함으로써 기존의 성격을 탈피했다. 이후, 2000년 1월 「비영리민간단체지원법」을 제정하여 일반 시민단체를 대상으로 확대 시행했다. 따라서 현재 관할 시·도에 등록한 단체를 대상으로 사업에 대해 지원해 주는 성격으로 시행하고 있다.

「비영리민간단체지원법」에서 지원하는 보조사업의 대상 단체는 법인격 유무와 관계없이, 공익사업 추진 능력과 사회책임성을 갖춘 단체로서 원칙적으로 100명 이상의 회원과 1년 이상의 활동 실적이 있는 단체를 대상으로 한다. 단 비영리활동을 하는 공식조직 형태를 갖춘 민간단체로서 원칙적으로 정당, 학술, 친목, 종교, 조합, 직능단체는 제외한다.

이러한 보조사업은 1년 단위 사업으로 시행하되 '전국사업'과 '지역사업'으로 나뉜다. 전국사업은 사업 범위가 전국(주된 사업장이 2개 이상의 시·도)에 걸친 사업으로 안전행정부가 직접 시행하며, 지역사업은 사업 범위가 1개 시·도에 한정된 사업으로 해당 자치단체가 안전행정부의 지원예산과 자체예산으로 시행한다.

안전행정부가 직접 시민단체를 대상으로 시행하는 지원사업의 성격은 크게 '정책사업'(프로젝트 공모사업)과 '자유공모사업'으로 나뉜다. '정책사업'(프로젝트 공모사업)은 정부가 국민 의식 및 생활개혁 과제 중에서 시민운동 프로그램으로 적합하다고 판단되는 분야의 주제를 선정하여 시민단체를 대상으로 사업 공모를 통해 사업비를 지원한다. 반면, '자유공모사업'은 시민단체가 자발적으로 선정하여 공익성이 인정되는 사업에 대해 지원한다.

지원사업의 선정은 언론 등을 통한 공모를 거쳐 민간 전문가 등으로 구성되는 '보조사업심사위원회'의 심의를 거쳐 선정 지원하고 있다. 한편 단체별 지원 금액은 상한선을 정하고 전국사업은 단체당 25억 원, 지역사업은 1억 원의 한도 내에서 지원하며, 매칭펀드(matching-fund) 방식을 우대하고 지원금을 단체의 경상비에 사용하는 것은 제한하고 있다. 그러나 이와 같은 지원금의 사용처 규제는 엄격히 규제되고 있지 않으며, 사실상 시민단체의 어려운 예산 형편을 보충하는 하나의 수단이 되고 있다(강상욱, 2002).

<표 5-31>은 안전행정부에서 공익활동 지원사업에 대해 국고보조금을 교부한 현황이다. 2007년과 2012년의 예산 규모를 비교해 살펴보면 다음과 같다.

2012년의 경우 정부의 지원사업 규모는 14,870백만 원으로 사업당 평균 지원액은 5,044만 원 수준이다. 293개 사업을 대상으로 작게는 1천만 원에서~1억 원 이상을 지원하는 사업이 4개나 된다. 이를 2007년과 비교하면 사업 규모가 상당히 크게 증가한 것을 알 수 있다. 2007년의 전체 예산은

표 5-31 안전행정부 공익활동 지원사업 국고보조금(2007년, 2012년 비교)

지원 액수		1천만 원 미만	1천만~ 3천만 원 미만	3천만~ 5천만 원 미만	5천만~ 1억 원 미만	1억 원 이상
2007년	사업 수	3개	65개	66개	21개	0
2012년	사업 수	0	5개	137개	147개	4
평균 지원 금액		2005년 전체 지원금 4,900백만 원(사업당 평균 3,161만 원) /2012년 전체 지원금14,780백만 원(사업당 평균 5,044만 원)				

자료: 안전행정부, http://www.mospa.go.kr.

4,900백만 원으로 전체 140개 단체에 155개 사업에 지원했다. 대부분의 사업은 1천만 원에서 5천만 원 미만을 지원받았고, 사업당 평균 지원금은 3,161만 원으로 나타났다.

일반적으로 사업 유형은 정책사업과 공모사업으로 이루어지는데, 정부가 사전에 주제를 정해 선정하는 공모사업 방식에 의한 지원이 90%를 차지한다. 2007년에는 4,910백만 원이었던 지원 규모가 2012년 14.780백만 원으

표 5-32 사업 유형별 지원 규모

(단위: 백만 원)

2005		2012	
사업 유형	지원 금액	사업 유형	지원 금액
총계	4,910	총계	14,780
국민 통합	917	취약계층 복지 증진(사회 통합)	2,877
문화 시민사회 구축	601	자원봉사 및 기부나눔문화 확산	900
자원봉사	298	국가안보 사회 통합	3,031
안전문화·재해재난 극복	455	재해재난 극복 및 안전문화 정착	916
소외계층 인권 신장	697	건강사회 및 성숙한 시민사회 조성	2,453
자원 절약·환경보전	635	저탄소 녹색성장 및 자원(에너지) 절약	2,271
NGO 기반 구축·시민 참여 확대	728	국제교류 협력	2,332
국제교류 협력	579	–	–

자료: 행정자치부, http://www.mogaha.go.kr. 2006. 안전행정부, www. mospa.go.kr. 2012

로 증가했고, 155개였던 대상 사업 수도 293개로 증가했다. 구체적인 사업 내용을 <표 5-32>를 중심으로 지원 예산을 살펴보면, 국가안보와 사회 통합 유형이 3,031백만 원으로 가장 많이 배정되었다.

2005년도와 2012년도에 안전행정부에서 지원한 예산의 사업 유형별 지원 규모를 살펴보면 <표 5-32>에서 보듯이 그 규모가 3배 가까이 증가한 것을 알 수 있다. 사업별로는 2005년에 917백만 원으로 가장 많은 예산이 지원되었던 국민 통합을 위한 사업이 2012년에도 가장 많이 지원되었다. 다만 2012년의 특징으로는 사회 통합을 위한 사업이 취약계층을 위한 복지 관련 분야와 탈북자 지원사업 등 안보 관련 분야로 구분되어 지원되었다는 점이다. 또한 저탄소 녹색성장과 자원(에너지) 절약과 같은 정권과 정부의 국가 비전과 관련된 사업에 대규모 지원이 이루어진 것도 특징으로 들 수 있다.

(2) 서울특별시 재정 지원

시·도 및 지자체에 등록되어 있는 NGO는 2007년 12월 말 현재 약 6,451여 개에 달한다. 이 중 서울시의 민간단체 보조사업은 일반 시민단체를 대상으로 자치행정과가 주관하는 민간단체 보조사업이 있으며, 이 밖에 각 부서 단위에서 개별적인 예산사업의 집행을 통해 민간단체에 조사 용역 등의 형태로 지원하는 경우가 있다.

서울시가 민간단체에 대한 전체적인 지원 내용을 공식적으로 집계 발표한 자료는 없다. <표 5-33>을 통해 서울시 자치행정과가 주관하는 보조사업의 연도별 지원 현황을 개략적으로 살펴볼 수 있을 뿐이다. 표에 의하면

표 5-33 서울시 민간단체 지원 현황

(단위: 백만 원)

구분	1996	1997	1998	1999
예산 규모	757	1,037	1,332	1,231 (국비 별도 1,100)
구분	**2006**	**2010**	**2011**	**2012**
예산 규모	1,764	1,856	2,183	2,183

중요 이슈 "정부후원금 받느냐 마느냐" 보수 시민단체 '고민'

■ 받자니 "盧정부 진보단체 비판했는데…"

10년 만의 정권 교체라는 목표를 위해 전례 없이 활발한 활동을 벌여 왔던 보수 성향 시민단체들이 정작 정권이 교체된 이후에는 아노미(가치공동화 현상) 상태에 빠져들고 있다.

일부 단체는 특정 정당과 후보를 직접적으로 지지한 전력 때문에 시민단체가 아니라 정치단체로 이미지가 굳어져 정체성의 혼란을 겪고 있다. 일부 단체는 과거 진보 시민단체들의 정부지원금 수혜를 비판했던 것과 달리 "정부지원금이 필요하다"며 정부에 비영리 민간단체 등록 신청을 하는 모습을 보이고 있다.

◆ '비영리 민간단체냐, 정치단체냐'…정체성 논란 = 뉴라이트전국연합(전국연합)은 최근 행정안전부로부터 정부지원금을 받기 위해 전국연합 모체인 '사단법인 뉴라이트'의 비영리 민간단체 등록 신청서를 냈다.

지난 2000년부터 비영리민간단체지원법이 시행되면서 정부에 등록된 민간단체가 공익사업 계획서를 내면 심사·선정·평가를 거쳐 일정 국비를 지원받을 수 있기 때문이다. 그러나 전국연합은 지난 대선에서 이명박 대통령 지지를 사실상 공식 선언하는 등 '정치단체'로 인식돼 정부 관계자들 사이에서도 비영리민간단체로 인정할 수 있느냐를 두고 논란이 일고 있다. …… 중략 …… 반면 박경만 정책실장은 "단체의 활동 중단에 대해 내부 이견이 많은 상황이지만, 우리가 내건 선진화 기치는 이명박 정권과도 일맥상통하니 앞으로 제대로 하려면 정부지원금을 받을 수 있는 것 아닌가"라고 반문했다. 서정갑 국민행동본부장은 "솔직히 순수 국제 비정부기구(NGO) 활동을 하려면 정부지원을 받지 말아야 하지만 운영이 너무 힘들어 단체 등록하고 지원금 좀 받자는 등 의견이 갈리고 있다"고 고백했다. 조중근 바른사회시민회의 사무처장은 "예전만큼 운영이 쉽지 않은 것은 사실이지만 시민단체는 기본적으로 정부에 대한 견제와 감시가 기본"이라며 "만약 지원금을 받는다면 단체활동에 오히려 부정적 영향을 줄 것"이라고 말했다.

(자료: 문화일보, 2008년 3월 26일에서 발췌)

【토론 주제】

1. 정부에서 비영리 민간단체에 대해 지원하는 정부보조금의 종류는 무엇이며, 어떤 형태로 지원되고 있는지에 토론해 보시오.
2. NGO에서 정부보조금을 지원받는 데 가장 어려운 점은 무엇이며 왜 지원받기를 거부하는가에 대해 토론해 보시오.
3. 정부에서 비영리 민간단체에 지원할 때, 어떤 기준을 통해 지원할 조직을 선정하는가에 대해 생각해 보시오.

서울시는 1999년에 행정자치부가 민간단체 보조사업 예산으로 지원한 11억 원의 국비와 12억 원의 자체재원을 합한 23억의 지원을 했다(강상욱, 2002).

지원 방식은 대부분 경쟁에 의한 공모사업 방식으로 수행되었으며, 104개 단체(114개 사업)를 대상으로 단체당 평균 2,200만 원을 지원했다. 지원사업의 유형은 국민운동사업(67개 단체, 72개 사업)과 시정참여사업(37개 단체, 37개 사업)으로 구분하여 시행되었다. 분야별로는 환경단체 5억 원, 여성단체 6억 4,400만 원, 문화예술단체 20억 원, 소비자보호단체 3억 9,800만 원, 실직자 직업훈련단체 24억 원 등을 각각 지원했다. 이 자금의 대부분이 시와 협조적인 관계를 유지하고 있는 '연성(soft)' 민간단체에 지원되었으며, 34% 이상이 교육 캠페인성 프로그램에 지출되었다(김준기, 2000a).

다만 <표 5-33>에서 보듯이 2000년대에 들어오면서 서울시의 민간단체 지원사업의 지원금의 규모가 상당 부분 확대되는 경향을 보이고 있다. 예컨대 2010년에는 1,867백만 원에서 2012년에는 2,183백만 원으로 지원사업의 예산이 증가했다. 2013년에도 비슷한 규모로 지원을 계획하고 있으며, 130여개 사업을 선정하여 지원할 계획에 있다. 특히 서울시는 2010년대에 들어오면서 지원 규모를 확대해 나가고 있는데, 서울시를 비롯해 일부 지자체에서는 적극적인 시민사회단체의 활동을 지원하기 위해 '비영리민간단체(NPO) 지원센터'의 설립을 추진하고 있다.

4 NGO 관련 법제

시민단체의 설치 및 활동과 관련된 기본법은 비영리 민간단체의 공익활동 증진을 위한 재정 지원을 주요 내용으로 하는 「비영리민간단체지원법」이다. 그렇지만 <표 5-34>에서 보는 바와 같이, 이 밖에도 기부금품모집규제법, 민주시민교육지원법, 자원봉사활동지원법 등 직·간접적으로 NGO와 관련된 법률이 다수 있다. 이들 가운데 NGO와 관련하여 주요한 법률의 내용을 살펴보면 다음과 같다.

표 5-34 시민단체의 활동과 관련된 법률

법률명	입법 취지
비영리민간단체지원법	비영리민간단체의 공익활동 증진을 위한 재정 지원
기부금품모집규제법	기부금품 모집 절차 및 사용 방법을 규정하여 무분별한 모집 규제
정보공개법	정보 공개를 통해 국민의 알 권리를 보장하고 국정에 대한 국민 참여와 국정 운영의 투명성 확보
행정절차법	국민의 행정 참여를 도모하여 행정의 공정성, 투명성, 신뢰성 확보
부패방지법	부패행위를 효율적으로 규제하여 청렴한 공직과 사회풍토 확립
집시법	적법한 집회 및 시위를 보장하고 위법한 시위로부터 국민을 보호
공익소송법	공익과 관련된 소(訴) 제기를 활성화하고 소송비용의 절감을 통해 공익문제 해결 촉구
민주시민교육지원법	민주시민에 대한 교육을 통해 권리 의식, 책임 의식 및 참여 의식 강화
자원봉사활동지원법	자원봉사활동 활성화를 통해 지역사회문제 해결에 적극 참여하는 시민 양성

자료: 지방행정연구원(2006).

1) 비영리민간단체지원법

비영리민간단체지원법은 비영리 민간단체의 자발적인 활동을 보장하고 건전한 민간단체로의 성장을 지원함으로써 비영리 민간단체의 공익활동 증진과 민주사회 발전에 기여함을 목적으로 한다는 취지에서 제정되었다. 동법은 비영리 민간단체의 활동은 자율성이 보장되어야 한다고 규정하고, 안전행정부 장관 또는 시·도 지사는 공익활동에 참여하는 비영리 민간단체에 대해 필요한 행정 지원 및 이 법이 정하는 재정 지원을 할 수 있다고 명시하고 있다.

재정 지원을 위한 요건으로 주된 공익활동을 주관하는 장관, 특별시장, 광역시장 또는 도지사에게 등록을 신청해야 한다. 지원사업은 다른 법률에 따라 보조금을 교부하는 사업 외의 것으로서 공익활동을 추진하기 위한 사업을 대상으로 하며, 공익활동을 추진하기 위한 사업에 대해 소요 경비의 범위에서 사업비를 지원받도록 되어 있다.

지원의 종류는 재정적인 지원과 행정적인 지원으로 구분할 수 있는데, 시행령에 따르면 안전행정부 장관은 지원사업의 효율적 추진을 위해 사업 관련 주무장관 또는 시·도지사에 대해 필요한 행정 지원을 요청할 수 있도록 규정하고 있다.

이와같이 비영리민간단체법에 근거한 공모 방식의 정부 지원은 개별사업 중심으로 이루어져 좋은 프로그램을 개발하도록 동기를 부여하고, 많은 단체가 참여하여 다양한 사업의 수행이 가능하다는 측면에서는 장점이 있다. 반면에 NGO의 자율성 보장이라는 측면에서는 문제가 될 수 있다.

사업의 선정을 위해 NGO가 제출한 사업계획서에 대한 평가는 정부가 사전에 결정한 사업 유형에 적합한지를 판단하는 것이 우선시될 경우, 사업 내용 및 수행 방식의 결정 시에 자율적 결정이 제약될 수 있다. 그래서 이는 조직의 설립 취지에 반하는 결과를 가져올 수 있다는 비판도 있다(김준기, 2006). 즉, 재정적 어려움을 해결하기 위한 현실적 대안으로 법이 제정되었으나, 이러한 재정 지원이 NGO의 목표를 희석시키는 등 독립성과 책임성을 침해할 수 있다는 것이다.

2) 기부금품모집규제법

NGO의 재정적 뒷받침이 되고 있는 현행 기부금품모집규제법은 1951년 11월 7일 기부금품모집금지법으로 제정된 뒤 1962년과 1970년, 1996년 세 차례 개정되어 현재 기부금품모집규제법으로 그 명칭이 변경되었다. 이후에도 두 차례에 걸쳐 일부 개정되었으며, 기부금품모집규제법시행령이 만들어졌다.

1951년 기부금품모집금지법 제정 취지는 당시 사회적 궁핍과 혼란 속에 무질서하게 난립했던, 기부금품의 강요로부터 국민의 재산권을 보호하고 생활 안정에 기여하기 위한 것이었다. 이후 정부가 필요로 하는 사업을 후원하기 위해 여러 차례의 법 개정을 통해 모금 허용의 범위를 넓혔다.

이 개정에 따라 그동안 사회사업과 사회복지 분야에서 모금운동의 일환으로 시행된 백만인걷기운동 등은 자선사업에 충당하기 위한 모금 허가를 받았다. 그러나 적십자 모금, 재해구호 모금, 기타 결핵 예방 모금 등 일부 특별법에 의한 모금은 동법의 적용에서 제외되었다.

그런데 기부금품모집금지법은 그 본래 제정 취지에서 벗어나 유명무실하게 운영되어 왔다. 법의 허점이 많았고 운영이 부실하여 몇몇 사례를 제외하고는 기관과 단체의 경우는 거의 적용되지 못했으며, 관료들조차 이를 악용하면서 거의 실효성 없는 법으로 존재했다. 이후 1996년에는 공무원에 의한 이웃돕기 성금 횡령사건이 발생하면서 이를 규제하고, 이와 함께 민간의 모금 허가도 새롭게 규제하기 위한 세 번째 개정이 이루어졌다. 이때 명칭이 현행의 「기부금품모집규제법」으로 변경되었다(정무성, 1998: 44-45). 기부금품모집규제법은 이후 일부 개정을 통해 현재의 모습을 갖추게 되었는데, 구체적인 내용과 문제점을 살펴보면 다음과 같다.

첫째, 정치자금에 관한 법률, 결핵예방법, 보훈기금법, 문화예술진흥법, 한국국제교류재단법 등의 다섯 가지 법은 동법의 적용을 받지 않고 모금을 할 수 있도록 허용했으나 사회복지공동모금은 제외가 되지 않았다는 점이다.

둘째, 기부금품을 모집하기 위해서는 반드시 사전에 안전행정부 장관이나 시·도지사에게 승인을 받아야만 하므로 여전히 규제가 남아 있다는 점이다.

셋째, 기부금품모집규제법에 의하지 않고는 기부금품의 모집을 할 수 없고, 공익을 목적으로 국민의 참여가 필요한 사업의 경우에는 대통령이 정하는 절차를 거치도록 하는 등 기부금의 모집 요건이 오히려 강화되었다는 점이다.

이처럼 기부금품모집규제법은 국민의 의식이 성숙해지고 기부 능력도 향상된 오늘날까지도 그 기본 취지를 유지한 채 민간단체의 모금행위를 제한하고 있다. NGO의 역할이나 활동에 대한 비전문가인 공무원들이 사전에 모금의 적절성 여부를 판단해 사안별로 허가하도록 하고 있으나, 허가 기준이 모호하고 허점도 많아 재량에 따른 악용의 소지를 상당히 내포한다(정무성, 1998: 46-51).[18]

3) 사회복지공동모금법

사회복지공동모금법 제정 이전에는 1980년 12월 31일에 사회복지 서비스 민간재원의 확보 방안으로 제정된 「사회복지사업기금법」이 운영되고 있었다. 따라서 사회복지사업기금은 이미 1975년부터 전개된 불우이웃을 돕기 위한 범국민적 운동을 통해 모금된 성금을 사회복지기탁금관리규정(보건사회부 훈령 제226호)에 따라 관리하는 것에서 시작되었으며(정무성, 1998), 1980년 제정된 사회복지사업기금법에 따라 좀 더 적극적으로 사회복지사업기금을 설치·운영할 뿐 아니라 필요한 경우 내무부(현 안전행정부) 장관과 협의하여 기부금품을 모집할 수 있는 기관을 지정할 수 있게 했다(이혜경, 1998).

매년 연말연시에 실시되는 이웃돕기운동을 통해 모금되는 중앙모금분은 사회복지사업기금으로 사용되었고, 지방모금분은 각 지방자치단체의 이웃돕기금고에 편입되었다(정무성, 1998). 이처럼 사회복지사업기금은 공동모금운동의 모체인 '이웃돕기성금'을 통해 조성되었다.

그러나 기금의 모금이나 배분 과정에서 자발성과 투명성 등 많은 문제점이 야기되면서 사회복지사업기금법이 폐지되었고, 사회복지 민간모금을 정부가 주도하여 기금화하여 사용하는 것을 개선하고, 사회복지 분야 민간모금을 민간기구가 모금하여 자율적으로 집행하도록 체계화·효율화한다는 취지로 사회복지공동모금법이 1997년 3월에 제정되었다(이혜경, 1998).

1997년 3월 27일 제정된 사회복지공동모금법에 따라 1998년 7월 1일부터는 사회복지 분야에 민간사회복지기금 마련을 위한 공동모금법이 시행되었다. 1998년 6월 10일 사회복지공동모금법시행령이 제정되었으며, 1999년

18) 기부금품모집규제법이 NGO의 모금활동에 저해 요인으로 지적되고 있는 가운데 당시 시민단체협의회 대표자회의에서는 기부금품모금규제법의 대체입법안 제정이 제안되었다. 이들의 대체입법안은 시민운동단체의 등록에 관한 법률로, 시민단체의 등록을 쉽게 하고 등록된 단체에게는 기부금품 모집의 자유, 세금 감면 등의 세금 혜택, 통신비의 감면, 공중파 방송에 대한 접근권 등을 포함한 각종 혜택을 주자는 것이 이 법의 입법 취지이다(서경석, 1998).

3월 9일에는 사회복지공동모금법이 일부 개정되었다. 동법에 따라 공동모금운동이 전개되기 시작했으며, 1998년 11월 전국공동모금회와 전국 16개 지역모금회가 설립되었다. 이 법에 따라 전국공동모금회는 그동안 정부가 주도해 온 이웃돕기 성금모금의 관리 및 배분 업무를 맡게 되었다. 사회복지공동모금법의 내용을 정리하면 다음과 같다(정무성, 1998).

첫째, 공동모금법에서는 모금 배분의 대상을 사회복지사업법에서 규정한 사회복지사업으로 제한을 두고 있어 배분을 사회복지 분야에 한하도록 되어 있다.

둘째, 중앙공동모금회와 지역공동모금회를 각각 별도의 법인으로 설립하도록 했다. 중앙공동모금회는 보건복지부 장관, 지역공동모금회는 시·도지사의 허가를 받도록 되어 있다. 중앙공동모금회는 지역공동모금회에 사업의 조정과 협조를 요청할 수 있으며, 또한 조성된 재원의 일정 비율을 지원할 수 있도록 하고 있다.

셋째, 공동모금회가 아닌 자는 공동모금 또는 이와 유사한 명칭을 사용하여 기부금품을 모집하지 못하도록 하고 있다.

넷째, 국가 또는 지방자치단체는 공동모금회에 대해 기부금품의 모집 및 관리·운영에 필요한 비용을 보조할 수 있도록 했다.

다섯째, 사회복지공동모금회가 모집한 기부금품 중 모집경비와 관리운영비로 사용할 수 있도록 하는 경비 한도를 과거 2%에서 10%로 상향 조정했다.

이러한 동법의 내용을 볼 때 공동모금법은 민간의 자율성을 보장하면서 민간의 복지자원을 활성화하고자 하는 설립 목적과는 달리, 상당 부분 정부의 지원과 협력뿐 아니라 규제까지 받게 되어 실제로 민간의 자율성을 보장하는 데 어려움을 가지고 있음을 알 수 있다.

4) 자원봉사활동기본법

자원봉사활동은 자발성과 이타주의에 근거하여 타인을 돕고 공동체의 복지를 향상시키는 주요한 수단인 동시에 개인적으로도 동기부여가 강하게 작용하여 개인의 잠재력 개발과 인격 연마를 통해 자아실현을 이루는 기초가 된다. 이러한 자원봉사 활동은 NGO의 이념과 일맥상통하며, NGO활동의 기반이라 할 수 있다(박상필, 2002). 따라서 자원봉사활동기본법은 자원봉사 지원자를 적절하게 개발·연계하여 이를 전문적으로 관리하고 유인하기 위한 법률로서 중요한 의미를 지닌다.

이와같이 자원봉사활동기본법은 민주주의를 정착시키기 위해, 참여정신과 공익정신을 가지고 사회에 적극적으로 참여하는 민주시민 교육의 활성화라는 취지로 제정되었다. 1997년 민주시민 교육의 필요성에 대한 역설과 함께 시민단체 위주로 '한국시민교육협의회'가 결성되어 「민주시민교육지원법」을 국회에 제출하는 등 여러 활동을 전개했다. 이후 급증하는 현대 사회의 각종 사회문제를 국가나 시장 외에도, 시민사회가 자원활동을 통해 적극 나서야 한다는 필요성이 제기되면서 2005년 8월 자원봉사활동기본법이 제정되었다.

이 법은 국가와 지방자치단체가 자원봉사 활동의 진흥에 관한 시책을 강구하여 국민의 자원봉사 활동을 권장·자원하도록 규정하여 자원봉사 활동에 관한 국가와 지방자치단체의 역할을 분명히 했다. 또한 자원봉사단체 및 자원봉사센터는 그 명의 또는 그 대표의 명의로 특정 정당 또는 특정인의 선거운동을 해서는 안 된다는 규정을 둠으로써 자원봉사단체 및 자원봉사센터의 독립성과 자율성이 보장될 수 있게 했다(김준기, 2006). 그리고 국가 및 지방자치단체는 자원봉사단체의 활동에 필요한 행정적 지원을 할 수 있으며, 비영리민간단체지원법에 의한 사업비를 지원할 수 있게 했다.

이 법의 적용 대상이 되는 자원봉사 활동으로는, 사회복지 및 보건 증진에 관한 활동, 지역사회 개발·발전에 관한 활동, 환경 보전 및 자연 보호에 관한 활동, 사회적 취약계층의 권익 증진 및 청소년의 육성 보호에 관한 활동, 교육 및 상담에 관한 활동, 인권 옹호 및 평화 구현에 관한 활동, 범죄 예방 및 선도에 관한 활동, 문화·관광·예술 및 체육 진흥에 관한 활동, 부패 방지 및 소비자 보호에 관한 활동, 공명선거에 관한 활동, 국제협력 및 해외봉사 활동, 공공 행정 분야 사무 지원에 관한 활동으로 했다.

이에 자원봉사센터는 국가기관 및 지방자치단체가 설치하되, 법인으로 하여 운영하거나 비영리법인에게 위탁하여 운영하도록 했다. 국가는 자원봉사센터의 설치 및 운영이 활성화될 수 있도록 적극 노력해야 하며, 지방자치단체는 자원봉사센터의 운영에 필요한 경비를 지원하도록 했다. 그 밖에 자원봉사센터장의 자격 요건과 자원봉사센터의 조직 및 운영 등에 필요한 사항은 대통령령으로 정함으로써 자원봉사 인프라를 구축할 수 있도록 했다.

또한 자원봉사 활동에 관한 주요 정책을 심의하기 위해 국무총리 소속하에 관계 부처 및 민간 전문가로 구성된 '자원봉사진흥위원회'를 설치하도록 했다. 이 위원회에서는 자원봉사 활동의 진흥을 위한 정책 방향의 설정 및 협력 · 조정, 국가기본계획과 연도별 시행계획에 관한 사항, 제도 개선에 관한 사항, 그 밖에 자원봉사 활동을 진흥 · 촉진할 수 있도록 했다.

이 위원회 회원단체 간의 협력 및 사업 지원, 자원봉사 활동의 진흥을 위한 대국민 홍보 및 국제 교류, 자원봉사 활동과 관련된 정책의 개발 및 조사 · 연구, 정책의 건의, 정보의 연계 및 지원, 그 밖에 자원봉사 활동의 진흥과 관련하여 국가 및 지방자치단체로부터 위탁받은 사업 등의 활동을 전개할 수 있다.

이러한 자원봉사 활동을 진흥시키기 위해 안전행정부 장관은 관계 중앙행정기관의 장과 협의하여 자원봉사 활동의 진흥을 위한 국가기본계획을 5년마다 수립하여 자원봉사 활동의 진흥에 관한 기본 방향 및 추진 일정, 관계 중앙행정기관의 자원봉사 활동에 관한 추진 시책, 자원봉사 활동의 진흥을 위해 필요한 재원의 조달 방법, 그 밖에 자원봉사 활동의 진흥을 위해 특히 필요하다고 인정되는 사항을 제시하도록 했다. 이에 관계 중앙행정기관의 장과 지방자치단체의 장이 기본 계획에 따라 연도별 시행계획을 수립 · 시행하도록 했다.

그 밖에 학교 · 직장 등에서 자원봉사 활동을 장려하도록 했으며, 매년 12월 5일을 자원봉사자의 날로 하고 자원봉사자의 날로부터 1주간을 자원봉사 주간으로 선정하도록 했다.

자원봉사활동기본법의 제정은 자원봉사 전담 및 교육기관을 마련함으로써 개인의 자발성에 기인하는 자원봉사 활동에 대한, 정부의 지원에 대한 거부감과 사전 준비 없이 단순히 할 수 있는 활동으로 보았던 종전의 관행을 탈피하여 자원봉사의 전문성과 질을 향상시키는 데 기여할 것으로 기대할 수 있다. 또한 시민의 자발적인 참여와 정부의 적극적인 지원활동은 시민 의식을 높이고 연대 의식을 함양시켜 국가 전체의 경쟁력을 높일 것으로 예상할 수 있다(황유선, 2001).

생각할 문제

■ NGO의 성장 과정

1. 국제 NGO의 성장과 특히 아시아의 NGO 성장이 가지는 의미와 이들이 활동하는 과정에 직면하게 되는 문제점에 대해 생각해 보시오.
2. 한국의 NGO가 급성장하게 된 배경과 이후, 한국 사회에서 NGO의 역할에 대한 기대가 어떻게 변화했는지에 대해 생각해 보시오.
3. 한국의 NGO가 수적으로 크게 성장했으나, 질적 수준은 수적 성장에 비해 크게 미치지 못하고 있다. 그 이유에 대해 생각해 보시오.
4. NGO의 활동 중 국가정책에 참여하는 유형과 방법에 대해 다양한 사례를 통해 생각해 보시오.
5. 한국 NGO들의 조직 발전의 단계와 각 단계에서 영향을 준 환경적 요인에 대해 생각해 보시오.
6. NGO가 활동하는 분야는 주로 어디이며, 그 이유에 대해 생각해 보시오.
7. NGO 활동이 다원화·다각화되기 위해 필요한 것은 무엇인가에 대해 생각해 보시오.

■ NGO의 운영 체계

1. NGO 조직은 민간기업이나 정부기관과는 태생적으로 다른 배경을 가지고 있다. 이로 인해 인적 구성에 어떠한 문제가 있는지 조직적 차원에서 생각해 보시오.
2. NGO의 인적 자원을 상임과 비상임으로 구분하여 그 특성에 대해 생각해 보시오.
3. 우리나라 초기 NGO를 구성한 인적 자원이 가지는 경력과 당시 사회·정치적 상황과 연계하여 생각해 보시오.
4. 지역 NGO들이 지역 명망가 중심으로 구성되는 이유와 문제점에 대해 생각해 보시오.
5. 한국의 NGO들이 '시민 없는 시민운동'이란 비판을 받게 되는 이유와 이를 개선하기 위한 회원의 확대와 회원들의 역할 강화를 위한 대안에 대해 생각해 보시오.

제 6 장

NGO의 미래

제 1 절 다문화사회와 NGO

1 다문화사회의 도래

우리는 어린 시절부터 5천 년 유구한 역사적 전통과 단일민족이라는 긍지와 자부심을 듣고 배우며 자라왔다. 이민족의 잦은 침략에도 불구하고 찬란한 문화적 전통과 유산을 굳건히 지켜 왔고, '우리 것이 좋은 것'이라는 신토불이(身土不二)에 대한 집착은 애국심과 민족정신의 고양으로 여겨져 왔다. 이러한 정체성과 전통성은 사회적 통합과 민족적 단합을 유지하고 지속시키는 기제(mechanism)로 작동했음은 물론이지만, 다른 한편으로는 이민족에 대한 배타성과 거부감을 키워온 것도 사실이다.

그러나 최근 들어 한국 사회가 비교적 동질적인 문화와 전통을 유지하고 있다고 해서, 과연 역사적으로 단일민족이었던가 하는 점에 대해서는 의문이 제기되고 있다. 일각에서는 '단군의 후예'라는 단일민족 신화는 생물학적 의미가 아니라, 정치적 목적과 사회 통합의 기제로서 형성되고 강화되어 왔다는 점이 부각되고 있다.

단일민족 신화는 고려 후기에 등장하여 조선 초의 권근 등을 거쳐 조선 후기에 이익과 안정복 등에 의해 완성된 '삼한정통론(三韓正統論)'에 입각해 있는데, 이 개념은 우리 민족이 단군의 생물학적 자손임을 강조한 것이 아니라 중국 못지않게 오랜 역사와 문명을 이룩했다는 의미를 담고 있다는 것이다(한경구, 2008: 119-120). 다시 말해, 중국의 요임금과 같은 시기에 단군이 한반도에서 나라를 세웠고, 기자에 의해 문명화되었으므로 조선이 중국과 견주어도 손색이 없는 당당한 문명국가라는 점을 강조한 것이지 단일민족이라는 개념 자체가 존재하지 않았다는 것이다.

고려와 조선은 오히려 외국인의 정착을 장려했고, 이들에게 많은 외래 성씨를 부여했다는 사실도 한국 사회가 이미 오래전부터 다민족 사회였다는 점을 반증하고 있다. 그러다가 일제 치하의 독립투쟁 과정에서 단일민족주의가 부각되었고, 분단과 6·25전쟁을 거치면서 통일과 단일민족의 회복은 권위주의 정권의 정치적 의도와 맞물려 더욱 강화되었다는 것이다.

한국 사회가 단일민족의 유구한 전통과 혈통을 이어왔건, 정치적 의도로 탄생되었건 간에 작금의 우리 사회는 세계화의 거센 흐름을 따라 자본과 노동의 유입이 가속화되면서 새로운 도전에 직면해 있다. 다국적기업과 외국인 노동자들이 몰려들기 시작하면서 단일민족과 단일문화를 강조하던 상황이 점점 더 다양해지는 인종과 이질적인 문화의 유입으로 다민족·다문화사회로 전환되고 있다.

1) 다민족·다문화사회의 실태

다문화사회로의 전환에 결정적인 계기가 된 것은 1990년대부터 본격화된 세계화(globalization) 현상이라고 할 수 있다. 세계화로 인한 자본과 노동의 자유로운 이동은 노동자의 국제적 이동을 활성화시켰고, 교통 및 정보통신 기술의 획기적인 발달은 국제 교류와 국제결혼의 비율을 비약적으로 증가시켰다. 그 결과 과거에 비교적 동질적인 문화를 가지고 있었던 국가들이 다양한 인종, 이질적 문화와 종교의 유입으로 인해 다문화사회를 맞이하게 되었다(강휘원, 2006: 6-7; 한승준, 2008: 464).

한국 사회도 해방 이후에는 열악한 경제 여건으로 인해 일자리를 찾기 위해, 또는 정치적 · 문화적 이유 등으로 미국, 독일, 호주, 브라질 등지로 떠나던 이민 송출국이었으나 세계화와 함께 경제가 비약적으로 성장하자 전 세계에서 한국으로 들어오는 외국인의 비중이 지속적으로 증가하고 있다.

법무부가 발표한 「2011 출입국 · 외국인정책 통계연보」에 따르면 2011년 12월 31일 현재 국내 체류 외국인은 139만 5,077명으로 총 인구의 2.75%를 차지하고 있다. 이 같은 규모는 2001년 56만 6,835명에 비해 10년 사이에 2.5배로 늘어났다. 2020년에는 국내에 거주하는 외국인이 전체 인구의 5.5%를 차지할 것으로 예측되고 있다.

국적별 분포를 보면 중국(48.6%), 미국(9.5%), 베트남(8.3%), 일본(4.2%), 필리핀(3.4%), 타이(3.3%), 인도네시아(2.7%), 몽골 · 우즈베키스탄(2.1%) 순으로 나타났다. 이 중 중국인이 67만 7,954명으로 절반 가까이 차지하고 있는 것은 재중 동포인 조선족이 상당수에 달하기 때문이다. 미국 국적자는 13만 2,133명으로 주한미군이 대부분이고 여기에 한국계 미국인들이 포함되어 있다. 베트남인(11만 6,219명)의 규모가 미국인 다음으로 급증한 것은 이주 노동자뿐만 아니라 국제결혼을 통해 한국으로 이주한 베트남 여성이 늘어났기 때문이다.

국내 체류 외국인의 자격별 현황을 보면, 최근 외국인 관광객 등에 대한 사증 발급 절차 간소화 등으로 단기체류 외국인의 수가 계속하여 증가하고 있으며, 단순 기능 인력이 54만 7,324명으로 가장 많다. 합법적으로 취업한 단순 기능 인력 외에도 불법 체류자를 포함할 경우, 국내 외국인은 단순노무직에 종사하는 이주자들이 대부분이라고 할 수 있다. 이주 노동자의 직종별 · 국가별 분포를 보면 전문 인력은 미국, 캐나다, 영국, 일본 순서로 선진국 출신인 반면 단순 기능 인력은 중국, 베트남, 필리핀, 인도네시아 순서로 주로 아시아권에서 입국하고 있는 것으로 나타났다.

국제결혼을 통해 이주한 경우는 2001년 2만 5,182명에서 2011년 14만 4,681명으로 매년 크게 증가하고 있는 추세이다. 결혼 이민자의 국적을 보면 중국 44.4%(6만 4,173명), 베트남 25.9%(3만 7,516명), 일본 7.7%(1만 1,162명), 필리핀 5.8%(8,367명), 캄보디아 3.2%(4,583명) 순이다. 1980년대에는 종교단체(통일교)를 통해 일본 여성이 국제결혼으로 한국에 입국했으나, 2000년대 초부터는 중국, 몽골, 필리핀 등으로 국적이 확대되었다. 최근에는 베트남, 캄보디아, 우즈베키스탄, 러시아 출신 등으로 다변화되어 가고 있다. 결혼 이주자들이 사는 곳은 경기도(27.0%)와 서울(21.6%)에 50%가 밀집되어 있다.

이러한 이주 외국인의 인적 구성을 보면 몇 가지 사실을 알 수 있다(한건수, 2008: 141-144).

첫째, 한국 사회가 매우 다양한 국적을 가진 이주민이 공존하는 사회로 이행하고 있다는 점이다. 법무부가 발표한 2011년 「통계연보」에는 체류 외국인의 국적을 중국을 필두로 홍콩(5,398명)까지 22개국의 이름만 거명하고, 나머지 국가는 이주 규모가 작아 기타(5만 1,998명)로 분류하고 있다. 기타 국가까지 포함한다면 전 세계에서 한국으로 이주해 오고 있다는 사실을 알 수 있다.

둘째, 이주 대상 국가의 다양성에도 불구하고 이주민의 74%를 중국, 미국, 베트남, 일본, 필리핀 등 5개국 출신이 차지하고 있다는 사실이다. 미국을 제외한다면 한국 인근의 아시아 4개국이 64.5%에 달할 정도로 아시아권에 집중되어 있다. 이 같은 사실에 비춰볼 때 한국 사회의 변화를 '다인종화'로 보기는 어렵고, 유색인종 위주의 '다민족화'로 표현하는 것이 적절할 것이다.

셋째, 국내에 체류하는 외국인들은 출신 국가와 직종(전문 인력, 단순 기능 인력)에 따라 국내 생활이 차별화되고 이들에 대한 한국인들의 태도와 인식도 다르다는 점이다. 전문직에 종사하는 선진국 출신 이주자는 대개 자국의 시민권을 포기하지 않고, 다국적기업 등에 취업하여 다양한 혜택을 누리며 자신들의 문화적 권리를 향유하고 있다. 이들에 대한 한국인의 태도는 비교적 우호적이며 문화 교류 차원에서도 적극적이다. 반면에 단순기능직에 취업한 이주 노동자들은 작업장이나 일상생활에서 열악한 삶을 이어가며 기본적 권리조차 누리지 못하는 경우가 대부분이다. 이 중에서도 불법 체류자들은 기초적인 생계는 물론 비인간적인 대우와 질시의 대상으로 전락하고 있고, 결혼 이주 여성도 한국인 배우자의 계층에 따라 판이한 삶을 살고 있다.

중요 이슈 **일부 시민단체 "저임금 구조 고착화 등 부작용" 대책 마련 촉구**

외국인 노동자가 우리 사회에 유입되면서 기업 노동력 부족 문제가 줄어드는 등 긍정적인 효과도 있지만 저임금 구조 고착화 같은 부작용도 나타나고 있다. 일부 시민단체가 이런 부작용을 막기 위한 대책 마련을 촉구하고 나섰다.

시민단체 '외국인 노동자대책 시민연대'(이하 시민연대)의 박완석(31) 간사와 인터넷 카페 '다문화정책 반대'(이하 다정반)의 카페지기 '아름' 등 외국인 노동자 문제 전문가들은 민주당 전병헌 의원과 국가인권위원회가 30일 서울 국회도서관에서 주최하는 「인종차별금지법」 제정 공청회에 토론자로 참석해 목소리를 낸다. 두 단체의 회원 수는 각각 5,400, 1,700여 명에 이른다.

이들은 외국인 노동자가 많아지면서 국내 노동시장에서 저임금이 고착화되고 있는 것을 가장 큰 문제로 꼽았다.

시민연대 박 간사는 "건설 노동자 일당이 2006년 5만 6,000원에서 올해 6만 원을 조금 넘었지만 그나마 일자리가 없다"며 "이제 건설 공사 현장은 조선족 출신 '오야지(작업반장)'가 데리고 온 한족 일꾼으로 채워졌다"고 말했다.

…… 중략 …… 두 전문가는 문제 해결책으로 정부가 기업의 기계화와 현대화를 지원해야 한다고 입을 모으고 있다. 박 간사는 "예를 들어 가구공장이 이주 노동자를 쓰지 않는 대신 장비를 기계화하고 내국인 인력을 고용하면 경영이 가능하다"며 "이를 위해 장비를 리스할 때 드는 초기 비용을 정부가 지원해 줘야 한다"고 강조했다. 그는 "단순 노동집약 산업을 유지하고자 이주 노동자를 채용하는 후진적 산업구조에서 이제 탈피해야 한다"고 덧붙였다.

카페지기 아름은 "이주 노동자를 싼값에 고용함으로써 국내의 상당수 사양산업이 연명하고 있다"며 "저임금 외국 인력이 사라지면 더욱 발전한 형태의 기업이 나타날 것"이라고 말했다.

외국인 노동자로 생기는 부작용을 막는 것을 인종차별로 여기는 인식도 바뀌어야 한다는 지적이다. 시민연대 박 간사는 "알고 보면 우리나라만큼 외국인에게 우호적인 나라는 없다"며 "임금의 하향 평준화를 조장하는 다문화라면 반대 목소리가 나오는 게 당연하다"고 말했다. 그는 "다문화 때문에 생기는 내국인 피해 문제를 이제 공론화해야 한다"고 주장했다.

(자료: 한국일보, 2009년 9월 29일자에서 발췌)

【토론 주제】

1. 한국의 경우, 정부가 나서서 다문화로 인해 발생하는 문제점을 해결하고자 하지만, 한계가 있다. 이들의 인권문제를 해결하기 위해 시민단체 또는 시민사회가 담당할 수 있는 역할에 대해 토론해 보시오.
2. 시민단체 또는 시민사회가 다문화 가정과 외국인 이주 노동자들을 위해 시행하고 있는 다양한 프로그램들에 대해 조사해 보시오.

이처럼 국내에 체류하고 있는 이주민들은 동질적인 집단이 아니라 다양한 사회적 배경에 속해 있다는 점에 주목해야 한다. 같은 이주민이라도 이들이 경험하는 한국 생활이 너무나 다를 뿐만 아니라 한국의 다문화 상황에서 이들이 차지하는 위상과 역할이 다르다는 점을 고려해야 한국 사회의 다문화주의가 어떤 모습인가를 제대로 이해할 수 있을 것이다.

2) 다문화 시대의 사회 통합

다문화사회는 특정 국가만이 아니라 전 세계적인 현상이지만 그 형태는 개별 국가의 역사적 전통과 정치적·문화적 배경에 따라 크게 두 가지로 분류할 수 있다(김남국, 2005: 98).

하나는 영국, 독일, 프랑스, 일본과 같이 비교적 동질적인 문화를 가졌던 국민국가들이 자본과 노동의 세계화에 따른 이주 노동자와 이질문화, 새로운 종교의 유입과 함께 다문화사회의 도전에 직면하는 형태이다.

다른 하나는 미국, 캐나다, 호주와 같이 건국 초기부터 다양한 인종과 문화로 구성된 이민자의 나라였던 형태이다. 이들 국가는 상대적으로 다문화사회의 도전에 익숙하지만 그래도 여전히 이민자들로 인한 사회 통합의 문제는 심각한 이슈로 등장하고 있다. 미국의 경우 다인종·다민족 간 갈등은 향후 미국 사회의 진로를 결정할 만큼 중차대한 사회문제로 인식되고 있다.

특히 1992년 LA에서 발생한 흑인 폭동은 미국 역사상 최대 규모로 백인 주류사회에 대한 흑인들의 증오와 분노가 폭발한 것이어서 인종 갈등은 미국 사회의 뇌관으로 작용하고 있다.[1] 2005년 프랑스 파리에서는 LA 폭동을 능가하는 대규모의 이주민 폭동이 발생하여 프랑스 이민정책에 대한 근

1) 1992년 미국 LA에서 발생한 폭동은 미국 역사상 최대 규모의 폭동으로 '로드니 킹 사건'으로 촉발되었다. 흑인 청년 로드니 킹을 백인 경찰들이 무자비하게 구타하는 현장이 TV로 공개되면서 백인 경찰이 피소되었으나, 백인으로만 구성된 배심원들이 경찰관들에게 무죄 평결을 내리자 그동안 쌓였던 흑인들의 분노가 폭발한 것이다. 이 사태로 31명이 사망하고 1,300명이 부상했으며 3,010명이 경찰에 연행되었다. LA 폭동은 근본적으로 백인 주류사회에 대한 흑인들의 증오로 인한 것이었으며 LA 코리아타운에 밀집된 한국인들의 피해가 가장 심했다.

본적인 의문이 제기되었다.[2)]

단일민족의 신화와 단일문화를 강조해 온 한국 사회는 프랑스와 유사한 첫 번째 형태를 띠고 있다. LA 흑인 폭동이 발생한 같은 해인 1992년에 김영삼 정부에서 자본과 노동시장의 개방을 골자로 하는 세계화를 정부의 핵심 정책으로 선언한 이후 다국적 기업의 자본과 외국인 노동자의 이주가 본격화되었다.

여기에 저출산 및 고령화로 인한 노동 인구의 감소와 국내 인력의 3D 업종 기피 현상으로 인해 외국인 노동자의 수요도 늘어나기 시작했다. 국제결혼으로 인한 외국인 배우자의 증가와 함께 탈북자로 인한 새터민들이 늘어나면서 한국 사회도 외국인 및 이질문화의 유입으로 인한 사회적·문화적 갈등이 불거지고 있다.

이러한 도전은 이주민의 역사가 오랜 서구 국가들도 이미 겪어온 현상이며, 지금도 사회적 통합과 문화적 다양성의 보장 등을 둘러싼 갈등이 지속되고 있다. 한국 사회도 급속도로 유입되고 있는 이주민을 대상으로 한 사회적 통합 노력이 실패한다면, LA나 파리에서 발생한 인종·문화·종교 간 갈등이 재현될 수도 있다. 따라서 선진국에서 논의되고 있는 다문화 담론의 내용과 다문화정책을 검토하여 한국 사회에 적절한 모델과 시민사회의 역할을 찾아야 할 것이다.

특히 다문화정책은 정치적·사회적·경제적·문화적 불평등을 시정하기 위한 정책 수단이지만, 국민 통합이라는 이념적 요소가 다분히 내포되어 있다. 따라서 다문화주의와 다문화정책에 관한 접근은 '인종적·문화적 다양성을 어떻게 통합할 것인가'라는 거시적·현실적 측면을 포함한 종합적 접근이 이루어져야 한다(한승준, 2008: 464).

---

2) 프랑스의 폭동은 2005년 10월 27일 파리의 한 교외지역에서 경찰의 검문을 피해 달아나던 이슬람 청년들이 전기 감전으로 사망한 사건을 계기로 발생했다. 중동아시아 등지에서 이주해 온 2·3세 청년들이 주도한 소요 사태로 인해 프랑스 정부는 제5공화국 사상 처음으로 본토에 국가비상사태를 선포할 정도로 전국적으로 확대되었다. 거의 한 달 동안 프랑스 274개 도시에서 방화와 파괴가 진행되었으며, 차량 1만여 대가 소실되고, 3,000여 명이 경찰에 체포되었다.

1970년대를 전후해 본격적으로 논의되기 시작한 다문화주의(multiculturalism)는 포스트모더니즘 시대에 부응하는 정부의 새로운 정책이나 국민 통합의 이데올로기, 또는 사회운동의 목표로 사용되어 왔다(이용승, 2004). 다문화주의는 민주주의의 확산과 다양한 인종의 정체성이 복잡하게 얽혀 있는 국가에서 국민 통합 이데올로기로서 그 필요성이 제기된 것이다.

즉, 상이한 민족적 정체성을 가지는 국민들을 어떻게 하나의 '국민'으로 통합시킬 것인가에 대한 필요성으로 인해 다문화주의가 등장하게 되었다. 이러한 점에 비춰볼 때 현재 진행되고 있는 한국 다문화사회의 실태는 단순 기능 인력 위주의 합법·불법 체류자들이 태반을 차지하고 있기 때문에 '문화'에 치우친 다문화 담론보다는 '생존'에 초점을 두어야 한다는 비판(오경석, 2007: 13)은 다문화주의에 내포된 이 같은 특성에 기인한 것으로 볼 수 있다.

비판적 시각에서 접근할 경우 현재 한국 정부나 시민사회는 여성 결혼이민자에 대한 대책에만 관심을 쏟는 반면 이주민 가운데 가장 규모가 큰 이주 노동자, 그 중에서도 불법 체류자의 현실을 등한시하고 있다는 것이다. 따라서 사회적 통합이라는 차원에서 향후 우리나라의 다문화주의와 다문화정책이 어떠한 내용과 방향으로 추진되어야 할 것인가에 대한 진지한 논의와 대책이 강구되어야 할 것이다.

2 각국의 다문화정책

1) 미국의 용광로 정책

미국은 콜럼버스(Christopher Columbus)가 1492년 신대륙에 도착한 이후 이민자들이 세운 국가이다. 영국과의 독립전쟁에서 승리해 1776년 미합중국으로 탄생할 당시의 인구는 약 250만 명에 불과했다. 독립 이후 미국은 지속적으로 식민지를 개척하기 위해 신규 노동력이 절대적으로 필요했다. 미국의 인구는 1790년에 390만 명 정도로 증가했는데 이 가운데 20%를 흑인 노예(75만 명)가 차지하고 있었고, 1820년대 960만 명에서 1860년대에는 3,100만 명으로 급속히 늘어났다.

1900년대의 경우, 10년 사이에 미국 전체 인구는 7,600만 명에서 9,200만 명으로 1,600만 명이 증가했는데, 그 중 절반이 넘는 900만 명이 순전히 이민 인구에 의해 증가했다(유팔무 외, 1995: 243-244). 제2차 세계대전 이후에는 경제력 팽창에 따른 노동력 수요의 증가로 멕시코계와 아시아계를 중심으로 한 새로운 이민 행렬이 밀려들었다. 1965년에는 이민법에 의해 국가별 할당체가 폐지되면서 아시아, 중남미로부터의 이민이 급증하게 되었다.

제2차 세계대전 이후 1995년까지 신규 이민 인구는 총 2,000만 명가량으로 미국 전체 인구의 9%에 달했다. 이 중에는 멕시코계가 40%로 가장 많았고, 아시아계가 25%를 차지했다. 1900년 당시에는 이민 인구의 85%가 유럽인이었으나 1980년대에는 10%에 불과할 정도로 이민 인구의 구성에 상당한 변화가 야기되었다(유팔무, 1997: 248). 이 같은 이민자의 유입은 최근까지도 꾸준히 이어져 2005년에는 이민자가 미국 전체 인구에서 차지하는 비율이 12.1%에 달했다.

전 세계에서 유입되는 다양한 이민자를 대상으로 하는 미국의 다문화정책은 동화(assimilation)와 용광로(melting pot) 개념으로 설명된다. 동화는 이민자가 주류사회의 지배적 가치와 규범에 접근하는 것으로 문화적 영향이라는 차원에서 보면 일방적인 관계라고 할 수 있다. 1920년대부터 시행된 동화정책은 이민집단의 단위문화가 백인 주류사회의 문화와 접촉-경쟁-화해-동화의 과정을 경험하면서 정착하게 된다는 동화이론에 근거한다.

그러나 유럽계 이민자들에게는 동화 과정을 거쳐 '백인화'가 가능했으나 비유럽계 이민자들은 주류 사회로부터 배척받아 별도의 하위문화를 형성해 집단적으로 거주하는 분절화 현상(ghetto)이 나타나게 되었다.

동화정책의 한계를 보완하기 위해 등장한 것이 1950년대의 문화적 용광로 개념이다. 용광로 정책은 강력한 미국 문화가 용광로처럼 작용하여 다양한 이주민들의 문화가 녹아들어가서 새롭고 매력적인 문화를 만들어 낸다는 것으로, 미국 문화의 정체성은 크게 훼손되지 않는다는 것을 전제로 한다. 즉, 미국 문화를 스스로는 큰 변화를 겪지 않으면서 다른 문화를 녹여버리는 용광로에 비유한 것이다(한경구, 2008: 92). 최근에 와서는 이러한 용광로 정책이 '샐러드 그릇(salad bowl)'으로 전환되고 있다.

종전에는 다양한 이민집단이 미국 사회라는 용광로에 녹아들어서 새로운 미국인으로 거듭난다는 용광로 개념이 우세했지만, 지금은 문화의 다양한 구성 요소가 고유의 개별성을 그대로 유지하면서도 서로 조화되어 또 다른 통합성을 이루어 내고 있다는 것이다. 미국 사회가 용광로에서 각각의 내용물이 제 맛을 그대로 보존하는 '샐러드 그릇'이 될 정도로 다문화 사회가 되었다는 것을 시사한다.

2) 프랑스의 동화주의

프랑스는 19세기 중반부터 이민자를 받아들인 오랜 이민의 역사를 지니고 있다. 최초의 이민자 물결은 19세기 후반부터 시작된 프랑스의 산업화 단계와 일치하며, 이후 1, 2차 세계대전으로 인해 감소된 인구를 증가시키고 전후 복구를 신속하게 달성하기 위한 정책의 일환으로 외국인 노동 인력의 이민을 적극 추진했다.

그러나 1973년에 불어닥친 오일 쇼크에 따른 경제 공황으로 인해 프랑스 정부의 이민자정책은 전환점을 맞게 된다. 정부는 1974년 7월 3일자 법안을 통해 가족 재결합과 정치적 망명의 경우에만 이민을 허용하고, 이민자들의 본국 귀국을 권장했다. 이에 따라 1970년대 후반부터 프랑스 국경은 이주 노동자들에게 공식적으로 폐쇄되었지만, 이민자의 수는 가족 합류, 장기 불법 체류자에 대한 합법적 지위 부여, 새로운 불법 이민자 유입 등으로 인해 매년 증가 추세를 보였다. 이와 동시에 지속적으로 증가하는 외국인으로 사회적 비용과 극심한 주거 부족문제가 정치적 이슈로 부각되었다(한승준, 2008: 473-475).

1981년 사회당의 미테랑(François Mitterand) 대통령이 당선된 이후, 1980년대 이전까지 정치권 밖에서 논의되었던 이민문제가 공식적 담론의 중심부로 이동하게 된다. 사회당 정부는 13만 2,000명의 불법 이민자를 합법화하고 가족 합류에 대한 제한을 폐지하고 본국으로 돌아가는 사람들에 대한 실효성 없는 경제 지원 조치를 철폐하는 등 이민자 통합정책을 추진했다.

이러한 가운데 극우파 정당인 국민전선(Front National)은 이민자 문제를 프랑스 정치의 핵심 쟁점으로 부각시켰다. 이후 프랑스의 정치권에서는 이민자정책을 둘러싼 좌우파의 공방이 치열하게 전개된다. 1981년 이후 프랑스에서는 좌파정부와 우파정부의 집권에 따라 이주민 정책이 완화되거나 강화되는 경향을 반복했다.

이러한 정책 변화는 입국 조건, 귀화 조건, 불법 체류자 단속 등 새롭게 이주하려는 외국인을 규제하는 데 초점이 맞춰져 있었으며, 좌우파 모두 기존의 이주민과 2, 3세들을 프랑스 사회로 동화시켜야 한다는 점에서는 의견 차이가 없었다. 다시 말해, 프랑스는 전통적으로 이주민의 인종적·문화적 다양성을 공동체가 추구하는 하나의 가치에 용해시키기 위해 동화(assimilation) 전략을 추구해 온 것이다. 프랑스를 구성하는 모든 사회구성원은 그들이 지니는 개별적 정체성과는 상관없이 동일한 권리와 의무를 지니며 법 앞의 평등을 강조하는 한편 프랑스가 추구하는 공화주의 가치를 인정하고 수용한다면 누구든지 프랑스의 구성원이 될 수 있는 가능성을 열어둔 것이다.

이러한 측면에서 볼 때 프랑스의 이주민정책은 다원주의가 아니라 자신들의 문화에 대한 통합(intégration)이나 편입(insertion)을 강조하고 있다. 그러나 이 같은 프랑스의 동화정책은 2005년의 이주민 폭동으로 새로운 도전에 직면했다. 이주민 폭동은 좌파 정권이든 우파 정권이든 이민자들을 프랑스 사회·문화와 경제 체제 속에 통합하려는 기존 모델이 성공적이지 못했음을 단적으로 드러낸 사건이었다.

지금까지 프랑스는 문화적 정체성이라는 예외를 인정함으로써 사회가 파편화되는 것보다는 공화주의 원칙을 중심으로 통합된 단일 공화국을 유지하는 것이 사회적 소수에게 더 나은 평등의 기회를 제공할 수 있다고 인식해 왔다. 그러나 이주민 폭동사태로 다문화주의를 수용해야 한다는 비판이 제기되고 있어 동화정책에 대한 재검토와 수정이 불가피하게 되었다.

3) 호주의 다문화주의

영국의 식민지였던 호주는 1788년 백인들이 거주하기 시작한 이후 질병과 가혹한 정책으로 말미암아 원주민 인구는 급격히 감소했다. 1901년에 영국에서 독립하여 연방정부를 구성한 이후 1970년대 초까지는 백호주의(White Australia policy)를 통해 영국계 백인 사회로서의 정체성을 유지하려는 노력이 지속되었다. 이러한 배경에는 중국인 등 유색인종의 대량 이주에 대한 공포 심리가 작용했기 때문이다. 따라서 호주 정부는 한편으로는 이민 제한을 통해, 다른 한편으로는 원주민에 대한 강압적 동화정책을 통해 앵글로색슨계 영국인을 중심으로 하는 문화적 정체성을 고수했다.

그러나 호주의 백호주의는 두 차례의 세계대전을 겪으면서 커다란 도전에 직면하게 된다. 특히 제2차 세계대전 당시 일본의 침공을 받은 후에는 '인구 증가 아니면 멸망'이라는 절박한 이민 증대 정책을 추진하지 않을 수 없었다. 영국인의 이민을 장려하기 위해 여비 보조 프로그램 등을 실시하고 백인의 범위를 남부와 동유럽으로 확대해 이민을 받아들였다. 이 같은 조치에도 불구하고 유럽계 이민자 수에 비해 아시아계 이민자 수가 급증하자 점차 백호주의를 포기하고 1960년대 후반에는 비유럽인에 대한 이민 문호를 개방했다(한경구, 2008: 110-112).

1970년대 초에는 영국인을 선호하던 차별적 이민정책을 공식적으로 포기하고 인종·피부색·종교·신념 등에 따라 차별하지 않는 이민정책을 추진했다. 그 결과 호주는 전체 인구 2,000만 명 중에서 43%가 부모 중 한쪽 또는 본인 자신이 해외에서 출생한 사람들로 구성되었다. 1978년에 집권한 프레이저(Malcom Fraser)의 자유당 정부는 공식적으로 다문화주의정책을 채택했고, 갤벌리 보고서(The Galbally Report)를 기반으로 '하나의 다문화 호주 사회'라는 정책으로 전환하게 되었다.

호주의 다문화주의는 초기에는 사회구성원의 일부가 상이한 문화 출신이라는 사실을 인정하는 수준이었으나, 점차 주류사회 내에 다른 문화가 존재한다는 것을 받아들이기 시작했다. 이주민집단의 다양성과 차이를 단순히 인정하는 것이 아니라 호주의 핵심적 정체성이 다양성에 근거해 있음을 천명하게 되었다. 특히 공동체적 화합(community harmony)과 사회적 결속을 증진하기 위해 매년 3월 21일을 화합의 날로 지정하고, '화합을 이루는 삶(Living in Harmony)' 프로그램을 통해 NGO들이 지역 차원의 민족 차별 금지와 다양한 교류 증진사업을 추진하고 있다.

호주의 다문화주의 정책은 이후 호크(Bob Hawke)의 노동당 정부에 계승되었으나 예산이 상당히 삭감되었고, 하워드(John Howard) 정권에 이르러서는 다문화주의에 상당히 비판적인 태도를 보이고 있다.

4) 일본의 다문화공생

일본은 재일 한인 및 중국인이 국내에 거주함에도 단일민족 국가를 표방하며 동질성의 신화를 유지해 왔으나, 1970년대 중반 이후 외국인의 수가 급격히 증가했다. 일본 정부는 외국인 노동자들이 일시적으로 체류할 것으로 예상했으나 이주의 역사가 길어지면서 상당수가 정주하기 시작했고 불법 체류자도 증가하고 있다.

일본 법무성 입국관리국 자료에 따르면, 2006년 12월 31일 현재 외국인 등록자 수가 208만 4,919명으로 사상 처음으로 200만 명을 돌파한 2005년에 이어 최고치를 경신했다. 이 통계는 등록자만을 집계한 것으로 각종 불법 체류자를 포함할 경우 외국인 수는 훨씬 많을 것을 추산된다. 그러나 전체 인구 중에서 외국인이 차지하는 비율은 1.63%(2006년 기준)에 불과하지만 제2차 세계대전 이후 문화적 정체성과 민족적 구성에서 '동질성의 신화(myth of homogeneity)'를 믿어 온 일본에서는 상당한 변화의 물결로 받아들여지고 있다.

역사상 그 어느 때보다 다양하고 이질적인 요소를 내포하게 된 일본 사회에서는 이러한 현실을 이해하고 대응하기 위한 새로운 이념으로 '다문화공생(多文化共生)'이 등장했다. 다문화공생이라는 표현은 1993년 일본의 한 일간지가 처음 사용한 것으로 알려져 있는데, 1995년 한신(阪神) 대지진 당시 외국인을 대상으로 구호활동을 벌였던 단체가 '다문화공생센터'로 명칭을 바꾸면서 이를 계기로 다른 시민단체 사이에서도 이 용어가 점차 확산되었다. 특히 1990년대 후반부터 외국인 거주 비율이 높은 지방자치단체에서 다문화공생을 대표적인 슬로건이자 정책 지침을 내세우면서 급속도로 확산되었다(김이선 외, 2007: 143).[3)]

일본은 2005년을 기점으로 '다문화공생'을 국가적 차원의 주요 과제로 설정하면서 정책의 일대 전환을 모색하게 된다. 2005년 6월에는 다문화공생 사회를 목표로 한 사업을 중점 시책으로 내세우고 다문화공생 추진에 관한 연구회를 운영하기 시작했다. 그 결과 2006년 3월에는 지방자치단체 차원에서 시행하는 외국인 주민에 대한 지원 시책 가이드라인인 '다문화공생추진 플랜'을 발표하게 된다.

다문화공생 추진 플랜에서는 외국인을 단순한 지원 대상으로 여겼던 종전의 인식에서 탈피해 공생 관계로 설정하고 있다. 지역에 거주하는 외국인 주민에 대한 행정 서비스를 완비하고 이질적인 타문화에 대한 주민의 이해와 개방적인 태도가 확립된 지역사회를 만들자는 것이다. 이를 위해 의사소통을 위한 일본어 교육은 물론 거주·교육·노동·의료·보건복지·방재 등 기본적인 생활환경을 조성하고 외국인 주민의 자립과 사회 참여를 촉진하는 데 주안점을 두고 있다(김이선 외, 2006).

일본에서 다문화공생은 한편으로는 다민족·다문화주의를 표방하면서도 다른 한편으로는 애국심이나 일본 문화와 역사에 대한 긍지를 고취하는 교육이 동시에 추진되고 있기 때문에 비판적 시각에서 접근할 필요가 있다. 최근의 다문화공생 담론이 새로운 민족주의와 결합되면서 일본 사회의 폐쇄성을 은폐하려는 의도가 있기 때문이다(한경구, 2008: 113).

---

3) '공생'이라는 개념은 원래 '자연과 인간의 공생'을 뜻하는 것으로서 생태학에서 사용되던 것이 1970년대에는 장애아와 비장애아가 '공존'할 수 있는 교육환경이라는 맥락으로 쓰이게 되었다. 1980년대 이후에는 새로운 외국인이 유입되면서 이들과 관련된 사회적 '공생' 개념이 흔히 쓰이고 있다. 이후 이 개념은 노동 현장, 기업의 경영전략뿐만 아니라 정당의 강령이나 행정부의 정책과제 등에 사용되면서 일본 사회가 지향하는 새로운 비전으로 등장하게 되었다.

3 다문화사회의 정부와 NGO

1) 다문화사회의 정책 방향

(1) 기존 다문화정책의 한계

한국 사회가 다민족·다문화사회로 전환되고 이주민에 대한 수용성의 증대는 다차원적인 노력과 함께 사회문화적·정치경제적 환경의 변화가 수반되어야 한다. 그 가운데서도 정부정책은 다문화사회의 형성에 결정적인 영향력을 미치고 있다. 그렇지만 한국 사회의 다문화 논의는 '관 주도형 다문화주의'라고 불릴 정도로 정부의 입김이 지나치게 작용하여, 다분히 계몽적이고 문화적 동화주의를 지향하고 있다는 비판을 받는다.

정부의 다문화정책이 이질적인 문화의 공존을 지향하기보다는 통합을 강요하고 있고, 관련 대책들이 대증요법 수준에서 벗어나지 못하며 그 방식도 일방적이거나 억압적이라는 것이다. 지금까지 제기된 다문화정책의 문제점으로는 정책목표의 혼란, 정책 대상의 선별과 일방적 지원, 동화 지향성의 유지, 시민적 통합성 부족 등이 지적된다(김이선 외, 2007: 169-179; 김세훈, 2006).

첫째, 우리나라는 2006년부터 관련 부처를 중심으로 다문화정책이 빠른 속도로 추진되고 있지만, 그 목표로 명시된 다문화사회가 지향하는 바가 명확하지 않다는 점이다.[4] 현재의 다문화정책에서 특정한 이념적 지향을 발견하기 어렵고, 주로 여성 결혼 이민자나 다문화 가정 자녀와 같이 몇몇 이주민집단과 관련된 제도나 사업을 총칭하는 의미로 사용되고 있다. 이러한 현실은 다문화사회에 대한 진단과 정책 방향에 대한 이해와 논의가 충

---

4) 다문화와 관련한 주요 의제들이 정부 차원에서 본격적으로 다루어지기 시작한 것은 2006년부터이다. 2006년 들어 '여성 결혼 이민자 가족 및 혼혈인·이주자 사회 통합 지원 방안,' '다문화 가정 자녀교육 지원 대책,' '외국인정책 기본 방향 및 추진 체계' 등 외국인 일반 또는 특정 집단의 이주민과 관련된 정책들이 쏟아졌다. 또한 다문화정책의 바탕이 되는 법적·제도적 기반을 구축하기 위해 법무부는 2007년에 「재한외국인 처우 기본법」을 제정했고, 보건복지가족부는 2008년 「다문화가족지원법」을 만들었다.

분히 이루어지지 않은 상태에서 정부 주도적으로 정책이 입안되었음을 시사한다.5)

둘째, 다문화정책으로 추진되고 있는 법적·제도적 개선과 공공 서비스의 대상이 다양한 이주자 가운데 여성 결혼 이민자나 다문화 가족 자녀에 중점을 두는 등 정책 대상집단을 선별해 차별적·배제적 접근을 하고 있다는 점이다. 이 때문에 이주자 가운데 가장 많은 수를 차지하는 외국인 노동자는 다문화정책의 핵심에서 벗어나 있다. 따라서 현재의 다문화정책은 전형적인 차별적·배제적 모델이라고 할 수 있다.

셋째, 다문화정책에서 이주민은 국가나 지역사회를 구성하는 주체라기보다는 일방적인 지원 대상으로 인식하고 있다는 점이다. 정부의 이주민 관련 대책에서 등장하는 용어가 '탈법적 국제결혼 피해자', '가족폭력 피해자', '학습 부적응자', '생활 불안정 계층' 등으로 규정되고 있다는 사실은 이들을 별도의 교육과 보호를 요하는 '부족한 존재'로 설정하고 있다는 것을 알 수 있다.

넷째, 현재 다문화정책의 핵심은 결혼 이민자와 다문화 가족 자녀를 대상으로 한 한국어 교육, 요리 강습, 컴퓨터 교육, 생활예절 교육 각종 서비스에 집중되어 있는데, 주로 한국 문화를 강조하고 문화적 적응과 동화를 지향하는 성격이 강하게 나타나고 있다. 이 같은 정책 방향은 특정한 자격을 갖춘 이주민집단만을 대상으로 한국 문화에 대한 적응을 돕고, 결과적으로 동화를 촉진하는 데 초점을 두기 때문에 이주민의 요구를 반영하기보다는 이주자에 대한 한국 사회의 요구를 수용할 것을 강요하는 결과를 초래할 수 있다. 따라서 다문화정책을 통해 사회 통합을 모색하기 위해서는 이주민의 현안 처리 차원에서 민족적·문화적 다양성을 고양하는 방향으로 전환되어야 한다.

다섯째, 다문화정책은 궁극적으로 다양한 민족적·문화적 배경을 지닌 이들을 사회의 주체로 인정하고 각 분야에서 함께 활동하기 위한 기제

---

5) 예컨대, 교육인적자원부가 2006년 5월에 발표한 '다문화 가정 자녀교육 지원대책'은 다문화주의 이념과의 상관성이 떨어질 뿐만 아니라 이주민을 대상으로 한 한국어 교육과 한국문화 교육에 초점을 두고 있다.

(mechanism)를 만들어 가는 시민적 통합에 의미가 있다. 이러한 점에 비추어보면 현재의 다문화정책은 이주민을 대상으로 한 사업에 집중되어 있을 뿐 한국 사회와 관련성을 지니는 사업을 찾아보기 어렵다는 한계를 지닌다.[6)]

(2) **다문화정책의 방향과 과제**

한국의 다문화정책이 지닌 이 같은 한계를 극복하고 앞으로 다문화정책이 지향해야 할 방향성으로 정부 부문에서 중점을 두어야 할 점으로 두 가지를 지적할 수 있다(김이선 외, 2007: 179-183).

첫째, 여성 결혼 이민자와 다문화 가족 자녀를 중심으로 하는 파편적인 현안 대처 방식에서 벗어나 다문화사회에 대한 총체적 정책을 수립·추진하기 위해서는, 이주민 대상 정책으로서의 제한된 틀에서 탈피해 다양성에 기초한 사회 통합을 모색하기 위한 종합적 정책으로 재규정되어야 한다. 특히 개별 부처별로 관련 정책을 추진하고 있어 종합적이고 체계적인 다문화정책을 수립할 수 있는 기반이 결여되어 있다. 따라서 다문화사회와 관련된 의제를 총괄적으로 담당할 전문기구의 설립과 종합적인 계획 수립이 요구된다.

둘째, 다문화사회에서는 각 부문에서 다양한 민족적·문화적 배경을 지닌 주체들이 함께 활동할 수 있는 기반을 형성하는 것이 중요하다. 이를 위해서는 정부가 정책 추진 과정에 이주민을 참여시켜 그들의 사회적 위상을 정립할 필요가 있다. 다문화공생을 표방하는 일본에서는 단순히 외국인을 지원하는 차원을 넘어서, 지방자치단체의 정책결정 과정에서 외국인 주민의 의견을 제도적으로 수렴하고 있다는 점에 주목할 필요가 있다.[7)] 이주민

---

6) 예컨대, 일반 시민이 참여하는 다문화 프로그램은 축제나 풍물 교류, 요리 교류 등 일회성 행사에 불과하고 다문화 시범학교의 교육 과정도 한국 학생들이 참여하는 경우가 드물다. 더욱이 정책 추진 과정에서 핵심적인 역할을 하는 담당 공무원이나 서비스 제공자, 교사 등이 참여하는 교육이나 워크숍 등도 희박할 정도로 다문화 정책이 한국 사회와의 관련성이 유리된 채 진행되고 있다는 것이다(김이선 외, 2007: 178-179).

7) 일본 오사카(大阪) 시의 시정 모니터링 제도를 비롯해 하마마쓰(濱松) 시의 외국인 시민회의와 지역공생회의, 가와사키(川崎) 시의 외국인 시민대표회의 등이 그 예이다. 또한 호주에서는 이슬람 공동체 등 주요 출신 국가별 공동체 자문그룹을 설치해 각종 현안에

이 증가하는 현실에 적합한 사회 질서로서 다문화사회를 구현하기 위해서는 정책적 차원에서 이주민을 완전한 역량을 지닌 사회구성원으로 인정하고 이들의 참여를 제도화하기 위한 거버넌스 체제를 구축하는 것이 바람직하다.

2) 시민사회와 NGO의 역할

(1) 시민사회의 수용성 확대

오랜 역사의 민주주의를 통해 시민사회가 성숙된 서구 사회와 달리, 한국 사회는 이질적인 문화의 유입에 취약한 사회구조를 가지고 있다. 다문화사회에서는 서로 다른 가치와 문화적 다양성에 대한 열린 태도가 가장 중요한 요소이기 때문에 시민사회가 이러한 다양성을 인정하고 수용할 수 있어야 한다.

김이선 외(2007)가 이주민 증가와 다문화 사회로의 변화에 대한 일반 국민의 태도를 조사한 결과에 따르면, 전반적으로 이주민에 대한 부정적인 태도는 두드러지지 않으며 혈통 중심적 국민정체성 의식도 강하지 않는 것으로 나타났다.[8] 유럽연합(EU) 회원 국가와 비교해 보면 한국인은 문화적 다양성을 수용하고 이주민의 증가를 긍정적으로 인식하는 등, 다문화사회에 대해 비교적 관용적 가치관을 보이고 있는 것으로 나타났다.

그러나 몇 가지 측면에서는 외국인에 대해 관용적인 면모를 보이는 동시에 사회적 거리감을 크게 느끼고 있는 것으로 나타났다. 특히 종족적 배제주의(ethnic exclusionism) 척도 가운데서도 다양성 수용 능력의 한계나 이주민 본국 송환 등에 대해서는 유럽연합 회원 국가 국민과 유사한 또는 그 이상의 수준으로 배제적인 태도를 보이는 것으로 조사되었다. 특히 우리 국민은 이주민을 사회 주체로서 수용하는 데 소극적이며, 선진국과 개도국

대한 의견을 수렴하고 있다(김이선 외, 2007: 182).

8) 김이선 외(2007)가 실시한 국민의식조사는 다단층화 무작위 추출법을 통해 표집된 전국의 만 19세 이상 성인 남녀 1,203명을 대상으로 2007년 6월 30일부터 7월 11일까지 구조화된 설문지를 사용하여 1:1 가구방문에 의한 개별 면접조사를 통해 이루어졌다. 외국인 근로자에 대한 태도조사는 외국인 노동자를 고용한 경기·인천지역 322개 사업장에서 근무하는 500명의 한국인을 대상으로 2007년 7월 한 달간 실시되었다.

출신에 대해 상반된 인식을 하고 있는 것으로 나타났다(김이선 외, 2007: 161-166).

첫째, 외국인에 대한 사회적 거리감이 클 뿐만 아니라, 특정한 관계로 외국인을 받아들이는 데에는 상당히 폐쇄적이라는 점이다. 외국인을 동료나 친구, 이웃으로 받아들이는 것과 비교해 혈연이나 가족 관계로 받아들이는 데는 매우 소극적인 것으로 나타났다. 이러한 태도는 외국인을 국민으로 받아들이는 데 대한 인식과도 관련되어 있다.

이주민에 대한 각종 권리 부여에 대한 태도에서 노동법적 권리나 가족 동반권, 인권 보호 등의 면에서는 비교적 긍정적인데 비해 시민권의 핵심인 투표권을 인정하는 데는 매우 소극적인 태도를 보이는 것은 이러한 맥락에서 이해할 수 있다. 따라서 현재 한국 사회의 수용성으로 미뤄볼 때 이주민을 친구나 이웃, 동료로 받아들이는 단계를 넘어 '국민'으로 받아들여 그에 적합한 권리를 부여해야 하는 문제가 논의되기 시작하면 전반적으로 소극적인 태도가 가시화될 가능성이 큰 것으로 보인다.

둘째, 이주민에 대한 사회적 거리감이나 수용 태도가 출신 국가별로 차이를 보인다는 점이다. 중국과 동남아를 중심으로 한 개도국 출신자가 이주민의 대부분을 차지하는 현실을 고려할 때, 미국과 일본 등 선진국 지향적인 태도는 이주민과 다문화사회에 대한 수용성 차원에서 긍정적으로 작용하기 어렵다. 특히 젊은 연령층에서 이 같은 선진국 지향적인 태도가 강하게 나타나는 것은 향후 다문화사회의 전개와 관련해서 부정적인 요소로 작용할 가능성이 높다.

개도국 출신자에 대한 대표적인 편견으로는 이들로 인해 제한된 자원을 둘러싼 경쟁이 심화될 것이라는 우려나 생활환경과 안전에 위해 요소로 작용할 것이라는 위협 의식을 들 수 있다. 이주민에 대한 인식은 현재로서는 '도와주는 것이 최선'이라는 생각이 보편적인 것으로 나타나고 있지만, 이러한 인식이 이주자를 일방적 보호와 수혜의 대상으로 보는 선입견으로 강화될 수 있고, 결과적으로 한국 사회에 기여하는 생산적 주체로서보다는 '부담스러운 존재'라는 인식으로 전환될 수 있음을 배제하기 어렵다.

따라서 다양한 문화가 공존하는 생활세계에 대한 이해를 깊게 하고 다원적인 시야와 편견 없는 자세로 보려는 태도의 육성이란 관점에서 제도적 장치의 마련과 소수민족에 대한 시민적 교육이 필요하다고 하겠다. 이와 동시에 이러한 시민적 자질을 육성하는 교육이 이민족 소수집단에게만 필요한 것이 아니라, 주류사회의 시민에게도 필요하다는 인식이 형성되어야 한다. 다문화 환경에서 어떻게 대응할 것인지는 기본적으로 이러한 환경에 대한 우리 국민의 인식, 태도, 가치 등과 밀접히 관련되어 있기 때문이다(강휘원, 2007).

(2) 다문화 교육의 주체로서 NGO의 역할

다문화사회의 궁극적인 지향은 일상을 살아가는 시민들이 생활 속에서 대면하는 다양한 민족적·문화적 배경의 주체들과 소통하면서 생산적 시너지를 구현해 가는 데 있다. 특히 다문화사회가 확대되어 사회 질서의 재구성 문제에 이르게 되면 다문화사회의 향배는 시민적 태도와 역량에 의해 결정된다고 해도 과언이 아니다. 이주민의 증대와 다문화사회로의 변화는 다양성과 차이를 존중하면서 동시에 사회 통합을 이룰 수 있는 성숙한 민주주의를 전제로 하는 만큼, 민주주의의 성숙과 문화적 관용의 확산을 결합하여 한국적 현실에 맞는 시민적 역량을 정착시키기 위한 정책 방향이 정립되어야 한다.

이를 위해서는 첫째, 다문화사회의 주체들인 '다문화 시민'을 양성하는 다각적인 교육 프로그램이 대폭 확대되고 체계적으로 운영될 필요가 있다. 둘째, 다민족·다문화사회는 곧 시민적 관용이 확대된 사회라고 볼 수 있기 때문에 정부 주도의 정책적 노력 못지않게 시민사회의 다양한 주체들이 참여하는 파트너십의 형성이 중요하다(김이선 외, 2007: 183-188; 한경구, 2008: 123-127).

다문화 시민교육은 제도화된 학교교육이 중추적인 역할을 하고 있지만, 시민교육은 학교교육만으로는 효과를 거두기 어려우며 사회교육 내지는 평생교육을 포괄하는 것이어야 한다. 그러나 이러한 시민교육은 정부가 직접 주도하는 것은 다양성과 역동성을 결여한 획일적 프로그램이 될 우려가 있기 때문에 민간 교육기관이나 NGO가 적극 참여하는 것이 바람직하다.

특히 다문화 시민교육은 문화를 매개로 하기 때문에 지식의 습득보다는 체험과 실천, 참여가 중심이 되어야 하는 만큼, 시민 참여 문화활동을 추진하는 NGO를 통해 지역 단위의 문화사업이 활성화될 수 있도록 지원하는 것이 중요하다. 이를 위해서는 중앙 및 지역 단위에서 다문화 시민교육이나 문화활동과 관련된 NGO들이 모여 네트워크를 형성하는 것도 적극적으로 모색되어야 할 것이다.

이와 함께 최근 이주자들을 대상으로 한 한국어 교육이나 문화행사를 다문화 시민교육의 관점에서 교육 방향과 내용을 재검토할 필요가 있다. 다문화 시민교육의 이상은 이주자에 대한 교육도 일방적인 것이 아니라 쌍방향적으로 이루어져 한다. 즉, 이주자들에게 일방적으로 한국어와 한국 문화를 주입할 것이 아니라, 이주자들이 본래 지니고 있는 문화나 역량을 강화하고 자존감을 제고하는 동시에 한국 사회 역시 새로운 문화를 흡수하는 방향으로 교육 목표를 설정하는 것이 바람직하다.

제 2 절 글로벌 시대 NGO와 국제 협력

1 지구 시민사회와 글로벌 거버넌스

1) 지구 시민사회와 NGO

오늘날의 세계는 정보통신 기술의 발달로 경제·정치·문화 등 거의 모든 영역이 하나로 연결된 지구촌 시대를 형성하고 있다. 인터넷과 휴대폰으로 상징되는 정보통신 기술의 급속한 발달로 지구적 차원에서의 상호작용과 교류가 과거 어느 시대보다 활발하게 진행되고 있고, 인터넷을 통한 글로벌 공론장이 형성되어 하나의 문화권을 이루고 있다. 정보화로 촉발된 이 같은 지구화(globalization) 현상은 현대 사회의 구조적·질적 변화를 야기하고 있다.[9)]

국가 간에 자본과 정보의 이동이 용이해지면서 급성장한 초국적 기업들은 개별 국가의 간섭과 규제를 벗어나 활동하면서 국민국가의 지배력에서 벗어나고 있고, 다양한 형식의 국제경제 기구들도 주권국가의 자율성을 제약하면서 국제사회에 큰 영향력을 행사하고 있다. 이와 동시에 동유럽 사회주의 국가의 몰락과 남미 및 아프리카 국가의 민주화 등으로 민주주의가 범지구적으로 확산되면서 냉전 체제 하에서 강대국의 통치의 대상이었던 제3세계 국가들은 국제 정치무대에서 자기 목소리를 높이고 있다.

국제정치·경제 체제의 변동과 함께 환경문제를 비롯해 인권·평화·문화·구호 등과 같은 문제의 부상은 개별 국가가 해결하기 어려운 난제들이어서 지구적 협력의 필요성이 증대하고 있다. 이 같은 이슈를 해결하기 위해 지구화 시대의 NGO들은 시민운동의 국제적 연대를 통해 강대국과 국제 투기자본의 헤게모니에 대항하기 시작하면서 새로운 질서를 창출한다. 이와 함께 국경을 초월하는 제도적·문화적 동형화(isomorphism) 현상이 가시화되고, 인류 보편의 가치관을 공유하게 되면서 지구 시민사회가 형성되고 있다(Meyer et al., 1997).

지구 시민사회는 하나의 균질적인 실체를 가진 것이 아니라, 다양한 힘과 흐름을 하나의 범주로 규정한 것이기 때문에 지구 시민사회를 구성하는 주체 내지 영역도 다양한 형태로 전개되고 있다(김호기, 2007: 59). 지구 시민사회는 NGO뿐만 아니라 종교·사회단체, 노동조합, 개인 등 다양한 행위자들이 상호 갈등하고 협력하는 역동의 장이지만 핵심적인 행위자는 NGO라고 할 수 있다. NGO 중에서도 여러 나라에 지부를 두고 주로 지구적(global), 지역적(regional) 차원의 문제를 해결하는 데 초점을 두고 있는 NGO를 국제 NGO라고 한다.

지구 시민사회의 주역인 국제 NGO는 19세기에도 존재했지만,[10] 국제연

9) 'globalization'은 세계화 또는 지구화로 번역된다. 세계화는 인적·물적 교류의 확대로 전 세계가 국민국가의 경계를 넘어선 단일 체제로의 재편 현상을 강조하고 있다면, 지구화는 지방적(local)·지역적(regional)·국제적(international) 수준에서의 상호의존성 증대와 하나의 구체(球體)라는 지리적·공간적 의미를 지니고 있다. 세계화와 지구화는 강조점과 뉘앙스의 차이가 있지만 이 책에서는 이를 같은 의미로 혼용한다.

10) 국제 NGO의 원조로 캐나다 몬트리올에서 1653년에 설립된 자매회(Les Soeurs de la

맹이 활동하던 1920년대에 모습을 드러내기 시작해 1939년에는 700여 개에 달했다. 제2차 세계대전 이후에도 그 규모가 꾸준히 늘어나기 시작해 1990년대부터 폭발적으로 증가했다. 1993년에는 28,900개에 달했고, 2001년에는 47,000개로 기하급수적으로 늘어났다(Anheier et al., 2001; 2004). 국제 NGO가 지구 시민사회에서 갖는 중요성은 양적인 측면뿐만 아니라 그 역할이 주변적이고 부차적인 위치에서 지구적 이슈에 적극적으로 의사를 표명하고 영향력을 행사하는 주도적인 행위자로 변모했다는 점이다.

1950년대 이전의 초기 국제 NGO는 '자선 NGO'로서의 역할이 두드러졌지만, 제2차 세계대전 이후의 제2세대는 '개발 NGO'로 대표될 수 있다. 그러나 1990년대에 들어와 국제 NGO의 역할은 비판과 옹호 활동(advocacy)에 주력하는 '세력화 NGO'가 지구 시민사회의 흐름을 주도하고 있다(조효제, 2001).

국제 NGO 외에도 자국 내에 기반을 두고 활동하는 NGO들도 국가의 경계를 넘어서는 연대와 네트워크를 구축하여 글로벌 시민운동을 벌이고 있다. 각국의 NGO는 지리적 공간을 초월한 상호 교류와 연대를 통해 지구적 이슈를 제기하고, 주권국가와 국제기구를 압박하며 인류 공통의 가치와 새로운 규범을 창출하고 있다. 글로벌 시민운동은 환경 보호, 긴급구호, 사회개발, 인권 옹호 등 다양한 영역에서 활발하게 전개되고 있지만, 신자유주의에 대한 저항에서 두드러진다.

각국의 NGO들은 1999년 시애틀의 세계무역기구(WTO) 제3차 각료회의 이후 반세계화운동과 반자본주의 운동을 통해 남반구와 북반구 간의 경제적 격차 해소와 불평등 철폐운동을 벌여왔다. 2001년부터 신자유주의를 지향하는 세계경제 포럼에 맞서 브라질 포르투 알레그레를 시작으로 매년 세계 주요 도시에서 세계사회 포럼(World Social Forum)을 개최하고 있고, 2002년부터는 아프리카사회 포럼과 유럽사회 포럼, 2003년부터는 아시아사회 포럼, 북미사회 포럼, 오세아니아사회 포럼 등 지역사회 포럼도 함께 열리고 있다.

Congregation de Notre-Dame)를 꼽기도 하지만, 공식적으로는 1838년에 설립된 영국의 반노예협회(British Anti-Slavery Society)를 최초의 국제 NGO로 본다. 반노예협회는 1783년에 설립된 '노예무역폐지위원회'가 대중조직으로 발전한 것이다(조효제, 2000).

이 밖에 2001년 제노바 G-8 정상회의에 대항하여 열린 제노바 사회 포럼과 2001년 더반에서 열린 인종차별철폐회의 및 NGO포럼, 2001년 본에서 열린 교토협약모임 등도 정부와 국제기구들의 회의와 연계하여 지구적 이슈에 적극적으로 지구 시민사회의 의견을 반영하고 있다(Glasius & Kaldor, 2001: 36-41).[11)]

그러나 NGO가 지구 시민사회의 대표적 행위자로서의 활동에는 다음과 같은 한계를 드러낸다(박상필, 2005: 602-603).

첫째, 서구 중심성에서 벗어나야 한다는 점이다. 글로벌 시민운동이라고 하지만 서구 선진국 중심의 NGO가 중요한 의제를 결정하고 실행하기 때문에 NGO 내부에서도 갈등이 발생하고 있다. 국제 NGO 가운데 본부(사무국)가 유럽연합 내에 있는 경우가 60%에 달하고, 국제 NGO 회원의 1/3이 서유럽에 집중되어 있다(Anheier et al., 2001)는 사실은 지구 시민사회가 실질적으로 지구적이 되기 위해 극복해야 할 현실이다.

둘째, NGO는 공적 권위를 갖지 않고 대표성이 약하기 때문에 국제사회에서 주권국가나 국제기구에 영향력을 행사하는 데 한계가 있다. 각국 정부는 국가의 자율성과 주권을 제약하는 NGO의 간섭에 반대하는 경향이 강하므로 구체적인 집행 과정에서 역할이 제한적일 수밖에 없다는 사실이다.

셋째, 취약한 재정 여건으로 인해 활동의 독립성을 확보하지 못하고 있다는 점이다. 특히 제3세계의 NGO는 재원을 주로 선진국 정부나 서구 사회의 NGO, 각종 국제기구에 의존하고 있기 때문에 선진국의 정치·경제적 이념과 철학이 투영될 소지가 많다. 제3세계의 NGO 중에는 이러한 지원금을 관리하면서 유사 권력기관으로 전락하거나 부패에 연루되는 경우도 적지 않아 안정적인 재원 확보 방안이 강구되어야 한다.

---

11) 국제 NGO는 지구 시민사회의 대표적 행위자로 지구적 이슈를 제기하는 비판적 기능을 수행할 뿐만 아니라 경제적 차원에서도 중요한 위치를 차지한다. 국제 NGO는 비영리단체이지만 각국 정부와 국제기구에서 제공하는 개발기금과 재단·기업들로부터 지원받은 기부 금액은 90억 달러에 달하며, 국제 NGO에 고용된 상근 인력은 10만 명이며, 자원활동가까지 포함하면 120만 명의 고용 효과가 있다(Anheir et al., 2001: 16). 이 같은 경제적 비중은 국제 NGO가 생산적인 사회활동 부문으로 자리잡고 있음을 보여준다(김호기, 2007: 61).

2) 글로벌 거버넌스와 NGO

20세기 후반부터 세계화가 진행되면서 국민국가는 이제까지의 주도적인 위치에서 다원적 권력 중의 하나로 약화되고, 국가 간 역학 구도를 토대로 형성된 국제정치 체제도 더 이상 지구적 이슈를 해결하는 데 한계에 봉착하게 되었다. 환경문제와 핵전쟁, 국제 금융시장의 불안정성, 빈발하는 테러와 인권문제, 그리고 지구의 남반구와 북반구 간의 갈등과 같은 이슈는 그 범위가 초국가적일 뿐만 아니라 기존의 정치 체제로는 이러한 지구적 이슈를 적절히 다루지 못하며, 오히려 갈등의 소지만 증폭시키게 되었다.

이 같은 상황에서 초국적기업과 국제 NGO 등 다양한 세력의 영향력이 증대하고 있지만, 지구적 권위가 부재하다는 조건 속에서 선택 가능한 대안은 특정 이슈와 관련된 행위자들이 공동으로 문제 해결에 참여하여 규범적 토대를 마련하고 합의를 도출하는 새로운 지구적 통치 체제로의 이행을 요구하는 것이다(Habermas, 2001; 545-547; 김호기, 2007: 66-67). 글로벌 거버넌스(global governance)는 바로 주권국가 중심의 문제 해결 방식의 한계를 극복하고 다양한 행위자가 참여하여 공동으로 문제를 해결해야 하는 상황에서 등장했다. 즉, 글로벌 거버넌스는 주권적 권위가 부재하는 지구적 차원에서 정부 및 비정부 행위자가 상호 협력을 통해 문제를 풀어가는 방식을 의미한다(Rosenau, 2002: 224-226).

글로벌 거버넌스는 1995년 유엔 산하에 글로벌 거버넌스 위원회(Commission on Global Governance)가 설치됨에 따라 세계적인 주목을 받게 되었다. 글로벌 거버넌스 위원회는 글로벌 거버넌스를 "정부, NGO, 초국적기업, 지구 자본시장, 글로벌 매스미디어, 개인 등이 함께 공공 목적을 달성하기 위해 권력을 행사하고 협력행동을 하는 방법의 집합"이라고 규정하고 있다(Commission on Global Governance, 1995).[12]

학자들의 견해도 대체로 이와 유사한 시각에서 접근한다. 나이트(Knight,

---

12) 글로벌 거버넌스 위원회는 글로벌 거버넌스의 원칙으로 삶(life), 자유(liberty), 형평(equity), 상호 존중(mutual respect), 보살핌(caring), 통합(integrity), 그리고 글로벌 시민윤리(global civic ethics) 등 일곱 가지 가치를 제시했다.

1999)는 글로벌 거버넌스를 “지구적 · 지역적 · 지방적 차원에서 개별 국가가 해결할 수 없는 사회 · 정치 · 경제 · 군사안보 등 여러 분야의 초국가적 딜레마를 해결하기 위한 합의 · 조율 노력”이라고 정의한다. 고덴커와 와이스(Gordenker & Weiss, 1996)도 “개별 국가가 독자적으로 해결할 수 없는 사회적 · 정치적 이슈를 효과적으로 처리하기 위한 노력”이라고 설명하고 있고, 영(Young, 1994)은 “독립적 행위자로 구성된 국제사회에서 갈등을 해결하고 상호 협조를 목적으로 하는 게임의 규칙을 정할 수 있는 사회적 제도를 수립하고 운영하는 것”이라고 규정했다.

이들의 견해를 종합하면, 글로벌 거버넌스는 거버넌스가 지구적 차원으로 확대된 것으로 글로벌 이슈를 해결하기 위한 정부 및 다양한 행위자 사이의 공동 노력을 의미한다. 다시 말해, 글로벌 거버넌스는 국제사회에서 주권국가와 국제기구 외에 NGO, 초국적기업, 국제자본, 매스미디어, 비중 있는 개인 등 다양한 행위자가 참여하여 지구 문제를 공동으로 해결하는 조정 · 협력 시스템이라고 할 수 있다(박상필, 2005: 591). 따라서 글로벌 거버넌스는 지구화 현상이 불러온 다양한 문제의 해결을 위한 지구적 대응이며, 지구화 현상 그 자체이기도 하고 지구화에 따른 결과적 소산이라고도 할 수 있다.

오늘날 NGO는 글로벌 거버넌스의 중요한 행위자로서 개별 국가, 유엔, 기업 등과 협력하여 지구적 이슈를 해결하는 데 탁월한 역할을 수행하고 있다(주성수, 2000: 51-53; 박상필, 2005: 593-594).

첫째, 국제사회의 주요 이슈에 대한 여론을 조성하고 이를 공론화하는 의제 설정(agenda setting) 역할을 한다. NGO들은 각국 정부나 국제기구 등이 지구 시민사회가 요구하는 이슈에 관심을 갖고, 이를 의제화하도록 압력을 행사한다. 이를 위해 NGO는 각종 국제기구의 회의에 참석하여 정보와 지식을 제공하는 역할을 맡고 있다.

둘째, 국제적인 협력 창출의 역할로서 새로운 국제조약이나 협약이 채택될 수 있도록 활동한다. 예컨대, 대인지뢰금지협약의 경우 전 세계 350여 개의 NGO가 연대한 국제대인지뢰금지운동(ICBL)이 유엔과 함께 각국 정부를 압박하고 공론화하여 성과를 거둔 대표적인 사례이다. 고문방지협약의 채택에도 NGO의 주장과 설득으로 새로운 국제규범이 창출된 경우이다.

셋째, 정당성 부여의 역할로서, NGO는 공론화와 대중적 지지를 동원하여 정부나 국제기구의 결정 및 활동에 정당성을 부여함으로써 실효성을 증대시킨다. 이러한 역할 때문에 각국 정부와 국제기구들이 NGO와 정기적으로 협의하고 있다.

넷째, 강대국이나 초국적기업 · 국제 투기자본을 견제하고 사회적 약자나 소수자의 의견을 반영하는 감시 역할도 NGO의 주요한 임무 가운데 하나이다.

다섯째, 정부나 국제기구와의 협력을 통해 지구적 문제를 해결하는 데

중요 이슈 **[world hot issue] '집속탄' 국제 합의 첫 도출–美 · 中 빠진 '집속탄 금지' 불발탄?**

국제사회가 그동안 대량 살상의 주범으로 지목해 온 집속탄 사용을 금지하는 합의를 처음 도출했다. 지난 19일부터 아일랜드 더블린에서 열리고 있는 집속탄 금지회의에 참석한 111개국은 28일 관련 협정 문구에 합의했다. 집속탄 금지 협약을 체결하기 위한 '오슬로 회의'가 개최된 지 3년 만에 이뤄낸 성과다. 이번 합의에 따라 집속탄을 국제협약으로 규제할 수 있는 발판이 마련됐으나, 주요 생산 및 보유국인 미국, 중국, 인도 등이 반대하며 이번 회의에 불참해 실효성 논란이 일고 있다.

▽ 미국은 반대, 국제사회 압박 = 이번 회의에는 미국, 중국, 러시아, 인도, 이스라엘, 파키스탄 등 대량으로 집속탄을 소유하고 있는 국가들이 불참했다. 미국 국방부는 합의문과 관련, 28일 성명을 통해 "인도주의적 관점에서 집속탄 사용에 대한 우려에 공감하지만, 집속탄은 군사활동에서 효능이 크고, 보유 금지 및 폐기는 미국과 동맹군의 생명을 위협할 수 있다"고 반대 입장을 재확인했다. 집속탄연합(CMC) 등 비정부(NGO) 기구들은 미국을 압박해 동참할 것을 요구하고 있다. BBC는 미국, 이스라엘, 중국 등이 1997년 대인지뢰협약에 가입하지 않았으나, 그 이후 대인지뢰를 사용을 자발적으로 금지 및 자제하고 있다며 국제사회는 주요 반대국들이 집속탄 금지의 국제적인 추세에 동참할 것으로 기대하고 있다고 전했다.

(자료: 문화일보, 2008년 5월 29일에서 발췌)

【토론 주제】

1. 정부의 정책결정에 NGO의 참여 형태는 매우 다양하다. 이상의 기사에서 보듯이 NGO가 국제적 연대를 구성하여 각국의 정책결정에 영향을 미치는 사례에 대해 토론하시오.
2. 각국의 NGO가 연대할 경우, 어떤 행동 유형을 통해 영향력을 극대화하는지에 대해 조사해 보시오.

주도적인 역할을 수행한다. 지금도 수많은 NGO가 세계 도처에서 난민구호, 개발 원조, 환경 보호, 인권 감시 등 다양한 활동을 벌이고 있다.

NGO는 이처럼 지구적 이슈와 관련하여 권력 감시와 규범 형성, 의제 설정에서부터 실행까지, 그리고 정책분석과 서비스 제공 등 글로벌 거버넌스의 주체로서 광범위한 역할을 수행하고 있다.

2 NGO와 국제 협력

1) 유엔과 NGO의 관계

유엔(UN)은 주권국가의 독립성 유지와 국제분쟁의 평화적 해결을 위해 1945년 51개국으로 설립된 이래 2009년 현재 192개국이 회원국으로 가입한 가장 포괄적인 국제기구이다. 유엔은 국제분쟁의 평화적 해결을 위해 주권 평등, 내정 불간섭, 국제분쟁을 일으킨 국가에 대한 강제 조치, 회비 납부의 의무 등을 원칙으로 내세우고 있지만 여러 가지 모순과 한계를 안고 있다. 유엔의 핵심적인 권한을 보유하고 있는 안전보장이사회 상임이사국의 거부권 행사, 강제력을 이해할 자체 군사력의 부재, 분담금의 편향과 미납으로 인한 재정 위기, 그리고 미국과 유엔의 갈등 등으로 설립 취지와 달리 제 기능을 수행하지 못하고 있다.

유엔은 안전보장이사회, 총회, 경제사회이사회, 신탁통치이사회, 국제사법재판소, 사무국 등과 같은 조직을 갖추고 있다. 그리고 산하에 유엔개발계획(UNDP), 유엔아동기금(UNICEF), 국제노동기구(ILO), 세계보건기구(WHO), 식량농업기구(FAO), 유엔교육과학문화기구(UNESCO) 등과 같은 전문기구를 두고 있다.

오늘날 유엔의 정책 과정은 국가 간의 토론과 타협만이 아니라 국가와 NGO, NGO와 NGO 간의 협상이 활발하게 일어나고 있다. 특히 글로벌 거버넌스가 활성화되고 있는 상황에서 NGO의 영향력 강화는 국제사회에서 새로운 운영 원리의 발생과 적용을 함축하고 있다(박상필, 2005: 608-609).

유엔은 설립 초기에는 NGO와 적극적인 교류나 협력 관계를 맺지 않았으나, 1960년대 이후 신생국가의 독립과 다양한 국제문제가 발생하면서 NGO와의 유대를 강화하기 시작했다. 1972년 스웨덴의 스톡홀름에서 열린 유엔인간환경회의(UNCHE) 이후 유엔이 개최하는 각종 정부간 회의(intergovernmental conference)에는 대규모의 NGO 병행회의(parallel conference)가 열리고 있다.

또한 1992년 브라질의 리우데자네이루에서 개최된 유엔환경개발회의(UNCED) 이후부터 NGO는 각종 정부간 회의에서 정부 대표와 함께 회의를 준비하고 결정 사항의 집행 과정에 참여하는 등 중요한 역할을 수행하고 있다(박재영, 2003: 228-229). 오늘날 NGO는 정치 · 군사 · 경제적인 문제뿐만 아니라, 환경 · 인권 · 여성 · 문화 · 빈곤 · 구호 · 개발 등의 영역에서 국제 규범을 설정하고, 현장을 감시하며, 직접 서비스를 제공하는 중요한 역할을 수행한다.

NGO는 유엔 조직 중에서도 경제사회이사회(ECOSOC)와의 관계가 가장 활발하다. NGO는 유엔헌장(71조)에 의거하여 경제사회이사회와 협의하기 위해 일정한 약정을 체결할 수 있도록 되어 있고, 경제사회이사회는 산하에 NGO위원회를 설치하여 NGO와 관련된 사안을 처리하고 있다. NGO는 경제사회이사회로부터 협의적 지위를 부여받아 각종 회의에 참여하고 있으며,[13] 사무국 내의 공보국과 공식적인 관계를 맺고 규칙적으로 정보를

13) NGO는 경제사회이사회에 세 가지 종류의 협의적 지위를 갖고 있다. 첫째, 포괄적 협의 지위(General Consultative Status)를 가진 NGO는 경제사회이사회와 산하기관에 의제를 제안할 수 있고, 회의에 출석하여 발언하거나 문서로 의견을 제출할 수 있다. 한국에서는 굿네이버스(Good Neighbours)와 세계평화여성연합 등 2개 단체가 이 지위를 가지고 있다. 둘째, 특별 협의 지위(Special Consultative Status)를 가진 NGO는 의제 제안권은 없으나 회의 출석 및 발언권과 의견서 제출권을 갖는다. 한국에서는 경실련, 환경운동연합, 참여연대, 한국여성단체협의회, 민변, 한국자유총연맹 등 13개 단체가 가입되어 있다. 셋째, 명부상의 협의 지위(Roster Consultative Status)는 경제사회이사회나 산하기관이 요청할 경우 발언하거나 의견서를 제출할 수 있다. 한국에서는 새마을운동중앙협의회와 소시모(소비자문제를 연구하는 시민의 모임) 등 2개 단체가 가입되어 있다(박재영, 2003: 196-198). 2008년 현재 경제사회이사회에 등록되어 있는 한국 NGO는 총 23개이다.

얻고 있다.

이 밖에 유엔의 각종 전문기구와도 다양한 형태의 교류와 협력을 하고 있다. NGO는 전문기구로부터 공식적인 협의 지위를 부여받거나 자문위원회, 워크숍(workshop) 등에 참여하고 있으며, 유네스코(UNESCO)와는 창설 초기부터 긴밀한 협력 관계를 유지하고 있다.

2) 국제 NGO의 활동

인류가 공동으로 직면하고 있는 지구적 문제를 해결하기 위해 활동하는 국제 NGO의 활동은 관련 분야와 조직 특성에서 폭넓은 스펙트럼을 형성하고 있다. 특히 기후 변화와 오존층 파괴로 인한 환경 이슈, 제3세계의 외채 탕감과 빈곤 문제, 인권 보호, 구호대책 등은 개별 국가나 지역 차원에서 해결되기 어려운 난제들이어서 국제 NGO의 활동이 두드러진다. 국제 NGO들은 대개 선진국에 본부를 두고 전 세계에 지부를 운영하고 있는데 각 지부는 자율성을 갖고 국가별로 독자적으로 활동하기도 한다. 지부의 설립 조건이 매우 까다로운 국제 NGO도 있고, 느슨하게 이름만 빌려 주고 자율적으로 사업할 수 있도록 허용하는 조직도 있다 (차명제, 2000: 30).[14)]

우리나라에는 국제사면위원회(Amnesty International), YMCA, YWCA, 자연의 친구들(Friends of Nature)과 같은 국제 NGO들이 지부를 운영하고 있으나 국내 NGO에 비해 활동은 미약한 편이다. 여기서는 인권, 환경, 구호 및 개발, 반세계화 분야에서 활동하는 주요 국제 NGO에 대해 간략히 살펴보고자 한다.[15)]

(1) 인권 NGO

인권은 천부적인 인간 고유의 권리로서 타인에 의해 침해받거나 제한받을 수 없지만 개인의 존엄성이 지켜지지 않는 경우가 허다하다. 인류의 대

---

14) 그린피스(Greenpeace)는 전 세계적으로 지부를 설립하고 특정 이슈에 대해 전 세계적으로 매우 통일되고 결집된 모습으로 활동하고 있으며, 세계자연보호기금(WWF)과 같은 국제 NGO는 비교적 느슨한 네트워크를 통해 각 지부조직이 고유의 활동을 하고 본부의 통제와 간섭을 최소화하는 유형이다.

15) 국제 NGO의 활동 개요에 대해서는 차명제(2000: 30-44), 박상필(2005: 775-784) 참조.

부분은 성과 신분, 재산과 계급, 문화와 종교, 사상과 이념, 국적과 인종에 의해 직·간접적으로 신성불가침의 권리를 제한당하거나 박탈당하고 있다. 따라서 인권 수호활동은 무수한 단체와 기관에 의해 지속적으로 이어져 왔고, 국제 NGO 중에서는 국제사면위원회(Amnesty International), 인권감시(HWR), 아시아인권위원회(Asian Human Right Commission) 등이 활동하고 있다.

국제사면위원회는 세계 최대의 인권 NGO로 특정 정부나 정치단체, 이데올로기, 경제적 이해, 또는 특정 종교로부터 독립성과 공평성을 유지하는 것을 모토로 한다. 1961년 영국의 변호사 베네슨(Peter Beneson)에 의해 설립된 이래로 인권 보호를 위한 양심수 석방, 고문 철폐, 사형제 폐지 운동을 벌여 왔다. 1977년에는 2만여 명의 정치범 석방과 인권 개선에 대한 공로로 노벨 평화상을 수상했다.

인권감시(HWR)는 1978년 번스턴(Bob Bernstern)과 니이어(Aryeh Neier)가 주축이 되어 설립된 인권감시단체로 제3세계뿐만 아니라 미국, 유럽 등 선진국의 정부나 기업을 대상으로 한 인권감시 활동도 벌이고 있다. 르완다, 사라예보 등에 내전이 발생했을 때 긴급사무소를 개설해 활동했다.

(2) 환경 NGO

전 세계적으로 활동하고 있는 환경 분야의 대표적인 국제 NGO로는 그린피스(Greenpeace), 지구의 벗(Friends of the Earth), 자연의 친구들(Friends of Nature), 세계자연보호기금(WWF), 국제습지보호(WI), 월드워치연구소(Worldwatch Institute) 등이 있다.

그린피스는 1971년 캐나다 밴쿠버 시의 기자였던 헌터(Bob Hunter)를 비롯한 12명이 작은 배를 타고 알래스카에서 실시되는 미국의 핵실험에 반대하기 위해 실험장에 접근하다 체포된 것을 계기로 탄생했다. 그린피스는 생물다양성을 지키고, 토양·대기·해양에서 모든 종류의 오염을 방지하며, 지구상에서 모든 핵 위협을 종식시키는 것을 목적으로 한다. 초창기에는 주로 핵폐기물 처리와 핵실험 반대에 집중했고, 대중의 이목을 끄는 파격적이고 전위적 시위를 통해 지구적 환경 이슈를 부각시켰다. 그린피스의 꾸준한 활동으로 1996년에 유엔에서 포괄핵실험금지조약(CTBT)이 통과되었다.

세계자연보호기금(WWF)은 영국의 헉슬리(Julian S. Huxley)가 「옵서버」지에 실은 동부아프리카 지역의 동물 남획과 서식지 파괴를 고발하는 칼럼을 계기로 1961년에 설립되었다. 초기에는 주로 멸종 위기에 처한 야생동물 보호에 초점을 두었으나 1981년 이후 생태계 보존과 자연 보호로 활동 영역을 확대했다.

국제습지보호(WI)는 전 세계의 습지와 생물다양성을 보호하고 복원하는 정보 제공·연구·현장 활동 프로그램을 진행하는 국제 NGO로 1971년에 결성된 람사르협약(Ramsar Convention)에 따라 습지의 수자원 보호, 현명한 이용 및 생물다양성 보호에 주력하고 있다.

월드워치연구소는 록펠러재단의 후원하에 1974년 브라운(Lester Brown)을 중심으로 설립된 환경연구단체로 대표적인 간행물인 「지구환경보고서(*State of the World*)」는 세계 30개국에서 번역·출판되었다.

(3) 구호 및 개발 NGO

국제 NGO의 활동 중에서도 구호 및 개발 분야는 오랜 역사를 지니고 있다. 구호 및 개발NGO는 주로 제3세계에 자금이나 기술, 교육 분야에 원조를 제공한다. 선진국의 개발도상국에 대한 공적개발원조(ODA)는 대개 해당 국가에 대한 직접적인 지원보다는 선진국의 개발NGO가 해당 국가의 NGO에 간접적으로 지원하는 형태로 제공된다.

이러한 지원 방식은 현지의 NGO가 해당 지역의 특성을 가장 잘 알고 있을 뿐만 아니라 정부 대 정부의 관계는 수혜국의 독재정권을 돕고, 시급히 요구되는 공적 자금이 독재정권의 치부의 수단으로 악용되는 경우가 적지 않기 때문이다(차명제, 2000: 41).

대표적인 구호 NGO로는 국제적십자사(ICRC), 옥스팜(Oxfam), 국경 없는 의사회(MSF), 아동구호기금(SCF), 월드비전(World Vison) 등을 들 수 있다. 우리나라에서 설립하여 서울에 본부를 두고 있는 구호 NGO로는 굿네이버스(Good Neighbours)와 지구촌나눔운동이 있다.

국제적십자사(ICRC)는 오늘날 가장 오래되고 광범위한 활동을 하는 국제 NGO 중의 하나로 1864년 국적에 관계없이 중립적인 위치에서 전쟁으로 인한 병자와 전상자를 돕기 위해 스위스의 뒤낭(Henri Dunant)에 의해 창립되었다. 초창기에는 전상자의 치료를 전담했으나 오늘날에는 전쟁, 무력 충돌, 내란뿐만 아니라 자연재해, 전염병, 빈곤 등으로 인한 구호활동과 봉사활동을 벌이고 있다. 국제적십자사는 유엔의 공식기구가 아니지만 유엔헌장에 따른 국제법상의 특별 지위와 권한을 누리고 유엔의 특별재정 지원도 받고 있다.

옥스팜(Oxfam)은 제2차 세계대전 당시 나치정권 하에서 동맹국의 봉쇄로 기아에 허덕이는 그리스 거주인을 돕기 위해 1942년 영국의 옥스퍼드에서 '옥스퍼드 기근구호위원회'라는 이름으로 설립되어 유럽 지역의 기근 구호를 위한 활동을 했다. 1953년 한국전쟁 당시에는 구호물자를 보내왔고, 1995년 코소보에서 전쟁이 발발하자 알바니아와 마케도니아 지역의 난민 수십만 명을 구호하기도 했다.

국경 없는 의사회(MSF)는 1968년 나이지리아 내전으로 100만 명이 기아로 숨지는 충격적인 모습을 본 프랑스 적십자사 소속의 의사들에 의해 국제 의료봉사 활동을 하는 조직으로 결성되었다. 그 후 방글라데시의 홍수 구호활동에 참여했던 의사들을 중심으로 1971년에 정식 NGO로 결성되었고 매년 80여 개국에 2천여 명의 의사를 자원봉사자로 파견하고 있다. 1988년 이란·이라크전쟁 때 이라크의 화학무기 사용을 국제사회에 폭로했고, 1991년 걸프전쟁 때는 60여 대의 전세기를 동원하여 7만여 명의 난민을 구출하기도 했다. 1995년 북한에 홍수가 발생했을 때는 NGO로서는 유일하게 의료진을 파견했으며, 100만 달러의 의약품과 장비를 기부하고 각종 구호활동을 벌였다. 이러한 공로로 1999년 노벨평화상을 수상했고, 이에 앞서 1996년에는 서울평화상을 수상했다.

(4) 반세계화 및 외채탕감운동

국제 NGO 가운데서도 초국적기업이나 국제 경제기구의 금융자본을 규제하고 세계화를 비판하는 NGO로는 국제세계화 포럼, 경제정의(Economic

Justice Now: EJN), 제3세계 네트워크, 시민 지원을 위한 금융거래과세연합(ATTAC), 주빌리 2000(Jubilee 2000) 등이 있다.

국제세계화 포럼(International Forum on Globalization)은 1994년 북미자유무역협정(NAFTA)과 우루과이 라운드(UR) 협정을 계기로 세계화의 문제점을 폭로하고 지역경제 및 공동체의 부흥과 생태계의 안전을 보장하기 위한 목적으로 미국 샌프란시스코에서 결성되었다. 세계의 NGO 활동가, 경제학자, 작가 등 전문가로 구성된 국제세계화 포럼은 세계화의 문제점을 알리고 이를 극복하기 위한 다양한 조사 · 연구 · 세미나 · 정책제안 등의 활동을 벌이고 있다.

경제 정의는 1994년 '50년이면 충분하다'(50 Years Is Enough)라는 기치로 세계은행에 반대하는 캠페인에 참여했던 사람들이 주축이 되어 기업 활동을 감시하고 세계화의 대응책을 모색하기 위해 미국 샌프란시스코에서 결성되었다. 신자유주의 정책과 구조조정으로 인한 불평등에 대해 사회 여론을 형성하고 대안을 제시할 뿐만 아니라, 세계은행의 외채 탕감과 채권 반대운동을 전개하고, 신자유주의 무역정책에 대한 대안으로서 공정무역(Fare Trade)을 제창하고 있다.

'주빌리 2000'은 1996년 영국에서 시작된 외채 탕감 캠페인의 명칭이자 국제 NGO들의 연합체 이름이다.[16] 주빌리 2000은 2천 400만 명의 외채 탕감 서명운동을 벌였고, 1998년 G-8 정상회의가 열린 버밍엄에서 7만 명이 참가하는 평화 시위를 전개한 결과, 1999년 독일 쾰른에서 열린 G-8 회의에서 총 1천억 달러에 이르는 제3세계의 외채를 탕감해 주는 결정을 이끌어내었다. 주빌리 2000 캠페인이 성공할 수 있었던 것은 제3세계 외채문제라는 단일 이슈를 중심으로 지구적 차원에서 사회운동을 벌여 이를 정치적

---

16) 주빌리(Jubilee)는 50년마다 돌아오는 희년(稀年)이라는 뜻으로 부채 때문에 노예가 된 사람들을 자유롭게 하고 부채 때문에 잃어버린 토지를 돌려 준다는 구약성서 레위기에서 유래된다. '주빌리 2000'에 앞서 1987년에 '부채위기 네트워크(Debt Crisis Network)'가 만들어졌고, 1990년에는 아프리카 교회 지도자들에 의한 아프리카 부채에 대한 희년 요청이 있었다. 1996년 2월에 부채 위기 네트워크가 아프리카 지도자들을 영국으로 초청한 것을 계기로 주빌리 2000 사무소가 설립되었다(이종무 외, 2008: 79-80).

의제로 부각시켰고, 여기에 개도국 정부도 자신감을 갖고 동조했기 때문이다.[17)]

옥스팜은 대표적인 개발 NGO이지만 불공정한 무역제도를 변화시키기 위한 캠페인도 벌이고 있다.

이 밖에 지구촌의 평화를 위해 국제대인지뢰금지운동(ICBL)은 1991년부터 대인지뢰 추방을 목표로 활동하고 있고, 국제투명성기구(TI)는 정부와 기업의 투명성을 높이고 부패를 방지하기 위해 1993년부터 개별 국가의 부패지수를 조사하여 발표하고 있다. 또 소비자 분야에서는 국제소비자연맹(Consumers International)이 1960년부터 지역 및 국가 간의 연대를 통해 소비자의 권익 보호에 앞장서고 있다.

3) 한국 NGO의 국제 교류와 협력

(1) 국내 NGO의 국제 교류 실태

우리나라 NGO의 국제 교류 및 협력은 NGO의 활동 영역과 조직 규모, 제도화 수준 등에 따라 편차가 심하게 나타나고 있다. 특히 국민국가의 경계를 초월하여 여러 나라에 지부를 두고 지구적 이슈를 중심으로 활동하는 국제 NGO와 지역사회에 기반을 두고 활동하면서 필요한 사안에 따라 외국의 NGO와 교류하거나 협력 관계를 구축하는 국내 NGO는 교류 및 협력의 빈도나 강도가 다를 수밖에 없다.

국내 NGO는 국제 교류활동이 기관 존립의 일차적 동기라고 볼 수 없으며, 국내 활동에 우선적인 목표를 두는 것이 보통이다. 국제 NGO로는 YMCA, 굿네이버스, 지구촌나눔운동, 세계평화여성연합 등이 국제 교류활동을 활발하게 전개하고 있으나 자료 수집의 제한 등으로 여기서는 국내 NGO의 국제 교류 및 협력활동과 개선 과제를 중심으로 살펴보기로 한

17) G-8 정상회의에서 논의된 부채 탕감 방안은 과중채무빈국(Heavily Indebted Poor Countries) 41개국 중에서 선택적으로 탕감하고, 탕감의 전제 조건으로 엄격한 구조조정을 내걸었다. 이에 대해 주빌리 2000 내의 북반구 국가의 운동 진영에서는 대체적인 성과로 받아들인 반면, 남반구 국가운동 진영에서는 구조조정을 조건으로 내건 것에 대해 반대했다. 이를 계기로 '주빌리 2000'과 '주빌리 South'로 분리되었다(이종무 외, 2008: 81).

다.[18)]

우리나라 국내 NGO의 국제 교류 및 협력의 특징 가운데 하나는 교류의 지리적 범주가 아시아 지역에 편중되어 있다는 점이다. 한국시민사회단체연대회의에 소속된 416개 단체 가운데 설문조사에 응한 130개 NGO를 대상으로 국제 교류 실태를 분석한 박재창(2006: 259-263)의 연구 결과에 따르면, 조사 대상 NGO 가운데 과반수 이상이 국제 교류를 실시한 것으로 나타났다. 이 중에서 88.7%가 아시아 지역을 대상으로 교류활동을 벌인 것으로 나타났다.

이 같은 현상은 아시아 지역 자체가 NGO의 범지구적 국제 교류 활동에서 격리되어 있다는 사실에 비추어볼 때 한국 NGO의 국제 교류가 범지구적 차원의 초국적 네트워크 구축에 기여하는 바가 크지 않다는 점을 말해준다. 따라서 우리나라 NGO는 국제 협력을 통해 지구 시민사회의 형성에 공헌하는 정도가 미미한 것으로 설명되고 있다.

한국 NGO에 의한 국제 교류의 두 번째 특징은 교류단체가 두 그룹으로 양분되어 있다는 점이다. 다시 말해, 국제 교류의 빈도・양식・방법・대상・연조 등이 낮은 수준에 머물러 있는 '초급형 단체'와 국제 교류가 상대적으로 활성화되어 있는 '고급형 단체'로 나뉘어 있다.[19)] 이 가운데 '초급형 교류'가 전체의 70% 내외로 대종을 이루고 있는 반면 '고급형 교류'는 15%에 그치는 것으로 나타났다.

---

18) 박재창(2006)은 국제 NGO와 국내 NGO를 각각 INGO(International NGO)와 TNGO (Transnational NGO)로 구분하여 한국 NGO의 국제 교류 실태를 실증적으로 분석했다. 국내 NGO의 경우 한국시민사회단체연대회의에 소속된 416개 단체 가운데 설문조사에 응한 130개 NGO를 대상으로 자료를 분석했기 때문에 일반적인 현상으로 설명할 수 있지만, 국제 NGO는 한국 YMCA 연맹이라는 하나의 단체만을 대상으로 사례분석을 했다는 점에서 일반화의 한계가 있다. 이 책에서는 국내 NGO의 교류 실태를 분석한 박재창(2006)의 연구 결과를 소개하는 데 그치기로 한다.

19) 박재창(2006: 261-262)의 분석 결과를 정리하면, 국내 NGO의 국제 교류는 1년에 10회 미만, E-mail 접속 시 6분 미만, 전화 10분 미만, 인적 교류 6일 미만, 대외 교류 연조 10년 내외인 '초급형 단체'와 1년에 40회 이상, E-mail 접속 시 12분 이상, 전화 12분 이상, 인적 교류 12일 이상, 대외 교류 경력 20년 이상인 '고급형 단체'로 양분된 것으로 나타났다.

교류의 목적도 NGO 자체의 '기관 능력 제고형'이 30% 정도이고 '정책 주창형'은 50% 내외로 조사되었다. 이는 NGO의 국제 교류가 지구적 이슈에 대응하는 대안적 성격 외에도 단체 자체의 제도화 내지는 성장을 위한 교류도 내포되어 있음을 시사한다.

교류 영역은 범지구 차원과 아시아 지역 차원의 경우 사회 서비스와 교육 분야가 대종을 이루고 있고, 문화 여가 분야와 정책 주창 분야 순으로 나타났다. 교류 재원의 경우 교류의 차원에 상관없이 자체 예산에 의존하는 경우가 40% 내외를 구성하고 있으며 공공 부문 지원금이 30%를 차지했다. 이 같은 비율은 국제 교류를 제도화하기 위한 별도의 재원 확보가 미미한 수준임을 말해 준다.

한국 NGO의 국제 교류 실태를 종합적으로 보면, 교류의 지리적 범위가 범지구적 차원에서 아시아 지역 차원으로 그리고 아시아 지역 차원에서 남북한 관계 차원으로 축소될수록 '고급형 교류'의 구성 비율이 늘어나는 반면, '초급형 교류'의 구성비는 상대적으로 줄어드는 경향이 있다. 이는 교류 빈도, 교류 강도, 교류 양식, 교류 형태 등에서 남북 교류에 나서는 단체일수록 좀 더 제도화되고 활성화되어 있다는 의미이다. 따라서 한국 NGO에 의한 국제 교류는 기본적으로 근린성 우선주의에 따라 진행되고 있으며, 단체의 기관 능력이 강화되어 있을수록 근린 협력에 치중하는 것으로 나타났다.

(2) 국제 교류 및 협력의 과제

한국 NGO의 국제 교류 및 협력을 활성화하기 위해서는 인적 자원의 확대, 재정자원의 확충, 조직자원의 쇄신, 정보관리 체제의 강화, 가치자원의 개선 등과 같은 정책과제가 제시된다(박재창, 2006: 283-298).

첫째, NGO의 국제 교류에서 가장 시급한 과제는 인적 자원을 강화하여 기관 능력(institutional capacity)을 제고해야 한다는 점이다. 특히 상근 간사의 확충과 능력 제고가 수반되어야 한다. 국제 교류를 실시하는 NGO의 50% 정도가 정책 관련 교류에 나서고 있다는 사실에 비춰볼 때, 상근 간사의 전문성과 기술성이 중요하다. 또한 국제 교류 전담 상근 간사의 수가 국제 교류에 나서고 있는 단체당 평균 0.75명에 불과하다. 전담 간사의 부족 현상은 교류의 빈도와 수요가 작은 탓도 있지만 재원 문제 등으로 적임자를 확보하기 어렵기 때문이다.

둘째, 국제 교류에 필요한 재정자원을 확충해야 한다. 박재창(2006)의 조사 결과에 따르면, 한국 NGO의 대외 교류가 아시아 지역에 편중된 원인 가운데 하나가 재정자원의 한계에 있으며, 교류의 빈도, 교육훈련, 교류의 지속성 등도 재정자원의 규모와 관련된 것으로 나타났기 때문이다. 따라서 NGO, 정부, 기업 등이 'NGO 국제화 기금'을 조성하여 NGO의 대외활동을 지원하는 정책적 배려가 요구된다.

셋째, 조직적 차원에서는 지구적 이슈를 다루는 NGO를 중심으로 조직구조를 국제적으로 재편할 필요가 있다. 지구 시민사회의 형성 자체가 NGO의 조직구조가 초국적으로 확장된다는 사실을 전제로 하므로 국내 NGO의 조직이 국제적으로 확장되는 경우 NGO의 국제화와 함께 지구 시민사회의 형성에 기여하게 될 것이다. 국내 NGO가 지구 시민사회에서 효율적으로 정책 이슈를 관철하고 영향력을 발휘하기 위해서는 우선적으로 국내 활동 과정에서 회원 조직의 적극적인 지지와 성원이 전제되어야 한다.

넷째, 국제 교류의 지리적 범주를 다변화하고 다양한 성격의 NGO가 국제 협력에 기여할 수 있도록 여건을 조성해야 한다. 한국 NGO의 국제 교류 활동이 아시아 지역에 대한 편중이 극심한 반면 유럽, 북미, 아프리카 지역에 대한 교류는 지나치게 소극적인 점을 개선해야 한다. 또한 교류 분야에 서도 교육·사회 서비스 분야에 치중하고 연구·보건·경제 개발·국방·정치 분야는 활동이 미미한 것으로 드러났다.

범지구적 차원의 국제 교류는 주로 경제 개발이나 조사연구 분야에서 활발한 점을 감안할 때 한국 NGO는 국제 교류의 수요에 능동적으로 대처하지 못하고 있다. 따라서 기존의 국제 교류에서 소외된 지역과 분야를 대상으로 교류를 활성화하기 위한 정책 지원이 강구되어야 한다. 이를 위해 정부가 국제 교류 지원사업을 선정하여 지역과 분야에 따라 차등 지원하는 전략을 검토할 필요가 있다.

다섯째, 정보자원의 차원에서는 다양한 양식의 정보관리 체제를 강화해야 한다. NGO의 대내외 활동에 정보통신 기술을 도입하여 국제사회와의 의사소통을 활성화하고, 영어를 비롯한 외국어 웹사이트를 개설해 지구 시민사회의 네트워크를 강화해야 한다. 영문 웹사이트를 운영하는 NGO는 40%에 불과하며, 국제 교류를 하지 않는 NGO의 경우에는 94%가 외국어 웹사이트를 개설하지 않은 것으로 나타났다(박재창, 2006). 따라서 한국 NGO의 정보화 능력은 물론 지구 주변부 국가 NGO의 정보화 능력도 제고하여 지구 시민사회 내부의 정보 격차를 시정하려는 적극적인 노력이 경주되어야 한다.

마지막으로, 지구 시민사회는 국경을 초월한 연대와 지구시민권에 대한 인식이 전제되어야 하므로 이를 위한 각종 교육 프로그램을 개발할 필요가 있다.

이와 함께 NGO에 의한 대북 교류를 활성화하기 위해서는 남북한 교류를 지구 시민사회의 일부를 구성하기 위한 관점에서 접근하려는 인식의 전환이 요청된다. 남북한 간의 교류를 한민족 내부문제로 한정하는 시각에서 벗어나 범지구적 차원 내지는 아시아 지역사회의 과제로 승화시킴으로써 대북 교류의 다변화·다원화·국제화를 지향해야 한다.[20]

제 3 절 시민사회의 과제

1 시민단체에 대한 비판론

우리나라 정부와 시민단체 간 관계의 변화 과정을 보면 다음과 같은 특

20) 남북한 교류의 활성화 방안으로 박재창(2006: 298-308)은 교류 양식을 기존의 긴급구호형에서 개발지원형으로 바꾸고, 교류의 주체도 개별 단체의 상근자가 주로 활동하던 방식에서 컨소시엄 형태로 교체하여 분야별 전문가가 나서는 방식으로 전환할 것을 제안하고 있다. 교류의 형태도 일방적인 교환에서 다자간 교환 체제로 전환하고 정부와 민간 부문 사이의 통일 거버넌스 체제를 구축하는 것이 바람직하다는 것이다. 교류의 영역도 사회문화 분야로 확장하고 평화교육을 통해 가치관의 일치를 도모하려는 노력이 필요하다고 강조한다.

징을 갖고 있다. 시민단체의 수가 급증함에 따라 시민단체 활동의 범위와 역할이 매우 다양해지고 있다. 시민단체의 이념적 스펙트럼에서 활동 분야에 이르기까지 광범위하게 자리잡고 있는 것이다.

그뿐만 아니라 이들 간에는 경쟁과 협조 관계가 나타나고 있다. 이에 따라 정책 변화에 대한 영향력은 증가하고 있다. 이는 전문적 정책대안 연구를 위한 전문가집단의 활용 필요성이 점차 증가되리라는 것을 말해 준다. 또한 시민단체의 전문화 경향에 따라 정책 NGO(또는 NPO)의 등장과 맥을 같이하는 것이다.

이러한 경향과 함께 우리나라 시민단체의 역할 강화에 따라 비판의 강도도 높아지고 있다. 경실련 사무총장을 역임한 이석연(2001)은 현재의 시민운동은 초법화 경향, 시민운동가의 관료화와 권력기관화, 연대를 통한 획일주의와 센세이셔널리즘, 무오류의 자만에 빠져 있다고 비판한다.

또한 권혁범(2000)도 한국의 시민단체에 대해 다음과 같은 비판을 하고 있다(http://dju.ac.kr/~kwonhb/ paper_f.html).

첫째, 운동의 생산력주의로서 소규모 운동 방식이 아닌 종합적 시민운동 경향이다. 즉, 조직의 성장주의로 인해 만성적 재정 부담을 초래하며, 이로 인해 외부 의존도가 강화됨으로써 조직의 자율성이 저하된다는 것이다.

둘째, 이분법적 진영 논리로서 시민운동의 경직성과 획일주의가 드러나고 있다. 즉, 자기 편이 아닌 상대방에 대한 배려가 부족하며, 그들의 권리를 침해하고 있다.

셋째, 안과 밖의 도덕주의로서 개인에 대해 절대적 기준을 요구함으로써 그 이외의 개인을 인격적으로 매도할 가능성이 있다.

넷째, 국가 중심적 사고로 국가의 적극적 개입이 강조되어 시민사회의 자율성이 훼손되고 있다.

마지막으로, 운동조직의 가부장적 질서로 '여성'에 대한 문제 제기가 필요하다는 것이다.

이처럼 우리나라 시민단체에 대해 제기되고 있는 비판은 매우 다양한데, 이를 살펴보면 다음과 같다.

1) 시민운동의 관성화

시민운동이 전문화되면서 활동가들의 업무가 형식에 얽매이고 있다. 개혁을 이슈로 출발한 시민운동이 목표에 지나치게 매몰되어, 조직과 개인이 시민운동의 활성화에 기여하지 못하는 문제점이 드러나고 있다. 우리 사회 각 부문의 개혁 과제를 총론적 해결이라는 방법을 통해 해결 가능한 것으로 생각했던 초기 시민운동이, 각 분야에서 개혁 과제와 전문적 정책 대안을 제시하는 전문화된 시민운동으로 나아가면서 '시민운동의 관성화'라는 문제가 제기되었다.

운동이 분화되면서 구체적인 사안에 대해 이슈와 단체 간 업무 분담과 효율성의 추구로 운동의 이원화 현상이 나타났다. 즉, '구상과 실행의 분리' 현상이 나타나게 되었다. 시민단체가 조직활동 단계에서 조직 내부적으로는 관리와 이탈통제 문제에 직면하며, 공공기관으로부터의 지원이 공론화되면서 사회적으로는 언론 효과를 극대화하기 위한 전략을 사용하고 있다. 이에 따라 구체적인 실천 방안에 대한 고민 없이 논평이나 성명을 내며 언론에 보도되고 나면 '할 일을 다했다'는 식의 관성적 운동 방식이 나타나고 있다.

2) 시민운동의 관료화

시민운동 초기에는 시민단체들이 규모가 작고 효율적 구조를 가지고 있어 의사결정 구조나 조직 방식이 매우 효율적이었다. 하지만 질적·양적으로 시민단체가 성장하면서 조직 내 관료화 문제가 불가피하게 제기됐다. 집중된 의사결정 구조가 형성되면 다른 구성원들이 소외되고 내부 구성원 간 민주적 토론이 이루어지지 않아 서로 간의 불신이 깊어지게 된다. 또한 소외를 느끼는 구성원들이 의사결정에 적극적으로 참여하지 않아 내부 단절이 계속되어 기본적 정보 공유가 어려워지게 되었다.

경실련의 1997년 김현철 비디오 사건과 1999년 사무총장 칼럼 표절 사건을 계기로, 언론은 시민운동의 관료화를 비판하기 시작했다. 그러나 시민단체의 관료화는 시민단체가 조직 규모가 커지면서, 규모가 큰 시민단체가 내부 조직을 계층화함으로써 나타나기 시작한 것이다.

또한 시민단체의 경력을 기준으로 계서제적인 지위(간사, 부장, 실장, 사무총장, 대표)를 부여함으로써 이러한 지위가 관료제적인 틀로 작용했다고 할 수 있다. 이것은 조직 규모가 커지고, 다양한 직위의 사람들이 생기면서 자연스럽게 나타나는 현상이라고 할 수 있다. 그러나 더 중요한 것은 계층화 정도의 문제가 아니라, 의사결정의 방식과 구성원 간 의사소통 방식의 문제라고 할 수 있다.

3) 시민운동의 책임성

경실련은 대안 있는 시민운동을 기치로 출발했다. 즉, 시민운동이 단순한 정책 비판이 아니라 대안을 제시해야 한다는 시각이 내재되어 있다. 이러한 논의는 시민운동의 다양한 의제들을 정부가 상당 부분 수용함으로써 시민운동에 대한 사회적 요구가 높아지기 때문에 나오는 요구라고 할 수 있다.

그러나 시민운동의 정책제안이 수용되면서 정책 결과에 대한 책임 논의가 일어나고 있다. 시민운동이 제기한 의제가 정책으로 채택되면서 시민단체가 정책의 성패로부터 영향을 받게 된다. 즉, 시민단체의 영향력이 커지는 것에 상응해 더 높은 책임성이 요구되는 것이다(조희연, 2001: 15). 이것은 의약분업에서 보듯이 시민단체의 요구가 정책에 반영되고, 이것이 다른 정치·사회적 요인에 의해 실패하자 시민단체의 책임론이 등장하고 있다.

4) 시민운동의 개량주의

시민운동이 주로 법·제도적 개혁을 중시하고 현실적인 개선책을 찾아 개혁정책·대안 제시를 중시하고 있다면, 민중운동은 사회문제의 근원이 되는 문제의 뿌리, 예를 들어 자본주의 제도나 체제 자체의 문제점을 바꾸기 위해 개혁·개량이 아닌 '변혁'을 주창하고 있다. 이것은 우리나라의 대표적 시민단체인 경실련의 등장 자체에서 비롯된 문제일 뿐만 아니라, 참여연대의 운동노선도 현실개량주의에 기초한다.

민중운동의 입장에서는 시민운동이 진행하는 각종 개혁운동·정책 대안 제시가 체재 내적인 수준에 머물며, "총체적인 목표점 없이 당면한 문제 해결에 치중하다보니, 결국 정권의 반민중적 통치와 정책에 시민운동이 이용당하고 말 것"이라며 비판하고 있다. 이러한 시각에서 시민운동을 개량적이라고 비판한다.

5) 시민운동의 권력지향성

초기의 우리나라 시민단체는 명백하게 이원적인 틀, 즉 제도권이냐 비제도권이냐 하는 틀에 기초해 활동해 왔다. 제도권의 시민단체는 정부와의 원만한 관계를 중시하는 체제 순응형이며, 비제도권의 시민단체는 정부와의 대항적 관계를 유지하는 체제 저항형으로 뚜렷하게 양분되었다. 이러한 이원화로 체제 내의 시민단체는 관변단체화했다. 이들은 정부의 보호막 아래에서 설립되었기 때문에 정부에 예속적이거나 협조적이었으며, 이에 따라 준권력형 기관으로 활동하기도 했다.

우리나라 시민단체의 역할 패러다임은 1980년대 후반 이후 크게 전환되었다. 저항적 사회운동집단이 합법적인 활동공간을 적절히 활용하지 못하는 상황에서 새로운 시민단체가 활동공간을 확대했다. 새로운 시민단체는 합법적 제도의 틀 안에서 법과 제도의 개선을 요구했다. 이러한 특징은 시민단체의 '권력지향성'[21]으로 특징지을 수 있다. 이는 우리의 제도화 수준이 아직 낮으며, 우리나라의 시민운동이 전통적인 특징[22]으로부터 자유롭지 못하기 때문에 나타난 것으로 볼 수 있다.

권력 지향적 시민단체들이 사회개혁 세력과 함께 상당한 성과를 기록했지만 이러한 활동은 다분히 전문가 중심, 엘리트 중심적인 시민단체 활동이라는 비판을 초래했다. 특히 시민운동의 권력화 비판은 2000년 총선시민연대의 낙천·낙선운동이 본격적으로 진행되면서 제기되었다. 시민단체들이 선거라는 하나의 쟁점에 집중해 연대기구를 만들어 기성 정치 권력을 위협했기 때문에, 기성 정치권과 보수언론은 마치 시민단체를 기존 권력에 도전

---

21) 여기에서 '권력지향성'의 의미는 국가 부문에 어떤 제도 변화를 요구한다는 측면으로 이해하고자 한다.

22) 시민사회운동의 전통적인 특징은 권력지향성, 특정 집단이나 계급 이해를 대변, 형식적이고 위계적인 조직 체계, 구성원의 집단적 이익을 달성하는 것이다.

하는 세력으로, 총선시민연대를 권력기구로 간주하며 비판하기 시작했다.

그뿐만 아니라 시민운동의 권력화는 시민운동가들이 특정 정당이나 정파와 유착 관계를 보이는 활동을 하거나 정·관계로 진출해 시민운동의 순수성과 중립성을 저해하는 경우도 있어, 특정 정당이나 정파 등을 지지하고 이들과 연계돼 활동하는 권력과의 유착 경향을 의미하기도 한다. 이것은 여러 시민단체에 잘 알려진 전문가들의 중복 참여 현상으로 나타나며, 이로 인한 시민운동단체의 정체성(identity) 문제로 대두되기도 한다.

특히 사회적 명망가들의 일회적·형식적·전략적 연대로 시민들은 점점 더 소외되고 운동의 명분에 대해 회의를 갖게 되기도 한다(송호근, 1998: 65-66). 이러한 경향은 시민 없는 시민단체라는 비판으로 제기되고 있다.

6) 시민운동의 중앙집중성

우리나라 시민운동단체의 수도권 집중도도 매우 높은 편이다. 우리나라 모든 부문에서 나타나는 높은 수도권 집중도가 NGO에서도 그대로 나타나고 있다. 서울·경기도에 시민단체의 50% 이상이 분포하고 있는 것이다. 이것은 연도별로 큰 편차를 보이지 않고 경향성을 유지하고 있다. 운동 대상으로서 중앙정부 소재지, 인구 밀집지역 등의 요인에 기인한다고 할 수 있다.

중앙 단위 중심적인 시민운동은 시민운동을 하향화(top-down)하는 경향으로 나타나며, 시민운동의 기저를 허약하게 하고 있다. 시민운동도 중앙 단위의 이슈를 그대로 반복하고 있고, 운동조직 및 전략 등도 학습하는 경향을 보인다. 시민운동의 자생성이 부족하기 때문에 나타난다고 볼 수 있다. 상향식이 아닌 중앙 단위가 아닌 지역 단위 중심의 시민운동이 전개되어야 할 필요가 있다.

이와 함께 NGO의 권력지향성은 NGO가 중앙·지방정부와의 관계를 갈등과 대립 관계로 설정하게 한다. 최근 중앙정부뿐만 아니라 지방정부도 NGO에 대해 프로그램에 대한 재정과 의사결정 과정에 대한 참여 방식[23)]

---

23) 서울시는 추모공원 입지 결정 과정에 NGO를 참여시킴으로써 공공 문제 해결에 동반자

으로 지원하고 있다. 정부보조금의 수혜가 NGO를 관변단체화할 수 있다는 비판적 논지는 NGO를 중앙·지방정부와 근본적으로 대립적 관계로 설정하기 때문이다. 특히 정부보조금 지원 구조가 관변단체를 중심으로 이루어지는 지원 형태가 이러한 인식을 변화시키지 못하는 중요한 요인이 되고 있다. 이것은 정부와의 관계를 어떻게 설정할 것인가와 직접적으로 관련이 있다.

2 시민단체의 위기

시민단체의 위기는 '신뢰의 위기'와 '지속가능성의 위기'가 주요 내용이라고 할 수 있다.

첫째, 시민단체의 신뢰의 위기는 담론 형성과 리더십의 위기이다. 신뢰의 위기는 정치적 편향성에서 나타나고 있다. 많은 시민운동 활동 전문가가 정치적 행보를 보이고 있기 때문이다. 시민운동의 중요 직책 수행 과정에서 또는 그만둔 지 얼마 되지 않은 시점에서 국회의원에 출마하거나 정부의 정무직을 담당하게 되는 경우가 증가하고 있다.[24] 김성훈은 이에 대해 "정치권과 연결된 단체들은 정치적인 목적이 달성되는 순간 심각한 도덕성의 위기에 봉착하고 개혁이 실종되는 일이 생긴다"고 말한다(동아일보, 2006. 9. 26).

둘째, 이슈 선도 능력이 취약해지고 있다. 과거 시민단체는 시대적 해결 이슈를 선점하고 상근자, 전문가, 시민이 집약된 힘을 보여주었다. 뛰어난 이슈 개발 및 선점 능력으로 시민에게 다가갔지만[25] 환경 변화에 따라 거대 담론은 시민들에게 더 이상 관심을 끌지 못하고, 계몽적이면서 자기희생적인 시민단체 활동이 점차 정치적 색채가 강해지면서 신뢰가 추락하는

관계를 형성하고 있다.

24) 경실련은 2004년 4월 총선 과정에서 일부 인사가 특정 정당의 공천을 받음으로써 사과성명을 발표하고, 윤리강령을 제정했다. 참여연대의 경우는 특히 노무현 정부에서 임원진이 대거 요직에 진출함으로써 시민단체의 정치화라는 비판에 직면하게 되었다.

25) 참여연대는 출범 초기 '작은 권리 찾기'를 통해 시민들에게 크게 다가갔다.

양상을 보여 준다.

이는 초기 시민단체의 진보성이 이념의 다양성에 따라 퇴색되었고, 이해관계에 따라 이슈에 대한 대립적인 양상까지 보이게 된 것도 중요한 영향을 미치고 있다. 그뿐만 아니라 20여 년 시민운동의 역사는 우리 사회에 변화의 물꼬를 트기도 했지만, 급변하는 환경 변화에 적절하게 대응하지 못했던 측면도 있다. 참여정부 출범 이후 일반 시민은 경제, 사회복지 등 민생 이슈에 집중되어 있는데 시민단체들은 거대 담론에 치우침으로써 일반 시민과의 괴리가 커지고 있다.

이에 대해 박원순은 "새로운 어젠다를 찾으려는 노력은 게을리하면서 잘 팔릴 것만 부여잡고 반복해 오고 있다"고, 시민단체의 비창의적이고 반복적 운동 행태를 비판했다(프레시안, 2006. 10. 12). 미래의 새로운 정책 어젠다 개발에 실패하고 있으며, 또한 정책주창자(advocacy)형 운동에 치중한 것도 일반 시민과의 괴리를 크게 한 요인이 되기도 한다.

3 시민단체의 당면 과제

이러한 변화 과정에서 우리나라 시민단체들이 갖고 있는 당면 과제를 크게 두 가지 입장, 즉 조직적 측면과 재정적 측면에서 정리하면 다음과 같다.[26]

1) 조직 기반의 확대

우리나라의 시민단체는 매우 중앙집중주의에 편향된 모습을 보이면서 리더십의 재생산이 원활하게 이루어지지 않는 이유는 시민적 참여가 결여

26) 시민운동단체 사무총장들은 자신들의 10대 고민을 다음과 같이 정리한다(1998. 4, 시민운동 지원기금: 9). ① 정체성의 부재, ② 부실한 재정 기반, ③ 비대중적 활동 방식, 구호 중심의 운동, ④ 조직 간 과당 경쟁, 중복 투자, ⑤ 인적 자원 부족, 운동가의 전망(vision) 부재, ⑥ 중앙집권적 시민운동, ⑦ 연대구조의 위상, 기능, 역할의 문제, ⑧ 조직·시민운동 내부의 민주주의 실현, ⑨ 회원의 구체적 역할 미비, ⑩ 시민운동의 활동 영역의 개척이 미진하다.

된 채 사회적 쟁점에 따라 명망가들의 형식적 연대활동이 주류를 이루고 있기 때문이다. 이러한 이름 있는 전문가들의 중복 참여 현상이 나타나며, 이로 인한 시민운동단체의 정체성(identity)이 문제로 대두되기도 한다.

또한 시민운동이 연고주의, 패권주의, 지역이기주의로 특징지어지고 있어 조직 기반의 확대를 저해하고 동시에 시민 참여의 기회를 제약한다. 특히 명망가들의 일회적 · 형식적 · 전략적 연대로 시민들은 점점 더 소외되고 운동의 명분에 대해 회의를 갖게 된다(송호근, 1998: 65-66). 그래서 시민 없는 시민단체라는 비판도 제기된다.

이러한 경향으로 시민단체는 언론과의 불가피한 동반자 관계를 형성하게 된다. 이것은 언론이 시민단체와의 친화력이 가장 높다[27]는 데에서도 잘 드러난다. 그리고 조직활동 단계에서 시민단체는 언론 효과를 극대화하기 위한 전략을 사용한다.

시민단체의 조직 기반을 확대하기 위해서는 시민단체의 저변 확대가 중요하므로 지역사회 단위에서 지역 시민단체를 좀 더 활성화하고, 시민단체 간의 권위주의적 예속화를 탈피할 수 있는 제도적 장치가 필요하다.

2) 재정 기반의 확보

최근 우리나라의 경제 사정의 악화로 인해 시민단체들은 큰 재정적 위기에 직면했다. 이러한 재정적 위기로 말미암아 상근자들의 보수까지 체불하는 상황에 이르렀다. 이전에도 재정 여건이 아주 좋지는 않았지만 급격한 수입 감소에서 오는 시민단체의 재정적 위기는 운동 실무자들의 사기뿐만 아니라 조직활동마저도 크게 위축시킬 가능성이 있다. 이는 운동 목적과 단체 생존 간의 길항 관계(拮抗關係)인데 정부와 대기업의 기부금을 둘러싼 마찰[28]이 대표적인 예이다.

---

27) 시민단체는 언론, 지방자치단체, 정당, 중앙정부, 기업 등의 순서로 친화력이 있다(권태환 · 이재열, 1998: 36).

28) 이에 따라 운동의 순수성 논란이 야기되었다. 운동의 존속 필요성, 공정한 기부금 사용, 운동 내용에서의 기부금 영향력 배제 등을 들어 기부금 사용의 정당성을 내세우는 경실련, 환경운동연합 등과 운동의 생명인 도덕성을 지키고, 풀뿌리운동을 지향하기 위해 기부금 활용을 반대하는 녹색연합 등이 있다.

정부와 대기업의 활동을 감시해야 하는 시민단체가 그들로부터 재정 지원을 받고 스폰서(sponsor)로부터 얼마나 자유로울 수 있고, 포획되지 않을 수 있느냐의 문제이다.[29] 이러한 문제들은 운동 실무자들이 시민단체 본래의 목적에 충실하느냐 아니면 행정적 역할에 치중하느냐에 달려 있다. 유일한 해결책은 시민들의 광범한 참여를 통한 회비 수입의 극대화이다. 이는 재정 기반의 확보 방안인 동시에 조직 기반의 확대 방안이기도 하다. 그리고 좀 더 적극적인 마케팅 전략도 도입해야 할 필요가 있다.

4 정부와 시민단체 간 바람직한 관계 설정

사회 발전을 위해 정부와 시민단체는 일정 부분 상호 견제와 균형이 필요한데, 이러한 입장에서 시민단체의 역할은 다음과 같다.

첫째, 공공활동에 대한 감시 역할이다. 여기에는 국가 부문 전체, 즉 입법부, 행정부, 사법부 모두를 포함하며, 나아가 언론 및 대기업에 대한 감시까지 그 역할을 확대한다.

둘째, 공공 서비스의 비용을 절감하기 위한 공공 서비스의 공동 생산(coproduction) 역할 및 집행 업무의 수행이다. 이는 정부와 시민단체 간에 일정하게 파트너십을 구축하는 것이다. 정부와 시민단체가 공동 협력했을 때 서로에게 어떤 점에서 도움이 될 수 있는가를 검토하는 것도 필요하다. 정부 입장에서는 정책 대상집단과의 상호작용을 통해 공공 서비스를 더 효과적으로 전달할 수 있으며, 시민단체 구성원으로부터 사전 의견 수렴을 통해 더 많은 정보 수집 및 원활한 관계 형성에 도움이 된다. 반면 시민단체 입장에서는 정책 과정에 좀 더 쉽게 접근할 수 있고, 자신들의 부족한 전문지식을 정부 내부 자원을 활용해 보완할 수 있다.

---

29) 우리나라의 경우 이미 정부가 시민단체에 대한 직접 지원을 늘여가고 있으며, 정부의 지원 거부를 밝힌 시민단체도 있지만, 정부 지원 규모가 비영리단체의 존재와 성패를 좌우하는 중요한 요소(Fama & Jensen, 1983)인 상황에서 좀 더 형평성 있는 지원을 위한 간접 지원(세제상의 지원)이 필요하다.

5 NGO의 발전 방안

1) 대규모 조직 단위에서 중소 규모 조직 단위로의 전환

중앙 단위에서 대규모로 조직화되던 시민운동은 서서히 지역 단위의 중소 규모 시민운동으로 전환하게 된다. 이는 중앙 단위의 중심적 이슈는 사라지고, 지역 단위의 이슈로 전환됨을 의미한다. 그래서 지역문제를 자율적으로 해결할 수 있는 시민운동으로 자리잡게 된다. 이러한 경향은 크게 다음과 같은 두 가지 방향성과 맞물리게 된다.

첫째, 시민운동의 지역적 기반이 크게 강화된다. 중앙 중심적 활동이 줄어들고, 지역적 활동 기반이 강화됨을 의미한다. 나아가 지역적 네트워크가 크게 발달하게 되며, 이들 간 연대 형성도 활발해진다.

둘째, 전문적인 NGO의 활동이 강화된다. 종합적 · 백화점 식으로 이루어지던 시민운동 활동이 전문화 경향으로 전환된다. 이는 많은 국정 이슈를 관리하던 시민운동이 시민사회의 전반적 수준 향상과 함께 전문화 성향을 띠게 된다.

2) 중앙-지방정부와의 관계 설정

우리나라에서 NGO에 대한 중앙-지방정부 지원은 일정 부분 증가해야 한다. 왜냐하면 민간 비영리단체에 대한 중앙-지방정부 지원이 관변단체를 중심으로 이루어져 왔기 때문에, 관변단체의 자립성을 확보하고 이들의 자원을 적정하게 배분하기만 하더라도 관변단체 이외의 단체에 배분할 수 있다는 결론이 나오기 때문이다.[30]

---

30) NGO 보조금이 지나치게 일부 관변단체에만 편중 지원되고 있어 이를 개선하기 위해 연대활동을 전개하고 있다(시민의 신문, 2004. 6. 10).

사회단체보조금 제도개선 전국네트워크는 "민간에 대한 투명한 지원으로 지방자치단체와 민간단체 사이의 유착 관계 형성을 막고, 건강한 지역사회 발전과 시민사회의 성장을 위해서라도 일부 관변단체에 대한 특혜성 지원이 중단되어야 한다"고 밝혔다. 이들은 "특히 새마을운동조직육성법, 바르게살기운동조직육성법, 한국자유총연맹육성법 등은 군사독재 시절에 만들어져 다른 민간단체와 형평성 결여, 순수 민간단체로 발전을 또한 일정 부분 NGO에 대한 지원을 늘리는 것이 NGO의 협조적 정책 과정 참여를 보장하는 조치와 함께 이루어진다면, 오히려 정책 과정의 전반적인 효율성은 향상될 수 있기 때문이다. 그뿐만 아니라 선진국에서 NGO에 대한 정부재정 지원이 차지하는 비중이 40% 내외인 점을 감안한다면 증가될 여지가 있는 것으로 볼 수 있다.

정부보조금의 효과적인 활용을 위해서는 현재와 같이 회계검사 중심의 지원 통제 방식에 대한 수정이 필요하다. 민간단체에 대한 인건비 지원이 없는 상태[31]에서 특정 사업에 대한 지원만으로는 NGO가 정부 정책에 협조적인 동반자의 기능을 수행하기를 기대하기 어렵다. 또한 민간단체의 사업 중에는 정부의 협조가 필수적인 경우도 많아서, 직접적인 정부사업으로 추진하기 힘든 경우 정부사업의 훌륭한 보조자로서도 기능할 수 있을 것이다.

정부보조금의 성격도 일회성 민간단체의 사업보조가 아닌 장기적이고 정책적인 사업의 개발과 지원에 사용되는 것으로 바뀌어 갈 때, 민간단체에 대한 선심성 지원 혹은 전시행정이나 예산 낭비라는 비판을 피하고 효

저해하는 등 많은 부작용을 낳고 있기 때문에 폐지되어야 마땅하다"고 주장했다.

특히 "행정자치부(현재의 안전행정부)가 '사회단체보조금 상한제'를 도입하는 등, 특정 관변단체에 편중된 예산 지원을 시정하려는 노력이 있었으나, 지역에서는 거꾸로 이들 단체에 대한 사무실 공간을 지원하거나 심지어 몇 년 되지도 않은 건물을 받아 수익사업에 활용하는 등 특혜는 오히려 늘어나고 있으며," "조사해 본 결과 지난해 행자부의 '예산편성기본지침'에 의해 정액보조단체로 분류되어 정액보조금 지원을 받아온 규모는 엄청났다"며 "실제 새마을운동단체의 시·도지부 및 시·군구지회에 대한 정액보조금만 해도 91억 5,200만 원에 달했던 것으로 추정되며, 이 조직 지원금을 합치면 2배 이상의 규모로 늘어날 것"이라고 비판했다.

보조금개선네트워크는 이에 따라 문제가 되고 있는 특정 단체지원법 폐지청원운동을 적극 벌이는 한편 ① 운영비가 과도하게 지급되는 사회단체의 자생력 확보를 위해 합리적·단계적 운영비 축소, ② 사업 중심의 명확하고 객관적인 보조금 지원 기준 확립, ③ 미래 지향적 사업에 대한 전향적 지원, ④ 민간단체 지원 총괄관리 시스템 확보 등을 위해 지속적으로 노력해 나갈 것이라고 밝혔다.

31) 1999년도 현재 민간단체에 대한 지원 예산은 모두 사업비로 사용하도록 했다. 따라서 현실적으로 인건비의 형식을 띠고 지출된 예산이라도 예산서 상에는 사업비 예산으로 되어 있는 경우가 많으며, 이 상황에서 엄격한 회계관리를 요구하는 것은 사실상 불법을 조장하는 것이 된다.

과적이고 효율적인 보조금 활용이 될 것이다. 이를 통해 중앙-지방정부와 NGO 간 경쟁 및 협력 관계를 형성할 필요가 있다.

3) 공동체 형성을 위한 자발적 시민운동

우리나라의 국가 권력은 정통성 문제는 민주적 정부의 구성으로 다소 해결되었지만 신뢰의 문제가 아직도 해결되지 못했다. 민주적 정권 교체 과정에서 얻은 정통성이 정권 유지 과정과 여야 간 정파적 이해다툼 과정에서 신뢰성의 상실로 나타났기 때문이다. 이로 인해 정부 차원의 시민운동은 그 당위성에도 불구하고 관제운동으로 발전되었고, 그 파급 효과도 매우 작았다. 우리는 과거의 많은 관변시민운동(새마을운동, 서정쇄신운동, 제2건국운동 등)이 시민교육 차원에서 수동적으로 이루어졌다고 평가하고 있다.

공동체 형성을 위한 자발적 시민운동은 NGO의 공동체 지향성(또는 문화지향성)이라고 표현할 수 있다. 여기에서 '공동체 지향성'은 시민 및 시민사회에 어떤 변화를 요구한다는 측면으로 이해하고자 한다. 이러한 방향 전환은 시민운동이 권력 투쟁적인 시민운동에서 공동체 지향적 시민운동으로 전환하는 것을 의미한다. 이것이 선진국 시민운동의 한 양태이다.

이러한 시민운동의 방향성은 신사회운동적 특성과 관련이 있다. 스콧(Scott, 1990: 19)은 신사회운동을 위치(시민사회), 목표(가치 및 생활양식 변화 · 시민사회 방어), 조직(네트워크 · 풀뿌리), 행동 수단(직접 행동 · 문화혁신)의 측면에서 특징짓고 있다. 즉, 신사회운동은 문화혁신적 · 공적인 가치와 생활양식의 변화를 지향, 느슨한 네트워크와 자발적인 참여, 집합적 정체성과 유대감 확산이라는 특징을 갖는다.

그러나 우리나라의 시민사회와 NGO가 발달의 진행 과정에 있다는 측면을 고려한다면, 우리나라의 NGO는 권력지향성과 공동체 지향성을 동시에 지녀야 할 것이다. 그뿐만 아니라 정부의 신뢰 형성과 사회자본의 축적은 내부적인 신뢰 기반 구축에 기여하게 되며, 막대한 사회자본이 형성되면 공동체 형성을 위한 자발적 시민운동의 형태가 크게 증가하게 된다. 이것은 건전한 사회적 감시 기능을 수행하게 되며, 이에 따른 사회적 비용을 크게 감소시키게 될 것이다.

4) 이념적 스펙트럼의 다양화

진보적인 성향에서 보수적인 성향까지 시민운동단체의 이념적 스펙트럼(spectrum)이 매우 다양해진다. 초기 민주화 과정에서 진보적 성향의 시민운동이 주류를 이루게 되었다. 그러나 김영삼 정부와 김대중 정부를 넘어가며, 민주화운동이 진행되면서 진보 성향 인사들이 제도권 정치 내에 진입했다. 비제도권에서 투쟁과 저항운동이 제도권 내로 흡수되면서 이러한 투쟁과 저항 방식의 시민운동은 상당 부분 줄어들고, 합법적 틀 안에서의 시민운동이 주류를 이루게 되었다.

그러나 이러한 진보적 성향의 시민운동에 반대하는 시민운동단체의 활동이 등장하게 되면서, 시민운동의 이념적 스펙트럼이 다양해지고 있다. 즉, 보수적 성향의 시민운동이 등장하고 있다.[32]

5) NGO 간 경쟁 및 협력 관계의 형성

NGO의 중소규모화는 NGO의 분화 및 다변화로 나타나며, 대규모 회원에 기반을 둔 대표적 NGO를 감소하게 하는 결과를 초래하게 된다. 그러나 전국적인 이슈에 대해서는 NGO 간 연대활동을 통해 역량을 강화하게 된다. 동일 문제에 대한 NGO의 지역 간 연대 및 이질적 문제에 대한 지역 내 NGO 간 연대 현상이 보편화된다.

이러한 연대 현상은 단순히 국내적으로 한정되지 않으며, 국제 NGO와의 연대 형성도 강화되게 된다. 글로벌 네트워크를 가진 NGO가 공공문제를 해결하는 데 개별 국가보다 더 많은 영향을 미칠 수 있기 때문이며, 글로벌 네트워크 형성이 NGO의 역량을 강화하는 방안이기도 하기 때문이다.

6) 정보화사회의 진행에 따른 시민운동의 변화

정보화사회가 진행됨에 따라 시민운동은 사이버공간(cyber-space)을 많

32) 자유시민연대(www.freectzn.org)는 일부 NGO를 '진보'를 자처하면서도 전혀 '진보적이지 못한' 세력으로 규정하고, 이를 비판하고 있다.

이 활용하게 된다. 즉, 정보화사회의 진행 속도가 크게 빨라짐에 따라 물리적 공간의 제약을 뛰어넘는 사이버 공간의 활용이 크게 증가하게 된다. 반면 특정 지리적 공간에서 활동은 크게 제약된다. 즉, 시공(時空)의 제한을 극복할 수 있는 사이버 공간의 활용으로 시민운동의 지평을 크게 넓힐 수 있게 된다.

생각할 문제

다문화사회와 NGO

1. 우리나라에서 다민족·다문화사회의 유입 과정과 현황에 대해 생각해 보시오.
2. 우리나라가 현재 다민족·다문화사회로서 안고 있는 문제를 해결하기 위한 정부의 정책은 무엇이며, 어떤 수준에 있는지 생각해 보시오.
3. 다민족·다문화사회의 문제를 해결하기 위한 시민사회의 여러 대안에 대해 생각해 보시오.
4. 각국에서 이루어지고 있는 다민족·다문화사회의 발전된 정책들을 비교해 보고, 우리의 NGO가 제대로 이행하기 위해 갖추어야 할 환경과 조건에 대해 설명해 보시오.

글로벌 시대 NGO와 국제 협력

1. NGO가 점차 국가적 이슈에서 국제적 이슈로 그 관심과 활동 내용이 확대되는 이유에 대해 설명해 보시오.
2. 국제적 연대에서 주로 다루는 이슈들은 어떤 것이 있으며, 구체적인 활동에 대해 생각해 보시오.
3. 현재 활동하고 있는 글로벌 시민운동이 발전하기 위해 극복되어야 하는 문제점에 대해 생각해 보시오.
4. 글로벌 시민운동과 국제연합(UN)이나 기타 기구들이 공조하여 이루어 내고 있는 성과에 대해 생각해 보시오.
5. 국내 NGO가 국제적 활동을 수행하기 위해 해결해야 할 문제에 대해 생각해 보시오.

시민사회의 과제

1. 정부의 관변단체 위주의 지원을 지양할 수 있는 대안과 관변단체 위주의 지원정책이 가지는 문제에 대해 생각해 보시오.

2. NGO에 대한 효율적인 지원을 위해 중앙-지방 정부와의 관계 설정에 대해 생각해 보시오.
3. NGO가 효과적인 보조금의 활용을 위해 내적·외적으로 관리할 수 있는 방안에 대해 생각해 보시오.
4. 정보화사회에서 사이버 공간을 활용한 시민운동의 특징과 장점과 단점에 대해 생각해 보시오.
5. 한국 내 NGO들이 안고 있는 한계나 문제점을 극복할 수 있는 방안에 대해 생각해 보시오.
6. 국내 NGO들에게 가해지고 있는 비판의 적실성에 대해 생각해 보시오.

참고 문헌

국내 문헌

강상욱 (2001). 「우리나라 NGO의 성장에 관한 연구: 시민단체를 중심으로」, 서울대학교 대학원 박사학위 논문.

——— (2002a). "NGO의 성장과 인적자원의 특성에 관한 연구." 「한국행정연구」. 11(3).

——— (2002b). "NGO의 성장과 정부 재정 지원의 영향." 『한국비영리연구』. 1(1).

강휘원 (2006). "한국 다문화사회의 형성 요인과 통합 정책." 「국가정책연구」. 20(2).

——— (2007). "한국의 다문화사회 형성과 지방정부." 「지방정부의 과제와 미래」. 한국행정학회 하계학술대회 발표 논문.

고상두 (1999). "한국의 NGO와 정치개혁." 「한국사회에서 국회와 NGO의 역할」. 1999년 한국정치학회 월례발표논문집.

곽채기 (2003). "주민참여예산제도와 지역 NGO의 역할." 「법률행정논총」. 23(2).

곽현근 (2003). "동네 관련 사회자본의 영향 요인에 관한 연구." 「한국사회와 행정연구」. 14(3).

구도완 (1999). "1980년대 이후 한국인의 환경의식." 「환경정책」. 7(2).

——— (2000). "1990년대 전문 환경운동조직의 특성." 「울산대학교 사회과학논집」. 10(1).

권태환 · 이재열 (1998). "사회운동간 연결망." 「한국사회과학」. 20(3).

권해수 (1999). "시민단체의 조직화 과정과 정책 변화에 대한 영향력 비교연구." 「한국사회와 행정연구」. 10(1). 서울행정학회.

——— (2002). "한국 NGO 반부패운동의 실태와 과제." 한국행정연구원 학술대회 발표 논문.

권해수 · 이민창 (2001). "정부와 환경단체간의 협력 방안 연구." 「한국행정학회 창립 45주년 기념 국제학술대회 자료집」.

권혁태 외 (2003). 「아시아의 시민사회」. 조경란, 이남주 편. 서울: 아르케.
금창호 · 권오철 (2006). 「지방의회와 시민단체가 발전적 관계 정립 방안」. 한국지방행정연구원.
김광웅 (2000). "협력체제(Partnership)와 효과적인 국정 운영." 「정부와 NGO」. 한국행정학회 2000년도 기획세미나 발표 논문.
김근배 (2005). 「마케팅조사론」. 서울: 청람.
김남국 (2005). "다문화시대의 시민." 「국제정치논총」. 45(4).
김동환 · 김영래 (2004). "정책평가 단계에 있어서 시민단체의 역할에 관한 사례분석." 「한국공공관리학보」. 18(1).
김렬 · 노인만 · 구정태 (2003). "환경정책 과정에서 지방정부와 NGO의 관계." 「대한정치학회보」. 11(1).
김병식 (2001). "사회복지정책 집행의 적실성 제공 방안에 관한 연구." 「한국정책과학회보」. 5(3).
김석준 (2000). 「뉴 거버넌스 연구」. 서울: 대영문화사.
——— (2003a). "정책결정 과정에서 NGO 영향력의 유형론적 분석모델." 「시민사회와 NGO」. 1.
——— (2003b). "NGO의 정책적 영향력: 금융실명제 실시의 사례분석." 「한국정치학회보」. 37(5).
김선미 (2003a). "정책결정 과정에서 NGO 영향력의 유형론적 분석모델." 「시민사회와 NGO」. 1.
——— (2003b). "NGO의 정책적 영향력: 금융실명제 실시의 사례분석." 「한국정치학회보」. 37(5).
김선혁 (2003). "시민사회론과 행정학: 행정학적 시민사회론." 「한국행정학보」. 37(4).
김선혁 · 문명재 (2006). 「시민사회단체의 운영 실태 분석과 지원 방안에 대한 연구」. 한국행정연구원.
김세훈 (2006). "다문화사회의 문화정책." 「한국행정학 50년: 비판적 성찰」. 한국행정학회 하계학술대회 발표 논문.
김수현 (1998a). "NGOs 논의의 쟁점과 평가." 「도시와 빈곤」 3/4. 한국도시연구소.
——— (1998b). "NGOs 관련 쟁점과 평가기준." 「도시와 빈곤」 5/6. 한국도시연구소.
——— (1998c). "우리나라의 NGOs 논의 과제." 「도시와 빈곤」 7/8. 한국도시연구소.
——— (1998d). "비정부민간단체의 과제와 자기진단." 「지방자치」. 통권 116호.
김수현 · 박은철 (2000). 「서울시와 NGO의 파트너십 구축을 위한 사례연구」. 서울: 서울시정개발연구원.
김영래 (1997). "한국 비정부단체(NGO)의 세계화 전략연구." 「국제정치논총」. 37(1).
——— (1999). "비정부조직(NGO)과 국가와의 상호작용 연구." 「국제정치논총」. 39(3).

———(2006). “일본 시민사회와 뉴 거버넌스 연구.” 「한국동북아논총」. 38. 한국동북아학회.

김영래 · 김혁래 (1999). “한국 비정부조직(NGO)의 현황과 과제.” 「한국사회에서 국회와 NGO의 역할」. 1999년 한국정치학회 월례발표논문집.

김영수 (2003). “시민단체의 공익적 역할에 관한 연구: 갈등중재를 중심으로.” 서울대학교 대학원 박사학위 논문.

김영평 (1995). “비정부조직(NGO)과 국가와의 상호작용 연구.” 「국제정치논총」. 39(3).

김영호 (2002). “NGO 영향력 행사의 성공 조건: 미국 환경NGO의 정책옹호활동 사례를 중심으로.” 「국제정치논총」. 42(3).

김용민 (2000). “시민단체의 목적전치에 관한 연구: 시민 없는 시민운동과 대안적 시민공동체 문화의 모색.” 연세대학교 대학원 석사학위 논문.

김이선 · 황정미 · 이진영 (2007). 「다민족 다문화사회로의 이행을 위한 정책 패러다임 구축」. 한국여성정책연구원.

김정렬 (2001). “영국 블레어 정부의 거버넌스.” 「한국행정학보」. 35(3).

김정부 (2001) “NGO의 조직화 방식 변화와 정부-NGO 관계에 관한 연구.” 서울대학교 행정대학원 석사학위 논문.

김종래 · 강제상 (2000). “국정관리와 NGO의 역할: 환경NGO와 정부 관계를 중심으로.” 「국정관리의 새로운 방향과 과제」. 2000년도 한국행정학회 하계학술대회 발표논문집 별쇄본.

김종순 (1999). “한국 NGO의 실태와 발전 방향.” 「한국행정연구」. 8(1).

김준기 (1998). “비영리단체(NPOs)의 생성과 일반적 행태: 주인-대리인 이론의 관점에서.” 「행정논총」. 36(1). 서울대학교 행정대학원.

———(1999). “비영리단체(NGOs)의 사회 · 경제적 역할에 대한 연구.” 「행정논총」. 37(1).

———(2000a). “기부 및 자원봉사에 관한 실증적 연구.” 「새 천년의 행정학 패러다임(Ⅱ)」, 2000년도 한국행정학회 동계대회 발표논문집.

———(2000b). “비영리 부문의 성장과 정부와의 관계에 관한 연구.” 「정부와 NGO」, 한국행정학회 2000년도 기획세미나 발표논문집.

———(2000c). “정부-NGO 관계의 이론적 고찰: 자원의존모형 관점에서.” 「한국정책학회보」. 9(1). 한국정책학회.

———(2002). “정보통신기술이 NGO에 미친 영향에 관한 연구.” 「행정논총」. 40(3). 서울대학교 행정대학원.

———(2006). 「정부와 NGO」. 서울: 박영사.

김준기 · 김정부 (2001). “NGO 연구에 대한 비판적 고찰.” 「행정논총」. 39(3), 서울대학교 행정대학원.

김준기 · 신정헌 (2003). “NGO의 내부의사결정구조에 관한 연구: 참여연대를 중심으로.” 『행정논총』. 41(4).

김 철 (2003a). “시민참여예산제의 도입 필요성 연구.” 한국정책학회 동계학술대회 발표 논문.

——— (2003b). “대체적 분쟁 해결의 신제도론적 분석.” 「거버넌스시대의 한국행정학과 정책학」. 한국행정학회 학술대회 발표 논문.

김태룡 (2002a). “NGO들 간의 영향력 차이와 그에 따른 효과성 연구.” 「한국행정학보」. 36(2). 한국행정학회.

——— (2002b). “한국 NGO들의 영향력을 결정하는 요인에 관한 연구.” 「21세기 지방정부와 지역발전정책 비젼」. 2002년도 한국정책학회 기획세미나 발표 논문집.

——— (2003). “한국의 시민사회와 지역 NGO.” 「한국정책과학학회보」. 7(3).

김태룡 · 권해수 · 채원호 (2006). 「주요 국제 NGO와 국내 NGO 간 교류 실태 및 활성화 방안」. 한국행정연구원.

김태룡 · 신율 · 고계현 (2002). 「경험을 통해 본 NGO 활동의 과제와 개선 방안」. 한국행정연구원.

김태영 (2002). “정부-NGO 간 파트너십의 정치경제학.” 「정부학연구」. 8(1). 고려대 정부학연구소.

김필두 (2001). “지방자치단체와 지역NGO의 협력 체제 구축 방안.” 「여성과 NGO, 그리고 뉴 리더쉽」. 2001년 한국정책학회 춘계학술대회 발표논문집.

김하영 (2002). “미국 사회의 인종갈등에 대한 전망.” 「세계지역연구논총」. 19. 한국세계지역학회.

김혁래 (1997). “한국의 시민단체와 비정부단체(NGO) 연구: 현황 및 발전전략.” 「동서연구」. 9(2).

김혜경 (1997). “OECD 회원국 개발 NGO의 활동 유형과 과제.” 「동서연구」. 9(2).

김혜정 (2006) “지역시민사회의 역량이 지방정부의 정책혁신에 미치는 영향에 관한 연구.” 서울대 대학원 행정학 박사학위 논문.

김호기 (2007). “사회갈등과 거버넌스.” 「현대사회와 문화」. 25

김호기 외 (1995). 「시민사회와 시민운동」. 서울: 한울.

남궁근 (2000). “반부패를 위한 국내 NGO활동분석.” 「정부와 NGO」. 한국행정학회 2000년도 기획세미나 발표논문집.

——— (2003). 「행정조사방법론」. 서울: 법문사.

남세진 외 (1995). 「한국 사회복지의 선택: 쟁점과 대안」. 나병균 편. 서울: 나남출판.

민 영 (1997). “사회운동조직의 집합행위 프레임, 미디어전략, 의제형성 능력에 관한 비교 연구.” 서울대 대학원 석사학위 논문.

박경래 (2001). “비영리조직에 대한 정부보조금의 효과 분석.” 서울대학교 행정대학원 행정학 석사학위 논문.

박동서 (2000). “한국 NGO의 활동 방향.” 「정부와 NGO」. 한국행정학회 2000년도 기획세미나 발표논문집.

박상필 (1999). “시민단체와 정부의 관계 유형과 지원 체제.” 「한국행정학보」. 33(1).

———(2000a). “NGO 지도자의 사회적 배경과 인식에 관한 연구.” 「한국행정연구」. 9(2). 한국행정연구원.

———(2000b). “이익집단 갈등과 사회자본: 경실련 한약 분쟁조정 사례연구.” 「한국행정학보」. 34(2).

———(2001). “NGO에 대한 정부의 재정 지원 유형 비교.” 「행정논총」. 39(4). 서울대 행정대학원.

———(2006). 「NGO학 강의」. 서울: 아르케.

박선경 · 김영미 (2004). “한국 NGO의 현황과 과제.” 「상명대학교 사회과학연구」. 20호.

박성복 외 (2000). 「정책학강의」. 서울: 대영문화사.

박재창 (2006). 한국 TNGO의 대외교류 결정요인 분석. 「한국정책과학학회보」. 10(3).

박중훈 외 (2006). 「NGO와 21세기 국가사회 발전(Ⅴ)」. 한국행정연구원.

박지향 (1995). “1950년대 재무장계획과 영국경제정책의 실패.” 「서양사론」. 47(1).

박찬웅 (1998). “사회의 위기와 사회적 자본.” 「1998년 한국사회학회 발표논문집」.

박흥식 (2000). “해외 반부패 NGO 활동의 의미.” 「정부와 NGO」. 한국행정학회 2000년도 기획세미나 발표논문집.

박희봉 (2001). “사회자본과 지방정부 경쟁력.” 「한국행정학회 세미나발표논문집」.

———(2002a). “지방거버넌스와 사회자본.” 박종민 · 이종원 편. 「한국 지방민주주의의 위기: 도전과 과제」. 서울: 나남출판.

———(2002b). “조직 내 사회자본 형성 요인에 관한 연구.” 「지방정부연구」. 6(1).

박희봉 · 김명환 (2000). 지역사회 사회자본과 거버넌스 능력: 서울 서초구와 경기 포천군 주민의 인식을 중심으로, 「한국행정학보」. 34(4).

박희봉 · 이희창 · 김동욱 · 김철수 · 박병래 (2003). 한국인의 신뢰 수준 및 영향 요인: 단체참여 및 개인의 사회·경제적 배경과 대인신뢰, 단체신뢰, 대중매체 신뢰. 「한국정책학회보」. 12(2).

배병룡 (2005). “공공조직 사회자본의 영향 요인과 효과.” 「한국사회와 행정연구」. 15(4).

배응환 (2002). “지방정부와 지방환경 NGO의 관계에 관한 연구.” 「한국행정학보」. 36(1). 한국행정학회.

봉민근 (2003). 사회복지정책 과정에 있어서 NGO의 역할에 관한 연구. 「복지행정연구」. 19.

부패방지입법시민연대 (2001.7~2005.7). 「부패방지입법시민연대 백서」.

서경석 (1998). "한국 시민운동의 과제와 전망." 「공법연구」. 26(1).

서춘식 (2002). "한국NGO의 현황과 활성화 방안에 관한 연구." 「지역발전연구」. 7(2). 조선대학교 지역사회발전연구원.

소진광 (2004). "사회적 자본의 측정지표에 관한 연구." 「한국지역개발학회지」. 16(1).

손혁재 (2003). "인터넷과 시민운동." 「계간 사상」. 56.

송창석 (2004). "옴부즈만다운 우리의 옴부즈만을." 「옴부즈만의 설치 및 운영에 관한 법률(안)」 제정을 위한 공청회 토론문.

송하중 · 임승빈 (1999). "한국 NGO의 정책과정에 있어서 새로운 역할." 출처 미상.

송호근 (1998). "신사회운동 참여자 분석." 「한국사회과학」. 20(3). 서울대학교 사회과학연구원.

송희준 (1999). "국가와 시민사회의 관계: 이론적 개념과 실천적 전망." 「한국행정연구」. 8(1). 한국행정연구원.

슬레이터, 데이비드, 신상숙 옮김 (1991). "제3세계의 신사회운동: 라틴아메리카에 있어서 국가-사회 관계의 재조명". 「사회와 사상」. 가을호.

시민대책위원회 의약분업 초안 (1999. 4. 22).

시민운동정보센터 (2006, 2009, 2012). 「한국민간단체총람」.

시민의 신문 (1997, 2000, 2003, 2006). 「한국민간단체총람」.

신광영 (1999). "비정부조직(NGO)과 국가정책: 외국의 사례를 중심으로." 「한국행정연구」. 8(1). 한국행정연구원.

신동준 · 김광수 · 김재은 (2005). "한국 시민단체의 성장에 대한 양적 연구." 「조사연구」. 6(2).

신민기 (2006). "한국 시민단체의 결사체적 특성에 관한 연구." 고려대학교 대학원 석사학위 논문.

신희권 (1999). "지방정치의 변화와 자발적 조직의 역할." 「한국행정연구」. 8(1). 한국행정연구원.

안병영 (2000). "국민기초생활보장법의 제정 과정에 관한 연구." 「행정논총」. 38(1).

안병철 (2002a). "정책결정 과정에서 NGO의 영향력 요인." 「한국 사회와 행정 연구」. 12(4).

——— (2002b). "의약분업 정책변동과 정책실패." 「한국행정학보」. 36(1).

안형기 외 (2000). "동북아 3국 환경 NGO의 실태분석: 국제적 연대방안의 모색." 「한국정책학회보」. 9(1).

양현아 (1991a). "한국의 호주제도." 「여성과 사회」. 10.

———(1991b). "새로운 사회운동(New Social Movements)의 전개와 논리: 생태계운동과 여성운동을 중심으로." 서울대 대학원 석사학위 논문.

오경석 (2007). "다문화와 민족국가." 「공간과 사회」. 28.

오석홍 (2008). 「행정학」. 서울: 박영사.

오재일 (2000). "지역사회에 있어서 지방정부와 NGO와의 관계에 관한 고찰." 「정부와 NGO」. 한국행정학회 2000년도 기획세미나 발표논문집.

오정숙 (2007). "프랑스의 유럽, 유럽화된 프랑스." 「프랑스학연구」. 41.

유재원 (2000). "사회자본과 자발적 결사체." 「한국정책학회보」. 9(3).

유재원 · 소순창 (2005). "정부인가 거버넌스인가? 계층제인가 네트워크인가?." 「한국행정학보」. 39(1).

유재현 (1999). "90년대 한국 시민운동의 성장과 반성." 「내나라」 8(2). 내나라연구소.

유팔무 (1997). "미국의 시민사회와 민주주의, 그 허와 실." 「동향과 전망」. 35.

———(1999). "NGO와 한국의 시민운동." 「한국사회에서 국회와 NGO의 역할」. 1999년 한국정치학회 월례발표논문집.

유팔무 · 김원동 (2000). "춘천지역의 시민운동과 지방자치." 「정부와 NGO」. 한국행정학회 2000년도 기획세미나 발표논문집.

유팔무 외 (1995). 「시민사회와 시민운동」. 김호기 · 신광영 · 유팔무 편. 서울: 한울.

유현석 (1999). "한국의 실업문제와 NGO: NGO와 국가와의 관계를 중심으로." 「한국사회에서 국회와 NGO의 역할」. 1999년 한국정치학회 월례발표논문집.

윤태범 (2000). "부패 방지를 위한 NGO와 정부 간의 역할 관계." 「정부와 NGO」. 한국행정학회 2000년도 기획세미나 발표논문집.

이근주 (1999a). 「정부와 NGO 간의 파트너쉽에 관한 연구」. 서울: 한국행정연구원.

———(1999b). 「환경 비영리단체의 활동의 자율성과 정부의 역할에 관한 연구」.

———(2000). "NGO 실패와 정부의 지원에 관한 연구: 환경 NGO를 중심으로." 「한국행정학보」. 34(1). 한국행정학회.

———(2001). "정부와 NGO 간의 협력 유형 모색: 환경정책 과정을 중심으로." 「한국행정학회 창립 45주년 기념 국제학술대회 자료집」 별쇄본.

이근행 (2000). "환경정책 결정과정과 시민사회." 「도시와 빈곤」. 44호.

이기영 (1999). "NGO와 정부의 연결관계의 모색: 탈북자 정착 지원의 경우." 「한국사회복지학」. 37.

이명석 (2002). "거버넌스의 개념화." 「한국행정학보」. 36(4).

이석연 (2001). "한국 시민운동의 과제와 방향." 「시민과 변호사」. 84. 서울지방변호사회.

이선우 · 문병기 (2000). "시민참여 시대의 정책갈등에 대한 협상론적 접근: 영월 다목적 댐 사례를 중심으로." 「지방정부의 리더십과 문화산업정책」. 2000년도 한국행정학회 기획세미나 발표논문집.
이원웅·최창현 (2002). "지방행정과 NGO의 우수 사례: 강릉시 사례를 중심으로." 「지방행정」. 565. 대한지방행정공제회.
이용승 (2004). "외국인 노동자정책 국제비교." 「민족연구」. 12.
이종수 외 (2008). 「새행정학」. 대영문화사.
이혜경 (1998). "한국 비영리 영역의 구조와 실체: 민간 사회복지 부문의 역사와 구조적 특성." 「동서연구」. 10(2). 연세대학교 동서문제연구원.
이희태 (2007). "NGO의 인력관리 체계 분석." 「지방정부연구」. 11(3).
이희태·김석용 (2001). "NGO 근무자의 직무만족 영향요인 분석." 「한국지방자치학회보」. 13(2).
임승빈 (1998). 「행정과 NGO 간의 네트워크 구축에 관한 연구」. 한국행정연구원.
——— (2000). "한·일 지방정부의 정책과정에서의 NGO와 파트너십 관계." 「정부와 NGO」. 한국행정학회 2000년도 기획세미나 발표논문집.
——— (2001). "정책과정에서의 정부와 환경NGO 간의 관계에 관한 연구." 「한국행정학회 창립 45주년 기념 국제학술대회 자료집」.
——— (2009). 「정부와 NGO」. 서울: 대영문화사.
임현진·공석기 (1997). "한국 사회와 신사회운동: 운동조직 분석." 「한국사회과학」. 19(2), 서울대학교 사회과학연구원.
——— (1998). "사회 정의 및 복지운동단체의 구조와 활동." 「한국사회과학」. 20(3). 서울대학교 사회과학연구원.
장수찬 (2002). "한국 사회에 나타난 악순환의 사이클: 결사체 참여, 사회자본, 그리고 정부신뢰." 「한국정치학회보」. 36(1).
——— (2004). "변동사회의 NGO와 사회자본: 한국의 경우." 「2004년도 한국NGO학회/한국비영리학회 춘계학술대회논문집」.
전영평 (2001). "시민단체와 지방정부 간 관계." 「한국행정논집」. 13(1).
전철수 (1999). "1차 의료의 발전을 위한 수가대책 방향." 「의약분업 관련 자료모음집」. 의료개혁 시민연합.
정광호 (2003). "정부보조금과 민간기부금이 비영리조직 운영에 미치는 효과분석: 문화예술단체를 중심으로." 「2003년도 한국행정학회 하계학술대회 발표논문집」.
——— (2005). "사회자본과 지방정부 역량의 관계: 이론 틀과 경험적 논의." 「2005년 한국행정학회 춘계학술대회논문집」.
정동근 (2003). 「시민사회론」. 서울: 법문사.
정무성 (1998). "사회복지기관의 후원자 개발을 위한 마케팅 전략에 관한 연구." 「사회복지리뷰」. 3(1).

정수복 (1996). 「참여민주주의를 위한 시민단체의 역할과 정책과제」. 서울: 박영률출판사.

정윤수 (2000). "비영리 민간단체에 대한 정부 지원 분석." 「정부학연구」. 6(2). 고려대학교 정부학연구소.

정정길 (1998). 「정책결정론」. 서울: 대명출판사.

——— (2000). 「행정학의 새로운 이해」. 서울: 대명출판사.

정정화 (2006). "정부와 NGO의 관계 비교연구: 미국, 일본, 한국의 환경NGO를 중심으로." 「한국사회와 행정연구」. 17(1). 서울행정학회.

정진경 (2002). "정부 지원 NGO의 조직 특성과 자원 획득에 관한 연구." 「한국행정학보」 36(2). 한국행정학회.

정태석 (2007). 「시민사회의 다원적 적대들과 민주주의」. 서울: 후마니타스.

제진수 옮김, 덴츠총연(電通總硏) 지음 (1999). 「지속 가능한 사회를 위한 시민경영학 NPO」. 서울: 도서출판 삼인.

조대엽 (1996). "1990년대 사회운동조직 분화의 유형적 특성." 「한국사회학」. 제30집 여름호.

조명래 (1997). "NGO를 매개로 한 환경행정 참여." 「지방자치」. 통권 102호.

조무성 (2000). "NGO의 진단과 개혁: 암퇴치 NGO의 사례분석." 「정부와 NGO」. 한국행정학회 2000년도 기획세미나 발표논문집.

조병희 (2000). "의료분업의 쟁점과 집단간 세력 관계." 「보건과 사회과학」. 6. 한국보건사회학회.

조석주 (2004). "NGO의 지역정책참여 실태분석과 발전 방안: 군포시 지역 NGO 활동사례를 중심으로." 「2004년도 하계학술발표회 및 제13회 한일 지방자치 국제세미나」. 한국지방자치학회.

조석주 · 김필두 (2000). 「지역 NGO의 지방자치단체 정책참여 방안」. 한국지방행정연구원.

조성은 · 김선혁 (2006). "정책결정 요인으로서의 제도, 이해 그리고 아이디어." 「행정논총」. 44(3).

조성한 (2005). "수사적 행정개혁과 문화적 갈등." 「한국사회와 행정연구」. 15(4).

조효제 (2000). 「NGO의 시대: 지구 시민 사회를 향하여」. 서울: 창작과비평사.

조희연 (2000). "한국 시민 · 사회운동의 현황과 발전 과제." http://www.demos.or.kr/college/개관.htm

주성수 (2000). 「글로벌 거버넌스와 NGO」. 서울: 아르케.

——— (2001). "정부-NGO 관계와 NGO의 역할." 「한국행정연구」. 10(4). 한국행정연구원.

——— (2005). "NGO. NPO. CSO 개념: 국제적 통용과 국내적 적용." 「한국비영리

연구」. 4(1).

———(2006). 「한국 민주주의와 시민참여」. 서울: 아르케.

지방행정연구원 (2006). 「지방의회와 시민단체 간 발전적 관계 정립 방안」.

참여연대 보도자료 (1998). "긴급 제안, IMF시대-고실업사태의 사회적 대안."

최병대 외 (2004). "정책과정에서의 NGO 역할에 관한 실증적 연구." 「한국정책학회보」. 13(1).

최봉기 (2008). "건국 60주년에 고찰해 보는 지방행정의 과거와 현재, 미래." 「지방행정」. 57.

최성욱 (2004). 거버넌스 개념에 대한 비판적 고찰. 「정부학연구」. 10(1).

최영출 (2004). "지역의 사회자본 측정지표 설정." 「한국지방정부학회」. 8(3).

최창현 · 이원웅 (2000). "지방행정과 NGO." 「지방행정」. 49.

하승수 (2002). 「주민참여 조례 제개정운동의 추진 현황과 발전 제안」. 주민참여 활성화를 위한 조례제개정운동 워크숍.

한건수 (2008). "역사적 배경으로 본 한국의 다문화사회." 「*Koreana*」. 22(2). 한국재단.

한경구 (2008). "다민족 다문화사회로의 전환." 「젠더리뷰」. 8

한국기독교사회발전협의회 편 (1997). 「한국사회운동의 과제와 전망」. 서울: 개마서원.

한국보건사회연구원 (2007). 「노숙인 정책의 평가와 개선 방안」.

———(2008). 「남북한 간 보건의료 교류 · 협력의 효율적 수행 체계 구축 방안 연구」.

한승준 (2008). "다문화사회 이행 단계별 거버넌스 전략에 관한 연구." 「국정관리연구」. 3(2).

함께하는 시민행동 (2005). 「2004년도 사회단체보조금 전국실태보고서」.

홍두승 (1987). 「사회조사분석」. 서울: 다산출판사.

홍석기 (1997) "1990년대 한국 사회운동조직에 대한 경험적 연구." 서울대 대학원 석사학위 논문.

홍성만 (2000). "정부와 비정부조직의 정책경쟁." 고려대학교 대학원 박사학위 논문.

———(2002). "정부와 비정부조직의 정책경쟁과 합의 형성 과정." 「한국행정학보」. 36(1). 한국행정학회.

홍　철 (2006). "시민불복종과 참여민주주의의 길." 「담론21」. 9(1).

황영국 (1981). "19세기 미국의 시민사회 고찰." 「경상대학교 논문집」. 20(2).

황영호 · 박종관 (2004). "충청 · 호남지역의 사회자본의 실태와 형성전략에 관한 연구." 「한국사회와 행정연구」. 14(4).

황유선 (2001). "자원봉사의 현 실태와 앞으로 나아갈 방향." 「지방행정」. 50(573).

국외 문헌

Abzug, Rikki & Turnheim, Joy K. (1998). "Bandwagon or Band-Aid? A Model of Nonprofit Incorporation by State." *Nonprofit and Voluntary Sector Quarterly*. 27(3).

Almond. Gabriel & Verba, Sidney (1963). *The Civic Culture*. CA: SAGE Publications.

Anderson, K. & Rieff, D.(2004). "Global Civil Society: A Sceptical View." *The Global Civil Society Yearbook 2004/5*. Oxford: Oxford University Press.

Anheier, Helmut K. & Salamon, Lester M. (1998). *The Nonprofit Sector in the Developing World*. London: Manchester University Press.

Baker, Wayne (1990). "Market Networks and Corporate Behavior." *American Journal of Sociology*. 96.

Berger, Peter & Neuhaus, John (1989). "To Empower People: The Role of Nonprofit Boards." *Harvard Business Review*. (Jan/Feb.).

Bourdieu, Pierre (1986). "The Forms of Capital." In Richardson, J. G.(ed.). *Handbook of Theory and Research for the Sociology of Education*. New York: Greenwood.

Briggs, Xavier de Souza (1998). "Brown Kids in White Suburb: Housing Mobility and the Multiple faces of Social Capital." *Housing Policy Debate*. 9(1).

Brodhead, Tim (1987). "NGOs: In One Year, Out the Other." *World Development*. 15. Supplement.

Burt, R. S. (1992). *Structural Holes: The Social Structure of Competition*. Cambridge: Harvard University Press.

Buzan, Barry (2001). "Structural realism." In Barry Jones, R J. (ed.). *Routledge encyclopedia of international political economy*. London: Routlege.

Castles, Stephen & Miller, Mark J. (2003). *The Age of Migration*. New York: Guilford Press.

Coleman, James S. (1988). "Social Capital in the Creation of Human Capital." *American Journal of Sociology*. 94(Supplement).

Cordes, Joseph J. & Weisbrod, Burton A. (1998). "Differential Taxation of Nonprofits and the Commercialization of Nonprofit Revenues." *Journal of Policy Analysis and Management*. 17(2).

Coston, Jennifer M. (1998). “A Model and Typology of Government-NGO Relationships.” *Nonprofit and Voluntary Sector Quarterly*. 27(3).

De Vita, Carol J. (1999). “Nonprofits and Devolution: What Do We Know?.” *Nonprofits and Government*. Washington, D.C.: Urban Institute.

Diani, Mario (1997). “Social Movements and Social Capital: A Network Perspective on Movement Outcomes.” *Mobilization*. 2.

Douglas, James (1987). “Political Theories of Nonprofit Organization.” In Powell, Walter W. (ed.). *The Nonprofit Sector: A Research Handbook*. New Haven: Yale University Press.

Durston, John (2004). “Social Capital: Part of the Problem, Part of the Solution. How It Can Perpetuate or Deter Poverty in Latin American and the Caribbean.” In Atria, Raul & Siles, Marcelo(eds.). *Social Capital and Poverty Reduction in Latin America and the Caribbean*. Sangiago, Chile: United Nations Publication.

Edwards, Bob & Marullo, Sam (1995). “Organizational Mortality in a Declining Social Movement: The Demise of Peace Movement Organizations in the End of the Cold War Era.” *American Sociological Review*. 60.

Edwards, Bob & McCarthy, John D. (2004). “Strategy Matters: The Contingent Value of Social Capital in the Survival of Local Social Movement Organizations.” *Social Forces*. 83(2).

Eisman, M. J. & Uphoff, Norman T. (1984). *Local Organizations: Intermediaries in Rural Development*. Ithaca: Cornell University Press.

Ellwood, J. W.(2000). Prospects for the study of the governance of public organizations and policies. In Heinrich, C. J. & Lynn, L. E. Jr.(ed). *Governance and Performance: New Perspcetives*. Washington DC: Georgetown University Press.

Fama, E. & Jensen, Michael (1983). “Agency Problems and Residual Claims.” *Journal of Law and Economics*. 26.

Feldman, Shelley (1997). “NGOs and Civil Society:(Un)stated Contradictions.” *The Annals of the American Academy of Political and Social Science*. 554.

Figueras, Javier Díaz-Albertini (2004). “Social Capital, Grassroots Organizations and the State: Reclaiming the Missing Links of Sociability.” In Atria, Raul & Siles, Marcelo(eds.). *Social Capital and*

Poverty Reduction in Latin America and the Caribbean. Sangiago, Chile: United Nations Publication.

Fisher, Jule (1998). *Non-Governments: NGOs and the Political Development of the Third World.* West Hartford, CT.: Kumarian Press.

Foley, Michael W. & Edwards, Bob (1996). "The Paradox of Civil Society." *Journal of Democracy.* 7(3).

Fowler, Alan (1991). "The Role of NGOs in Changing State-Society Relationships: Perspectives from Eastern and Southern Africa." *Dev. Policy Review.* 9

Fox, Leslie M.(1996). *Sustaining Civil Society: Identifying Funding Strategies & Mechanism.* Washington D.C.: CIVICS.

Frantz, Telmo R. (1987). "The Role of NGOs in the Strengthening of Civil Society." *World Development.* 15.

Freeman, Jo (1975). *The Politics of Women's Liberation.* New York: David McKay.

Fukuyama, Francis (1995). *Trust: The Social Virtues and the Creation of Prosperity,* N.Y.: Free Press.

Gamson, W. A.(1975). *Power and Discontent.* Homewood, IL: Dorsey.

Gate, Scott & Hill, Jeffrey (1995). "Democratic Accountability and Governmental Innovation in the Use of Nonprofit Organizations." *Policy Studies Review.* 14(1).

Gidron, Benjamin, Kramer, Ralph M., & Salamon, Lester M. (eds.) (1992). *Government and the Third Sector: Emerging Relationships in Welfare States.* San Francisco: Jossey-Bass.

Gilpin, Robert (2001). *Global Political Economy: Understanding the International Economic Order.* New Jersey: Princeton University Press.

Glaeser, Edward L., Laibson, David I., Scheinkman, Jose A., & Soutter, Christine L. (2000). "Measuring Trust." *Quarterly Journal of Economics.* 115.

Glasius, Marlies, Kaldor, Mary, & Anheier, Helmut(2001). *Global Civil Society Yearbook 2002.* New York: Oxford University Press.

Gramsci, Antonio (1971). *Selections from the Prison Notebooks.* Hoare, Q. & Nowell Smity, J.(Trans. & Eds.). New York: International Publishers.

Gress, Jennfer (2004). "Sowing the Seeds of Social Capital." *Journal of American Planning Associations.* 70(2): 176-182.

Grootaert, Christiaan (1999). *Social Capital, Household Welfare, and Poverty in Indonesia. Local Level Institutions.* Working Paper 6. Washington, D.C.: World Bank, Social Development.

Grootaert, Christiaan & Bastelaer, Thierry Van (eds.) (2002). *Understanding and Measuring Social Capital: A Multidisciplinary Tool for Practitioners.* Washington, D.C.: The World Bank.

Habermas, Jürgen (1984). *The Theory of Communicative Action,* Boston: Beacon Press.

Hall, Peter D. (1992). *Inventing the Nonprofit Sector: Essays on Philanthropy, Voluntarism, and Nonprofit Organizations.* Baltimore: Johns Hopkins University Press.

Hanifan, Lyda J. (1916). "The Rural School Community Center." *Annals of the American Academy of Political and Social Science.* 67.

Hansmann, Henry (1987). "Economic Theories of Nonprofit Organization." In Powell, Walter W. (ed.). *The Nonprofit Sector: A Research Handbook.* New Haven: Yale University Press.

Hirst, Paul (1994). *Associative Democracy: New Forms of Economics and Social Governance.* Cambridge: Polity Press.

Homans, George (1961), *Social Behavior: Its Elementary Forms.* New York: Harcourt, Brace and World.

Hutchinson, Judy (2004). "Social Capital and Community Building in the Inner City." *Journal of American Planning Associations.* 70(2).

Inglehart, Ronald (1990). "Values, Ideology and Cognitive Mobilization in New Social Movement." In Dalton & Kuechler (eds.). *Challenging the Political* Order, Oxford: Oxford University Press.

Jackman, Robert W. & Miller, Ross A. (1998). "Social Capital and politics. Annual Review of Political Science." *Annual Review of Political Science.* 1.

Jacobs, Jane (1961), *The Life and Death of Great American Cities.* New York: Random House.

James, Estelle (1987). "Nonprofit Sector in Comparative Perspective." In Powell, Walter W. (ed.). *The Nonprofit Sector: A Research Handbook.* New Haven: Yale University Press.

Jenkins, J. Craig (1987). "Interpreting the Stormy 1960s: Three Theories in Search of a Political Age." *Research in Political Sociology.* 3.

Keane, John (2003). *Global Civil Society.* Cambridge: Cambridge Unviversity Press.

Kettl, Donald F.(2000). *The Global Public Management Revolution: A Report on the Transformation of Governance*. Washington, D.C.: Brookings Institution Press.

Keyes, Langley, Schwartz, Alex, Vidal, Avis, & Bratt, Rachel(1996). "Network and Nonprofits: Opportunities and Challenges in an era of Devolution," *Housing Policy Debate.* 7(2).

Kim, Inchoon & Hwang, Changsoon (2000). *Defining the nonprofit sector: Korea.* Yonsei University Press.

Kitschelt, Herbert P. (1986). "Political Opportunity Structures and Political Protest: Anti-Nuclear Movements in Four Democracies." *British Journal of Political Sociology.* 16.

Kollman, Ken (1998). *Outside Lobbing: Public Opinion and Interest Group Strategies*. New Jersey: Princeton University Press.

Kooiman, Jan (2000). Societal Governance: Levels, Modes, and Orders of Social- Political Interaction. In Pierr, J.(ed), *Debating Governance*. Oxford University Press.

Korten, David C. (1987). "Third Generation NGO Strategies: A Key to People-Centered Development." *World Development*. 15.

Krishna, Anirudh (2002). *Active Social Capital: Tracing the roots of development and democracy*. New York: Columbia University Press.

Krishna, Anirudh & Shrader, Elizabeth (1999). *Social Capital Assessment Tool. Social Capital Initiatives*, Working Paper 22. Washington, D.C.: World Bank, Social Development Department.

Kymlicka, Will (1995). *Contemporary Political Philosophy: An Interoduction.* New York: Oxford University Press.

Leana, Carrie R., Van Buren III., & Harry, J. (1999). "Organizational Social Capital and Employment Practices." *Academy of Management Review.* 24(3).

Lipsky, Michael (1970). *Protest in City Politics*. Chicago: Rand McNally.

Lowry, Robert C. (1995). "Nonprofit Organizations and Public Policy." *Policy Studies Review*. 14(1).

McAdam, Douglas (1982). *Political Process and the Development of Black Insurgency 1930-1970*, Chicago: University of Chicago Press.

McCarthy, John & Zald, Mayer N. (1973). *Trends of Social Movements in America: Professionalization and Resource Mobilization*. New Jersey: General Learning Press.

——(1977). "Resource Mobilization and Social Movement: A Practical Theory." *American Journal of Sociology*. 82.

Minkoff, Debra C. (1997). "Producing Social Capital: National Social Movements and Civil Society." *American Behavioral Scientist*. 40(5).

Montague, Joel (1998). *The Fuss about NGO-Are They Worth It? Nonprofit Management Leadership*. San Francisco: Jossey-Bass.

Morris, Aldon D. (1984). *The Origin of the Civil Rights Movement: Black Communities Organizing for Change*. New York: The Free Press.

Narayan, Deepa (1997). "Voices of the Poor: Poverty and Social Capital in Tanzania." *Environmentally Sustainable Development Monograph*. 20. Washington, D.C.: World Bank.

Narayan, Deepa & Pritchett, Lant (1999). "Cents and Sociability: Household Income and Social Capital in Rural Tanzania." *Economic Development and Cultural Change*. 47.

Newton, Kenneth (1999). "Social and Political Trust in Established Democracies," In Noris, Pippa (ed.). *Critical Citizen: Global Support for Democratic Government*. Oxford: Oxford University Press.

North, Douglas Cecil (1990). *Institutions, Institutional Change and Economic Performance*. N.Y.: Cambridge University Press.

Oberschall, Anthony (1973). *Social Conflict and Social Movement*. Englewood Cliffs, NJ: Prentice-Hall.

Offe, Claus (1985). "New Social Movement: Challenging the Boundaries of Institutional Politics." *Social Research*. Winter.

Olson, Mancur (1965). *The Logic of Collective Action: Public Goods and the Theory of Groups*. Harvard University Press.

——(1977). *The Logic of Collective Action*. Cambridge, MA.: Harvard University Press.

O'Neil, Michael (1989). *The Third America*. San Francisco: Jossey-Bass.

Pateman, Carole (1970). *Participation and Democratic Theory*. Cambridge: Cambridge University Press.

Paxton, Pamela (1999). "Is Social Capital Declining in the United States? A Multiple Indicator Assessment." *American Journal of Sociology*. 105(1).

Peters, B. Guy (1996). *The Future of Governing*. Lawrence, Kansas: The University Press of Kansas.

Peters, B. Guy & Pierre, Jon (1998). "Governance Without Government? Rethinking Public Administration." *Journal of Public Administration Research and Theory*. 8(2).

Pierre, Jon (2000). *Debating Governance*. Oxford: Oxford University Press.

Portes, Alejandro & Sensenbrenner, Julia (1993). "Embeddedness and Immigration: Notes on the Social Determinants of Economic Action." *American Journal of Sociology*. 98.

Putnam, Pobert (1993a). *Making Democracy Work : Civic Tradition in Modern Italy,* Princeton, N. J.: Princeton University Press.

——— (1993b). "The Prosperous Community: Social Capital and Public Life." *The American Prospect*. 13.

Rahn, Wendy M. & Transue, John E. (1998). "Social Trust and Value Change: The Decline of Social Capital in American Youth, 1976-1995." *Political Psychology*. 19(3).

Reid, Elizabeth J. (1999). "Nonprofit Advocacy and Political Participation." *Nonprofit and Government*. Washington, D.C.: Urban Institute.

Rhodes, R. A. W.(1996). *The New Governance*: Governing without Governance. *Political Studies*. 44(4).

——— (1997). *Understanding Governance: Policy Networks, Governance, Reflexibility and Accountability*. Buckingham: Open University Press.

Rosenau, James (2002). "Governance in a New Global Order." In Held, David & McGrew, Anthony G. (ed). *The Governing Globalization: Power, Authority and Global Governance*. MA: Wiley-Blackwell.

Rosenfeld, Richard, Messner, Steven F. & Baumer, Eric P. (2001). "Social Capital and Homicide." *Social Forces*. 80(1).

Rubio, Mauricio (1997). "Perverse Social Capital: Some Evidence from Colombia." *Journal of Economics Issues*. 31(3).

Salamon, Lester M. (1992). *America's Nonprofit Sector*, The Foundation Center.

——— (1995). *Partners in Public Service: Government-Nonprofit Relations in the Modern Welfare State*. Baltimore, MD.: Johns Hopkins University Press.

Salamon, Lester M. & Anheier, Helmut K. (1994). *The Emerging Sector: An*

Overview. Baltimore, MD.: Johns Hopkins University Institute for Policy Studies.

———(1997). *Defining the Nonprofit Sector-A Cross-National Analysis*, Manchester: Manchester University Press.

Scholzman, Key L. & Tierney, T. John (1986). *Organized Interest and American Democracy*. New York: Harper & Row.

Scott, Alan (1990). *Ideology and the Social Movement*, London: Unwin Hyman.

Seely, John R., Sim, Alexander R., & Loosely, Elizabeth W. (1956). *Crestwood Heights: A Study of the Culture of Suburban Life*. New York: Basic Books.

Shaw, T. M. (1990). "Popular Participation in Non-Governmental Structures in Africa: Implications for Democratic Development." *Africa Today*. 37(2).

Sirianni, Carmen & Friedland, Lewis (2001). *Civic Innovation in America: Community Empowerment, Public Policy, and the Movement for Civic Renewal*. Berkeley: University of California Press.

Skocpol, Theda & Fiorina, Morris (eds.) (1999). *Civic Engagement in American Democracy*. Washington, D.C.: Brookings Institute Press.

Smith, Steven Rathgeb (1999). "Government Financing of Nonprofit Activity." *Nonprofit and Government*. Washington, D.C.: Urban Institute.

Tarrow, Sidney (1989). *Democracy and Disorder: Protest and Politics in Italy, 1965-1974*. Oxford and New York: Oxford University Press.

Tilly, Charles (1978). *From Mobilization to Revolution*. Reading Mass.: Addison Wesley.

Tocqueville, Alexis de (1984). *Democracy in America*. renewed by Richard D. Heffner. New York: New American Library, A Division of Penguin Books.

Tropp, Hakan (1999). *Patronage, Politics and Pollution: Precarious NGO-State Relationships: Urban Environmental Issues in South India*. Abingdon: Niaz Ahmed Khan.

Turner, Ralph H. & Killian, Lewis M. (1972). *Collective Behavior*. 2nd eds., Englewood Cliffs, N.J.: Prentice-Hall.

Union of International Association (1997). *Yearbook of International Organization. 1996/97*. London: K. G. Saur.

Uphoff, Norman (2000). "Demonstrated Benefits from Social Capital: The productivity of farmer organization in Gal Oya, Sri Lanka." *World Development*. 28(11): 1875-1890.

Vigoda, Eran (ed.) (2002). *Public Administration: An Interdisciplinary Critical Analysis*, New York: Marcel Dekker.

Walker, Jack (1991). *Mobilizing Interest Groups in America: Patrons, Professions and Social Movement*. Ann Arbor, Michigan: Michigan University Press.

Weisbrod, Burton (1997). "The Future of the Nonprofit Sector: Its Entwining with Private Enterprises and Government." *Journal of Policy Analysis and Management*. 16(4).

Weiss, Thamas G. & Gordenker, Leon(ed.) (1996). *NGOs: The UN & Global Governance*. Boulder: Lynne Riemer Publisher.

Wolf, Charles (1994). *Markets or Government*. Cambridge, MA: MIT Press.

Wolpert, Julian (1993). "Applying the National Taxonomy of Exempt Entities: Geographical Profiles." *Voluntas*. 4(2).

Woolcock, Michael & Narayan, Deepa (2000). "Social Capital: Implications for Development Theory, Research, and Policy." *The World Bank Research Observer*. 15(2).

World Bank (2001). *World Development Report 2000-2001. Attacking Poverty*. Washington, D.C.

——— (2004). "Measuring Social Capital: An Integrated Questionnaire." *World Bank Working Paper*. 18.

Young, Dennis R. (1999). "Complementary, Supplementary, or Adversarial? A Theoretical and Historical Examination of Nonprofit-Government Relations in the United Nations." *Nonprofit and Government*. Washington, D.C.: Urban Institute.

Zizek, S.(1997). "Multiculturalism or the Cultural Logic of Multiantioal Capitalism." *New Left Review*. 225(Sep/Oct).

關根政美 (1996). 國民國家と多文化主義. 初瀨龍平(編). 「ェスニシティと多文化主義」. 東京: 同文館.

www.action.or.kr(행동하는 시민연대)

www.mogaha.go.kr(안전행정부)

www.la21.or.kr(지방의제21)

찾아보기

[사 항]

ㄱ

ㅇ

ㅈ

ㅊ

[인 명]

저자 소개

김태룡(金泰龍)

서울대학교 대학원에서 행정학 박사(제목: 행정결정 권한의 배분구조에 관한 연구)를 취득하고, 현재 상지대학교 행정학과에 교수로 재직하고 있다. 주요 학문 관심 분야로는 정부개혁, 시민사회론, 정책형성 등이다. 최근 주요 저서로는 「새 한국행정론」, 「새한국정부론」, 「행정이론」, 「한국의 정부개혁: 이론과 실제」 등이 있다. 주요 학회 활동으로는 한국행정학회 회장과 서울행정학회 회장 등을 역임했고, 주요 사회활동으로는 경실련 부정부패추방운동본부장, 부패방지입법시민연대 공동대표, 원주비전21위원회 위원장, 등을 역임하고, 현재는 경실련 시민권익센터 대표로 있다(trkim@sangji.ac.kr).

권해수(權海秀)

서울대학교 대학원에서 행정학 박사(제목: 사회운동과 공공정책의 역동적 관계 연구)를 취득하고, 현재 한성대학교 행정학과에 교수로 재직하고 있다. 주요 학문 관심 분야는 행정개혁, 시민단체, 지방행정 등이다. 최근 주요 저서로는 「새한국정부론」, 「새 행정학」, 「한국의 지방분권」, 「한국사회와 행정개혁」, 「한국의 부패와 반부패정책」 등이 있다. 주요 학회 활동으로는 서울행정학회 회장, 한국정책학회 연구이사, 한국행정학회 총무이사 등을, 주요 사회활동으로는 경실련 정부개혁위원장, 정부혁신지방분권위원회 위원, 조달청 조달혁신위원, 시러큐스대학교 Maxwell School 방문교수 등을 역임했다(hskwon@hansung.ac.kr).

정정화(鄭貞和)

서울대학교 대학원에서 행정학 박사(제목: 입지정책 결정 요인과 과정에 관한 연구)를 취득하고, 현재 강원대학교 행정학과 교수로 재직하고 있다. 주요 학문 관심 분야는 갈등관리, 환경정책, NGO 등이다. 주요 저서로 「한국 사회와 행정개혁(공저)」, 「지방정부 개혁(공저)」을 출간했으며, 주요 논문으로는 "정부와 NGO의 관계 분석모형", "환경NGO의 활동 방식과 정책참여 유형", "환경갈등과 언론" 등이 있다. 학회 활동으로는 한국행정학회 연구이사 및 섭외이사, 서울행정학회 총무위원장, 한국지방자치학회 상임이사 등을 역임했다. 주요 사회 활동으로는 12년 동안 한국일보 기자로 재직했고, 지방이양추진위원회 실무위원, 국가균형발전위원회 전문위원 등을 역임했으며, 현재는 서울행정학회 회장으로 있다(jeong2@kangwon.ac.kr).

안희정(安希貞)

강원대학교 대학원에서 행정학 박사(제목: 조직 성과에 영향을 미치는 결정 요인에 관한 연구)를 취득하고, 강원대학교 강사로 재직하고 있다. 주요 관심 분야는 행정조직, 조직성과 분야 등이다. 최근 주요 저서로는 「새한국정부론」, 「권력구조에 대한 문헌 이해」 등이 있다. 주요 논문으로는 "한국형 팀제가 조직효과성에 미치는 영향"(「한국행정논집」, 2007), "성과평가에 대한 연구 경향"(「한국행정논집」, 2007), "팀제가 조직 성과에 미치는 영향"(「한국행정학보」 2006) 등이 있다. 주요 학회 활동으로는 서울행정학회 총무위원, 한국행정학회 총무위원과 이사를 역임했다(clovea@kangwon.ac.kr).

개정판
현대 사회와 NGO

펴낸날 / 제1판 제1쇄 2010년 2월 20일
제2판 제1쇄 2013년 8월 20일
지은이 / 김태룡 · 권해수 · 정정화 · 안희정
펴낸이 / 임춘환
펴낸곳 / 도서출판 대영문화사
주소 / 서울 ·용산구 청파동 1가 178-2 ㊞ 140-869
등록 / 1975년 12월 26일 제3-16호
전화 / (02)716-3883, (02)714-3062
FAX / (02)703-3839
홈페이지 / http://www.dymbook.co.kr

ISBN 978-89-7644-457-8

〔값 20,000원〕